高等职业教育法律类专业新形态系列教材

行政法律与案例分析

主　编◎郑　艳

副主编◎李春燕　吴　畅　乔宇琛

撰稿人◎（以撰写内容先后为序）

　　　　郑　艳　王园园　吴　畅

　　　　肖　玲　李春燕　涂怀艳

　　　　陈　秀　乔宇琛

中国政法大学出版社

2025·北京

声　明　　1. 版权所有，侵权必究。

　　　　　2. 如有缺页、倒装问题，由出版社负责退换。

图书在版编目（CIP）数据

行政法律与案例分析 / 郑艳主编. -- 北京：中国政法大学出版社, 2025.1. -- ISBN 978-7-5764-1897-2

Ⅰ. D922.104

中国国家版本馆CIP数据核字第2025A4G348号

出　版　者	中国政法大学出版社
地　　　址	北京市海淀区西土城路25号
邮　　　箱	fadapress@163.com
网　　　址	http://www.cuplpress.com（网络实名：中国政法大学出版社）
电　　　话	010-58908435(第一编辑部) 58908334(邮购部)
承　　　印	保定市中画美凯印刷有限公司
开　　　本	787mm×1092mm　1/16
印　　　张	21
字　　　数	459千字
版　　　次	2025年1月第1版
印　　　次	2025年1月第1次印刷
印　　　数	1~4000册
定　　　价	59.00元

编写说明

本教材是在 2011 年华中科技大学出版社出版的高职高专教育法律类专业教学改革试点与推广教材《行政法律与案例分析》基础上修订而成。

教材的总体设计思路是紧扣高职法律类专业人才职业技能培养的要求，打破原来的学科体系，贯彻"以案例引导理论知识学习，以项目训练锻炼行政案件分析能力"的理念，合理地设计教材内容。本教材在教学内容的选取和编排上主要有以下特点：

1. 本教材是立体化的新形态教材，融合省级精品在线开放课程、刑事执行国家教学资源库课程的线上教学资源，顺应"互联网+"时代的教材编写要求，充分利用现代信息技术手段，通过扫描二维码使学生更为便捷地获取 PPT 课件、行政法治实践的制度创新、热点难点解析、最新理论研究成果和相关学习视频，丰富了教材内容的展现形式，大大增强了学生学习的灵活性和吸引力。通过"知重点""测一测"等来预习、复习相关知识点，激发学生的学习积极性，有利于学生更牢固地掌握行政法与行政诉讼法的相关知识。

2. 以行政纠纷解决流程设计和编排教学内容，初步体现了以工作过程为导向的课程设计模式。本教材以行政复议和行政诉讼的流程为线索编排行政行为的救济部分教学内容，以典型案例的分析、服务社会为目标，将学生要完成的解决问题的过程设计为教学过程，将分散的知识点贯穿于解决纠纷的流程中，实现了由工作岗位任务向行动领域的转换，再由行动领域向学习领域转换，体现了职业教育的职业性、连续性和递进性。

3. 以"问题与思考——基本知识——项目训练"为进路组织每一学习单元的内容，体现了职业教育基于问题的情境式教学模式。本教材在每一学习单元中都根据培养目标和工作岗位任务设计提出了问题与思考，然后再组织编排学习内容，最后通过项目训练检验所学内容，提高学生解决问题的能力，最终实现"教、学、做"融为一体。

4. 本教材紧跟法律的最新修改，结合最新的司法实践和理论学说，使教材充分适应现代法律实务人才培养的需要。本教材对每一个学习单元和学习情境均以思维导图的形式勾画出知识结构图，让学生对知识全貌一目了然。以知识、能力、素质三个维度归纳出学习目标，并提炼出课程思政元素，如权力制约、权利救济的理念，法治的思维，程序正当的信念，证据的意识等等。在每一个单元教材编写的同时润物细无声式地融入这些思政元素。教材中使用大量简明易懂的图表和真实的行政执法案例，亦满足了综合行政执法人员将其作为培训教材使用的需求。教材编排分为主体正文部分和二维码辅助部分。主体正文部分做到重点突出、结构清晰、观点明确。二维码部分确保引用的规范性。

教材主体内容分为两大部分，共7个理论学习单元、3个学习情境。第一部分是行政法律基本理论，紧密结合司法实践和学生今后的工作岗位，对行政法律理论知识进行了整合，为学习者今后的学习以及将来进入工作岗位奠定良好的行政法与行政诉讼法理论知识基础，包括行政法基础知识认知、行政法关系主体、行政行为与行政程序、行政行为的类型、行政机关的救济——行政复议、司法机关的救济——行政诉讼以及行政赔偿救济7个学习单元。第二部分是学习情境行政案件实务分析，该部分以三类典型行政行为为载体，以法律规范为依据设计学习情境，明确具体案例的处理步骤和方法，训练相应的行政法律关系的识别与分析的能力，包括行政处罚案件分析、行政许可案件分析和行政强制案件分析3个学习情境。

此外，本教材还编写了三个附录，包括：相关文书参考格式；项目训练、案例训练参考答案；常用法律、法规、规章、司法解释目录。

本教材编写分工（以撰写内容先后为序）：

郑艳（浙江警官职业学院教授）：学习单元一、学习单元四、学习单元七

王园园（吉林司法警官职业学院讲师）：学习单元二

吴畅（湖南司法警官职业学院副教授）：学习单元三

肖玲（武汉警官职业学院讲师）：学习单元五

李春燕（浙江财经大学副教授）：学习单元六

涂怀艳（浙江省司法厅法治处处长）、陈秀（浙江警官职业学院副教授）合写：学习情境一

乔宇琛（浙江警官职业学院讲师）：学习情境二、学习情境三

郑艳整理编排附录，负责修改统稿。

在本书的编写过程中，作者参考、引用了许多专家、学者及实务部门人员的著述、观点、案例，书中无法一一列明，在此谨向参考著述、案例的作者衷心致谢。本书的编写还得到了浙江省司法厅、浙江省高院等实务部门同志的大力支持，感谢他们提供的大量实例。衷心希望这一理念先进、体例独特、理论与实务并重的教材，能为法律学习者带来一种全新的感受。

由于作者水平有限，书中疏漏乃至谬误在所难免，敬请读者在使用过程中批评指正。

编　者

2024年12月

目 录

第一部分　行政法律基本理论

学习单元一　行政法基础知识认知 ·· 3
子学习单元 1　行政、行政权、行政法 ·· 4
　　任务 1　认识行政法的基本范畴——行政 ·· 4
　　任务 2　认识行政法的核心内容——行政权 ·· 7
　　任务 3　认识调整行政关系的法律规范——行政法 ·· 8
子学习单元 2　行政法关系 ·· 12
　　任务 1　认识和分析行政法律关系 ·· 12
　　任务 2　认识监督行政法律关系 ·· 14
子学习单元 3　行政法基本原则 ·· 16
　　任务 1　认识并运用依法行政原则 ·· 17
　　任务 2　认识并运用行政合理性原则 ·· 19
　　任务 3　认识并运用程序正当原则 ·· 21
　　任务 4　认识并运用诚信原则 ·· 23
　　任务 5　认识并运用高效便民原则 ·· 25
　　任务 6　认识并运用监督与救济原则 ·· 26

学习单元二　行政法律关系主体 ·· 31
子学习单元 1　行政主体与行政相对方 ·· 32
　　任务 1　认识行政法律关系主体 ·· 32
　　任务 2　认识和判断行政法律关系中的管理者——行政主体 ·· 33
　　任务 3　认识和判断行政法律关系中的被管理者——行政相对方 ·· 35

子学习单元 2　具有行政主体资格的组织 ………………………………………… 38
　　任务 1　认识常见的具有行政主体资格的组织——行政机关 ………… 38
　　任务 2　认识具有行政主体资格的特殊组织——法律法规
　　　　　　授权的组织 …………………………………………………… 42
　　任务 3　识别一种特殊组织的行政主体资格——行政机关委托的组织 … 45
子学习单元 3　行政公务人员 ……………………………………………………… 47
　　任务 1　认识行政公务人员 ……………………………………………… 47
　　任务 2　认识行政公务人员与行政主体之间的行政职务关系 ………… 51
　　任务 3　辨别行政公务员的多重法律身份与行为性质 ………………… 52

学习单元三　行政行为与行政程序 ……………………………………………… 59

子学习单元 1　行政行为认知 ……………………………………………………… 60
　　任务 1　认识行政行为 …………………………………………………… 60
　　任务 2　认识行政行为的分类 …………………………………………… 62
　　任务 3　认识行政行为的合法要件 ……………………………………… 65
　　任务 4　认识和分析行政行为的效力 …………………………………… 67
子学习单元 2　行政程序 …………………………………………………………… 73
　　任务 1　认识行政程序 …………………………………………………… 73
　　任务 2　认识行政程序的基本原则 ……………………………………… 77
　　任务 3　认识并运用行政程序的基本制度 ……………………………… 78

学习单元四　行政行为的类型 …………………………………………………… 85

子学习单元 1　行政立法 …………………………………………………………… 86
　　任务 1　认识行政立法 …………………………………………………… 86
　　任务 2　行政立法的分类 ………………………………………………… 87
　　任务 3　行政立法的制定 ………………………………………………… 89
　　任务 4　行政立法的监督 ………………………………………………… 92
　　任务 5　行政规范性文件 ………………………………………………… 92
子学习单元 2　授益行政行为 ……………………………………………………… 94
　　任务 1　行政许可 ………………………………………………………… 94
　　任务 2　行政确认 ………………………………………………………… 95
　　任务 3　行政给付 ………………………………………………………… 96
　　任务 4　行政奖励 ………………………………………………………… 98
子学习单元 3　负担行政行为 ……………………………………………………… 99
　　任务 1　行政处罚 ………………………………………………………… 99

	任务 2　行政强制	101
	任务 3　行政征收与行政征用	104
子学习单元 4	行政司法行为	109
	任务 1　行政裁决	109
	任务 2　行政调解	110
子学习单元 5	其他行政管理行为	111
	任务 1　行政调查与行政检查	111
	任务 2　行政协议	116
	任务 3　行政指导	119
	任务 4　行政应急	121

学习单元五　行政机关的救济——行政复议　128

子学习单元 1	行政复议认知	130
	任务 1　认识行政复议	130
	任务 2　认识行政复议的分类	131
	任务 3　认识行政复议的基本原则	132
	任务 4　认识规范行政复议制度的法律规范	133
子学习单元 2	行政复议的申请与法律文书	134
	任务 1　认识行政复议申请	134
	任务 2　理解申请行政复议的一般条件	135
	任务 3　认识并会写行政复议申请书	140
子学习单元 3	行政复议的受理与法律文书	141
	任务 1　认识行政复议的受理	141
	任务 2　认识行政复议机关受理的相关法律文书	142
子学习单元 4	行政复议的审理	142
	任务 1　做好审理前的准备工作	142
	任务 2　确定行政复议审理的程序和方式	143
	任务 3　判别行政复议审理过程中涉及的主体	144
	任务 4　进行行政复议的全面审理	146
	任务 5　行政复议审理中的特殊情况处理	148
子学习单元 5	行政复议的决定与法律文书	149
	任务 1　认识行政复议的决定	149
	任务 2　认识行政复议决定相关法律文书	151
子学习单元 6	行政复议的调解与法律文书	151
	任务 1　认识行政复议的调解与和解	151

任务 2	确定行政复议调解的范围	152
任务 3	认识行政复议调解书	152

学习单元六　司法机关的救济——行政诉讼 … 158

子学习单元 1　行政诉讼与行政诉讼法认知 … 160
- 任务 1　认识行政诉讼 … 160
- 任务 2　认识行政诉讼法 … 162

子学习单元 2　行政诉讼的提起与法律文书 … 164
- 任务 1　理解提起行政诉讼需具备的法定条件 … 164
- 任务 2　认识并会书写行政起诉状 … 180

子学习单元 3　行政诉讼的受理与法律文书 … 180
- 任务 1　认识行政诉讼的受理 … 180
- 任务 2　认识人民法院受理的法律文书 … 182

子学习单元 4　行政诉讼的审理 … 182
- 任务 1　认识行政诉讼的审理 … 182
- 任务 2　一审程序的审理 … 188
- 任务 3　二审程序和审判监督程序 … 191
- 任务 4　理解行政诉讼的举证责任及其分配规则 … 193

子学习单元 5　行政诉讼的裁判与法律文书 … 195
- 任务 1　认识行政诉讼裁判 … 195
- 任务 2　理解并运用行政诉讼的判决 … 196
- 任务 3　认识行政诉讼判决书 … 200

子学习单元 6　行政诉讼裁判的执行 … 200
- 任务 1　认识行政诉讼裁判的执行 … 200
- 任务 2　认识对行政行为的非诉执行 … 201

学习单元七　行政赔偿救济 … 210

子学习单元 1　认识行政赔偿 … 211
- 任务 1　认识行政赔偿 … 211
- 任务 2　区分行政赔偿与相关概念 … 214

子学习单元 2　行政赔偿请求的提出与法律文书 … 215
- 任务 1　认识行政赔偿请求的提出 … 215
- 任务 2　判别允许受害人提出行政赔偿请求的范围 … 215
- 任务 3　确定提出行政赔偿请求的当事人 … 219
- 任务 4　认识并会写行政赔偿申请书 … 220

子学习单元3　行政赔偿义务机关的受案与处理 …… 221
　　任务1　认识受理并处理行政赔偿请求的机关 …… 221
　　任务2　行政赔偿义务机关对行政赔偿请求的处理 …… 223
　　任务3　认识行政赔偿中的追偿 …… 223
　　任务4　认识行政赔偿方式和计算标准 …… 224

子学习单元4　行政赔偿诉讼 …… 226
　　任务1　认识提起行政赔偿诉讼的受案范围 …… 226
　　任务2　认识提起行政赔偿诉讼的起诉期限 …… 227
　　任务3　认识行政赔偿诉讼案件的举证责任 …… 227
　　任务4　认识行政赔偿诉讼案件的审理和裁判 …… 227

第二部分　行政案件实务分析

学习情境一　行政处罚 …… 235
行政处罚基本知识 …… 237
【案例精解】袁某伟诉仁怀市综合行政执法局撤销行政处罚决定案 …… 255
案例训练 …… 263

学习情境二　行政许可 …… 269
行政许可基本知识 …… 271
【案例精解】中国石化销售有限公司江苏盐城石油分公司诉江苏省射阳县国土资源局撤销行政许可案 …… 282
案例训练 …… 286

学习情境三　行政强制 …… 290
行政强制基本知识 …… 291
【案例精解】梁某荣诉佛山市高明区城市管理和综合执法局、杨和镇政府强制拆除房屋案 …… 303
案例训练 …… 310

附录 …… 315
附录一　相关文书参考格式 …… 315
附录二　常用法律、法规、规章、司法解释目录 …… 315

参考文献 …… 319

第一部分 | 行政法律基本理论

学习单元一　行政法基础知识认知

💬 **问题与思考**

作为公民，面对政府，一方面我们依赖它，另一方面我们又讨厌它，希望它离我们远点。面对政府为什么我们会有如此复杂的情感，这是因为我们在许多情况下必须仰仗政府的力量来维护我们的权益，不受他人的威胁；政府在给我们提供保护的同时，有时又在侵害着我们的权益。政府之所以能如此影响我们的生活，是因为政府掌握着巨大的权力。那么，如何控制政府的权力，如何把政府的"善"最大可能地发挥，把政府的"恶"最大可能地限制，这就是作为公法的行政法的理想与责任。所以，行政法就是规范政府行政和控制政府滥用权力的法律规范。在本学习单元中，同学们需要思考的问题是：政府的哪些行为由行政法规范和调整；政府享有哪些行政权力；政府在行使这些权力时需遵循哪些基本原则等等。本单元的一些基本概念、基本原则将为后续单元的学习奠定基础。

📦 **知识结构图**

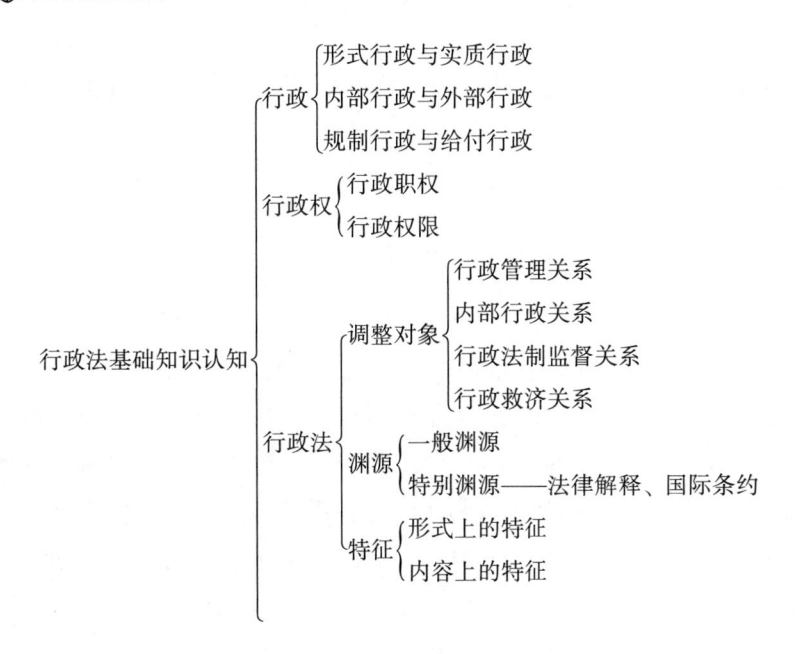

```
                              ┌ 形式行政与实质行政
                         行政 ┤ 内部行政与外部行政
                              └ 规制行政与给付行政
                              
                         行政权 ┌ 行政职权
                               └ 行政权限
                              
行政法基础知识认知 ┤              ┌ 行政管理关系
                                │ 内部行政关系
                         调整对象 ┤
                                │ 行政法制监督关系
                    行政法       └ 行政救济关系
                              
                         渊源 ┌ 一般渊源
                              └ 特别渊源——法律解释、国际条约
                              
                         特征 ┌ 形式上的特征
                              └ 内容上的特征
```

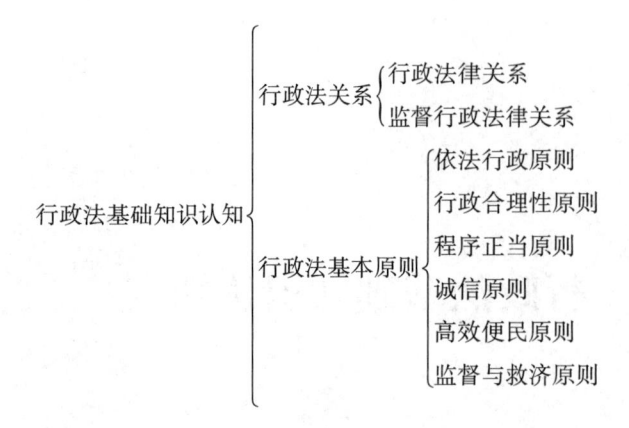

```
                    ┌ 行政法关系 ┌ 行政法律关系
                    │           └ 监督行政法律关系
                    │           ┌ 依法行政原则
行政法基础知识认知 ─┤           │ 行政合理性原则
                    │           │ 程序正当原则
                    └ 行政法基本原则 ┤ 诚信原则
                                │ 高效便民原则
                                └ 监督与救济原则
```

学习目标

知识目标：掌握行政、行政权的含义；行政法的概念和特点；行政法的法源和分类；行政法律关系的概念、特点、构成要素以及行政法律关系的产生、变更和消灭；行政法基本原则的内涵。

能力目标：掌握行政法识别能力；能结合案例分析行政法律关系的三要素；运用行政法基本原则解释各种行政管理活动。

素质目标：树立行政法控制政府权力的理念，认识到依法行政是法治政府建设的核心要义。

基本知识

子学习单元1　行政、行政权、行政法

行政法，是调整行政关系的法律规范的总称。研究行政关系的法律调整，是全部行政法学的主题，对"行政"、"行政权"、"行政关系"的探讨，则是认识和研究行政法的逻辑起点。

任务1　认识行政法的基本范畴——行政

《现代汉语词典》对"行政"的释义是：行使国家权力的（活动）；机关、企业、团体等内部的管理工作。"行政"一词的英文是 Administration，源自拉丁文 Administrare，均包含"执行、管理"的意义。不仅在涉及国家公权力的公法体系内，即使在私法体系亦有行政的存在，例如私法人（社会组织、企业）的行政，为"私人行政"。行政既然与管理有密切的关联，对国家和社会公共事务的管理就属于公法体系的行政，为"公共行政"。行政法学所讨论、研究的对象，只限于公共行政。因为私人行政的研究，已属于私法——尤其是民法所研究的范畴。

"行政"是行政法学中最基本的范畴，那在实际生活中，我们该如何判断一行为是否属于行政法上的"行政"呢？

一、形式行政与实质行政

（一）形式意义的行政

以机关作为区分的标准，即只要是行政机关的行为，就是行政。

近代意义上的行政是国家权力分立的产物，行政最初是与立法、司法等国家权力相区别而言的，三者共同形成国家作用，分别由行政机关、立法机关和司法机关来执掌。在实行三权分立制度的国家，形式意义的行政是以宪法上所定的行政权为准，包括中央层次的内阁、联邦政府和地方层次的邦、县政府等行政机关所为的行为。在我国，根据《宪法》第85条[1]和第110条第2款[2]规定，国务院及其直属机构、地方各级人民政府及其职能部门的行为就是行政行为。但是现代国家权力出现交叉、混合，行政权力有不断膨胀之趋势。同一行政机关可能同时具有行政职能、立法职能和司法职能，行政机关在行使立法职能时表现为行政立法，在行使司法职能时表现为行政复议、行政裁决。从这一角度看，行政还包括了准立法和准司法行为。

以形式意义来界分什么是行政，忽视了其他国家机关也有执行实质行政的可能性。例如负责立法的各级人民代表大会，在推动工作时，也不可避免地必须有管理的权限。负责司法的各级法院，也像行政机关一样，拥有管理所属人员等许多管理权限，这是典型的司法行政行为。即使是国家行政机关所为的行为，也不当然都属于行政行为。例如：行政机关所为的民事行为（买卖物品、租用房屋）都不属于行政行为。

（二）实质意义的行政

以功能作为区分的标准，即不论主体是谁，只要是对国家和社会公共事务的组织、管理、决策与调控等活动，均为行政。

在我国，对国家和社会公共事务的组织、管理等活动主要由国家行政机关来承担，因为国家行政机关被宪法和组织法赋予了法定的行政权力，专司国家行政事务。随着社会经济的发展，大量的社会矛盾和社会问题产生，如垄断、环境、交通、失业等，而行政机关的数量毕竟有限，仅靠行政机关已经无法应对纷繁复杂的社会。立法者就采用一种立法技术，通过法律、法规把部分行政管理权授予给了有一定社会管理职能的企事业单位、社会团体以及群众性自治组织。所以，公共行政的主体除了国家行政机关外，还包括非国家行政机关（法律、法规授权的组织）。

形式意义的行政虽然易于判断，但内涵不够准确，而采实质意义的行政作为区分的标准，在实际中判断起来又非常麻烦。综上，我们判断何谓"公共行政"时，应当遵循以下

---

[1]《宪法》第85条规定：中华人民共和国国务院，即中央人民政府，是最高国家权力机关的执行机关，是最高国家行政机关。

[2]《宪法》第110条第2款规定：地方各级人民政府对上一级国家行政机关负责并报告工作。全国地方各级人民政府都是国务院统一领导下的国家行政机关，都服从国务院。

一条规则："首先是形式意义的行政,但要以实质意义的行政作为补充和限制"。

为何要以实质意义的行政作为补充,主要是因为现实中从事国家和社会公共事务的组织、管理等活动的主体除行政机关外,还包括法律、法规授权的非行政机关。

为何要以实质意义的行政作为限制,主要是因为行政机关的行为并非都是对国家和社会公共事务的组织、管理活动,行政机关还有可能担当民事主体的身份,或处于被管理者的地位。

所以,行政法上的"行政",是指国家行政机关和法律、法规授权的组织对国家和社会公共事务进行组织、管理、决策与调控等活动,同时也包括国家行政机关所进行的准立法与准司法活动。

二、内部行政与外部行政

前一组分类解决的是如何判断一行为是否属于行政法上的"行政"的问题。内部行政与外部行政的区分主要是为了理解行政主体、行政行为、行政程序、行政责任等内容。

（一）内部行政

内部行政是指国家行政机关为履行其对国家和社会公共事务的管理职能而对自身进行组织、管理和调节的活动。各级人民政府为了履行其行政职能,保障国家行政管理正常有序地进行,必然要对各级行政机关及其职能部门进行指挥和监督。各行政机关相互之间、行政机关与被授权组织之间、行政机关与国家公务员之间、国家公务员上下级之间,以及行政机关管理内部事务的过程中也必然发生各种行政关系,这些行政关系均属于内部行政的范畴。其特点在于：管理主体与管理对象都属于国家行政系统。

（二）外部行政

外部行政是指行政主体对不隶属于自身的组织、人员以及财物设施的管理活动。包括：①行政主体对其他国家机关在行政事务上的管理,以及由此而形成的相互关系,如国务院审批最高人民法院的建房申请；②行政主体对企事业单位、社会团体的监督和管理,以及由此而形成的相互关系,如社团登记、企业登记等；③行政主体对社会成员的管理,以及由此而形成的相互关系,如公安机关对违反交通管理秩序行为人的处罚,等等。其特点主要在于：管理主体仍属于国家行政系统,但管理对象是不属于或不隶属于管理主体的组织、人员或财物。

内部行政反映了国家行政组织的自身管理,外部行政则反映了国家对社会的管理。外部行政较之内部行政涉及和影响到的社会各组织和成员的权利利益更直接、更广泛,但我们不应该将内部行政作为行政主体的"纯内部"事务而拒之于行政法的调整范围之外,两者都是行政法的调整范围。

三、规制行政与给付行政

这一组分类是根据公共行政的目的或任务不同而做的区分。

（一）规制行政

规制行政,又称为干涉行政、秩序行政,是指行政主体为了维护和增进公共利益,根据法律、法规的规定，规范和制约相对人的权利和自由，并对相对人科以应服从的义务的一切行政作为。从性质和作用来看，规制行政大致可以分为社会规制和经济规制两种类型。

社会规制比如对卫生、医疗、环境等的规制，通过行政许可制度保证有专业知识和技能在一定水平以上的人员从事相应的职业；通过防疫方面的规制最大限度地减少难以预见的危险和损害；通过行政处罚制度维护社会公共秩序。经济规制是指对企业及其经济活动的规制。比如为了防止市场失灵和维护市场秩序，国家制定了一系列法律、法规和政策予以指导和调控。《企业破产法》和《反不正当竞争法》等法律、法规对所有的生产和经营单位及其经济活动都有保护、引导、监督、管理和规制作用。《工会法》《劳动法》以及《消费者权益保护法》等法律，在保护劳动者和消费者合法权益的同时，对企业具有一般的规制作用。

（二）给付行政

给付行政，又称为福利行政，是指为了改善公民的生存环境及生活条件，为公众提供各种生活需要上的服务的行政作为。给付行政的范围主要包括社会保障行政、供给行政、民政行政和资金补助行政。

还有一种分类是以使公民负担义务还是为公民提供利益、赋予权利还是免除义务为标准，可以将行政分为负担行政与授益行政。

任务2 认识行政法的核心内容——行政权

行政法是用以调整行政关系的法律规范，而行政关系实质上就是行政主体行使行政权过程中所产生的一种关系。行政法就其实质而言，可以被界定为控制和规范行政权的法。英国行政法权威教授韦德和美国著名行政法学者伯纳德·施瓦茨都认为，"行政法是控制政府权力的法"，此处的"政府权力"就是指行政权。

行政权是国家权力的组成部分，是由国家宪法、法律赋予国家行政机关执行法律规范、实施行政管理活动的权力。当然，社会组织或者个人经国家法律法规授权或经行政机关依照法律规定委托，亦可行使一定的行政权，但其权限范围较小，且受法律的严格限制。行政权与其他国家权力及公民权利（泛指公民、法人或其他组织的权利）不同，相对于其他国家权力而言，它具有自由裁量性、主动性、广泛性、执行性等特点；相对于公民权利而言，它则具有不可自由处置性、强制性、单方性和优益性等特点。

从权力内容看，行政权包括国防权、外交权、治安权、经济管理权、社会文化管理权等等；从权力形式看，行政权包括行政立法权（制定行政法规、行政规章）、行政命令权（发布命令、禁令，制定计划、规划等）、行政许可权（核准、认可、主体登记等）、行政处罚权（拘留、罚款、没收等）、行政强制权（限制人身自由、查封、扣押、冻结财产等）、行政确认权（确认法律事实和法律地位）、行政监督权（行政检查、调查、审查、统计等）、行政指导权（提出建议、劝告等）、行政司法权（行政裁决、行政复议等）。

行政权不完全等同于行政职权。前者是行政机关依法管理国家行政事务的权力，后者则是具体行政机关和工作人员所拥有的，与其行政目标、职务和职位相适应的管理资格和权能，是行政权的具体配置和转化形式。

行政权与行政权限亦有区别。行政权限是法律规定的行政机关及其工作人员行使职权所不能逾越的范围、界限。行政权限包括事务管辖权、地域管辖权和级别管辖权。行政机关行使职权超越行政权限，便构成越权，视为无效。

任务3　认识调整行政关系的法律规范——行政法

对于什么是行政法，有很多种定义方法。有从行政法的目的出发来定义行政法的（"控权论""管理论""平衡论"）；有从调整对象角度定义行政法的（调整行政关系以及在此基础上产生的监督行政关系等）；还有从行政权的角度来定义行政法的（关于行政权的授予、行使以及对行政权进行监督和对其后果予以补救的法律规范的总称）。在我国法学界，一般习惯于从法律调整的社会关系角度着眼，来界定某个部门法的基本涵义。循此惯例，我们在这里将行政法界定为：调整行政关系的法律规范和原则的总称。

一、行政法的调整对象

根据上述定义，行政法的调整对象是行政关系。所谓"行政关系"，是指行政主体行使行政职能和接受行政法制监督而与行政相对人、行政法制监督主体所发生的各种关系，以及行政主体内部发生的各种关系。行政法所调整的行政关系主要包括四类：

1. 行政管理关系，即行政主体在行使行政职权过程中与行政相对人发生的各种关系。行政管理关系是行政关系中最主要的一部分。行政主体实施的大量行政行为，如行政许可、行政处罚、行政征收、行政强制、行政裁决等，几乎都是以行政相对人为对象实施的，从而行政主体要与行政相对人发生关系。

2. 内部行政关系，即行政主体内部发生的各种关系，包括上下级关系、横向关系、委托关系、行政主体与公务人员的关系，等等。上下级关系包括领导与监督关系（如国务院与各部委、省、自治区、直辖市人民政府的关系）；直属关系（如国务院与国家市场监督管理总局、国家统计局、国家体育总局等直属机构的关系）；垂直领导关系（如海关、国税、外汇管理系统的内部关系）；双重领导关系（如公安、民政等大多数行政机关与上级主管部门和同级人民政府的关系）；指导关系（如物价、统计等行政机关与上级主管部门的关系）。调整内部行政关系的行政法法源主要有《公务员法》、《国务院组织法》、《地方各级人民代表大会和地方各级人民政府组织法》等。

3. 行政法制监督关系，即行政法制监督主体在对行政主体、国家公务员和其他行政执法组织、人员进行监督时发生的各种关系。行政法制监督主体包括国家权力机关、国家司法机关、国家监察机关等。行政法制监督关系因监督主体不同，其内容也存在较大差别。国家权力机关作为行政法制监督主体时，主要是对行政机关的抽象行政行为进行监督。人民法院作为行政法制监督主体时，主要是通过行政诉讼的方式对行政主体的具体行政行为进行监督。国家监察机关作为行政法制监督主体时，主要是和国家公务员发生关系，主要通过追究纪律责任（政务处分）的方式对国家公务员的行为是否遵纪守法进行监督。调整行政法制监督关系的行政法法源包括《宪法》、《行政诉讼法》、《监察法》等。

4. 行政救济关系，即行政相对人认为其权益受到行政侵害、要求提供权利救济时发生的各种关系。申请行政救济的方式主要有申诉、控告、检举等信访手段及行政复议。我国调整行政救济关系的行政法法源主要有《信访工作条例》、《行政复议法》、《行政复议法实施条例》、《集会游行示威法》等。

在整个行政关系架构中，行政主体与行政相对人的行政管理关系是基干；内部行政关系则是行政管理关系的一种从属关系，是行政管理关系中一方当事人——行政主体内部的关系；行政法制监督关系和行政救济关系是由行政管理关系派生出的关系。

二、行政法的渊源

行政法的渊源，是指行政法律规范和原则的外部表现形式或载体。

在不同的国家，行政法的渊源不尽相同。例如，法国行政法绝大多数来自最高行政法院的判例（这在大陆法系国家中是非常特殊的），而我国行政法却来源于有关国家机关所创制的抽象性规范。我国行政法的渊源可分为一般渊源和特别渊源。一般渊源，是指国家权力机关或行政机关各自制定的规范性文件。特殊渊源，是指有关行政法规范和原则的法律解释，及国家权力机关、行政机关与其他国家机关或社会组织共同制定的规范性文件。

我国行政法的一般渊源，按照制定主体、效力层次、制定程序的差别，可分为下述几种：

1. 宪法。宪法所包含的行政法律规范通常原则性较强，涉及行政权力的取得、行使及对其进行监督的根本性问题。例如：规定政府由本级人大产生、对它负责并向它报告工作，行政机关实行民主集中制；规定地方各级人民政府既是地方各级国家权力机关的执行机关，又是地方各级国家行政机关；规定各级政府的设立程序、职责权限等制度；规定公民受到行政机关侵害时有权获得赔偿等。

2. 法律。狭义的法律，是由全国人大及其常委会制定的规范性法律文件。法律中凡涉及行政权力的设定及权限、行使及运用、对行政权力加以监督和在受到行政权力侵害时予以补救的规范，均属行政法律规范。如《国务院组织法》、《行政处罚法》、《行政许可法》、《行政强制法》、《行政诉讼法》、《行政复议法》等，它们是行政法最重要的渊源。

3. 行政法规。行政法规是国务院制定的一类规范性文件的总称，它是对比较原则的法律规定加以具体化的主要形式之一，数量较大。其效力仅次于法律，高于地方性法规、部门规章和地方政府规章。行政法规不得与宪法和法律相抵触，必须按法定程序制定。

4. 地方性法规。地方性法规是由省、自治区、直辖市人大及其常委会，设区的市、自治州的人大及常委会，在不与宪法、法律、行政法规相抵触的前提下所制定和颁布的规范性文件的总称。其中有相当一部分涉及行政机关权力的取得、行使以及对行政权力进行监督等问题,与行政权力行使过程中行政相对人的权利和义务有关,成为地方行政机关行使行政权力的重要依据之一。

5. 自治条例和单行条例。自治条例和单行条例是民族自治地方的人大及常委会按照法定权限并依照当地民族的政治、经济和文化的特点所制定的一类规范性文件。其制定程序中有明确的按级报批和备案的规定。自治区的自治条例和单行条例报全国人大常委会批准后生效;自治州、自治县的自治条例和单行条例报省、自治区或直辖市人大常委会批准后生效并报全国人大常委会备案。与地方性法规类似,自治条例和单行条例是民族自治地方的行政机关进行行政管理的法律依据之一,因而也是我国行政法的重要渊源。

6. 行政规章。行政规章分为部门规章和地方政府规章,前者是由国务院组成部门和一部分具有行政管理职能的直属机构、直属事业单位依法制定的,后者是由省、自治区、直辖市、设区的市、自治州的人民政府依法制定的。在实践中,行政规章的面广、量大、使用频率高,这是其他行政法渊源无法相比的。但需要指出的是,行政规章的效力不及前述那些法律渊源,目前在我国的司法审查中不能作为审判"依据",而只能"参照"适用。

行政法的特别渊源,在我国目前有以下几种:

1. 法律解释。有权机关对法律、法规、规章所作的解释,包括立法解释、司法解释、行政解释和地方解释,凡涉及行政法的,通常也作为行政法的渊源。

2. 国际条约。我国参加和批准的国际条约(但保留条款除外),凡内容涉及行政法的,也是其重要渊源。而且,随着国际交往的范围扩展、频率加大,此类渊源将会越来越多,但一般需要转化适用。

3. 其他行政法渊源。这包括行政机关与各民主党派、群众团体等联合发布的法规、规章等文件。此类渊源的产生有特殊的国情和时代背景,今后将会逐步减少。

1. 宪法
2. 法律
3. 行政法规
4. 地方性法规
(含自治条例、单行条例等)
5. 部门规章和地方政府规章
……………………………………
6. 面广、量大、层次多的其他行政规范性文件
(不属于立法、地方立法和行政立法的一类抽象行政行为)

图 1-1 我国行政规范体系的宝塔形结构图

各层次法律文件中的大量行政法律规范在运行中难免发生冲突,解决冲突的基本原则

或者说行政法律规范的冲突解决机制是：①宪法中的行政法律规范具有最高效力；②下位法服从上位法（含同级行政立法服从同级人大立法）；③如系同一机关制定的法律规范，则特别法优于一般法，新法优于旧法，难以判断的冲突由制定机关（或其常设机构）裁决；④如系"效力等级相同"的法律规范，则规章之间的冲突由国务院裁决；部门规章与地方性法规之间发生冲突，不能确定如何适用时，分为两种情况：由国务院裁决适用地方性法规，或国务院认为应当适用部门规章而由国务院提请全国人大常委会裁决；省级政府规章与省内较大市的地方性法规之间的冲突，由该省级人大常委会裁决。

三、行政法的特点

行政法作为一个部门法，无论在形式上还是内容上都有区别于其他部门法的特点。

（一）行政法在形式上的特点

1. 尚无统一、完整的实体行政法典。由于行政法涉及的领域十分广泛，内容纷繁复杂，技术性和专业性较强且行政关系变动较快，因而难以制定出一部包罗万象、完整统一的实体行政法典。虽然多年来国内外都有人提出，像民法、刑法等部门法那样制定一部包容整个行政法领域的实体行政法典，但迄今尚未获得成功。这是行政法较之其他部门法的一个显著特点。

2. 有统一的行政程序法典。众所周知，民事、刑事等法律部门都有与实体法典相对应的诉讼法典；而与之相比较，自19世纪末期以来，越来越多的国家在其行政法体系中不仅有一部行政诉讼法典，同时还有一部行政程序法典，而这种情况在民事、刑事等法律部门是不存在的。可以说，这是与前一特点紧密联系的、形式上的又一重要特点。

3. 行政法规范及其存在形式特别多。这是因为，制定行政法规范采取多级分别立法的方式，其制定机关甚多（在我国如权力机关或行政机关，在行政机关中如国务院、国务院各部委或有制定权的地方政府），效力层次不同（法律、法规、规章等），行政法规范及其存在的法律形式和法律文件的数量特别大，居各部门法之首。

（二）行政法在内容上的特点

1. 内容广泛。现代行政活动领域十分广泛，已不限于传统的治安、税收、军事、外交等方面，还扩展到工商、卫生保障、环保绿化、劳动保障、妇女儿童保障、社会福利等在内的几乎所有的社会生活领域。西方学者形容其为"从摇篮到坟墓"的全方位管理。上述领域发生的社会关系均需要行政法加以调整，这就决定了行政法有着广泛的内容，所涉领域几乎覆盖全社会。

2. 易于变动，稳定性弱。这主要体现在以行政法规和规章形式表现且数量巨大的行政法规范，相对而言不够稳定，也即行政立法的稳定性较弱。其原因在于，当代社会生活节奏加快，社会关系各方面处于不断变动之中，因而具有调整这些社会关系之功能的行政法规范就呈现出较强的变动性。

3. 实体规范与程序规范交织。这一特点不仅表现在我国《行政诉讼法》这一程序法中包含了许多实体性规范，而且表现在我国行政法中还存在一类特有的行为规范即行政程序规范，这是根据行政民主、法治、科学、效率的要求，而对行政机关依法行使职权所作的特别程序约束。行政实体性规范与行政程序性规范如此紧密地交织共存于一个法律文件中，在实施和考察行政活动时很难将其截然分开，这种现象是行政法区别于民法、刑法的一个重要特点。（行政法学的三大基本理论见二维码1-1）

1-1

子学习单元2　行政法关系

行政法关系是指由行政法调整的、具有行政法上权利义务内容的社会关系，主要包括行政主体在行使行政职权过程中对内对外发生的各种关系和国家有权机关在监督行政行为过程中与行政机关及所属公职人员之间形成的关系。行政关系和监督行政关系共同构成行政领域特殊的社会关系，这种社会关系经行政法调整后，形成行政法关系，具体包括行政法律关系和监督行政法律关系。

任务1　认识和分析行政法律关系

一、行政法律关系的概念

行政法律关系是指由行政法调整的、具有行政法上权利义务内容的行政关系。国家行政机关因行使职能而发生的行政关系是多种多样的。根据行政法治原则的要求，大多数的行政关系（如行政机关实施制裁行为、许可行为、强制行为而引起的行政关系等）应转化为行政法律关系。但有些行政关系是基于对行政机关和相对方的自律要求而引起的，则不必转化为行政法律关系。在行政管理过程中，由于行政建议、行政咨询等发生的关系不需要上升为法律关系。一般而言，行政政策关系也不是行政法律关系，其只有行为模式而不具有法律上的权利义务内容。政策若要由国家强制力加以保障，必须上升为法律。

根据法律关系主体不同，行政法律关系一般分为外部行政法律关系和内部行政法律关系。外部行政法律关系，是指行政机关或法律法规授权组织与公民、法人或其他组织之间发生的、受行政法调整的行政关系，是最主要的行政法律关系，也是我们研究的重点。内部行政法律关系，是指上下级行政机关之间、行政机关内部组成机构之间、行政机关与其工作人员之间发生的受行政法调整的行政关系。内部行政关系和外部行政关系分别由两类不同的行政法规范调整，这两类不同的行政法规范一般不可交叉适用。

二、行政法律关系的特征

（一）行政法律关系中必有一方是行政主体

行政职权的行使是行政关系得以发生的客观前提。没有行政职权的存在及行使，行政关系无从产生，行政法律关系也就不可能形成。行政主体是行政职权的行使者。因此，行政主体总为行政法律关系的一方。

（二）行政法律关系具有非对等性

行政法律关系的非对等性，是指行政法律关系主体双方的权利义务不对等。行政主体单方面的意思表示即可引起行政法律关系的产生、变更和消灭，而无须征得相对人的同意。非对等性是行政领域的法律关系区别于其他部门法律关系的重要特征。

（三）行政法律关系主体的权利义务一般是法定的

行政法律关系主体之间不能相互约定权利义务，不能自由选择权利和义务，而必须依据法律规范取得权利并承担义务。例如，相对方申请经营许可证只能向法定的主管机关申请，而主管机关也只能严格按法定条件审查批准。

（四）行政主体实体上的权利义务是重合的

行政主体在行政法律关系中具有双重地位，对社会实施行政管理时体现为权利主体，而相对于国家而言则体现为义务主体。行政主体的职权和职责是不可分的。例如，征税既是税务机关的权利，又是税务机关的义务；维护治安既是公安机关的权利，也是公安机关的义务。这种实体权利义务的双重性决定了行政职权的不可放弃性。例如，当公安机关放弃治安管理职权时，就意味着失职，要受到法律的追究。

（五）行政法律关系所引起的争议在解决方式及程序上有特殊性

这是由于行政法律关系引起的争议往往具有专业性强、技术性高、层次复杂等特点，仅靠法院难以满足解决行政争议的需要。所以，我国相关法律赋予了行政机关一定的调解权、裁判权和行政复议权。

三、行政法律关系的构成要素

行政法律关系由主体、客体和内容三要素构成。

（一）行政法律关系的主体

行政法律关系的主体，亦称行政法律关系当事人，指行政法律关系中权利的享有者和义务的承担者，包括行政主体和行政相对方。

行政法律关系主体和行政法主体是两个不同的概念。行政法主体是指行政领域的法律关系中权利的享有者和义务的承担者，除了行政主体和相对方外，还包括监督行政法律关系中的监督主体，如立法机关、其他行政机关、司法机关等。可以说，受行政法规范、享有行政法上权利并承担相应义务的组织或个人都是行政法主体。

（二）行政法律关系的客体

行政法律关系的客体，是指行政法律关系当事人的权利义务所指向的目标和对象。一般包括以下三种：①物。即具有使用价值和价值的物质资料。②精神财富。即以非物质形式表现出来的智力成果，如著作、专利、发明等。③行为。即行政法律关系主体有目的、有意识的活动，如征税、征地、违章建房、阻碍交通等，包括作为和不作为。另外，也有学者将行政法律关系的客体划分为人身、行为和财物三类。

（三）行政法律关系的内容

行政法律关系的内容，是指行政主体和相对方在行政法律关系中享有的权利和承担的义务。

在行政法律关系中，行政主体的权利表现为行政主体所行使的国家行政权力即行政权。至于行政权具体包括哪些权力，学者们的看法不一，其中已被普遍认同的权力有规范制定权、决策权、命令权、检查权、决定权、制裁权、强制权和行政司法权等，而且行政权在一定意义上具有优先的性质。行政主体的义务即其职责，最基本的职责就是依法行政，其中包括遵守法律法规、积极履行职责、遵守程序、裁量合理、符合行政目的等。

行政相对方的主要权利有自由权、平等权、参与管理权、受益权、举报权、请求权、申告权、获得救济权、行政诉讼权、民主监督权等。行政相对方的义务主要是遵守法律、服从行政命令、协助行政管理等。

四、行政法律关系的变动

行政法律关系处于动态变化之中，包含产生、变更和消灭。

（一）行政法律关系变动的情形

1. 行政法律关系的产生，是指由于一定的法律事实而在行政主体与相对方之间形成特定的权利义务关系。在已有行政法律规范的前提下，行政法律关系的产生取决于：①一定事件的发生；②一定行为（作为和不作为）的发生。

2. 行政法律关系的变更，是指在行政法律关系存续期间，其主体、内容或客体发生了变化。

3. 行政法律关系的消灭，是指行政法律关系的终止或不复存在。它包括主体的消灭、权利义务的消灭、客体的消灭等多种情形。

（二）行政法律关系变动的原因

行政法律关系的产生、变更和消灭，以相应的行政法律规范的存在为前提，以一定的法律事实的出现为主因。导致行政法律关系变动的法律事实包括事件和行为两大类。事件是不以当事人的意志为转移的客观现象，如战争、天灾、出生、死亡等。行为是当事人有意识的能够产生法律效果的行为，是主要的法律事实。

事件的发生和人们的行为都可能导致行政法律关系的产生、变更或消灭。不同的是，事件不具有合法与否的属性，而行为有合法和非法的区别，且所产生的法律效果不同。例如，违章驾驶可能引起行政处罚法律关系；安全守法驾驶达到一定期限则可能引起行政奖励法律关系。

任务2　认识监督行政法律关系

就行政领域的法律关系而言，仅探讨行政法律关系是不够的。行政法律关系只是行政法的基本关系之一，现实中还存在着另一种以行政主体为监督对象的法律关系，即监督行政法律关系。我们过去较少或几乎不讨论监督行政法律关系，是有失偏颇的。

监督行政法律关系的形成是基于对行政权力控制的需要。行政权力作为国家权力的一种，不管人们的主观意愿如何，总是要受到另一政治实体的限制和约束。不受制约的权力是不可想象的，也是不存在的。当然，权力受制约的情形是复杂多样的。在封建君主专制国家的金字塔式的权力结构中，权力所受的制约程度依权力的大小而不同。但封建制下的国家权力的制约机制是非自觉和非理性的。自觉、主动地提出运用制约原理监督国家权力的是资产阶级的思想家、理论家、政治家们。他们提出了分权和制衡的理论，反映在资产阶级国家的宪法和法律中，发挥着防止权力滥用、维护统治阶级整体利益的基本功能。

为了使行政行为合乎法律要求，保护行政相对方的合法权益，很多国家都建立起各种监督制度，以多种方式经常性地监督行政行为。例如，议会的监督、法院的监督、行政监察机关的监督、检察机关的监督，等等。这些对行政主体及其工作人员进行监督的国家机关，我们称之为监督主体。监督主体与行政主体及其工作人员在监督与被监督的过程中形成的法律关系，便是我们所讲的监督行政法律关系。

一、监督行政法律关系的涵义

监督行政法律关系，是指国家有权机关在监督行政行为的过程中，与行政主体之间形成的受行政法规范调整的各种关系。我们可以从以下几个方面理解这一概念：

首先，监督行政法律关系是指国家有权机关与行政主体之间发生的关系。这些国家机关包括国家立法机关、国家司法机关（检察机关、审判机关）、国家监察机关等。

其次，监督行政法律关系是在监督行政主体的行政行为的过程中形成的。国家机关和行政主体，基于其他原因或以其他形式形成的关系，不属于监督行政法律关系。例如，国家机关和行政主体之间形成的民事关系，国家机关以行政管理相对方的身份和行政主体之间形成的关系等，均不属于监督行政法律关系。

再者，监督行政法律关系是一种受行政法规范调整的关系。若不受行政法规范调整，就不是监督行政法律关系。如司法机关运用刑事侦查权监督行政主体的行为，它们之间的关系是受刑事法律规范调整的，因此，不属于监督行政法律关系。又如政党和政协、社会组织、新闻媒体、公民个人对行政活动的监督，它们之间的关系都不受行政法甚至法律规范调整，因此，也不属于监督行政法律关系。

二、监督行政法律关系的特征

（一）监督行政法律关系是一种多重复杂的法律关系

由于行政权力及其运作是一个庞杂的系统，为确保其合乎法治要求，就需要多种监督。例如，立法机关监督行政主体的授权立法行为；行政监察机关监督行政主体的贯彻和执行法律的行为；司法机关监督行政主体的具体行政行为，等等。在这些监督主体监督行政主体的行政行为的过程中，分别形成了各种不同的监督行政法律关系，而且这些监督行政法律关系并非完全分离，更多的时候是相互交叉的。

（二）监督行政法律关系包含着行政诉讼法律关系

行政诉讼法律关系是以审判机关为监督主体的监督行政法律关系中的主要关系。审判机关监督行政主体的行政行为主要是通过行政诉讼来实现的，但行政诉讼不是审判机关监督行政主体的行政行为的唯一方式，如审判机关通过审查没有强制执行权的行政机关的申请，决定是否对相对方实施强制执行等。

（三）监督行政法律关系主体之间的权利义务关系具有非对等性

有权机关在监督行政主体的行政行为的过程中，若发现行政机关的行为违法或不当，有权依法作出撤销、变更行政行为的决定。如行政机关超越授权立法的范围而进行行政立法，立法机关可以宣布其行政立法行为无效。在诉讼法律关系中，作为被告的行政机关和作为原告的相对方的权利义务也不对等，例如，原告有起诉权而被告没有反诉权，原告对具体行政行为的违法不负举证责任，而被告却要对具体行政行为的合法负举证责任，等等。因此，行政主体在实体行政法律关系中享有较多的权利，承担较少的义务，而在监督行政法律关系中享有较少的权利，承担较多的义务。

子学习单元3　行政法基本原则

行政法的基本原则，是指贯穿行政领域法律关系的始终，调整和决定行政法主体的行为，规范和指导行政法治实践（包括行政立法、行政执法、行政司法、法律监督）全过程的原理和准则。行政法的基本原则是体现行政法价值内核的根本准则，是宪法理念和宪法原则在行政法领域的具体化和实践。行政法的基本原则起着保证行政法制统一、协调和稳定的重要作用，是行政法的灵魂。行政法基本原则具有普遍性、基础性、适用性等特征。行政法的基本原则具有行政法的具体原则所不可替代的重要作用和特殊功能，主要表现为：其一，行政法基本原则是行政法规范的制定依据；其二，当行政法具体规范不明确或没有具体规范时，行政机关可运用行政法的基本原则来指导行政实务，有权机关也可根据行政法的基本原则作出法律解释，从而发挥弥补行政法规制度漏洞的作用。

在我国，学界对于行政法基本原则有不同的认识。有的教材认为，行政法的基本原则包括行政合法性与行政合理性两项原则。[1] 有的教材认为，我国行政法的基本原则总的来说可以概括为行政法治原则，可具体分解为行政合法性原则、行政合理性原则、行政应急性原则（二维码1-2）和行政信赖保护原则。[2] 有的教材认为，行政法的基本原则总括为行政法治原则，具体包括如下几项：依法行政原则（行政合法性原则，包括法律优越与法律保留）、信赖保护原则、比例原则。[3] 还有的教材认为，行政法的基本原则包括实

---

[1]　参见胡锦光、刘飞宇主编：《行政法与行政诉讼法》，中国人民大学出版社2020年版，第8-9页。
[2]　参见莫于川主编：《行政法与行政诉讼法》，科学出版社2008年版，第26页。
[3]　参见马怀德主编：《行政法与行政诉讼法》，中国法制出版社2000年版，第38页。

体性基本原则和程序性基本原则。实体性基本原则包括依法行政原则、尊重和保障人权原则、越权无效原则、信赖保护原则、比例原则；程序性基本原则包括正当法律程序原则、行政公开原则、行政公正原则、行政公平原则。[1]

1-2

行政法基本原则随着行政法理论和行政法治实践的发展而不断调整、变化。我国行政法基本原则的确立需要与我国依法行政和建设法治国家的目标相契合，同时要考虑我国公共管理和公共行政改革的方向。我们认为，我国的行政法基本原则包括依法行政原则、合理性原则、程序正当原则、诚实守信原则、高效便民原则和监督与救济原则。

任务1　认识并运用依法行政原则

依法行政原则是各国行政法所普遍遵循的基本原则。我们认为，依法行政的基本含义是指政府的行政行为必须依法作出，受到法律约束。依法行政的"法"包括宪法、法律、法规和规章。

我国于1999年修改的《宪法》明确指出"依法治国，建设社会主义法治国家"。依法行政是依法治国的核心和关键，对于建设法治政府、实现行政法治、推进依法治国具有重要意义。国务院于2004年颁布《全面推进依法行政实施纲要》，于2010年颁布《国务院关于加强法治政府建设的意见》。2014年，党的十八届四中全会通过《中共中央关于全面推进依法治国若干重大问题的决定》，明确规定深入推进依法行政、加快建设法治政府，要求各级政府必须坚持在党的领导下、在法治轨道上开展工作，创新执法体制，完善执法程序，推进综合执法，严格执法责任，建立权责统一、权威高效的依法行政体制，加快建设职能科学、权责法定、执法严明、公开公正、廉洁高效、守法诚信的法治政府。随后中共中央、国务院印发了《法治政府建设实施纲要（2015-2020年）》《法治政府建设实施纲要（2021-2025年）》，明确提出法治政府建设是全面依法治国的重点任务和主体工程，是推进国家治理体系和治理能力现代化的重要支撑。上述文件提出的这些要求为我国行政法的发展，尤其是行政法基本原则的确立提供了时代契机。

一、职权法定（二维码1-3）

职权法定，是指国家行政机关以及其他组织的行政职权必须由法律予以规定或授予。行政机关的行政职权并非固有，而是经人民意志代表机关（权力机关）通过制定法律授予的；没有法律的授予，行政机关既不可能具有、也不可能行使行政权。法律设定行使行政

---

[1] 参见姜明安主编：《行政法与行政诉讼法》，北京大学出版社、高等教育出版社2011年版，第67-82页。

权的边界，行政机关的职权法定。这与公民权利的拥有及行使有着明显的区别。对于公民而言，法无明文禁止即自由；对于行政主体而言，法无明文授权则不可为。

1-3

行政机关或其他行政公务组织的职权法定，一般有两种情形：一是宪法授予和行政机关组织法规定的职权，由组织法分配或划定了行政机关与其他国家机关之间的权限、行政机关相互之间的职权范围；二是单行的法律规定了哪些事项由哪个行政机关或者组织管辖。职权法定中的"法"，有时仅指全国人大及常委会制定的法律，有时也包括法规和规章。

"职权法定"的基本要义在于，行政权力及其行使来源于"法定"而非"意定"。《行政处罚法》《行政许可法》《行政强制法》均遵循职权法定，为行政机关设定相应的职权。例如，我国《行政处罚法》规定了"处罚法定"原则：行政处罚由具有行政处罚权的行政机关在法定职权范围内实施；法律、法规授权的具有管理公共事务职能的组织在法定授权范围内实施行政处罚。

二、法律优先

法律优先，又称为消极的依法行政，是指行政机关行使行政权应当受到法律的约束。行政活动不得违反法律，不得与法律相抵触，即法律优先于行政。法律优先旨在解决行政法律规范的效力问题。

这一原则包含以下涵义：从法律位阶上看，行政法规、规章以及规范性文件的效力均低于法律，不得与法律相抵触。如果存在冲突，应当优先适用法律。若上位法对某一事项作出规定，那么下位法应当在上位法设定的权限范围内进行规定和细化，不能与之相抵触，如果抵触则无效。法律尚未规定而行政法律规范率先作出时，一旦法律对同一事项进行规定，则法律具有优先地位，应当适用法律，其他规范性文件必须服从法律。

三、法律保留

法律保留，又称积极的依法行政，是指有些事项只能由法律进行规定，行政机关非经特别授权不得规定。行政权力来源于法律授权，法律保留体现出现代法治主义精神。对某些事项，没有法律授权时行政机关就不能为之，否则就属于违法。法律保留原则一般适用于干涉行政领域或者对公民权益影响重大的领域。关于法律保留的范围，各国理论界和实务界有不同的观点，较为主流的学说包括"侵害保留说"、"全部保留说"和"重要事项说"等。[1] 我国立法中已经明确了"法律保留"原则，具体体现在《立法法》第11条

---

[1] 参见杨解君：《行政法与行政诉讼法》（上），清华大学出版社2009年版，第74页。

和第 12 条。法律保留又可分为绝对保留与相对保留。

1. 绝对保留，即某些事项的设定权只能归属于最高立法机关，任何其他国家机关不得行使，而且该事项只能通过法律加以规定。《立法法》第 11 条规定的有关犯罪和刑罚、对公民政治权利的剥夺、限制人身自由的强制措施和处罚、司法制度等事项，就属于法律的绝对保留事项或称法律专属保留事项。

2. 相对保留，即某些事项原属于立法机关通过法律予以设定的范围，但在某些情况下，法律可以授权行政机关或其他国家机关制定相应规范。根据《立法法》第 12 条的规定，对于尚未制定法律的事项（非绝对保留的事项），全国人民代表大会及其常务委员会有权作出决定，授权国务院可以根据实际需要对其中的部分事项制定行政法规。

任务 2　认识并运用行政合理性原则

现代行政法虽然要求职权法定，但立法者不得不授予行政主体广泛的行政裁量权：从消极方面而言，立法机关无法预知未来的一切可能并作出周密的考虑，即立法无能；从积极层面而言，立法者希冀给行政主体更多裁量权来应对未来复杂多变的现实生活。行政主体享有广泛的行政裁量权，这是各国公共行政领域一个不可避免的事实。正如美国学者伯纳德·施瓦茨所说："自由裁量权是行政权的核心。"[1] 自由裁量权有可能被滥用，因此必须加以控制。《中共中央关于全面推进依法治国若干重大问题的决定》也明确提出要"建立健全行政裁量权基准制度，细化、量化行政裁量标准，规范裁量范围、种类、幅度。"行政合理性原则作为控制行政机关自由裁量权的重要武器应运而生，该原则是实现实质法治的重要保障。行政合理性原则，是指行政机关不仅应当按照法律、法规规定的条件、种类和幅度范围作出行政决定，而且要求这种决定应符合法律的意图和精神，符合公平、正义等法律理性，符合全社会共同行为准则等社会公理。行政合理性原则中的"理"，是指体现全社会共同遵守的行为准则的法理。简言之，行政合理性原则要求行政主体的行为应当符合立法目的，出于正当考虑，合乎情理公德，彼此关系协调，过错大小与责任大小基本相当，否则该行政主体应承担相应的后果。其内涵主要表现为比例原则和平等对待两个方面。

一、比例原则

比例原则起源于德国，最初只适用于警察行政领域，后被扩充至其他行政领域，被视为宪法和行政法上的原则。根据德国的法制经验，比例原则具体由三个子项构成：适当性、必要性和衡量性。

1. 适当性。这是从行政行为目的的角度所作的要求，即行政行为的作出要适合于目的的实现，或者说不得与目的相悖离。在这里，目的既包括行政的一般目的，也包括法律授权的特定目的。适当性要求：行政机关在作出行政决定时，面对多种可能选择的措施，

---

[1]　[美] 伯纳德·施瓦茨：《行政法》，徐炳译，群众出版社 1986 年版，第 566 页。

必须择取确实能达到法律目的或行政目的之措施。如为了追求高效和优良的行政管理，在公务员的选拔上往往采取限制学历的办法，但如果为了实现该目的仅采取限制学历的办法，却不能促使该行政目的的实现，此种情形即属违反适当性。

2. 必要性。这是从手段上对行政行为所作的要求。它是指行政行为不能超越实现目的之必要程度，即为达成目的面对多种可能选择的手段，须尽可能采取对人民利益影响最轻微的手段。必要性的基本要求在于使用"最不激烈手段"（在诸多可选择的手段中选择对公民权益损害最少者）或者"最温和手段"。如对于违法的企业，行政机关可依法给予罚款、吊销执照或者责令停产停业的处罚，如果只需对企业处以罚款即可达到制裁和防止其违法的效果，行政机关即不得施以"责令停产停业"等其他影响过于激烈的行政处罚措施。又如在城市管理中，城市管理执法人员可以通过疏导、教育等非强制方式达到管理目的，那么就不得实施行政强制。该原则意在防止行政机关在作决定，特别是影响公民或组织权益的决定时"小题大做"，正如德国谚语所说："不可用大炮打小鸟"，也即我国俗语所言："杀鸡焉用牛刀"。必要性要求：一方面必须采取最轻微手段，另一方面只有在最后关键时刻而不得不采取激烈手段（无其他可行及慎重的手段可供选择）时方可为激烈手段。

3. 衡量性，又称狭义比例原则或平衡原则。这是指手段应按目的加以衡量，即干涉措施所造成的损害轻于达成目的所获得的利益，才具有合法性。换言之，行政机关在作出行政行为时，面对多种可能选择的手段，对手段的选择应按目的加以衡量。衡量性要求：在目的与手段之间保持比例，不致行政机关为实现行政的目的而造成公民权益的过度损害，正如我国俗语所说的不得"竭泽而渔""杀鸡取卵"。如政府拟修建一条高速公路，需要对沿途村庄集体土地进行征收，政府在征收之前应当对该行为所造成的损失与所取得的公共利益进行衡量。

行政成本的考虑，也属于衡量性原则（即狭义比例原则）的范畴。行政管理过程中的收益应大于其成本支出。这些收益包括经济收益、社会收益、道德收益、法律收益、政治收益以及国际收益，成本包括直接成本、错误成本以及给社会或公民造成的不良影响等。如果采取行政措施所造成的成本明显超过其收益（行政目的的实现），该行政措施即不符合狭义比例原则。[1]

二、平等对待

平等对待又称法律平等保护。平等对待的基本含义是，非有正当理由不得区别对待，即非歧视原则。行政法领域的平等对待主要是指行政主体在从事行政活动时应当平等地对待行政相对人，同等情况同等对待，不得歧视特定相对人。平等对待的具体要求主要表现在如下方面：

1. 立法机关在立法上合理分类。平等对待不意味着"一刀切"和无差别对待，而是

---

[1] 参见马怀德：《行政法与行政诉讼法》，中国法制出版社2000年版，第80-82页。

允许存在合理差别。这种合理差别从形式上看并不平等，但其目的是实现实质意义上的平等。如行政给付立法中给予特定群体物质帮助，旨在实现实质平等。

2. 行政主体在实施行政行为时应当平等地对待行政相对人。在行政权的行使过程中，行政主体应平等地、无偏私地行使行政权，平等地对待一切当事人，禁止恣意妄为。需要行政主体做到：针对相同的情况作出相同的对待，针对不相同的情况作出有差别的安排。行政主体不得因为行政相对人的民族、性别、身份、家庭出身、教育程度等给予其不平等待遇。行政主体从事行政活动时，还应当合理考虑相关因素，不能考虑不相关因素。如行政机关作出行政处罚决定时不能考虑行政相对人的家庭背景、长相等不相关因素，而应当综合考虑违法行为的事实、性质、情节以及社会危害程度等相关因素。

3. 司法机关或者其他监督（或救济）机关在司法过程中应平等地对待行政主体与行政相对人，以一种独立、中立的立场来公正地处理双方的关系，而不能因为行政主体处于强势地位、行政相对人处于弱势地位就偏袒行政主体，否则会使强者更强、弱者更弱。

任务3　认识并运用程序正当原则

程序正当原则，又称为正当程序原则，是指行政机关作出行政行为必须遵守正当法律程序，包括告知当事人、说明理由、听取陈述和申辩等。《美国宪法第五修正案》规定了"正当法律程序原则"（due process of law），即"非经正当法律程序，不得剥夺任何人的生命、自由或财产"。正当程序原则是实现实体正义的重要保障。程序正当原则是任何一个法治国家都公认的行政法基本原则之一。程序正当原则的内涵非常丰富，主要体现在行政公开、程序公正和公众参与三个方面。

一、行政公开（二维码1-4）

阳光是最好的防腐剂。同理，行政过程公开透明也是预防行政主体恣意、滥权和腐败的有效手段。行政公开是现代社会行政活动所遵循的一项基本原则，具有重要的意义。

1-4

1. 行政公开可以实现公民的知情权，满足公民对信息的需要。在现代社会，公民有权了解政府的活动，而政府对其制定的政策、规章以及作出的具体决定，有义务向公众公开，接受公众的监督。

2. 行政公开有利于公民对行政事务的参与，增强公民对行政机关的信赖。知情权是公民实现其政治权利及其他相关权利的前提条件。公民只有在充分、确实了解政府活动的基础上才能有效参与国家事务和社会事务的管理。在现代社会，行政机关活动的一个重要的变化是，行政行为从命令型向服务型、合作型转变，行政机关的任务需要公民的合作才能完成。行政公开通过加强行政机关与公民之间的沟通和了解，促进公民对行政的参与，有助于维护公民对政府的信赖。

3. 行政公开有利于防止行政腐败。行政公开是监督行政机关的一个非常重要的途径。将政府的政策、规章以及行政活动的过程和结果予以公开，使公众有权知悉和公开评论，可以有效地防止行政专断和腐败。许多国家的行政程序法都规定了信息公开制度。例如，日本行政程序法规定，许可、认可的审查标准和审查期间等，除有特别的障碍外，行政机关必须在受理机关的办公地点张贴并以其他适当的方式公布。

借鉴域外行政程序法制的规定，结合我国的《政府信息公开条例》，行政公开原则的基本要求主要有以下方面：①行政立法和行政政策公开，特别是制定行政法规、规章、政策的活动应公开，行政法规、规章应一律在政府公报或其他公开刊物上公布，行政政策除依法应当予以保密的内容以外，也应通过一定形式予以公布。②行政执法行为公开，包括：执法行为的标准、条件公开；执法行为的程序、手续公开；涉及相对人重大权益的行政执法行为，如涉及人身权或重大财产权的行政处罚等，应采取公开的形式进行，如举行听证会，允许公众旁听，甚至允许新闻记者采访、报道等。③行政裁决和行政复议行为公开。行政机关无论实施行政裁决行为还是行政复议行为，其行为的依据、标准、程序都应公开，让当事人事先知晓。④行政信息公开。⑤行政诉讼及裁判结果公开。

二、程序公正

程序公正，是法律正义的基本内涵。在诉讼程序领域，程序公正的基本要求有两个：一是任何人不得做自己案件的法官；二是任何人在受到不利对待时应当给予其陈述和辩护的机会。前者意在克服人性的自私缺陷，预防执法者因私枉法，后者意在实现兼听则明，通过听取即将受到不利对待之人的陈述和辩护，获取更加全面和多元的信息，以便执法者可以在更充分、更多元的信息基础上作出合理的决定。随着行政程序法的兴起和发展，原来适用于诉讼法上的自然公正原则被移植到行政法领域，其目的在于规范行政主体适用法律作出对利害关系人合法权益至关重要的行政决定的行为。

具体而言，行政程序公正包含了以下要求：①回避：行政机关工作人员不得处理与自己有利害关系的行政案件，行政复议工作人员和法官也不得审理与自己有利害关系的行政案件。②听取意见：听取利害相关人的意见，当行政主体作出对当事人可能产生不利影响的行政行为时，必须事先听取当事人的意见，否则就如同司法上的不审而判，显失公正。③说明理由：行政主体在作出行政决定时，特别是作出对当事人不利的决定时，负有说明理由的义务，包括说明作出行政决定的法律原因和事实原因。④不得单方接触：即行政主体在作出处理决定前，不得在一方当事人不在场的情况下与另一方当事人接触，以防止偏听偏信或先入为主，从而导致不公平。

三、公众参与

公众参与，是指作为行政相对人的公民、法人或其他组织有权参与行政过程，有权对行政主体即将作出的行为表达意见，而且该意见应当获得行政主体的尊重。在人民主权原则得以普及和切实贯彻的时代背景下，行政相对人参与公共行政，与行政主体间形成和谐的服务与合作关系，应当是现代公共行政所追求的目标。在行政民主化理念的支配下，服务与合作是现代公共行政的时代特质。而要型塑服务与合作的公共行政关系，就必须保障公众对公共行政的参与权。从行政法的发展变迁角度看，行政参与也是现代行政程序法的核心价值，意在实现人民在行政过程中的主人地位和对公共事务的治理权力，弥补传统行政法通过事先立法和事后司法审查监控行政权的制度实践的不足。公众参与行政原则的基本要求主要表现在以下几个方面：

1. 信息公开透明。除法律明确规定为国家秘密、商业秘密和个人隐私而不得公开的以外，公共行政应该公开透明。通过信息的公开透明保障社会公众的知情权，应该是一种最低限度的公众参与。如果公共行政完全不公开、不透明，公众就无从知悉公共行政的内容、目标、进展等。无权知情、不能知情和不想知情均意味着公众不能参与公共行政。

2. 行政主体在作出影响社会大众的合法权益的公共政策或制定法规、规章及行政规范性文件时，应当充分保障公众的参与机会，特别是信息披露、理由说明、公众表达意见的机制保障以及对公众意见的处置情形的公布等。

3. 行政主体在个案中就特定利害关系作出行政行为时，应当在作出最终决定前，给予当事人陈述与申辩的机会，并且回答当事人的疑虑，在充分考虑当事人合理意见的基础上作出合理决定。在法律有特别规定的情形下，行政主体作出对特定利害关系人影响重大的行政决定时，应当依法举行听证会，保障利害关系人的参与权。《行政处罚法》第45条第1款规定："当事人有权进行陈述和申辩。行政机关必须充分听取当事人的意见，对当事人提出的事实、理由和证据，应当进行复核；当事人提出的事实、理由或者证据成立的，行政机关应当采纳。"

4. 应当建立保障公众参与权实现的救济机制。行政主体侵害公众参与权的，法律应当提供充分有效的救济。

任务4　认识并运用诚信原则

诚实信用原则作为私法领域的"帝王条款"，源于私法关系中契约应当遵守的基本理念。诚实信用原则不仅仅适用于平等主体之间的民事法律关系，同样适用于行政法律关系。在我国行政法领域确立诚实信用原则，有利于树立法律权威，建设诚信政府。其基本内涵主要包括诚实守信和信赖保护两个方面。

一、诚实守信

对于国家和政府而言，诚信才能立国、立威、立信。根据我国目前法治建设情况，在行政法中确立诚信原则至为必要和迫切。从字义上来看，诚实是指真实无伪，守信是信守诺言，不反言。在行政法中，诚实守信意味着：

1. 行政主体不得为了自身的利益欺骗行政相对人，不得"钓鱼执法"和"养鱼执法"，违反法律、法规、政策的初衷和目的，否则必将损害政府的权威和公信力。

2. 政府在制定法律、政策、决定和作出承诺前，必须充分考虑各种复杂的情形，听取多方意见，在慎重考虑的基础上作出决定，切勿恣意妄为或率性而为，否则，事后必将无法执行曾经作出的决定。质言之，草率和恣意是不诚实、不守信的代名词。如果政府遵守诚实守信原则，就必须事先谨慎行动。

3. 行政主体必须依法行政，不得任意反悔，如果的确因客观情况的变化而不得不反悔的，应当承担相应的法律责任。

4. 法律规范应具有稳定性与不可溯及。法治要求法律规范具有稳定性、连续性、可靠性与可预测性。因此，行政法律规范不得变化无常。行政法与其他法律部门相比较而言，其稳定性较差，但其变化也必须与社会变化和发展相一致。行政法律规范不得常变，立法者不能随心所欲、朝令夕改，否则就会使法律失去尊严，令人无所适从。行政法通常也不得溯及既往，特别是对公民产生不利影响的，更在禁止溯及既往之列。

5. 行政活动应具有真实性与确定性。行政主体作出行政活动，应出于真实的目的和意图，意思表示真实、准确。真实性不只适用于行政法律行为，也应适用于行政事实行为，如咨询、信息提供等。虚假、错误的行政行为造成公民合法权益损害的，行政主体负有赔偿义务。行政行为一经作出，就具有确定性，非经法定事由和法定程序，不得随意撤销、更改或废止。这既是行政活动连续性、一致性与稳定性的要求，也是保障公民权益的要求。

二、信赖保护

信赖保护原则，由传统法理中的诚实信用原则、法律安定性原则以及人民基本权利保障原则等综合演化而成。它是指人民基于对国家公权力行使结果的合理信赖而有所规划或举措，由此而产生的信赖利益应受保护。信赖保护原则主要包括两个方面：一是信赖保护的适用条件；二是信赖保护的法律效果。[1]

1. 信赖保护的适用要件。信赖保护原则的适用须具备如下条件：一是须有信赖基础，即行政机关已经作出了一定的行政行为，如命令或决定，这是信赖的前提和基础。二是须有信赖表现。行政相对人基于对行政机关的信任，在客观上从事了某种行为，如安排其生活或处置其财产。如公民取得采矿许可证后，购买了采矿设备并开始从事生产。三是须信赖值得保护。行政相对人合法取得的信赖利益值得保护，反之，信赖有瑕疵则不值得保护。例如，以欺诈、胁迫或贿赂方法使行政机关作出行政行为的，或对重要事项提供不正确资料或不完全陈述而致使行政机关依该资料或陈述作出行政行为的，或明知行政行为违法或因重大过失而不知行政行为违法的，就属于信赖不值得保护的情形。

2. 信赖保护的法律效果。信赖保护的法律效果，可分为存续保护与财产保护，且两者之间存在选择关系。①存续保护。系指不论现存法律状况是否合法，为稳定人民所信赖

---

[1] 参见李震山：《行政法导论》，三民书局2007年版，第299—301页。

的法律状况，维持原来的信赖基础。这主要适用于对授益行政行为的撤销（或废止）方面，即在不得撤销的情形下（撤销对公益有重大危害者、信赖利益显然大于撤销所欲维护的公益者），让违法的授益行政行为继续存在。②财产保护。即以适当的财产补偿来减轻行政相对人因合理信赖所造成的损失。如授益行政行为因违法而必须被撤销的，对受益人因信赖该行政行为而遭受的财产损失，应给予合理的补偿。尽管我国现行法律没有明确关于撤销违法授益行政行为的补偿制度，但存在因变更或撤回行政行为的补偿制度。我国《行政许可法》第8条第2款规定："行政许可所依据的法律、法规、规章修改或者废止，或者准予行政许可所依据的客观情况发生重大变化的，为了公共利益的需要，行政机关可以依法变更或者撤回已经生效的行政许可。由此给公民、法人或者其他组织造成财产损失的，行政机关应当依法给予补偿。"

任务5 认识并运用高效便民原则（二维码1-5）

高效便民原则是指行政机关在行政管理过程中，应当提高行政效率，打造高效便民服务平台，尽可能为行政相对人提供便利。高效便民，是行政管理规律和建设服务型政府的基本要求。基于行政"为人民服务"的基本目标，行政机关应按照以人为本和方便群众的要求，及时有效、方便快捷地提供公共产品和公共服务，减少不必要的环节和麻烦。高效便民原则在我国《行政处罚法》《行政许可法》《行政强制法》等法律文件中都有特别规定，它主要是针对我国目前公共行政存在的效率低下、人浮于事、服务意识缺乏等问题提出的。高效便民原则也可适用于行政诉讼程序之中。

1-5

一、高效原则

高效原则，即以最低成本在最短时间内创造出更多的成果。英国法谚有云："迟来的正义为非正义。"社会事务纷繁复杂且瞬息万变，行政效率是行政权的生命。行政的性质要求行政机关进行行政管理和服务活动时遵循高效原则，确保行政目的的实现。

高效原则在行政法上有以下具体要求：

1. 精简机构，裁撤冗员，降低公共行政的人力成本，减轻民众的税负。

2. 公共行政必须坚持为民服务的宗旨，以满足人民的真实需求为施政方向，坚持从实际出发，量力而行，兼顾各方诉求，杜绝华而不实的政绩工程和面子工程，慎重决策，认真实施，杜绝浪费。

3. 行政决策、行政决定必须进行成本效益核算，禁止采取得不偿失的行政活动。

4. 公共行政应当严格遵循法定时限，禁止拖拉，这是高效原则的最低要求。行政机关可以主动优化流程，主动尽快完成行政行为，提高行政效率。

5. 改进行政工作作风，消除非法设置的人为障碍和前置条件，使行政相对人办事顺利、顺心、顺畅。要以"流程最优、环节最少、审批最简、服务最优、效率最高"给行政相对人提供程序便利。

二、便民原则

便民原则，是指使民众能够方便获得行政主体提供的公共服务。现代行政是服务行政，行政机关要积极创造条件为公民提供服务、谋划福祉。便民原则是服务型政府建设的必然要求。政府是公共服务的提供者，民众是公共服务的享受者，但民众获取政府提供的公共服务必然是有成本的，这种成本不仅包括公众事先通过纳税支付的经济成本，而且包括民众在获取特定公共服务时所花费的时间成本和经济成本。便民原则作为行政法的基本原则，其主旨在于通过改进行政主体提供公共服务的地点、方式等尽可能减少民众的成本。实践中，各地政府积极探索建立行政服务中心和行政审批局即是便民原则的集中体现。

结合我国的行政现实，便民原则的基本要求是：

1. 在特定的时空条件下，政府应当充分利用各种可能的技术手段、方式和方法，保障民众以最低成本和最便利方式获取法律、法规、规章、行政规范性文件以及其他公共信息。

2. 行政机关的办公场所和服务场所应当尽可能接近服务对象，减少民众获取公共行政服务的交通成本和时间成本，如服务进社区等。

3. 行政事权和行政人员应当尽可能下放到基层，便利民众办事。

4. 通过机构整合（"一站式办公"）或服务窗口合并（"一个窗口对外"），将分散于不同行政部门但又密切相关的行政事项在程序上尽可能一体办理，减少当事人在各个行政部门之间的奔波。

5. 应当健全服务咨询制度，及时、准确、全面地解答民众的咨询和疑问，使民众准确知悉获取公共行政服务应当具备的条件和提供的手续，尽量少跑冤枉路。

6. 在特殊情况下，如服务对象丧失行动能力等，应当提供上门服务。

任务6　认识并运用监督与救济原则

"有权力必有监督""有权利必有救济"是基本的法律原理与原则。行政法是规范行政权力之法，更是保障人民利益之法。因而，无论是从行政法的基本目的和根本宗旨出发，还是从建设法治政府、责任政府的要求出发，都需要确立对行政机关或者其他行政公务组织及其行政活动进行监督和救济的原则。十八届四中全会强调要"强化对行政权力的制约和监督，完善纠错问责机制"，就是对"监督原则"提出的明确要求，而如何"依法维护人民权益"的若干机制的表达——"健全依法维权和化解纠纷机制，建立健全社会矛盾预警机制、利益表达机制、协商沟通机制、救济救助机制，畅通群众利益协调、权益保障法律渠道",则可视为"救济原则"的体现。

一、监督原则

监督原则,即监督行政的原则,是指有权国家机关、公民、法人或者其他组织对行政机关或其他组织的行政活动有权进行监督与问责。基于"权责一致"和"有权力必有监督"的要求,监督原则主要包括监督与责任两个方面的内容:

1. 监督。监督的主要方式为:①自觉接受"他律"监督。各级人民政府和政府部门(或者其他组织及其人员),要自觉接受人大及其常委会的监督(立法机关的监督)、政协的民主监督和人民法院依法实施的监督(司法机关的监督)。不仅如此,还应接受来自社会组织、公民个人、新闻媒体等人民群众的监督(社会监督),并依法保障人民群众监督政府的权利。②加强行政内部层级监督和专门监督。上级行政机关要切实加强对下级行政机关的监督,及时纠正违法或者不当的行政行为;保障和支持审计、监察等部门依法独立行使监督权。

2. 责任。责任主要表现为三个方面:①行政机关有责任依法行使职权。②对违法、不当行为及其他造成公民或组织权益损害的行为应当承担责任。③问责。根据《国务院关于加强法治政府建设的意见》,要严格行政问责。坚持有错必纠、有责必问。对有令不行、有禁不止、行政不作为、失职渎职、违法行政等行为,要依法依纪严肃追究有关领导直至行政首长的责任,督促和约束行政机关及其工作人员严格依法行使权力,履行职责。

二、救济原则

"有权利必有救济""无救济即无权利",可以说是一条法律公理。在行政活动中,行政机关极易对行政相对人的权益造成损害,如果没有对因其违法或不当的行政活动造成损害的弥补与救济,行政公权力就会"任性"地行使,从而使人民的权益处于一种危险状态。因此,从保障人民的合法权益角度出发,必须给予公民或组织在其合法权益受到行政违法或不当行政活动侵害的情况下享有充分救济的权利。

作为行政相对人的公民、法人或其他组织的救济权利,主要包括申请行政复议权、提起行政诉讼权、要求赔偿权或补偿权以及救济过程中的相应权利等。这些救济权的行使及实现,在我国主要通过行政复议、行政诉讼、国家赔偿与补偿等制度来保障。

项目训练

训练项目一:公共行政的识别与判断

【案例一】

某市国营齿轮厂是一家拥有5000人的大型企业。某年5月,该厂行政办公室发布了一个分房通知,将齿轮厂新购置的10套二居室住宅分给了有关人员,并将分房的条件列出。齿轮厂工程师李某认为,他在该厂已工作近9年,对该厂设备更新改造作出过较大贡献,且他家一直住房紧张,老少三代11口人挤在40平方米的平房里,急需改善住房条件,而且他也符合分房通知中所列分房条件,但分房名单中却没有他。李某认为很不公平，便多次向厂行政办公室、厂长及该齿轮厂的上级主管部门申诉，但均未获得解决。李某一气之下，以该齿轮厂行政办公室为被告向人民法院提起行政诉讼。法院经审查认为：被告不适格，驳回了李斌的起诉。

训练目的：

通过此案例，使学生掌握公共行政和私人行政的区别，进而回答本案中涉及的"行政"是否为行政法中的"行政"。

分析提示：

分析此案例，应首先明确行政法上的"行政"仅限于公共行政，进而从公共行政的内涵着手进行分析。

【案例二】

杨某原是杭州某高职院校2014级的一名学生。2016年12月31日，杨某在一门课程的考查中，让同学张某代考，被监考老师发现。该高职院校以严肃校纪为由，对杨某和替考者作出"开除学籍"的处分。杨某认为，学校作出的"开除学籍"处分侵犯了他受教育的权利；且受教育者对学校给予的处分不服，有提出申诉或诉讼的权利，但学校没有给予自己申辩的机会。2017年3月12日，杨某把母校告上法庭，请求依法撤销或变更学校作出的处分决定。该高职院校认为，根据《高等教育法》的规定，高等学校有权对学生进行学籍管理并实施奖励或处分，被告对原告作出的处分是一种内部行政行为，不属于外部行政行为，故不属于行政诉讼的受案范围。

训练目的：

通过此案例，使学生进一步认识公共行政的内涵，能区分两对范畴：实质行政与形式行政，内部行政与外部行政。预设的问题是：高等学校对学生的管理活动是否属于公共行政。

分析提示：

分析一个行为是否属于公共行政，首先看形式上是否符合行政机关的行为，然后用实质上是否涉及公共行政权力的运用进行限制和补充。内外行政则主要从管理者与被管理者的关系上判断。

训练项目二：行政法律关系的分析

【案情简介】

甲与乙系夫妻，在婚姻关系存续期间，甲与乙共同购买了房屋1套，但该房屋产权证上登记的产权人仅为甲一人。后甲与乙感情不和，甲一人持房屋产权证将房屋出卖给了丙，双方签订了房屋买卖合同，并到房管局办理了变更登记。房管部门向丙颁发了房屋权证。乙得知后，以房管局为被告向法院提起行政诉讼，要求撤销颁发给丙的房屋产权证。法院经审理认为，房屋系甲与乙在夫妻关系存续期间所购，应为夫妻共同财产。房管局在颁证时未审查房屋共有人是否同意即向丙颁发房地产权证，属认定事实不清，遂判决撤销该颁证行为。

训练目的：

通过此案例，使学生能分析案件中的法律关系。预设的问题是：本案中存在哪些法律关系，并分析行政法律关系的主体。进一步思考这些法律关系之间存在何种联系？

分析提示：

根据行政法律关系与民事法律关系的特征以及三大构成要素的内涵来判断。

训练项目三：行政法渊源效力等级的识别

【案例事实】

考虑到对公民自由权和隐私的尊重，《中华人民共和国民法典》（简称《民法典》）施行前的《中华人民共和国婚姻法》（简称《婚姻法》）中没有提及婚前检查的问题，未设定婚检制度。1994年出台的《婚姻登记管理条例》第9条第3款规定："在实行婚前健康检查的地方，申请结婚登记的当事人，必须到指定的医疗保健机构进行婚前健康检查，向婚姻登记管理机关提交婚前健康检查证明。"第10条规定："在具备条件的地方，应当建立婚前健康检查制度。……"2003年国务院颁布的《婚姻登记条例》废止了原来有关"强制婚检"的规定。但是，一些数据表明，强制婚检的废止对控制传染病和防止新生儿畸形产生了负面影响。于是，黑龙江省于2005年通过地方立法《黑龙江省母婴保健条例》恢复了强制婚检的要求，该地方性法规第8条明确规定："本省实行婚前医学检查制度……凭婚前医学检查证明，到婚姻登记机关办理结婚登记。"其依据是1995年施行的《中华人民共和国母婴保健法》（简称《母婴保健法》），该法第12条规定，男女双方在登记结婚时，应当持有婚前医学检查证明或者医学鉴定证明。强制婚检制度以法律的形式得以确立。且2017年11月4日第十二届全国人民代表大会常务委员会第三十次会议通过的《母婴保健法》修正案中仍然保留了该条款。《母婴保健法实施办法》亦是保留了强制婚检的条款。2020年通过的《民法典》对婚检问题也未作出明确规定。黑龙江省民政厅表示拒绝执行地方性法规《黑龙江省母婴保健条例》的强制婚检规定，认为恢复强制婚检有违《婚姻登记条例》的规定。对于是否需要强制婚检的问题，法律（《民法典》、已失效的《婚姻法》、《母婴保健法》）、行政法规（《婚姻登记条例》）、地方性法规（《黑龙江省母婴保健条例》）的规定明显不一致。

训练目的：

通过此案例，使学生能对行政法渊源的效力等级进行判断，并能分析判断这些规定的合法性，进而思考如何完善法的"合法性审查"机制。

分析提示：

法的合法性判断的关键是看下位法是否违反上位法，是否有违宪法的规定。

训练项目四：比例原则的运用

【案例事实】

2013年3月，杨某向市房产管理局等单位申请廉租住房，因其家庭人均居住面积不符合条件，未能获得批准。后杨某申请公开经适房、廉租房的分配信息并公开所有享受该住房住户的审查资料信息（包括户籍、家庭人均收入和家庭人均居住面积等）。市房产管理局于2013年4月15日向杨某出具了《关于申请公开经适房、廉租住房分配信息的书面答复》，答复了2008年以来经适房、廉租房、公租房的建设、分配情况，并告知其中三批保障性住房人信息已经在政务信息网、市房管局网站进行了公示。杨某提起诉讼，要求一并公开所有享受保障性住房人员的审查材料信息。

区法院经审理认为，杨某要求公开的政府信息包含享受保障性住房人的户籍、家庭人均收入、家庭人均住房面积等内容，此类信息涉及公民的个人隐私，不应予以公开，判决驳回杨某的诉讼请求。

关联法条：

《廉租住房保障办法》第17条第（五）项："经审核，家庭收入、家庭住房状况符合规定条件的，由建设（住房保障）主管部门予以公示，公示期限为15日；对经公示无异议或者异议不成立的，作为廉租住房保障对象予以登记，书面通知申请人，并向社会公开登记结果。"

《市民政局、房产管理局关于经济适用住房、廉租住房和公共租赁住房申报的联合公告》："社区（单位），对每位申请保障性住房人的家庭收入和实际生活状况进行调查核实并张榜公示，接受群众监督，时间不少于5日。"

训练目的：

通过此案例，使学生能利用比例原则分析行政机关是否应当予以公开该信息。

分析提示：

杨某要求公开的政府信息包含享受保障性住房人的户籍、家庭人均收入、家庭人均住房面积等内容，此类信息涉及公民的个人隐私。保障公众知情权与保护公民隐私权两者发生冲突时，应根据比例原则的要求在公共利益和私人利益之间实现平衡。

学习单元一检测

学习单元一检测及答案　　　　项目训练答案一

学习单元二　行政法律关系主体

问题与思考

在行政管理活动中，谁做出行政行为，并为此承担法律责任？谁受到该行政行为的制约和影响？此即行政法律关系主体所要探讨的问题。实践中，我们看到的是某个交警、某个税务工作人员、某个市场监督管理工作人员在执法，他们是行政法律关系的主体吗？他们与其所在的机关是一种什么关系？除了这些行政机关工作人员在执法外，是否还存在其他组织如消协、烟草公司等执法的情形？作为被管理者的行政相对人又有哪些权利和义务？以上就是本学习单元需要学生掌握的问题。能够熟练地分析和辨别行政法律关系的双方主体，对行政诉讼原告和被告的确定具有重要意义。

知识结构图

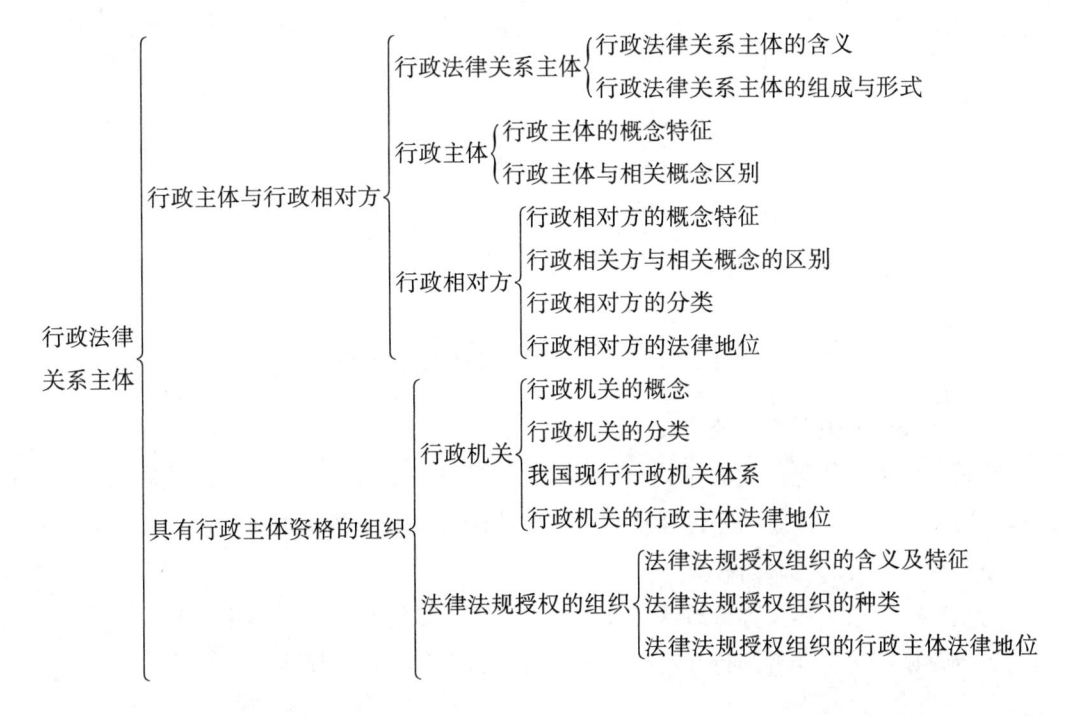

行政法律关系主体
- 行政主体与行政相对方
  - 行政法律关系主体
    - 行政法律关系主体的含义
    - 行政法律关系主体的组成与形式
  - 行政主体
    - 行政主体的概念特征
    - 行政主体与相关概念区别
  - 行政相对方
    - 行政相对方的概念特征
    - 行政相关方与相关概念的区别
    - 行政相对方的分类
    - 行政相对方的法律地位
- 具有行政主体资格的组织
  - 行政机关
    - 行政机关的概念
    - 行政机关的分类
    - 我国现行行政机关体系
    - 行政机关的行政主体法律地位
  - 法律法规授权的组织
    - 法律法规授权组织的含义及特征
    - 法律法规授权组织的种类
    - 法律法规授权组织的行政主体法律地位

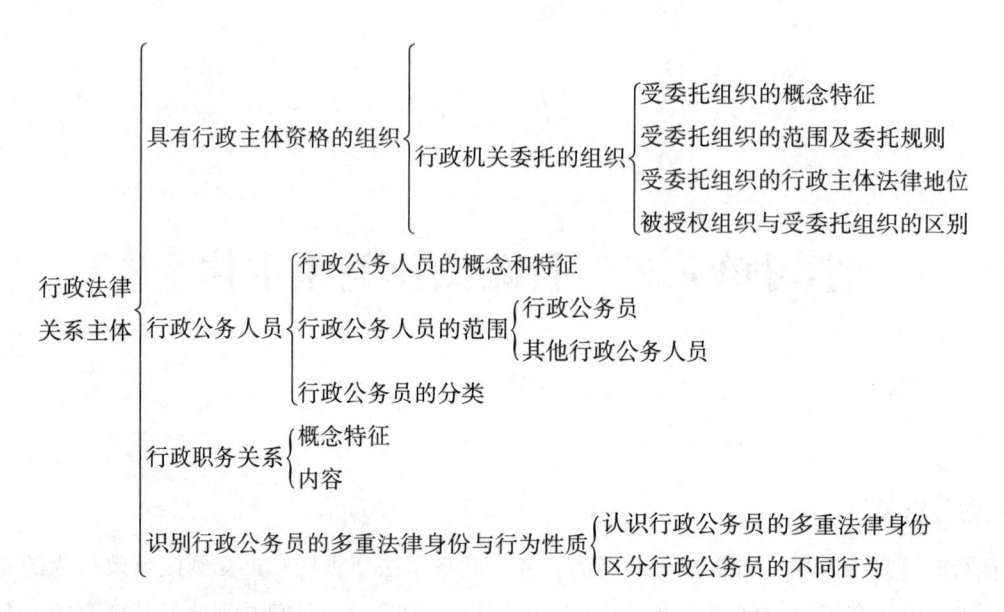

```
                                              ┌ 受委托组织的概念特征
                    ┌ 具有行政主体资格的组织 ┌ 行政机关委托的组织 ┤ 受委托组织的范围及委托规则
                    │                         │                    │ 受委托组织的行政主体法律地位
                    │                         └                    └ 被授权组织与受委托组织的区别
                    │
行政法律        │                ┌ 行政公务人员的概念和特征
关系主体 ┤ 行政公务人员 ┤ 行政公务人员的范围 ┌ 行政公务员
                    │                │                      └ 其他行政公务人员
                    │                └ 行政公务员的分类
                    │
                    │ 行政职务关系 ┌ 概念特征
                    │              └ 内容
                    │
                    └ 识别行政公务员的多重法律身份与行为性质 ┌ 认识行政公务员的多重法律身份
                                                              └ 区分行政公务员的不同行为
```

学习目标

知识目标：掌握行政主体的概念、特征、种类；被授权组织与被委托组织的区别；行政相对人的概念、类型和法律地位；公务员的概念、范围、分类、法律地位和行政公务人员与行政主体之间的行政职务关系。

能力目标：能判断一个主体是否属于行政主体、属于哪一类型的行政主体；能区分公务员的公务行为与个人行为；能结合案例判断行政相对人。

素质目标：通过学习体会行政主体与行政相对人的不平等地位，树立依法行政的理念。

基本知识

子学习单元1 行政主体与行政相对方

任务1 认识行政法律关系主体

一、行政法律关系主体的含义

行政法律关主体是行政法律关系三要素中的第一要素，要解决任何行政法问题，都必须首先要弄清其中所涉及的主体有哪些，因此认识行政法律关系主体是进一步学习行政法律关系和行政行为的基础所在。

行政法律关系主体又称行政法律关系的当事人，是行政法律关系中行政法律行为的参与者、行政权利的享受者和行政义务的承担者。这里包含两个层次的含义：

首先，行政法律关系主体应当是行政法律关系的参与者，即由行政法调整的各种行政关系的参加人。这里要将行政关系与行政法律关系加以区分，行政法律关系主体，是那些为行政法调整的行政关系的主体和参与者，如无相应的行政法对行政关系进行调整，则行政法律关系不成立，相应的行政关系主体也不被称为行政法律关系主体。

其次，并非所有的行政法律关系的参与者都是行政法律关系主体，要成为行政法律关系主体，还必须具备另一个条件，与行政法律关系中的行政权利和行政义务密不可分，即行政权利的享有者或者是行政义务的承受者。从这个角度而言，行政法律关系主体必须具有独立的法律人格，可以以自己的名义独立承担义务和享受权利。这样就可以将行政法律关系参与者中，以他人名义进行，法律后果也归于他人的受托人、公务员等剔除出行政法律关系主体的范围，因为在上述行政法律关系中，真正的行政法律关系主体应该是委托人和公务员所在的行政机关。

二、行政法律关系主体的组成与形式

（一）行政法律关系主体的组成

一般来说，行政法律关系主体由两方法律主体组成，即某一行政权利的享有方和相对的义务承担方。这两方主体互相联系、互相影响，互为行政法律关系的双方。与民事法律关系主体不同，行政法律关系主体两方都有特定的名称：行政主体与行政相对人。

行政主体一般指在行政法律关系中占有主导地位的、处于管理者地位的一方主体，如行政机关、公安机关等。

行政相对人则是在行政法律关系中处于被动地位和被管理者地位的另一方主体，如罚款行为中的被处罚者、申领营业执照的个体户等。

（二）行政法律关系主体的形式

行政法律关系主体的形式无非两种：组织和个人。组织包括国家机关、企事业组织、社会团体和其他组织；个人包括公民、外国人和无国籍人士等。

在这里，行政主体的形式的范围非常特殊，只包括组织，而不能由个人居于行政主体的法律地位，即使由国家公务员行使某些行政管理职权，我们也只能说此时国家公务员并非行政主体，而是行政主体的代表。

而行政相对人的形式则显得非常广泛，包括组织和个人。组织中，国家机关（行政机关、司法机关等）、企事业组织、社会团体和其他组织都可以成为行政相对人，而个人中，公民（公务员与非公务员）、外国人和无国籍人士也可在行政法律关系中成为行政相对人。

任务2　认识和判断行政法律关系中的管理者——行政主体

一、行政主体的概念与特征

行政主体是一个法学概念，是指依法享有国家行政权力，代表国家以自己的名义实施行政权力，并独立承担由此产生的法律责任的组织。

由于行政主体在行政法律关系中始终处于主动和主导地位，任何行政行为均由其作出,故在行政法主体的组成双方中,行政主体是显得尤为重要的一方当事人,是行政法律关系中必备的一方主体。一般而言,它居于行政管理者的地位。

行政主体具有以下主要特征:

(一) 行政主体享有国家行政权力,行使公共行政管理职能

一般而言,行政主体和民事主体分别适用行政法规则和民法规则,他们的一个重要区别就是前者享有并行使公共行政权力,这种权力的行使往往在权力享有者和权力行使对象之间形成不对等的法律关系。而且,由于行政组织亦有可能从事民事活动,如购买办公设备,所以,以是否享有和行使公共行政权力作为标准,可以将作为民事主体的行政组织和作为行政主体的行政组织加以区分。

另一方面,享有行政权力和行使行政职能也表明了行政主体的"行政"属性,即其所享有的职权只在行政管理领域,而非其他社会领域。同时这种职权的来源为国家赋予,而非某个或某些私有主体所给予。从这个层面上讲,行政主体代表国家对某一范围内的社会行政事务履行职权和进行管理,使其与其他国家机关(如权力机关、司法机关等)相区别。

(二) 行政主体能够以自己的名义实施行政管理活动

这表明了行政主体的"独立人格"属性,即行政主体可以以自己的名义从事行政职权范围内的任何活动,意味着行政主体在法律上具有独立的、完全的权利能力和地位,而不必受到其他组织的影响和制约。

能否以自己的名义从事社会管理活动是独立法律人格的保证,某些行政机关的内部机构虽然可以行使行政职权,但却是以其所在的行政机关的名义、而非本机构的名义进行,此时内部机构显然并非行政主体。行政主体的这一特征使其与行为主体(如行政机关内部机构和受行政机关委托执行某些行政管理任务的组织等)相互区别。

(三) 行政主体能独立承担由此产生的法律责任

这是对行政主体具有独立法律人格的属性的补充。行政主体开展活动不仅要具备自己的名义,而且要能够独立承担相应行为引起的法律后果,光有名义而不能承担法律责任就只能成为一句空话。行政主体独立承担法律责任表现为能成为行政复议的被申请人、行政诉讼的被告以及行政赔偿的赔偿义务机关。

(四) 行政主体在形式上表现为一定的组织

组织的形式非常广泛,可以是国家机关、国家机构、企事业单位、社会团体等,组织在一定的条件下可以成为行政主体,如国家法律的规定和国家法律法规的授权;但个人在任何条件下都不可能成为行政主体,尽管具体的行政行为大多由个人做出,但他们都是以组织而不是以个人名义实施的。另外,行政权力来自国家,是国家权力的一部分,而国家权力只能以组织为媒介进行分配,不可能归属于某个个人,成为个人的"私有财产"。

二、行政主体与相关概念的区别

(一) 行政主体与行政法律关系主体

行政主体与行政法律关系主体是包容与被包容的关系。行政法律关系主体的范围大于行政主体。行政法律关系主体由两方当事人组成，即处于管理和主导方的行政主体与处于被管理方的行政相对人，因此行政主体是行政法律关系主体的重要组成部分，除此以外，行政法律关系主体还包括行政相对人。

(二) 行政主体与行政机关

在我国，行政机关是法律术语，而行政主体是一个法学概念，目前在法律文本中仅在某些司法解释中出现。关于这两者的关系并不能进行简单的区别。首先，行政主体的角色主要由行政机关充当，但又不能说行政主体就是行政机关，因为法律法规授权的组织也属于行政主体的范围。其次，行政机关也不等同于行政主体，当行政机关从事民事活动时，它就是民事主体而非行政主体，此时行政机关与相应的法律主体之间是平等的民事关系，而非管理与被管理的行政关系。另外，在某些情况下，行政机关还可能是行政相对人。如公安机关因为建造办公用房而向规划部门申请许可证时，公安机关就成了行政相对人。

(三) 行政主体与行政公务人员

从职责履行上看，行政主体与行政公务人员的关系表现为行政职权的享有主体与行政职权的实施主体之间的关系，行政主体是行政权力的享有者和最终法律后果的承担者，而行政公务人员则通过代表行政主体的个体或集体行为将这种抽象的职权进行了具体的转化，从这个层面上讲，两者是职权所有者与职权实施者的关系，是代表与被代表的关系。

任务3 认识和判断行政法律关系中的被管理者——行政相对方

一、行政相对方的概念与特征

行政相对方，是指在行政法律关系中与行政主体相对应一方的公民、法人和其他组织。作为行政法律关系中处于被动和被管理地位的另一方主体，其行为深受行政主体行使行政职权的影响，有时也是由行政主体提供服务的一方主体。如交通违法行政处罚中，被处罚人就是行政相对方。

与行政主体一样，行政相对方也是一个法学概念而非法律概念。行政相对方具有以下一些特征：

(一) 行政相对方是行政法律关系中与行政主体相对应的一方当事人

行政相对方与行政主体的对应，首先体现在行政相对方不具有行政职权职责，不具有行政职务身份，在行政法律关系中是被管理和被主导的一方当事人。

(二) 行政相对方是行政主体行使行政职权时对其权益有法律上利害影响的一方主体

在行政法律关系中，行政主体行使行政职权产生的法律效力和后果，直接或间接作用的对象就是作为被管理者的行政相对方。行政相对方的权利和义务发生变化，其直接因素就是行政主体对行政职权的行使与支配。如公安机关对违章驾驶车辆的相对人的罚款行为，直接对行政相对方的财产权利产生影响，使相对人的财产数量减少。又如行政机关授予申请人经营烟草业务，可是政府已经授予一家企业独占经营权，这家企业便成了该行政许可行为间接作用的对象，可称为"行政相关人"；而申请人便是该行政许可行为直接作用的对象，可称为"行政对象人"。

（三）行政相对方包括公民、法人和其他组织，而并不限于个人

行政相对方注重的是与行政主体的相对性，而非强调形式的个人性。不可否认，在诸多的行政法律关系中，个人是最常见的行政相对方，但现实中我们也可以发现，很多社会团体、企事业单位等非个人也在行政法律关系中成为行政相对方。

作为行政相对方的公民、法人和其他组织，应当包括：公民、企业法人、事业法人、机关法人、社会团体法人、其他组织以及外国人、外国法人、外国组织、无国籍人士等。

二、行政相对方与相关概念的区别

（一）行政相对方与行政机关

行政相对方是行政法律关系中与行政主体相对应的一方，而行政机关是主要的和最常见的行政主体，从这个层面上讲，行政相对方和行政机关是完全不同的两个概念，没有一点交集。

但这两者在某些情况下却可以重合，也就是说，行政机关在某些行政法律关系中并非行政主体，而是以行政相对方的身份出现，成为与某个行政主体相对应的行政相对人。在常见的市场监管行政处罚法律关系中，市场监督管理行政机关是行政主体，而在其向公安机关申请车辆行驶证的法律关系中，市场监督管理行政机关则是行政相对方。

（二）行政相对方与行政公务员

行政公务员作为行政主体行使行政权力最主要的行为主体，其行为产生的法律后果会对行政相对方的权利和义务产生直接或者间接的影响，因此，从此层面上讲，行政公务员与行政相对方是相对立的关系。

但应当认识到，行政公务员与行政相对方的关系是在其履行工作职责时发生的，当行政公务员不履行工作职责时，则完全可能成为行政相对方。如某税务官在对企业征税时，代表税务机关这一行政主体履行职责，但同时他本身在缴纳个人所得税的法律关系中成为行政相对方。

（三）行政相对方与行政相关人

行政相关人是行政相对方的一种类型，它是具体行政行为间接作用的对象，而不是具体行政行为指向的对象。行政主体的具体行政行为直接作用的对象，称为行政对象人。行政主体与行政对象人之间形成了明示的行政法律关系，与行政相关人之间形成了潜在的行政法律关系，无论是行政对象人还是行政相关人，都是行政相对方（人）。

三、行政相对方的分类

了解分类，有助于更深入地认识行政相对方的特征。根据不同的标准，可以对行政相对方作如下分类：

1. 以行政相对方是否为一定的组织为标准，可以将行政相对方分为个人相对方与组织相对方。

2. 以行政相对方与行政主体的行政行为的关系为标准，可以将行政相对方分为直接相对方与间接相对方（行政对象人与行政相关人）。

3. 以行政主体的行政行为所影响的对象是否特定为标准，可以将行政相对方分为抽象相对方与具体相对方。

四、行政相对方的法律地位

行政相对方的法律地位是通过其在行政法律关系中的权利、义务表现出来的。

（一）行政相对方的权利

行政相对方的权利是指由行政法律规范规定的、在具体的行政法律关系中能为一定行为和要求行政主体履行一定义务的权利，这种权利是宪法赋予当事人的基本权利在行政法律关系中的具体表现。行政相对方的权利形态有很多，根据我国有关行政法律规范，行政相对方大致享有下列权利：

1. 行政申请的权利。行政相对方有依法提出申请的权利，如申请许可证、抚恤金、补助金等。

2. 参与行政的权利。行政相对方享有通过合法途径参加国家行政管理活动以及参与行政程序的权利。如公民经考试程序可进入公务员队伍参与国家行政管理；公民有听证的权利。

3. 了解情况的权利，即知情权。行政相对方有权通过行政公示、告知、询问等渠道了解与己有关的行政信息，除非有法律、法规的禁止性规定。

4. 行政协助权。行政相对方有主动协助国家行政管理的权利，具体包括向行政机关主动报告权、对违法事件的制止权、对正在实施违法行为者的扭送权。

5. 行政监督权。行政相对方享有对行政工作人员的建议和批评权、对不法工作人员的控告和揭发权、对具体行政行为的申请复议和提起行政诉讼的权利。

6. 行政保护权。行政相对方的人身和财产有权获得国家行政机关合法、正当、平等的保护。如相对方的人身或财产遭受不法侵害时，有权要求行政机关提供保护，若其不提供保护，可告其不作为违法。

7. 行政受益权。行政相对方可以依据法律从行政主体中获得利益。如公民因在科学技术前沿取得重大突破，有权依《国家科学技术奖励条例》获得奖励。

8. 行政求偿权。行政相对方的合法权益受到行政主体合法行政行为的影响时，有权获得行政补偿；受到行政主体的不法侵害时，有权获得行政赔偿。

（二）行政相对方的义务

没有无权利的义务，也没有无义务的权利。行政相对方在行政法上享有一定的权利，同时也必须履行行政法上一定的义务。行政相对方在行政法上的义务主要包括：

1. 遵守行政法律秩序。行政法对社会关系调整，形成了行政法律秩序，如交通秩序。

相对方有义务遵守这些行政法律秩序，否则将受到行政主体的处罚。

2. 服从行政管理的义务。行政相对方必须服从、执行行政主体作出的行政处理决定。即使决定不合法或不当，在通过法律程序改变或撤销前，相对方不能拒绝执行。

3. 协助行政主体执行公务的义务。行政协助既是行政相对方的权利，也是一项义务。

子学习单元2　具有行政主体资格的组织

行政主体是个非常抽象的学理概念，它的表现非常多面化，国家机关、国家机构、企事业单位和社会团体等组织都有可能成为行政主体。

尽管行政主体的外延很广泛，但我们依然可以将有可能具备行政主体资格的组织归纳为两种：行政机关和法律法规授权的组织。也就是说，只有这两种组织，才有可能在特定的条件下，成为享有行政权力、履行行政职务的行政主体。

任务1　认识常见的具有行政主体资格的组织——行政机关

一、行政机关的概念

行政机关，是指按照宪法和有关组织法的规定设立的，依法行使国家行政权力，对国家各项行政事务进行组织和管理的国家机关，又称政府机关。这包含三层含义：

（一）行政机关是国家机关

国家机关由国家设立，是专门代表国家行使国家职能的机关，即由国家非常明确地为了一个目的——行使国家职能，而专门设置的。这一点与政党、社会组织和社会团体等明显不同，政党、社会组织和社会团体由公民、群众或其他组织自发或自觉设置，设置主体不是国家，设置的目的一般与行使国家职能关系不大。

（二）行政机关是行使一定行政职能而专门设立的国家机关

作为国家机关的一种，国家设置行政机关的目的是行使专门的行政职能。这一点与立法机关、司法机关等国家机关相区别。立法机关行使的是国家立法职能，司法机关行使的是国家司法职能，而行政机关行使的是国家行政职能，即执行法律、管理国家内外公共事务的职能。

（三）行政机关行使国家行政职能的来源是宪法和组织法的规定

行政机关之所以行使行政职能，其依据是国家根本法宪法以及行政机关组织法的规定，即宪法与行政机关组织法明确规定了哪些行政权力和哪些行政职责由行政机关来享有和承担。这一点与法律法规授权的组织相区别，对于后者来说，其行使行政职权的依据是某一具体法律法规的授权，即某个法律法规具体规定了某些社会组织可以行使某些行政权力。相比较而言，行政机关在成立之初就是固定的行使行政权力的组织，一经成立就具有行政主体资格，而法律法规授权的组织并不一定如此。

二、行政机关的分类

（一）中央行政机关和地方行政机关

按照行政机关所辖的区域范围不同，可将行政机关分为中央行政机关和地方行政机关。中央行政机关的管辖范围涉及国家主权范围内的全部领域，即全国；而地方行政机关则根据级别不同确定不同的管辖范围，如省级行政机关管辖某个省级领域范围，县级行政机关则管辖县级领域范围，以此类推。

（二）职能性行政机关与专业性行政机关

按照行政机关管理的内容和客体的不同，可将行政机关分为职能性行政机关和专业性行政机关。职能性行政机关管理的客体和内容是综合性、跨部门和跨行业的，如工商、税务、统计、人事等。而专业性行政机关管理的客体和内容是专业性、部门性和行业性的，如电子、石油、农业、矿产等。

（三）一般行政机关与部门行政机关

按照行政机关的工作权限不同，可将行政机关分为一般行政机关和部门行政机关。一般行政机关的权限是全方面的，涉及各个行政管理领域的各种行政事务，如国务院和地方各级人民政府。而部门行政机关的权限是局部性的，仅涉及特定行政领域或特定行政事项，如国务院各部委（司法部、教育部等）以及地方各级人民政府的工作部门（如县级税务局、市级公安局等）。

（四）派出行政机关与派出行政机构

派出机关与派出机构这两者都是由某一个行政机关派生出来的行政组织，按照派出的行政机关的性质以及派生的行政组织的性质不同，可将派生组织分为派出机关与派出机构。这是一种较为特别的分类方法。

派出机关是指由一定级别的一般权限行政机关（人民政府）派出的代表该级人民政府进行管理的行政机关。派出机关可以以自己的名义进行行政管理并承担相应的法律责任，因此，派出机关具备行政主体的资格。在我国主要有三类派出机关，分别是省、自治区人民政府派出的行政公署、县、自治县人民政府派出的区公所和市辖区、不设区的市人民政府派出的街道办事处。

派出机构是指由县级以上人民政府的职能部门派出的代表该职能部门进行管理的组织。派出机构在取得法律法规的授权之前只是派出它的职能部门的分支机构，不具备行政主体资格，只能以派出它的职能部门的名义履行行政职能，法律后果也归属于派出它的行政机关。在我国常见的派出机构有派出所、市场监督管理所、税务所、司法所等。

三、我国现行行政机关的体系

我国现行行政机关的设置分为两个大级别，分别是中央行政机关和地方行政机关。

（一）中央行政机关

1. 国务院：最高的中央行政机关。由国务院总理、副总理、国务委员、各部部长、各委员会主任、审计长和秘书长组成。下设国务院办公厅为办事机构。

2. 国务院组成部门：俗称中央部委，目前共计 26 个，包括各部、各委员会、中国人民银行和审计署，为国务院最主要的职能部门。

3. 国务院直属机构：共 14 个，包括海关总署、国家税务总局、国家市场监督管理总局、国家统计局、国家机关事务管理局、国家信访局、国家体育总局、国家金融监督管理总局等。

4. 国务院的办事机构：共 5 个，包括国务院侨务办公室、国务院港澳事务办公室、国务院研究室等。

5. 国务院的直属事业单位、国务院部委管理的国家局和国务院直属特设机构、非常设性机构等。国务院直属事业单位共 8 个，包括中国气象局、中国广播电视总台、新华通讯社、中国科学院、中国社会科学院等。国务院部委管理的国家局共 17 个，包括发改委管理的国家能源局、国家粮食和物资储备局、国家数据局，工信部管理的国家烟草专卖局、国家移民管理局，公安部管理的移民管理局等。国务院直属特设机构就 1 个，即国务院国有资产监督管理委员会。国务院非常设性机构主要指协调议事机构，通常由权力机关或人民政府根据某一临时性任务或工作的需要设置，相应任务或工作完成后该机构即予撤销。如国家禁毒委员会，办公室设在公安部。

（二）地方行政机关

1. 地方各级人民政府。根据宪法和组织法规定，我国的行政区域分为省（自治区、直辖市）、市（副省级市、地级市）、县（县级市）、乡镇共四级。

2. 县级以上人民政府的工作部门。地方各级人民政府工作部门中的绝大多数享有对外管理的职权，在法定范围内可以独立进行管理，因此具有行政主体资格。如民政局、财政局、教育局、审计局等。

3. 县级以上人民政府的直属机构和特设机构，如市场监督管理局、生态环境局等。

4. 县级以上人民政府的派出机关，如行政公署、区公所、街道办事处。

表 2-1 行政机关和行政机构的常见类型

类别	举例	备注
人民政府	1. 国务院是最高人民政府 2. 省级（省、自治区、直辖市人民政府） 3. 地市级（设区的市、自治州人民政府） 4. 县级（县级市、县、自治县人民政府） 5. 乡镇级（乡政府、镇政府、民族乡政府） 6. 特别行政区政府（香港、澳门）	人民代表大会的执行机关，履行政治、经济、文化、社会等一般权限的行政机关

续表

类别	举例	备注
人民政府的组成部门	1. 国务院的组成部门，部、局、委 2. 地方人民政府的工作部门，厅、局、委	履行基本管理职能的行政机关
人民政府的直属机构	1. 国务院直属机构，如国家信访局、市场监督管理总局、国家体育总局等 2. 地方人民政府直属机构，省、市、县信访局、市场监督管理局、体育局等	主管某项专门业务的行政机关
人民政府的直属特设机构	1. 国务院国有资产监督管理委员会 2. 地方政府国有资产监督管理委员会	主要负责监管国有资产
人民政府组成部门的所属机构	1. 国务院部委管理的国家局，如国家数据局、移民管理局等 2. 地方政府工作部门管理的局，如监狱管理局、烟草专卖局等	人民政府针对某些更为专业性的行政事务（特定业务）设置的、并将其隶属于本级政府组成部门之下的行政机关
人民政府的派出机关	1. 行政公署（国务院批准，省、自治区人民政府设置） 2. 区公所（省、自治区、直辖市政府批准，县、自治县人民政府设置） 3. 街道办事处（上一级政府批准，市辖区、不设区的市政府设置）	相当于一级人民政府
议事协调机构	一般称为委员会、领导小组、指挥部、协调小组、推进小组、联席会议	为了完成某项特殊性或临时性任务而设立的跨部门的协调机构，无编制
行政机构	1. 政府职能部门的派出机构，如派出所、税务所、市场监督管理所等 2. 行政机关的内设机构，称为司、处、科等	派出机构是行政机关因行政管理的需要，将所属的行政机构分设到若干区域，行使该行政机关的一部分行政职权的行政组织

四、行政机关的行政主体法律地位

行政机关是最常见的、最有可能成为行政主体的组织。其在成立之初即依据宪法与行政机关组织法取得了行政主体的资格，可以说是自然取得。但需要注意的是，行政机关自然取得行政主体资格，并不表示行政机关在任何时候都是行政主体。

（一）具有行政主体资格是行政机关成为行政主体的前提

法律资格是一种可能，表示具备了从事某种事务或行为的潜在性和可能性，这是前提和基础，如果没有资格，那么就连可能性都没有。行政机关自成立之初就天然地具备行政主体资格，这意味着行政机关天然具有成为行政主体的前提。

（二）只有将行政主体资格与执行行政职权结合起来，行政机关才成为行政主体

具备行政主体资格的行政机关，并非当然就是行政主体。还必需要同时满足从事相关行政管理事务或执行相关行政职权职务的条件，才能成为行政主体。如果行政机关开展的是民事活动，如建办公楼、购买办公设备等，那么此时行政机关就不是行政主体，而只是民事主体。另外，行政机关执行的行政职务，还必须符合本单位职责范围的问题，即权限问题。只有既符合行政主体资格，同时又符合权限范围，行政机关才真正成为行政主体。

（三）行政机关可以依法将行政职权的实施委托给相关组织执行，不影响其行政主体的法律地位

行政机关依据宪法和组织法的规定，享有行政管理职权，但其具体的执行却是非常灵活的，可以由行政机关自身执行，也可以由行政机关通过其他方式将行政职权的实施交由其他组织或个人来执行。由行政机关自身执行，即通过其内部的工作人员代表本行政机关来执行，这是最基本的执行方式。由其他组织和个人来执行，即通过合法的委托，将行政职权的实施交由符合条件的组织或个人来执行，执行组织或个人以行政机关的名义进行，法律后果也由行政机关承担（关于行政机关委托组织的具体内容将在后文阐述）。

无论是由行政机关自己执行，还是由其他组织和个人执行，均不影响行政机关作为行政主体的独立法律地位。

任务2　认识具有行政主体资格的特殊组织——法律法规授权的组织

一、法律法规授权组织的含义及特征

法律、法规授权组织，是指根据法律、法规的明确授权，以自己的名义，按照授权的范围依法实施行政行为，并独立承担由此产生的法律责任的具有管理公共职能的非国家行政机关组织。

它有以下几个法律特征：

（一）职权来源是法律、法规的明文规定

法律法规授权组织进行行政管理的依据是法律法规的明文规定，而非该组织本身的组织法，更不是宪法的规定，这一点与行政机关的职权来源完全不同。如果没有法律法规的授权，则该组织不享有行政职权，此时该组织就只是一般的社会组织。

（二）被授权组织是行政机关以外的组织

被授权的组织必须是行政机关以外的组织，即该组织在被授权以前，只是普通的社会组织，经过法律法规的授权，其才具备行政主体资格。而行政机关在成立之初就已经具备了行政主体资格，不需要被授权。

（三）职权内容是特定的行政职权，而不是一般的行政职权

所谓特定，即限于行政管理事务的某一方面或某项具体事务，范围相对较小。如根据《治安管理处罚法》的规定，警告、500元以下的罚款，可以由公安派出所决定。全面的、一般性的行政职权一般由国家专门设置的行政机关行使。

（四）被授权组织在被授权范围内以自己的名义行使行政职权，在行使职权时具有自主权

被授权组织行使行政职权，不能超出法律法规授予的行政职权的范围，超出即无效。另外，被授权组织行使行政职权，是以自己的名义进行的，法律后果也归于自己，因此，其在行使行政职权时，具有独立的法律主体资格。

二、法律法规授权组织的种类

在我国，法律法规授权的组织主要包括：

（一）行政机构

行政机构是行政机关根据行政工作的需要，在行政机关内设立的，协助或按照内部分工委托办理该机关的各项行政事务的工作机构。行政机构属于行政机关的内设或者下属单位，是最常见的可以被法律法规授权的组织。

行政机构以取得行政授权为关键取得行政主体资格，需要特别注意的是，行政机构在取得行政授权前，隶属于行政机关，不能以自己的名义行使行政职权与履行行政职责；在通过法律法规授权后，取得行政主体资格，但行政机构并不是在任何情况下都是行政主体，只有在执行法律法规授权的职权范围的行政职务时，行政机构才是独立的行政主体。

我国目前取得行政主体资格的行政机构主要有：

1. 行政机关的某些内部机构。行政机关的内部机构既包括各级人民政府所设的内部机构及临时设置机构，也包括政府职能部门的内部机构。如国务院就曾设有国家防汛抗旱总指挥部、疫情联防联控机制、行政审批制度改革工作领导小组办公室等。

2. 政府职能部门的某些派出机构。这些派出机构是指政府职能部门根据行政管理的需要，在一定行政区域内设置的，代表该职能部门管理某项行政事务的派出工作机构。如审计署驻各地办事处、公安派出所、市场监督管理所、税务所、财政所等。

3. 行政机关中依行政授权专门设立的行政机构。如工商总局内设的商标局（《商标法》授权）、国家专利局内设的专利复审委员会（《专利法》授权）等。

（二）企业组织

企业组织主要以营利为目的，一般不适合进行社会公共事务行政管理，但某些国有企业、行业垄断企业或者全国性的专业企业，由于其经营范围的特定性，法律法规往往授权其行使某一方面的行政管理职权。这是由我国经济发展的规律决定的。在特定情况下，通过法律、法规授权，企业组织也成为行政主体。如我国的公用企业（邮电部门、铁路运输部门、煤气公司、自来水公司等）、金融企业、行政性专业公司（如国家电网公司）等。自来水、管道煤气以及电力公司等行业企业在相应法律法规的授权下拥有对相关行业进行

行政事务管理的权力。

（三）事业组织

事业单位，一般指以增进社会福利，满足社会文化、教育、科学、卫生等方面需要，提供各种社会服务为直接目的的社会组织。事业单位一般要接受国家行政机关的领导，大多为行政机关的下属机构。与企业相比，事业单位不以盈利为直接目的。基于这些特点，事业单位是较为常见的通过法律法规授权行使特定行政职能的组织。教学科研单位和从事某种专门技术检验或鉴定的事业单位等，经行政法律、法规的授权，可成为行政主体。如《高等教育法》授予高等院校学位授予权等，此时学校以行政主体身份给学生颁发毕业证书和学位证书的行为，被认为是行政许可行为。

（四）社会团体和行业组织

社会团体和行业组织，也是常见的可通过法律法规授权获得某项或某方面行政职权而成为行政主体的组织。社会团体主要有工会、妇联、共青团等。行业组织主要有各种协会，如《消费者权益保护法》授权的消费者协会，《律师法》授权的律师协会等。

（五）基层群众性自治组织

基层群众性自治组织是指建立在中国社会的最基层、与群众直接联系的组织，是在自愿的基础上，由群众按照居住地区自己组织起来管理自己事务的组织，包括城市的居民委员会和农村的村民委员会，是城市居民或农村村民自我管理、自我教育、自我服务的组织。如《村民委员会组织法》第24条、第30条授权村委会进行乡统筹、村提留等有关费用的收缴；村集体经济项目的立项、承包、产业结构调整；村公益事业的经费和建设承包；村集体经济收益的管理和使用；征用土地各项补偿费、安置补助费的发放；村民的土地承包经营；宅基地的使用；优抚、救灾救济、扶贫助残等款物的发放；计划生育工作；水电费及其他有偿服务费的收缴等，村委会行使上述职权时就具有行政主体资格。（二维码2-1）

2-1

三、法律法规授权组织的行政主体法律地位

（一）法律法规的授权是被授权组织取得行政主体资格的关键

被授权组织是否具有行政主体资格，关键就是看有无法律法规进行了行政授权。在行政授权之前，被授权组织是普通的社会组织，在组织职权范围内享有私行政事务管理职权，即使有一部分行政机构具有管理社会公务事务的职能，但并非以自己的名义展开，因而没有行政主体资格，不是行政主体。

在法律法规进行行政授权后，被授权组织取得了在一定范围内独立行使行政职权和履行行政职责的资格，即行政主体资格。

（二）有无执行授权范围的行政职务和行政职责是判断被授权组织是否是行政主体的关键

在通过法律法规授权后，被授权组织取得行政主体资格，但其并不是在任何情况下都是行政主体。被授权组织在执行法律法规授权的职权范围的行政职务时，属于行政主体，具有与行政机关相同的法律地位，可以以自己的名义，在法律法规规定的范围内发布行政命令、执行行政措施，同时承担相应的法律责任。但当被授权组织以自己的名义在履行非行政职责时，其不是行政主体，而是民事主体或者行政相对人。

（三）被授权组织同样可以依法将行政职权委托给其他组织和个人实施

从理论上讲，被授权组织作为具有独立地位的行政主体，既可以自己实施行政职权范围内的行政行为，也可以通过行政委托的形式交由其他组织和个人代理其行使。

任务 3　识别一种特殊组织的行政主体资格——行政机关委托的组织

从理论上讲，作为具有独立法律地位，可以以自己名义进行社会事务管理，并以自己名义承担相应法律责任的行政主体，无论是行政机关还是法律法规授权的组织，都可以合法地进行行政委托，即将部分行政职权的具体实施委托给符合条件的社会组织和个人来执行，实施人以行政主体的名义展开活动，行为的法律后果也归属于行政主体。

但考虑到行政权力的国家性和严肃性，在我国行政管理实践中很少看到法律法规授权的组织将授权范围内的行政职权进行委托，也很少看到个人接受行政主体的行政委托。故本学习任务只论述常见的受行政机关委托的组织。

一、行政机关委托的组织的含义及特征

行政机关委托的组织，是指行政机关在其职权、职责范围内，依法将其行政职权或行政事项委托给有关行政机关、社会组织或个人来行使的法律行为，受委托方以委托行政机关的名义实施管理行为和行使职权，并由委托机关承担法律责任。

它有以下几个法律特征：

（一）受委托组织实施行政职能的来源是行政机关的委托

受委托组织可以实施行政职能，其依据是行政机关的委托，而非法律法规的授权。作为委托人的行政机关，是具有行政主体身份的行政机关。

（二）委托的行政职权只是特定的可以进行委托的行政职权

进行委托的行政职权属于行政机关职权范围内的部分职权，是特定行政职权而非一般行政职权。同时这种行政职权必须属于可以委托的职能，某些必须由行政机关自己行使的职能如行政立法权、限制人身自由的行政处罚权不能进行行政委托。

（三）受委托人只能是非国家机关组织

受委托组织不能是行政机关，也不能是其他的国家机关，只能是一般性的组织，如事业单位、企业单位、社会组织、人民团体，而且还可以包括某些个人或某些私人组织。行政机关虽然可以在本系统内相互委托处理某些行政事务，但这种委托是行政机关系统内部的公务协作，不是行政法上的行政委托，因而行政机关不是被委托的组织。

（四）受委托人不具有行政主体资格

受委托组织在实施特定的行政行为时，只能以委托人的名义实施，由此产生的法律后果也由委托人承担，受委托组织只是行为主体，既不具备行政主体资格，也没有取得行政主体的法律地位。

二、受委托组织的范围及委托规则

我国关于行政委托组织的范围和行政委托的规则并没有详细明确的统一规定，目前《行政处罚法》与《税收征收管理法实施细则》从某些方面作了一些规定。

从理论上讲，受委托组织的范围应当与被授权组织的范围相类似，除了国家机关被排除，其他的组织和个人均可接受委托。但具体法律法规的规定又各有特色，如《行政处罚法》对处罚权的委托要求受委托组织必须是具有公共事务管理职能的事业组织，而《税收征收管理法实施细则》则没有严格的规定，只涉及单位性组织，而不分企业事业或者社会团体等。

关于行政委托的规则问题，从理论上讲，一般需满足：委托须有法律依据；受委托的组织须具有熟悉业务的工作人员和相应的技术物质条件；书面委托；不得再委托等条件。《行政处罚法》第21条规定了受委托组织应具备的条件：①依法成立并具有管理公共事务职能；②有熟悉有关法律、法规、规章和业务并取得行政执法资格的工作人员；③需要进行技术检查或者技术鉴定的，应当有条件组织进行相应的技术检查或者技术鉴定。而《税收征收管理法实施细则》则几乎没有涉及。

三、受委托组织的行政主体法律地位

受委托组织不具有行政主体资格，也不是法律意义上的行政主体，它只是行政机关的行为代表。受委托组织在实施特定的行政行为时，只能以委托人的名义行使，由此产生的法律后果也由委托人承担，受委托组织只是行为主体，既没有具备行政主体资格，也没有取得行政主体的法律地位。

四、被授权的组织与受委托组织的区别（二维码2-2和2-3）

（一）法律地位与性质不同

被授权组织在法律法规授权后取得行政主体资格，在行使行政职权时是行政主体，否则为一般法律主体；而受委托组织仅是行政机关行政职权的具体实施者，没有取得过行政主体法律资格，更谈不上是行政主体。

（二）履行行政职责的法律依据和来源不同

被授权组织行使行政职权的法律依据来源于法律、法规的授权，即法律、法规的明确规定，而受委托组织行使行政职权的来源则只是行政机关的委托。

（三）对行政行为法律后果的承担不同

被授权组织以自身名义行使行政行为，所产生的法律后果也由其自身承担，而受委托组织只是委托机关的行为代表，其行为产生的后果由委托的行政机关承担。

2-2　　2-3

子学习单元3　行政公务人员

任务1　认识行政公务人员

一、行政公务人员的概念和特征

行政公务人员，是基于一定的行政公务身份而代表行政主体行使行政职权、履行行政职责的工作人员。这里必须要注意的是，行政公务人员不是行政职权的法律主体，而是行政职权的实施者，是将行政职权转化为现实行政行为的行为主体。行政职权的享有者和法律主体只有行政主体本身，而行政公务人员只是行政主体作出某一行政行为的行为代表。

行政公务人员具有下列特征：

（一）行政公务人员是个人

由于法律规范往往都是将某方面或某项行政权力直接赋予一定的组织，因此，行政职权的享有者是组织，但组织也必须要依靠某个人或某些人才能将行政职权转化为现实，这些实际执行行政公务的工作人员，就是行政公务人员。很显然，公务人员必须是个人。

（二）行政公务人员是直接或间接代表行政主体实施行政职务的人员

行政公务人员实施的行政职权，并非属于他个人，而是他所直接或间接服务的那个行政主体，行政公务人员只是代表行政主体实施行为，以行政主体的名义展开行动，因此必然受到行政主体行政权力的制约，在其范围内活动。虽然有时法律规范可能在一定条件下直接规定某些行政公务人员可以采取某种权力或实施某种强制行为，如《行政处罚法》第五章中有关简易程序中行政处罚可以由执法人员当场适用的规定，但这也只是行政权力适用过程中的程序与方式的例外规定，并不表明该项权力归属于公务人员个人并能以其个人名义实施。

（三）基于一定公务身份关系是行政公务人员实施行政管理行为的法律基础

行政公务人员并非必然具有实施行政职务的资格。行政主体是一个组织，其行政公务是由行政公务人员具体实施和完成的。行政公务人员以一定的任用方式成为行政主体或受委托组织的工作人员，获得直接或间接代表行政主体实施行政职务的身份和资格。这种任用方式一般指的就是职务关系，因为行政公务人员在行政主体或其委托的组织中的职务身份和资格，为其实施行政职务提供了可能。

（四）行政公务人员所实施的行政职务行为的法律后果归属于他所代表的行政主体

行政主体与行政公务人员之间实质上是一种委托代理关系，行政公务人员实施的行政公务行为在法律性质上属于行政主体的行为，体现行政主体与行政相对人或者其他行政主体之间的法律关系，因而其法律效力和责任后果当然归属于行政主体。

二、行政公务人员的范围

从现行法律规定来划分，可将行政公务人员划分为行政公务员和其他行政公务人员。

（一）行政公务员

行政公务员是指国家依法定方式和程序任用，在中央和地方国家行政机关中行使国家行政职权、执行行政职务、纳入国家行政编制、由国家财政负担工资福利的工作人员。对此，可从以下几个方面来理解：

1. 行政公务员是指在国家行政机关中工作的国家公务员，既区别于其他国家机关（如权力机关、司法机关）工作人员，也区别于其他社会组织中执行公务的人员。

根据我国《公务员法》的规定，公务员是指依法履行公职、纳入国家行政编制、由国家财政负担工资福利的工作人员。这个概念广于传统上的公务员概念，除了行政机关公务员之外，还包括权力机关、审判机关、检察机关、监察机关、中国共产党机关、各民主党派机关、人民政协机关中从事公务的人员。显然，行政机关公务员的概念小于公务员的概念，是《公务员法》确定的公务员范围中的一类。

2. 行政公务员是指国家依法定方式和程序任用的工作人员。根据宪法、有关组织法和《公务员法》的规定，公务员的任用方式有四种，即考任、选任、委任和聘任，而每种任用方式都有其相应的法定程序。由此可以看出，行政公务员应当是行政机关中的正式编制人员。行政机关临时借调或者委托的行政公务实施人员不是行政公务员。

3. 行政公务员是指在国家行政机关中行使行政权力、执行行政职务的人员，即行政公务员不包括行政机关中的工勤人员。行政机关内按照所要完成的行政事项设立相应的行政职位，并遵循一人一职原则配备和任用公务员。因此，行政公务员自任用时起取得行使行政权力、执行行政公务的资格。但行政机关内有些事务内容及其职务设置，只是为行政机关提供后勤服务，为这些职位所配备的人员称工勤人员，如司机、打字员等。但不排除在特定情况下，这些人员受行政机关的特别委托在一定范围内从事行政公务行为。

（二）其他行政公务人员

其他行政公务人员是指除行政公务员以外的行政公务人员。其范围具体包括：代表被授权组织实施行政公务的人员；受行政主体委托实施行政公务的人员；代表受委托组织（也就间接代表了行政主体）实施行政公务的人员；行政机关中除行政公务员外代表行政机关实施行政公务的人员。

对于那些依照或者行政机关认定而成为行政公务的合作者、协助者，尽管也参与了行政公务的实施过程，但他们不是行政公务人员。例如某些行政主体会聘请一些专业技术人员和专家共同参与行政事务的管理和执行，但他们和聘请他们的行政主体之间不具有行政职务关系，故不是行政公务人员。

三、行政公务员的分类

（一）政务类公务员和业务类公务员

按照任期与任用方式的不同，可以将行政公务员分为两大类：一是各级人民政府的组成人员，通常由同级国家权力机关选举或者决定产生，有一定的任期限制，并依照宪法和有关组织法进行管理，在有些国家也被称为政务类公务员，或特别职公务员；二是各级人民政府组成人员以外的公务员，是行政公务员中的主要部分，主要通过考试进入，或通过考核以委任形式产生，还有一部分通过聘任产生，一般没有任期限制，在有些国家也被称为业务类公务员，或一般职公务员。

（二）综合管理类公务员、专业技术类公务员和行政执法类公务员

依照公务员职位的性质、特点和管理需要，可以将行政公务员分为综合管理类公务员、专业技术类公务员和行政执法类公务员。对于具有职位特殊性、需要单独管理的，可以增设其他职位类别。只有国务院有权决定增设其他职位类别。各职位类别的适用范围由国家另行规定。综合管理类公务员按照《公务员法》的规定进行管理，专业技术类公务员和行政执法类公务员的管理则适用中共中央办公厅、国务院办公厅发布的《专业技术类公务员管理规定》《行政执法类公务员管理规定》。（二维码2-4）

2-4

（三）领导职公务员和非领导职公务员

国家实行公务员职务与职级并行制度，根据公务员的职位类别和职责设置公务员领导职务、职级序列。

1. 领导职公务员是指在一定的领导职位上担任领导职务的公务员，也就是俗称的带"长"字的行政官员。具体包括以下级别：国家级正职（如总理）、国家级副职（如副总理、国务委员）、省部级正职（如部长、省长）、省部级副职（如副部长、副省长）、厅局级正职（如司长、厅长、市长）、厅局级副职（如副司长、副厅长、副市长）、县处级正职（如处长、县长）、县处级副职（如副处长、副县长）、乡科级正职（如科长、乡长、镇长）、乡科级副职（如副科长、副乡长、副镇长）。

2. 非领导职公务员即公务员的职级，在厅局级以下设置。综合管理类公务员职级序列分为：一级巡视员、二级巡视员、一级调研员、二级调研员、三级调研员、四级调研员、一级主任科员、二级主任科员、三级主任科员、四级主任科员、一级科员、二级科员。专业技术类公务员职级序列分为十一个层次，通用职级名称由高至低依次为：一级总监、二级总监、一级高级主管、二级高级主管、三级高级主管、四级高级主管、一级主管、二级主管、三级主管、四级主管、专业技术员。行政执法类公务员职级序列分为十一个层次，通用职级名称由高至低依次为：督办、一级高级主办、二级高级主办、三级高级主办、四级高级主办、一级主办、二级主办、三级主办、四级主办、一级行政执法员、二级行政执法员。具体职级名称由中央公务员主管部门以通用职级名称为基础确定。

综合管理类公务员职级与专业技术类、行政执法类公务员职级的对应关系见下表：

表 2-2

领导职务	序列			对应级别
	职级（旧称为非领导职务）			
	综合管理类	专业技术类	行政执法类	
国家级正职（如总理）	/	/	/	1
国家级副职（如副总理、国务委员）	/	/	/	2-4
省部级正职（如部长、省长）	/	/	/	4-8
省部级副职（如副部长、副省长）	/	/	/	6-10
厅局级正职（如司长、厅长、市长）	一级巡视员	一级总监	/	8-13
厅局级副职（如副司长、副厅长、副市长）	二级巡视员	二级总监	督办	10-15
县处级正职（如处长、县长）	一级、二级调研员	一级、二级高级主管	一级、二级高级主办	11-18
县处级副职（如副处长、副县长）	三级、四级调研员	三级、四级高级主管	三级、四级高级主办	13-20
乡科级正职（如科长、乡长、镇长）	一级、二级主任科员	一级、二级主管	一级、二级主办	15-22
乡科级副职（如副科长、副乡长、副镇长）	三级、四级主任科员	三级、四级主管	三级、四级主办	17-24
	一级科员	专业技术员	一级行政执法员	18-26
	二级科员		二级行政执法员	19-27

任务2 认识行政公务人员与行政主体之间的行政职务关系

一、行政职务关系的含义与特征

行政职务关系，是指行政公务人员基于一定的行政职务而在任职期间与行政主体（代表国家）之间所形成的权利与义务关系，是一种内部行政法律关系。

由于行政公务人员可分为行政公务员与其他行政公务人员，故行政职务关系也可以分成行政机关与行政公务员之间的行政职务关系和行政主体与其他行政公务人员之间的行政职务关系两种类型。我们着重讨论行政机关与行政公务员之间的行政职务关系。这种行政职务关系在该公务员被任命到某个具体职位（担任行政职务）时形成。行政职务关系具有下列特征：

（一）行政职务关系本质上是一种国家委托关系

行政职权是国家权力，通过一系列法律条件和手续定位到国家行政机关。行政机关又通过设立行政职位和任用公务员的方式构成行政职务关系，使公务员取得以国家名义承担行政职务的资格。

（二）行政职务关系内容是行政职务方面的权利与义务

作为一种广义的行政法律关系，行政职务关系的内容当然是行政法上的权利与义务。但行政职务关系的核心是规范与界定行政公务员代表行政机关行使行政职权和履行行政职责的行为，其内容表现为拥有与其承担行政职务相对应的行政职权和职责。

（三）行政职务关系具有劳动关系因素，可以说是一种特殊的劳动法律关系

从事行政管理和实施国家公务，其本身也是一种劳动。因此，在行政职务关系中也就包含着与其所承担的行政职务相应的劳动报酬和福利待遇等。

（四）行政职务关系属于内部行政法律关系

行政职务关系的双方当事人（即国家行政机关和行政公务员）都属于行政组织系统内部主体；行政职务关系的内容，都是行政职务方面的权利与义务（即行政职权与行政职责），均属于行政组织系统内的权利与义务；行政职务关系的保障手段（如行政处分与行政申诉）也都是行政组织系统内的特定方式与程序。这是与外部行政法律关系明显不同之处。

二、行政职务关系的内容

以下以行政法所规定的行政机关与公务员之间的权利和义务为例来描述行政职务关系的内容。

（一）行政公务员的义务

行政公务员的义务是指法律基于行政公务员的身份，对于行政公务员必须作出某种行为或不得作出某种行为的约束与限制。根据《公务员法》，行政公务员的法定义务有以下几项：

1. 忠于宪法，模范遵守、自觉维护宪法和法律，自觉接受中国共产党领导；

2. 忠于国家,维护国家的安全、荣誉和利益;

3. 忠于人民,全心全意为人民服务,接受人民监督;

4. 忠于职守,勤勉尽责,服从和执行上级依法作出的决定和命令,按照规定的权限和程序履行职责,努力提高工作质量和效率;

5. 保守国家秘密和工作秘密;

6. 带头践行社会主义核心价值观,坚守法治,遵守纪律,恪守职业道德,模范遵守社会公德、家庭美德;

7. 清正廉洁,公道正派;

8. 法律规定的其他义务。

(二) 行政公务员的权利

行政公务员的权利,是指国家法律基于行政公务员的身份和职责,对其在行使职权、执行公务过程中能够作出或不作出一定行为的许可和保障。根据《公务员法》的规定,行政公务员的权利包括以下几项:

1. 职务保障权。即行政公务员有权获得为履行职责所应有的权力和应具有的工作条件。

2. 身份保障权。即行政公务员非因法定事由、非经法定程序,不被免职、降职、辞退或处分。

3. 工资福利权。即行政公务员有权获得工作报酬和享受福利、保险待遇。

4. 岗位培训权。即行政公务员有权参加政治理论和业务知识的培训。

5. 批评建议权。即行政公务员有权对国家行政机关及其领导人员的工作提出批评和建议。

6. 申诉控告权。即行政公务员认为其合法权益受到侵犯或不公平待遇,有权向有关机关提出申诉或控告。

7. 申请辞职权。即行政公务员有权依法提出辞职。

8. 其他法定权利。宪法和法律规定的行政公务员的其他权利,如人身自由权、劳动休息权等。

任务3 辨别行政公务员的多重法律身份与行为性质

一、认识行政公务员的多重法律身份

(一) 公民身份

行政公务员作为自然人,最基本的法律身份是公民身份。即行政公务员首先是具备中华人民共和国国籍的中国公民,享有中国公民享有的一切基本权利和承担中国公民需要承担的一切义务。

基于公民身份,行政公务员还具有民事主体身份和行政相对人身份等,这些身份都是个人身份,代表的都是作为公民的自然人本身以公民个人的名义活动,并承担相应的法律

责任。这是行政公务员最基本的一种法律身份。

（二）一般职务身份

当作为自然人的公民加入某个行政机关或者某个被授权组织，成为其工作人员并执行某些职务时，我们说这些自然人又有了另一种身份——职务身份。此时，自然人个人的行为已不代表个人，而是代表单位，以所在组织名义从事社会交往，产生相应的法律关系，其所产生的法律后果由所在组织承担。

由于工作人员执行的职务行为的性质不同，这种职务身份又可分为一般职务身份和行政职务身份，当工作人员所履行的工作职责并非执行行政职务时，其职务身份为一般职务身份。

（三）行政公务身份

行政公务身份是一种非常严格的身份，当行政公务员基于一定的行政职务而在任职期间代表行政主体行使行政职权、履行行政职责时，其身份除了公民、组织成员外，还有行政公务身份。其行为的权利来源来自国家，由国家法律明文授予或者国家行政主体行政委托，其行为的名义是代表行政主体，从更深层面讲是代表国家，其行为的后果非由个人承担，而是由行政主体代表国家承担。

二、区分行政公务员的不同行为

从上文中我们可以看出，个人具备怎样的身份，除了首先要具备某种法律资格，最重要的还是由其所做行为的性质来决定。当普通公民通过公务员任职途径获得行政公务员资格后，其首先具备了从事行政公务行为的可能性。但具备这种资格并不表示其身份就一定是行政公务员身份，这中间还有一个非常重要的决定性因素——行为性质，即实施何种行为决定实施者此时为何身份、代表谁、结果由谁承担。

（一）行政公务员的行为分类

根据行政公务员的身份不同，其有可能会实施的行为有三种：作为公民的个人行为、作为组织成员的一般职务行为和作为行政公务人员的行政公务行为。

个人行为是行政公务人员以个人名义实施的行为，法律后果和责任由个人承担。职务行为是由于职务关系的存在，工作人员以单位和组织的名义作出的、法律后果和责任由单位来承担的行为。职务行为分为一般职务行为与行政公务行为。当工作人员所实施的行为为执行行政职务时，为行政公务行为，否则就是一般职务行为。

（二）区分个人行为与行政公务行为

这些行为都由一个具有多重身份的行为主体作出，相互交叉，尤其是公务员的个人行为与行政公务行为，极易混淆。

有时候行政公务员所实施的行为是形式上假借行政主体的名义、实质上则是为自己和他人谋求私利的行为，若此种行为的后果继续由行政主体承担则不尽合理；另外有时也存在公务员实质上履行职责的行为而行政主体事后以该行为属于个人行为为由推卸责任的情形，这种情况下对个人来说也不公平。区分公务员的个人行为和公务行为，对确定行政公务员的行为后果归属和追究行为责任具有十分重大的意义。

如何准确区分行政公务员的个人行为和公务行为，可以从以下几个方面来进行分析判断：

1. 时间标准：一般而言，公务员上班期间所为的行为是公务行为，下班后所为的行为是个人行为。

2. 职权标准：公务员在其职权范围内所为的行为属公务行为，超越职权范围的行为属个人行为。

3. 名义标准：公务员以所属单位名义作出的行为属单位行为，以自己名义作出的则属个人行为。

4. 行为目的标准：如果公务员实施某种行为的主观的意图和目的是执行职务，则认定其行为为公务行为，如果公务员主观上没有执行职务的意图和目的，即使依社会一般人的见解有执行公务的表征，也不认定其行为是公务行为。

5. 是否执行命令标准：公务员的行为如果是基于单位或上级领导的命令或委托而作出的，不管此命令或委托是否超越权限，概属公务行为。

上述五项标准组合构成区分个人行为与公务行为的标准，在具体认定国家公务员的某一行为属于个人行为还是公务行为时，必须综合考虑这些相关要素，不能仅以其中某一标准来衡量判断。（二维码2-5、2-6）

2-5　　　　2-6

项目训练

训练项目一：行政法律关系主体的识别

【案情简介】

某市人民法院从商场购买办公用品，商场将办公用品送到法院，市人民法院发现办公用品为次品，要求商场退货，商场迟迟不予退货。于是，市人民法院向市消费者协会投诉，消费者协会查证属实后，向县市场监督管理局反映，县市场监督管理局对商场作出责令退货与罚款的决定。

训练目的：

能分析和辨别哪些主体是行政法律关系中的双方主体。

分析提示：

根据行政主体和行政相对人各自的特点，将案件中出现的主体一一结合，进行分析判断。

训练项目二：行政主体资格的判别

【案例一】

2019年10月22日，原浏阳市环保局接到长沙市生态环境局《重点污染源排放超标督办单》，载明其辖区某污水处理公司（即本案原告）二期出水口监控点2019年10月22日总磷在线监控数据浓度值为0.63mg/l，执行标准为0.5mg/l，超标0.26倍，要求立刻查明原因。10月24日，该局执法人员现场对原告二期出水总排口取样送检并拍照，原告现场负责人在原始采样表上签字确认。

10月26日，经该局委托，某环保公司出具了《检测报告》，报告显示，原告二期出水总排口主要污染物COD（化学需氧量）浓度为80mg/l（标准50mg/l）、总磷为0.90mg/l（标准0.5mg/l），COD超标0.6倍，总磷超标0.8倍。11月2日，该局执法人员对原告二期总排口出水在线监测检查，发现原告二期出水口监控点2019年11月1日总磷在线监控日均值浓度为0.67mg/l，超标0.34倍。

10月28日、11月2日，相关执法人员分别进行了进一步调查取证，对原告污水处理厂副总经理邹某进行了询问，原告负责人对超标及取样检测的事实予以认可，并制作了调查询问笔录、现场勘察笔录，调取了原告的总排口在线监测报告表。

11月3日，原浏阳市环保局经先行调查，初步判断认为符合立案条件，决定对原告所涉嫌环境违法行为予以立案。

11月5日，原浏阳市环保局向原告作出并送达《责令改正违法行为决定书》，责令原告立即改正环境违法行为，确保外排废水污染物持续稳定达标排放。同日，原浏阳市环保局行政处罚案件审查工作会议对原告涉嫌环境违法案件集体讨论审议，决定责令原告改正环境违法行为，并拟处罚人民币30万元整。

11月6日，该局作出《行政处罚事先（听证）告知书》，告知原告违法的事实、拟对其采取的处罚意见及处罚依据，告知其享有陈述、申辩、听证的权利，并于当日送达原告。11月7日，原告向原浏阳市环保局提出听证申请。

11月11日，原浏阳市环保局作出《行政处罚听证通知书》，告知原告听证会主持人、听证员、记录员的身份及原告享有的权利和注意事项，并于11月20日依法组织了公开听证会。在听取了原告的陈述申辩后，原浏阳市环保局认为原告的陈述申辩理由不能成立，决定对其意见不予采纳。

11月28日，原浏阳市环保局作出《行政处罚决定书》，对原告处以责令改正、罚款人民币20万元整的行政处罚。原告不服，以被告处罚事实不清、违反法定程序、违反一事不再罚原则为由向区人民法院提起行政诉讼，要求撤销被告对其所作的处罚决定。该污水处理公司应以谁为被告提起行政诉讼。

另查明，根据机构改革方案，各区县（市）生态环境机构调整为市生态环境局的派出机构，由市生态环境局直接管理。2019年12月，长沙市生态环境局浏阳分局挂牌成立，原浏阳市环保局的职能由长沙市生态环境局浏阳分局承担。

训练目的：

能分析判断长沙市生态环境局浏阳分局和长沙市环境局的行政主体资格。

分析提示：

根据行政机关的分类和内涵，分析长沙市生态环境局浏阳分局的法律地位。

【案例二】

2019年8月5日，中国人民银行上海分行金融消费权益保护部作出关于移送违法金融营销宣传线索的函，就第三人广发银行上海分行于2019年5月31日通过微信公众号发布的题为《不要告诉别人，你的肚子是被我们搞大的!》的推送文章，涉嫌违反《广告法》第9条之规定，向被告上海市市场监督管理局广告处移送线索。

被告上海市市场监督管理局广告处于同年8月8日收到该函，8月20日约谈第三人广发银行上海分行，8月26日被告委托某计算机司法鉴定所出具司法鉴定意见，对系争广告标题进行了数据保全。

在初步查实线索情况后，被告上海市市场监督管理局于9月3日立案受理，于11月14日作出《行政处罚听证告知书》并于次日送达第三人，11月19日第三人提出听证，被告上海市市场监督管理局于11月27日举行听证，经内部审批于12月3日作出沪市监机处〔2019〕XX号《行政处罚决定书》，责令第三人停止发布广告，并对其作出罚款人民币60万元整的处罚。市市场监督管理局作出被诉处罚决定认定的主要事实、理由及依据为："广发卡上海"是广发银行上海分行注册运营的微信公众号，用于向广发银行信用卡持卡人推送营销活动。2019年5月31日，广发银行上海分行通过该微信公众号发布了案涉广告，其中图文内容为"尚悦湾"购物中心部分餐饮商户的优惠活动。广发银行上海分行于2019年8月20日删除案涉广告，累计阅读量198次，粉丝推送人数42 466个。该案涉广告标题及内容由厚美公司设计并制作，交由广发银行上海分行审核后自行发布。案发后，广发银行上海分行对案涉广告内容进行了删除整改。市市场监督管理局认定广发银行上海分行在互联网媒体发布广告推销自身信用卡，该广告标题涉嫌哗众取宠、低级庸俗，易引申为违背社会良好风尚的不良含义，既违背了公序良俗和社会主义核心价值观，还有侮辱贬低女性之嫌。此外，该广告发布时间跨度近三个月，期间累计阅读量大，粉丝推送人数多，违法行为持续时间长、社会覆盖面广，造成了较大的不良影响。经查明，厚美公司（乙方）与广发银行上海分行（甲方）曾签订《广告制作发布合同》，其中第8条约定"二、乙方未尽法定的广告审查义务导致发布的广告违法，或因乙方原因造成发布的广告规格、内容错误的，乙方应赔偿甲方受到的一切损失"。因此，厚美公司不服上海市市场监督管理局所作出的处罚，以具有利害关系为由提起本案诉讼，请求撤销市市场监督管理局作出的被诉处罚决定。

训练目的：

能分析本案所涉行政行为的行政主体。

分析提示：

根据行政法律关系的特点，分析本案中存在的行政法律关系，找出相应的行政法主体，并分析判断哪个主体是合法的行政诉讼主体。

【案例三】

2014 年，李某考入北京信息科技大学，就读于该校自动化学院智能科学与技术专业四年制本科。李某由于成绩原因先后两次申请留级，根据《普通高等学校学生管理规定》，全日制普通高等教育本科各专业学生的最长学习年限为 6 年，则李某至迟应于 2020 年 7 月完成全部所学课程。2020 年 7 月，李某因未能获得实践必修课《智能系统与工程课程设计》的 2.5 学分及实践选修课《机器人竞赛》的 2 学分，未修满《北京信息科技大学2015 级本科培养方案（智能科学与技术）》所要求的毕业生学分，该大学据此未向李某授予毕业证及学位证。

2021 年 1 月，李某称在第八学期（2019-2020 第 2 期）自学了《智能系统与工程课程设计》的内容并于 6 月 22 日补交了课设报告，李某认为其在校期间已经完成全部学业，已经达到毕业要求且符合学士学位授予条件，向法院提起行政诉讼。

补充信息：《北京信息科技大学全日制普通高等教育本科学生学籍管理规定》（以下简称信息科技大学学籍管理规定）第四章第 15 条第 3 款："学生本人应在每学期开学，在规定时间内登录教务管理系统进行选课，未按时选课的，不得参加相关课程的学习和考核；学生自行参加学习与考核的，成绩无效。"

训练目的：

能分析判断高等院校这一组织的行政主体资格。

分析提示：

结合法律法规授权组织的特点和要求，分析判断高等院校的行政主体资格。

训练项目三：个人行为与公务行为的判断

【案情简介】

某公安局民警李某，开车执行公务。在返回单位途中，路过其小孩正在读书的学校，临时决定先接其小孩回家，然后再回单位。就在其接上小孩回家的路上，李某违章驾驶，撞伤一老太太。李某驾车行为是否属于公务行为？老太太的损害赔偿由谁来负责？

训练目的：

能分析和判断行政公务人员的行为是个人行为还是公务行为，并确定损害行为的责任分担。

分析提示：

综合运用时间、名义、职权、行为目的和是否执行命令等标准进行判断。如果是公务行为，由某县公安局承担损害赔偿责任，否则由李某自己承担。

学习单元二检测

学习单元二检测及答案

项目训练答案二

学习单元三　行政行为与行政程序

问题与思考

学习单元二讲述了行政法律关系的主体，重点介绍了行政主体理论和具有行政主体资格的组织、具体行使行政权的公务员、行政相对方的法律地位和权利保障。本学习单元则进一步认识和掌握行政主体如何运用行政权（包含实体和程序）实现对社会公共事务的组织、管理、决策和调控，重点介绍行政行为和行政程序的基本理论。传统的行政行为是指行政主体行使行政职权实施行政管理而作出的能产生行政法律效果的外部行为。然而，行政主体为了实现行政管理的目标，越来越多地采用一些不具有国家强制力的柔性行政管理行为方式，如行政协议、行政指导、行政调解等。实践发展的现状是行政主体可以作出具有强制力或不具有强制力的多元化行为，行政行为的概念在逐渐演变，变得更具有包容性和多层次性。这些发展趋势和变化是需要学生在学习时特别注意的。

知识结构图

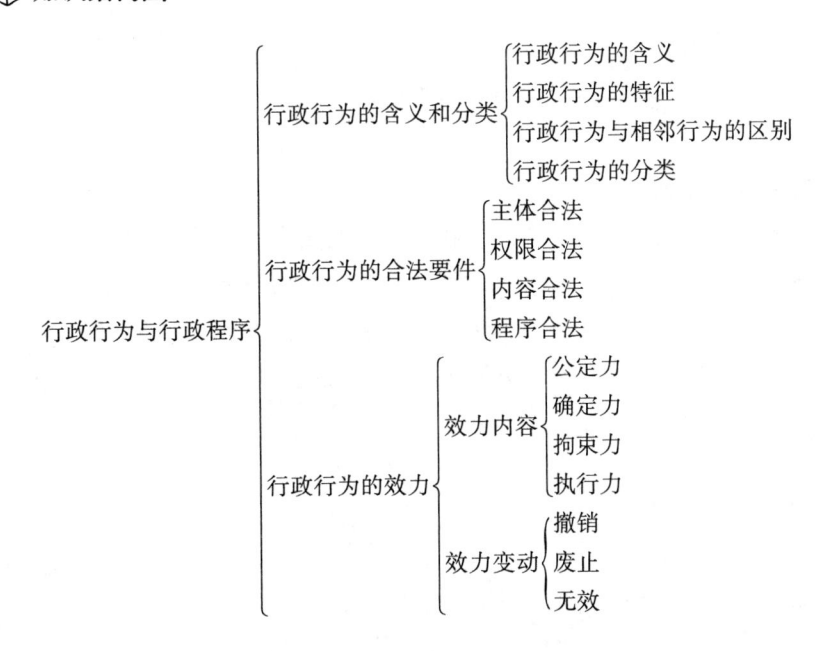

行政行为与行政程序
- 行政行为的含义和分类
  - 行政行为的含义
  - 行政行为的特征
  - 行政行为与相邻行为的区别
  - 行政行为的分类
- 行政行为的合法要件
  - 主体合法
  - 权限合法
  - 内容合法
  - 程序合法
- 行政行为的效力
  - 效力内容
    - 公定力
    - 确定力
    - 拘束力
    - 执行力
  - 效力变动
    - 撤销
    - 废止
    - 无效

```
                          ┌ 公开原则
                  ┌ 基本原则 ┤ 公正原则
                  │        │ 参与原则
                  │        └ 效率原则
行政行为与行政程序 ┤ 行政程序 ┤ 告知制度
                  │        │ 说明理由制度
                  │ 基本制度 ┤ 教示制度
                  │        │ 听证制度
                  │        │ 回避制度
                  │        └ 信息获取制度
```

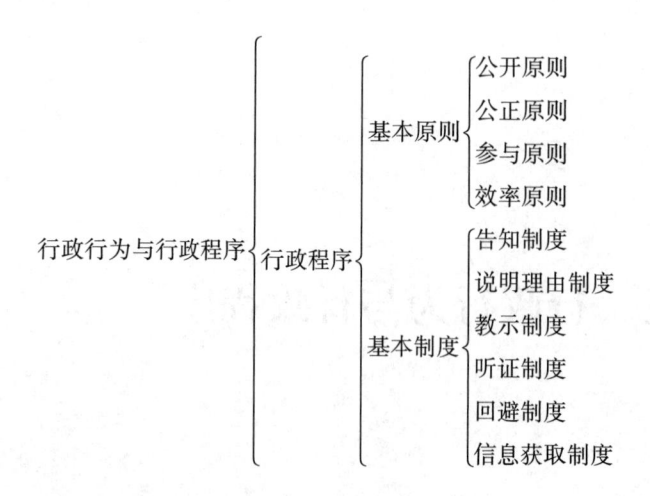

学习目标

知识目标：掌握行政行为的概念与特征；行政行为的分类；行政行为的合法要件；行政行为的效力；行政程序的基本理论；行政程序的基本原则和基本制度。

能力目标：能结合案例判断一个行为属于抽象行政行为还是具体行政行为，进而判断是具体行政行为中的哪一类行为；能判断一个行政行为是否成立及是否合法；理解行政程序的重要性。

素质目标：树立依法行政、程序法治、政府诚信、尊重人权等理念。

基本知识

子学习单元1 行政行为认知

任务1 认识行政行为

一、行政行为的含义（二维码3-1）

行政行为是行政法领域中的基础和核心概念。在我国行政法学界，通说认为，行政行为是指"行政主体在实施行政管理活动、行使行政职权过程中做出的具有法律意义、产生法律效果的行为"。[1] 其他的权威教材虽在具体表述上略有不同，但都认为行政行为由主体要素、职权要素和法律效果要素构成，且在外延上既包括抽象行政行为，也包括具体行政行为。

---

[1] 罗豪才主编：《行政法学》，北京大学出版社2001年版，第73页。

3-1

(一) 主体要素

行政行为的主体是行政主体。在我国，行政主体包括行政机关和法律、法规、规章授权的组织。我国《行政诉讼法》第 2 条规定："公民、法人或者其他组织认为行政机关和行政机关工作人员的行政行为侵犯其合法权益，有权依照本法向人民法院提起诉讼。前款所称行政行为，包括法律、法规、规章授权的组织作出的行政行为。"需要说明的是，行政机关工作人员不是行政行为的主体而只是行政行为的实施者，只能以行政机关的名义作出行政行为，责任由行政机关承担。行政行为的实施者除了行政机关工作人员外，还包括法律、法规、规章授权的组织的工作人员以及行政机关委托的组织及其工作人员。

(二) 职权要素

行政行为系行政主体依行政职权作出的行为，即行为主体在客观上有行使行政职权或职责的行为，并有外部行为表现出来。至于职权行使的正确与否，即是否超越或滥用职权，不影响行政行为的成立与行政法律关系的产生。因此，行政违法行为同样是行政行为。如果行为主体没有运用行政权作出某行为，即使实施者是享有行政权的组织或个人，该行为也不是行政行为。例如：行政机关购买办公设备和建立办公楼的行为就不是行政行为，而属于民法的调整范围。

(三) 法律要素

行政行为是指能够产生某种法律效果的行为。所谓法律效果，是指对公民、法人或者其他组织的权利义务产生影响。这种影响可能对行政相对人来说是积极、有利的，如公民取得行政许可证后，具有了从事某种职业的资格等，也可能对行政相对人来说是消极、不利的，如行政处罚、行政强制等，行政相对人因为该行政行为的实施而被剥夺了权利或者增设了义务。"行政主体对行政相对人实施的某些行为并不直接产生法律效果，也不具有强制执行力，如行政事实行为。"[1] 因此该行为不属于行政行为的范畴。

二、行政行为的特征

行政行为与民事行为和其他国家机关的行为相比较，主要具有以下特征：

(一) 从属法律性

从属法律性，亦称执行性。行政行为的从属法律性体现在执行法律、服从法律两方面。我国《宪法》明确规定，我国行政机关是国家权力机关的"执行机关"，而国家权力机关行使权力的一个重要形式便是立法，所以行政行为实际上是对权力机关所立之"法"

---

[1] 参见应松年主编：《行政法与行政诉讼法学》，高等教育出版社 2017 年版，第 105 页。

的执行。服从法律不仅要求行政行为符合实体法，还要求其符合程序法。

（二）裁量性

行政行为是对法律的执行，但这并不代表行政主体该如何行为都能从现成的法律中找到答案。事实上，在面对纷繁芜杂、日新月异的实际生活时，行政主体往往需要依据法律做出自由裁量。需要指出的是，行政行为并没有绝对的自由裁量权。行政法治原则要求将行政行为的裁量性和行政行为的从属法律性统一起来。裁量性是指在法律的约束和指导下的裁量。就其本质而言，行政行为的裁量性是行政法律自身属性的产物，是运用法律进行行政的必然要求。

（三）单方意志性

行政行为是行政主体依据法律，为了公共利益的目的而实施的管理和服务行为，是一种单方意思表示。因此，行政主体和行政相对人的地位并不平等，行政法律关系的成立依赖行政主体的自由裁量。行政行为的单方性在依职权的行政行为中表现得尤为明显。行政机关完全依据法律规定，自行主动对行政相对人采取一定的法律行为，比如对违法行为人作出的行政处罚。在依申请的行政行为中，虽然行政行为的启动依赖相对人的提起申请，但行政行为的做出和生效依然来源于行政机关的自由裁量，比如当事人申请某种许可证，颁发与否完全取决于行政机关所做的自由裁量。

（四）强制性

行政行为是行政主体代表国家，以国家名义实施和执行法律的权力行为。行政行为的强制性根源于行政行为对国家法律的执行和对公共利益的代表。这就要求行政行为必须在形式上合法、实质上合理，才能为其强制性带来合法性。行政行为的强制性和行政行为的单方性也是不可分割的。一方面，行政行为的单方性客观上要求有一种政府强力做担保；另一方面，行政行为的强制性也剥夺了行政行为双方自由协商的可能性。

（五）无偿性

和民事行为的等价有偿原则不同，行政行为在原则上是无偿的。在现代社会，政府的职能日益从管制转向服务，提供公共产品则成为政府最重要的任务。行政行为的无偿性是指单个的具体个人和社会在获取政府提供的公共产品时一般不需要直接向政府支付等价报酬。比如，公民在遇到危险报警时，无须直接向警察额外支付报酬。然而政府的存在也必然有运行成本，所以权利也具有成本，其依赖于税收。[1] 公民和社会在获取政府提供的公共产品时实际上已经支付了成本，所以从这个意义上讲，天下并没有免费的午餐，行政行为是"间接有偿的"。

任务2　认识行政行为的分类

行政行为种类繁多，内容庞杂，对行政行为分类的认识，可更深入地理解、把握行政

---

[1] 参见［美］史蒂芬·霍尔姆斯、凯斯·R.桑斯坦：《权利的成本——为什么自由依赖于税》，毕竞悦译，北京大学出版社2004年版，第3-6页。

行为的概念特征。行政行为的分类方法很多，不同的标准可以有不同的分类。根据理论和实践的实际情况可以将行政行为分为下列几种：

一、抽象行政行为与具体行政行为

抽象行政行为，是指特定的行政机关针对不特定对象制定具有普遍约束力、能够反复适用的规范性文件的行为。如制定行政法规、行政规章，发布命令、决定等规范性文件。具体行政行为，是指行政机关在行使职权的过程中，对特定的人或事件做出的影响相对方权益的具体决定与措施的行为。如对某一违反交通法规的驾驶人处以罚款，对某一通过驾驶考试的人颁发驾驶证，对某一民事纠纷进行裁决等。

区分一个案件中的行为到底是抽象行政行为，还是具体行政行为，我们可以从以下标准来判断：

（一）行为所针对的对象是否特定

具体行政行为是针对特定的人或事件作出的；而抽象行政行为是针对不特定的人或事件作出的。何谓"对象的特定性"？其包含两个内容：一是明确性，即一种行为是针对谁、约束谁，行为双方主体及第三人都是明确的。如"禁止张三通行"与"禁止通行"，前者的对象是明确的，后者的对象是不确定的，因而前者是具体的禁令，后者则是抽象的禁令。二是固定性，即该行为所约束的对象在该行为约束期间是固定的、可数的，既不会增加，也不会减少。如市政府作出两个不同的决定：第一个《决定》规定："春节期间的年初一至元宵节这15天内市区5条主要商业街道的商户禁止燃放烟花爆竹"；第二个《决定》规定："从决定发布之日起市区5条主要商业街道的商户禁止燃放烟花爆竹"。第一个《决定》由于行为的对象即5条主要商业街道上的商户是固定的、可统计的，因而属于具体行政行为；第二个《决定》由于商户是不固定的，今后可能增加或减少，无法事先统计，因而属于抽象行政行为。

（二）行为的溯及方向

具体行政行为是约束人们业已发生的行为，即具有"向前"约束性；抽象行政行为是约束人们将来可能发生的行为，即具有"往后"约束性。如："对李四在公共场所吸烟的行为罚款100元"。这个罚款决定是针对业已发生的事项作出的，因而属于具体行政行为。"凡在公共场所吸烟的，罚款100元，该规定从颁布之日起施行"。这显然是一个适用于将来事项的规则，因而属于抽象行政行为。且根据"法不溯及既往"的规则，即使没有明确"该规定从颁布之日起施行"，其也属于抽象行政行为。

（三）行为的适用次数

具体行政行为是一次性行为，属于"一次性消费"。而抽象行政行为是可以反复适用的，直到该行为被取消。

（四）行为效力的间隔性

具体行政行为无须中间的行为环节就可约束相对方的权利和义务，而抽象行政行为还需要通过一个中间环节的行为才能对相对方的权利义务发生影响。抽象行政行为仅仅是一种"可能性",要变为现实,还得需要具体行政行为的实施。所以说,具体行政行为是将抽象行政行为所确定的行政法律关系中双方的权利和义务内容具体化的行为。

区分抽象行政行为与具体行政行为的意义主要在于确定复议机关和人民法院监督行政行为的范围。2015 年修订后的《行政诉讼法》将原来的"具体行政行为"概念统一替换为"行政行为",解决了原来所使用的"具体行政行为"概念因欠缺包容性和开放性,而将行政不作为、行政事实行为、双方行政行为等排除在受案范围之外的问题。只要是对行政相对人的权利义务产生实际影响的行政行为就属于人民法院的受案范围。但是,抽象行政行为与具体行政行为的区分仍然存在,废除"具体行政行为"的概念,并不意味着抽象行政行为就此纳入了行政诉讼的受案范围。

二、羁束行政行为与自由裁量行政行为

行政行为以受法律的约束程度为标准,可分为羁束行政行为和自由裁量行政行为。

羁束行政行为,是指法律规范对其范围、条件、标准、形式、程序等作了较详细、具体、明确规定的行政行为。行政主体必须严格依照法律规范的规定进行,没有自行选择、斟酌、裁量的余地,如税务机关征税,只能根据法律、法规规定的征税范围、征税对象以及税种、税率征税,没有选择、裁量的余地。

自由裁量行政行为,是指法律规范仅对行为目的、范围等作了原则性规定,而将行为的具体条件、标准、幅度、方式等留给行政机关自行选择、决定的行政行为。

区分羁束行政行为和自由裁量行政行为的意义在于确定接受行政审查和司法审查的程度和深度。因羁束行政行为只发生违法与否的问题,不发生适当与否的问题,只受合法性原则的约束,故几乎所有的羁束行政行为均须接受行政审查和司法审查;而自由裁量行政行为一般只发生是否合理的问题,主要受合理性原则的约束,故范围上有很大的限制,人民法院仅对明显不当的行为才予以审查。

三、依职权的行政行为与依申请的行政行为

以行政主体可否主动作出行政行为为标准,把行政行为划分为依职权的行政行为和依申请的行政行为。

依职权的行政行为,是指行政主体依据法律赋予的职权,无须相对方的意思表示,如申请、请求、声明等,便能主动实施并发生法律效力的行政行为,如行政处罚等。

依申请的行政行为,是指行政主体必须有相对方的申请才能实施的行政行为。如颁发营业执照、核发建设工程规划许可证等。

这一分类的目的在于区别行政行为的实施条件和程序,分析作为与不作为行为的责任,对于确定行政诉讼和行政复议中当事人的证明责任也有意义。在起诉行政机关不履行法定职责的案件中,如果被诉行为属于依申请的行政行为,则一般情况下原告必须证明其曾向行政机关提出过申请的事实。

四、作为行政行为与不作为行政行为

以行政行为采用什么方式进行为标准,把行政行为划分为作为行政行为和不作为行政

行为。

作为行政行为，是指以积极作为的方式表现出来的行政行为，如行政奖励、行政强制、行政检查等。

不作为行政行为，是指以消极不作为的方式表现出来的行政行为。如《集会游行示威法》中规定，对于游行、集会申请，主管机关对申请"逾期不通知的，视为许可"就属于不作为行政行为。

五、单方行政行为与双方行政行为

以决定行政行为成立时参与意思表示的当事人的数量为标准，把行政行为划分为单方行政行为与双方行政行为。

单方行政行为，是指依行政主体单方意思表示，无须征得相对人同意即可成立的行政行为，如行政处罚、行政监督等。

双方行政行为，是指行政机关为实现一定的公务目的，与相对方协商达成一致而作出的产生法律效果的行政行为，如行政合同，又称为"行政协议"。

六、要式行政行为与非要式行政行为

以行政行为是否应当具备一定的法定形式为标准，把行政行为划分为要式行政行为和非要式行政行为。

要式行政行为，是指必须具备某种法定的形式，或遵守法定程序才能生效的行政行为，如行政处罚必须以书面形式加盖公章才能生效。

非要式行政行为，是指不需一定的方式和程序，无论采取何种方式都可以成立的行政行为，如公安机关对醉酒司机采取强制约束的行为。

要式行为，就其形式而言是羁束性的要求；而非要式行政行为属于自由裁量性规定。作出非要式行政行为应受到严格控制，一般在情况紧急或不影响对方权利的情况下，才能作出。

任务3　认识行政行为的合法要件

行政行为的合法要件是判断行政行为是否合法的基本标准。行政行为作出（成立）后经公布或送达即发生法律效力，但是生效的行政行为并不等同于合法有效的行政行为，有些行政行为虽然生效，但并不合法。行政行为的成立只是法律对行政行为合法性的一种设定，即行政行为一经作出（成立），即被假定为合法，行政相对人应当服从并履行相应行为赋予的义务。但行政行为要想获得实质的法律效力，就必须具备一定的合法要件。行政行为违反合法要件，在行政复议或者行政诉讼中，有可能被撤销或者确认违法、无效。行政行为的合法要件具体包括以下基本要素：

一、主体合法

主体适格是行政行为合法的前提。行政行为必须由行政主体作出，行政主体包括行政机关和法律、法规、规章授权的组织。行政机关的职权来自于法律规定，如《国务院组织

法》《地方各级人民代表大会和地方各级人民政府组织法》等。行政机关之外的组织成为行政主体须有法律、法规、规章的授权，如高等院校依据法律授权而具有授予毕业证和学位证的权力。其他国家机关和未经法律、法规授权的企事业单位、社会组织等无权作出行政行为。

行政机关委托的组织必须要有委托书或其他证据证明确实有此委托，被委托的组织只能以委托机关（行政主体）的名义行使职权，且不能超出委托范围。

如果是合议制机关的行为，必须通过相应会议的讨论、审议，并且相应会议有法定人数出席、相应决定有法定票数通过，才能对外发生法律效力。否则，就构成行政主体不合法，也构成行政程序违法。

二、权限合法

行政主体都有其法定的权限，行政行为不能超越相应的权限。行政行为权限合法有以下要求：

1. 行政行为系行政主体行使行政权力的行为。换言之，行政主体不能越位行使立法权和司法权，也不能越位干预法律授予企事业单位、社会团体行使的自治权利。

2. 行政主体必须在法定的权限范围内行使职权，不能超越职权。从横向来看，行政主体具有特定的事务管辖范围，不能行使其他行政机关的职权，否则即构成横向越权。如工商机关不能越权行使税务机关的职权；公安机关不能越权行使规划机关的职权。从纵向来看，各级行政主体行使职权应当符合级别管辖规定，下级行政主体不能越权行使上级行政主体的职权，否则即构成纵向越权。如派出所的行政处罚权限为警告和500元以下罚款，则其不能作出拘留的行政处罚决定。

三、内容合法

（一）有事实根据且证据确凿

行政机关作出行政行为的前提条件是事实清楚、证据确凿。例如，行政主体实施行政处罚行为，首先需要查明行政相对人有无违反行政处罚法律规范的违法事实。行政主体拒绝给申请许可证的相对人颁发许可证，必须有相对人不符合取得相应许可证法定条件的事实根据。事实需要证据来证明，没有证据不能认定相关事实的存在。行政行为的证据应当合法，符合法定证据类型。《行政诉讼法》规定的行政诉讼证据的法定种类包括书证、物证、视听资料、电子数据、证人证言、当事人陈述、鉴定意见、勘验笔录和现场笔录。现场笔录是行政诉讼中特有的证据类型，指行政机关工作人员在行政执法过程中当场制作的有关案件事实或者执法情况的记录。[1] 上述证据应当与待证事实之间具有关联性，经法庭审查属实，才能作为认定案件事实的根据。行政行为合法的证据证明标准为"证据确凿"，这要求证明案件主要事实的证据要确凿、充分，能够排除合理怀疑。

（二）正确适用法律依据

行政行为的法律依据包括法律、法规、规章和其他规范性文件。正确适用法律依据要

---

[1] 何海波：《行政诉讼法》，法律出版社2016年版，第403页。

求遵循法律规范的效力位阶，当下位法和上位法的规定不一致、存在冲突时，应当适用上位法。行政行为适用的法律依据应当是现行有效的法律规范。

（三）合乎立法目的

行政行为要求有事实根据、证据确凿和正确适用法律依据属于客观性要求，合乎立法目的则是主观性要求。行政主体实施行政行为，应是为了实现相应立法所欲达到的目的，而不应以权谋私，通过行政职权的行使去实现自己的某种私利，如打击报复、为亲朋好友谋取某种好处等。如果行政主体的行为是出于某种个人动机，就构成滥用职权。

四、程序合法

行政行为合法要件不仅包括实体要件合法，同时也包括程序要件合法。行政行为程序与行政行为实体有着密切联系。程序正义是实现实体正义的重要保障。行政行为程序是否合法对于行政行为实体合法性和合理性而言至关重要。现代行政法极为重视程序，将法定行政程序作为控制行政权滥用、防止行政专制、保障行政民主、保护行政相对人合法权益不被违法行政行为侵犯的屏障。

我国目前尚未出台统一的行政程序法，有关行政行为的程序规定散见于各个部门法之中，如《行政处罚法》《行政许可法》《行政强制法》等。尽管行政行为种类繁多，不同的行政行为所运用的方式各有差异，但是有些程序要求是所有行政行为必须要遵循的，具体包括：

（一）行政行为符合法定方式

行政行为需要遵循法定方式和制度。行政公开、告知、听取意见、说明理由、回避、禁止单方接触等制度构成行政行为的重要制度。如果不遵循上述制度，则构成程序违法，属于可撤销的行政行为。

（二）行政行为符合法定步骤、顺序

行政行为程序合法要求行政机关遵循法定步骤、顺序，不可颠倒顺序或者遗漏某个步骤。行政行为如果没有遵循法定步骤，即构成程序违法。如行政处罚要求行政机关先调查取证，后作出行政处罚决定；行政机关申请人民法院强制执行前，应当催告当事人履行义务。

（三）行政行为符合法定时限

行政行为要符合法定时限，其目的在于提高行政效率，防止行政机关拖延履行法定职责。行政主体可以进一步优化流程，在法定期限范围内设定更短的承诺期限。例如，某项行政许可审批事项的法定期限为20日，行政机关可以承诺在10日内办结。

任务4　认识和分析行政行为的效力

一、行政行为的效力内容

行政行为的效力，是指行政行为成立后，对行政相对人、行政主体以及其他组织、个人所具有的法律上的效力。一个生效的行政行为具有如下四种效力：

（一）公定力

行政行为的公定力是指行政行为一经作出，除非有重大、明显的违法情形，即被推定为合法有效，任何机关、组织和个人未经法定程序，均不得否定其法律效力。公定力是对世的，不仅约束行政主体和行政相对人，还约束任何组织和个人。之所以赋予行政行为公定力，旨在维持法的安定性以及稳定的法律秩序。不过，行政行为的公定力不是无限的，对于那些重大、明显的违法行为，即无效行政行为来说，则不应该承认其有公定力。

（二）确定力

行政行为的确定力是指已经生效的行政行为对行政主体和行政相对人所具有的不得随意改变的法律效力。其包括两层含义：一是对于行政主体而言，行政行为一经作出，就具有相对稳定性，非经法定事由和法定程序不得随意改变或者撤销。行政行为系行政主体依法作出的，行政主体负有遵守承诺的义务。如果行政机关反复无常，违反诚实信用原则，将极大损害政府公信力。二是对于行政相对人而言，行政行为的确定力不是绝对的，而是相对的，即行政行为成立生效后，即假定其合法。这种假定可以在法定期限内以一定的事实和证据予以推翻，行政相对人如认为相应行政行为违法，须在法定期限内提起行政复议或者行政诉讼寻求救济。一旦法定期限经过，具体行政行为就具有确定力，行政相对人对于行政行为则不可再争辩。

（三）拘束力

行政行为的拘束力是指已经生效的行政行为对于行政主体和行政相对人都具有拘束力，双方必须遵守和服从该行政行为，并接受其拘束。行政行为的拘束力包括两个方面：一方面，对作出行政行为的行政机关自身具有约束力。行政行为成立生效后，作出该行政行为的行政机关即负有保障其实现的义务。无论是作出该行政行为的行政机关，还是该行政机关的上级机关或下级机关，在该行政行为被合法撤销或变更之前，都要受其约束。另一方面，对行政相对方具有约束力。行政行为有效成立后，作为行政相对方的所有个人或组织都要受该行为的约束，不能作出与该行为相抵触或违反该行为有关要求的行为，相对方必须完全地、实际地履行行政行为所设定的义务。如果不履行相应义务，需承担相对应的法律责任。

行政行为的拘束力可以及于行为的直接对象。例如，某市禁止燃放烟花爆竹，行政相对人则不得从事该行为；命令某公司停业整顿，该公司即不得再行开工营业；查封某个人的财产，该个人即不得拆封启用该财产等。行政行为的拘束力也及于行政相对人之外的组织和个人，任何组织和个人不得违反行政行为的内容。例如，行政主体发给某饮食店营业执照和有关许可证，批准其从事饮食业，其他任何个人、组织即不得阻止、妨碍或破坏其营业；行政主体依法冻结、划拨某公司的存款、账户，有关金融机构就应予以配合，不得让该公司再支取相应款项。

（四）执行力

行政行为的执行力是指生效的行政行为要求行政主体和行政相对人对其内容予以实现的法律效力。基于行政管理目标实现的需要，必须赋予行政行为执行力。行政行为的执行力由国家强制力保障实现。行政行为生效后，行政相对人必须自觉履行行政行为所确定的义务。如果行政相对人不自觉履行义务，那么有强制执行权的行政机关可以根据法律规定强制行政相对人履行义务；不具有强制权的行政机关可以依法申请人民法院强制执行。行政行为的执行力以行政行为的拘束力为前提。正是因为行政行为具有拘束力，行政相对人才具有履行行政行为的义务。

综上所述，行政行为的公定力、确定力、拘束力和执行力是相互联系的一个整体，共同构成了行政行为的效力内容。

二、行政行为的生效

行政行为的生效是指行政主体实施的法律行为在完成其法定程序、具备相应法定要件后正式对外发生法律效力。抽象行政行为和具体行政行为具有不同的生效要件。

（一）抽象行政行为的生效要件

抽象行政行为包括制定行政法规、行政规章和规范性文件的行为。其生效要件包括：

1. 经有关会议讨论决定。不同的抽象行政行为由不同的会议讨论决定。行政法规由国务院常务会议审议，或者由国务院审批。部门规章应当经部务会议或者委员会会议决定。地方政府规章应当经政府常务会议或者全体会议决定。行政规范性文件的生效比较复杂，有的可经相应机关的非正式会议（如办公会议）讨论决定；实践中有的无须相应机关的会议讨论决定，而直接由行政首长签署发布。

2. 经行政首长签署。这是抽象行政行为生效的必备条件之一，原因在于我国行政机关实行行政首长负责制。行政法规需要报请总理签署国务院令公布施行；规章需要报请本部门首长或者省长、自治区主席、市长签署命令并予以公布；行政规范性文件既可以由正职行政首长签署，也可以由主管相应行政事务的副职行政首长签署。

3. 公开发布。这也是抽象行政行为生效的必备要件之一。抽象行政行为需要在正式的政府刊物上公布。行政法规的标准文本，是在国务院公报上刊登的文本。行政法规签署公布后，应当及时在国务院公报和在全国范围内发行的报纸上刊登。行政规范性文件可以以布告、公告、通告等形式在一定的公共场合或行政办公场所张贴，或者通告当地广播、电视等播放。

4. 行为确定的生效日期已到。抽象行政行为有的自公布之日起生效，有的在立法时明确了施行日期，如签署公布行政法规的国务院令应当载明该行政法规的施行日期。在抽象行政行为制定后预留一定的准备时间，有利于该行政法规、规章或规范性文件的宣传普及。

（二）具体行政行为的生效要件

行政主体作出行政行为是具体行政行为生效的前提条件。行政行为的生效方式包括以下几种：

1. 即时生效。行政行为一经作出即具有法律效力。常见的表现形式如行政主体在紧急情况下对行政相对人即时采取强制措施。例如，当场罚款和对醉酒之人的强行约束等即时处罚和即时强制行为。

2. 送达生效。行政行为作出后，在行政主体于法定期限内将行政决定文书送达行政相对人时发生法律效力。送达的方式包括以下几种：当面送达、留置送达、委托送达、邮寄送达与公告送达。当面送达是指行政主体将行政决定文书直接送交受送达人（送达场所可以是行政机关所在地，也可以是受送达人住所地或其他场所），由受送达人在送达回证上记明收到的日期，并签名或盖章。受送达人是个人的，本人不在时，可交他的同住成年家属签收；受送达人是法人或者其他组织的，应交其法定代表人、其他组织的主要负责人或者该法人、组织负责收件的人签收。留置送达是指受送达人或他的同住成年家属拒绝接收行政决定文书，行政主体邀请有关基层组织或受送达人所在单位的代表到场，说明情况，在送达回证上记明拒收事由和日期，由送达人、见证人签名或盖章，把行政决定文书留在受送达人的住所，即视为已送达。邮寄送达是指行政主体向行政相对人直接送达行政决定文书有困难时，通过邮局邮寄送达。邮寄送达回执上注明的收件日期为送达日期。公告送达是指受送达人下落不明，或采用当面送达、留置送达、邮寄送达均无法送达时，行政主体将行政决定的有关内容予以公告。公告送达通常确定一个期限，期限一到即视为送达。

3. 附款行政行为所附条件成熟生效。附款是指为了限制行政行为的效果而在意思表示的主要内容上附加的从属性意思表示，包括条件、期限、负担和撤销权的保留。附款行政行为要待所附条件成熟之时生效。如果该条件未达成，则该行政行为不能生效。

行政行为必须具备相应的生效要件，才能正式对外发生法律效力。否则，该行政行为即因未生效而不成立。

三、行政行为效力的变动——撤销、废止与无效

（一）行政行为的撤销

行政行为的撤销是在相应行为具备可撤销的情形下，由有权国家机关作出撤销决定而使之失去法律效力。行政行为的撤销不同于行政行为的无效：其一，无效的行政行为，始终无效；而可撤销的行政行为只有在撤销之后才失去效力，尽管这种失效通常可以一直追溯到行为作出之日，但行政相对人在撤销决定作出之前却要一直受该行为约束。其二，无效行政行为的宣告不受时间的限制，行政相对人针对可撤销的行政行为申请行政复议或提起行政诉讼均有一定时限，超过此时限即不能申请撤销，除非行为机关主动撤销或有权机关通过法定监督途径撤销。

1. 行政行为撤销的条件。

（1）行政行为合法要件有瑕疵。合法的行政行为具备主体合法、权限合法、内容合法、程序合法四要素，任何行政行为如果缺损其中一个或一个以上要件，该行政行为就是

可撤销的行政行为。

（2）行政行为不适当。不适当的行政行为也是可撤销的行政行为。所谓"不适当"，是指相应行政行为不合理、不公正、不符合现行政策、不合时宜、不符合有关善良风俗等情形。

2. 行政行为被撤销后的法律结果。

（1）行政行为被撤销通常使行为自始失去法律效力，但行为在被撤销之前仍有效。在没有被撤销之前，行政相对人仍应履行相应行为设定的义务，对相应行为没有直接抵制权。但根据社会公益的需要或行政相对人是否存在过错等情况，撤销也可仅使行政行为自撤销之日起失效。

（2）如果行政行为的撤销是因行政主体的过错引起的，且相应行政行为是授益行政行为，那么撤销的效力可不追溯到行政行为作出之日。但是因社会公益的需要又必须使行政行为的撤销的效力追溯到行为作出之日，那么，由此给相对人造成的一切实际损失应由行政主体予以赔偿。例如，行政主体违法批地给某企业盖房建厂，后违法批准行为被有权机关撤销，已盖好的厂房因不符合城市建设规划而必须拆迁。为此，违法批地的行政机关应赔偿拆迁企业因此受到的损失。

（3）如果行政行为的撤销是因行政相对人的过错或行政主体与相对人的共同过错所引起的，那么行政行为撤销的效力通常应追溯到行为作出之日。行政主体通过相应行为已给予相对人的利益、好处均要收回；行政相对人因行政行为撤销而遭受到的损失均由其本身负责；国家或社会公众因已撤销的行政行为所受到的损失，应由行政相对人依其过错程度予以适当赔偿；行政主体或其工作人员对导致行政行为撤销的过错则应承担内部行政法律责任。

（二）行政行为的废止

1. 行政行为废止的条件。行政行为具有确定力，一经作出即不得随意废止，只有在具有某些法定情形的条件下，才能依法定程序废止。行政行为的废止通常有如下三种法定情形：

（1）行政行为所依据的法律、法规、规章、政策经有权机关依法修改、废止或撤销。相应行为如继续存在，则与新的法律、法规、规定、政策相抵触，此时，行政主体必须废止原行政行为。

（2）由于国际、国内或行政主体所在地区的形势发生重大变化，原行政行为的继续存在将有碍社会政治、经济、文化的发展，甚至给国家和社会利益造成重大损失，行政主体必须废止原行政行为。

（3）行政行为已完成，没有继续存在的必要。为此，行政主体废止原行政行为。

2. 行政行为废止的法律结果。行政行为废止后，自废止之日起失效。行政行为的废止如果是因法律、法规、规章、政策的废、改、撤或形势变化而引起的，且此种废止给行政相对人的合法利益造成了比较大的损失，行政主体依据信赖保护原则应对其损失予以适当补偿。

(三) 行政行为的无效（二维码3-2、3-3、3-4）

1. 行政行为无效的条件。就目前而言，我国还没有建立无效行政行为制度，根据通说和实际情况，行政行为如具备下述情形，行政相对人可视之为无效，有权国家机关可宣布该行为无效。

(1) 行政行为具有特别重大的违法情形。例如，某市政府命令一个因有爆炸危险而停止向外供气的煤气供应站立即恢复向外供气，此行政命令如果执行，将给人民的生命财产造成重大的、无法挽回的损失。对此行政命令，相应的煤气供应站就可以而且应该将之视为一个无效行政行为，不予执行。

(2) 不可能实施的行政行为。例如，某市政府为了发展旅游事业、改善游客住宿条件以吸引游客，命令该市所有宾馆、旅馆、饭店在3日内将它们的蹲式厕所全部改建成抽水马桶式厕所。这项改建工程即使具备其他所有条件，其劳务工作量也至少需10天才能完成。因此，该行政命令是根本不可行的，从而属于无效行政行为。

(3) 行政主体不明确或明显超越相应职权的行政行为。例如，行政主体实施行政行为时不表明身份，在行政决定上不署相应行政主体的名称，不盖印章，使行政相对人不能确定该行政行为的行政主体是谁，在该行为侵犯其合法权益时亦无法对之申请复议或提起行政诉讼。因此，此种行为应该认定为无效行政行为。至于超越职权的行政行为，如果其越权不是很明显，一般不宜认定为无效行政行为，而应该将之归入可撤销的行政行为。只有明显无权限而越权的行为，才应该认定为无效行政行为。例如，文化行政机关吊销烟酒公司的营业执照，工商管理机关检查卫生和处理违反卫生法规的行为，这些行为都是显而易见的越权行为，因而属于无效行政行为，自始即不具有法律效力。

(4) 行政行为的实施将导致犯罪。例如，某乡政府为了吸引外商在该地投资，命令村民捕杀若干国家保护的珍稀动物招待外商。捕杀此类珍稀动物的行为属犯罪行为，故该乡政府命令他人实施此种将导致犯罪的行为的行政命令是无效行政行为，行政相对人有权抵制而不予执行。

(5) 行政主体受相对人胁迫或欺骗作出的行政行为。例如，行政机关工作人员在行政相对人武力威胁下颁发的许可证、执照或所作出的批准行为等，均是无效行政行为，自始不具备法律效力。

(6) 行政行为具有明显的违法情形。例如，某县政府作出一个行政决定，规定其所作出的某类行政行为（如强制拆迁行为）是终局行政行为，行政相对人不准对之提起行政诉讼。此行政决定明显违反《行政诉讼法》，因此，应视为无效行政行为，自始不发生法律效力。此外，完全没有法律根据的行政行为也是无效的行政行为。

2. 行政行为无效的法律结果。

(1) 行政行为无效，即意味着其自始不发生法律效力，行政相对人可不受该行为拘束，不履行该行为为之确定的任何义务，并且对此种不履行不承担法律责任。

（2）行政相对人可在任何时候请求有权国家机关宣布该行为无效，有权国家机关可在任何时候宣布相应行政行为无效，因为无效行政行为不具有确定力，不受时效的限制。

（3）行政行为被宣布无效后，行政主体通过相应行为从行政相对人处所获取的一切利益，均应返还给相对人，所加予相对人的一切义务，均应取消，对相对人所造成的一切实际损失，均应赔偿。同时，行政主体通过相应无效行政行为所给予相对人的一切权益，均应收回。

3-2　　　　3-3　　　　3-4

子学习单元2　行政程序（二维码3-5）

任务1　认识行政程序

一、行政程序的概念与特征

行政程序是行政主体实施行政行为时所应当遵循的方式、步骤、时限和顺序。行为方式、步骤构成了行政行为的空间表现形式；行为的时限、顺序构成了行政行为的时间表现形式。

行政程序具有如下法律特征：

（一）确定性

任何行政程序都是确定的。所谓确定性，就是行政程序均由一定的法律、法规、规章制度所规定。关系到全国普遍存在的、重要的行政管理活动的程序，一般均由宪法和法律法规明文规定。关系到一定地区和部门的具体行政程序，一般由同级行政领导机关以规章制度明文规定。某些行政程序虽无明文规定，但历来如此执行，已经成为习惯性程序，也具有确定性。

（二）稳定性

程序一经确定，特别是以宪法、法律法规、规章制度表现出来的程序，在没有特殊例外或新情况的条件下，一般不容许予以随便变动、更改。习惯性程序也是如此。但程序本身不是目的，程序是为行政管理服务的。故在一定情况下，如发生突发性事件、非常规性事件、时间紧迫性事件等，无法按既定程序处理，可由行政领导临时作出决定或采取紧急措施，即采取特殊程序处理。但这类情况事后需补报补办一定的手续以符合程序的稳定性。程序的这种应变性应构成其稳定性的有机组成部分，否则程序便僵化而不能很好地为目的服务。所以，应在法律和制度中明确规定特殊程序的原则与方法，使其成为程序稳定性的特殊内容。

（三）完整性

程序一经确定并稳定下来，其包含的过程与步骤必然是完整的。要采用一定的行政程序达到一定的行政目的，缺少了该程序的任何一个过程或步骤，都是不可行的。比如预算程序由编制、审核、批准、执行与监督几个环节构成，缺少其中任何一个环节，国家的财政管理便无法进行。

（四）连续性

连续性，即秩序性。行政程序是指一个具体的行政过程，它是由许多前后衔接的步骤组成的，不颠倒、不间断，表现为一种紧密连续的作业形式。

（五）法定性

行政程序的设计与制定均以一定的法律法规为依据，即使是习惯性程序也是在法律法规的范围内才得以约定俗成的。行政程序的法定性，决定了行政主体和相对方在进行法律活动时必须严格遵守法定程序，其行为的步骤和方式受法定程序的制约，违反法定程序将会招致不利的法律后果。

（六）可行性

行政程序为一定的行政任务和目的服务，建立在与主客观条件相适应的基础之上，具有可行性。不可行的行政程序无任何行政意义。

二、行政程序分类

行政程序按不同的标准，可以进行不同的分类。对行政程序的种类进行科学的划分，有助于行政主体实施行政行为，也有助于行政相对方及时有效地保护自己的合法权益。

（一）主要程序与次要程序

以行政程序对相对人合法权益产生的影响是否具有实质性为标准，可以将行政程序划分为主要程序和次要程序。

1. 主要程序。主要程序是指行政主体若不遵守将可能对行政相对人合法权益产生实质影响的行政程序。如行政处罚中的告知程序、表明身份程序和听证程序等。

2. 次要程序。次要程序是指行政主体不遵守并不会对行政相对人合法权益产生实质影响的行政程序。如某些期限规定并不会对行政相对人的合法权益产生实质性的影响，但有些期限规定对相对人权益的影响则是非常重大的，从而是主要程序。

（二）强制性程序与任意性程序

以行政主体遵守行政程序是否具有一定的自由选择权为标准，行政程序可划分为强制性行政程序和任意性行政程序。强制性行政程序，是法律有明确规定和要求的行政程序，也是行政主体和相对方必须遵循的行政程序。任意性行政程序，是指法律没有明确的规定和要求，可以由行政主体自由裁量决定或者选择采用的行政程序。对于任意性行政程序来说，一般不存在是否合法的问题，行政主体的行为主要由行政合理性原则予以制约。

（三）内部行政程序与外部行政程序

以行政程序规范行政行为所涉及的对象和范围为标准，行政程序分为内部行政程序和外部行政程序。内部行政程序，是指行政主体内部行政事务的运作程序，如行政系统内部各部门公文办理程序、讨论研究作出决策的程序以及行政首长签署程序等。外部行政程序，是指行政主体在对外实施行政管理行为时所应遵循的程序，如工商行政管理部门在办理企业登记事项时所适用的程序。

（四）具体行政行为程序与抽象行政行为程序

以行政程序所规范的行政行为是具体还是抽象的为标准，行政程序可分为具体行政行为程序和抽象行政行为程序。具体行政行为程序是指具体行政行为所应遵循的程序。抽象行政行为程序是指抽象行政行为所应遵循的程序。具体程序所规范的具体行政行为直接为特定的行政相对方确定行政法上的权利和义务，具体程序的违法或者不当将直接对行政相对方的利益产生不利影响。因而这种程序不仅为行政主体所重视，也备受行政相对方和全社会的关注。抽象行政行为所作用的对象具有不特定性和广泛性，抽象行政行为所产生的结果表现为一种法律规范，具有反复、多次适用的特点，因而抽象行政程序比具体行政程序更具有稳定性和重复性。

3-5

三、行政程序的功能（二维码 3-6）

一般认为，行政程序的功能主要体现在以下几个方面：

（一）促进行政过程的民主化

作为法律民主化产物的现代行政程序法，其功能的发挥就是通过一系列现代行政程序制度来实现的。一个合理的行政程序往往体现了若干制度，比如回避制度、听证制度、告示制度、审裁分离制度等等。这些制度的落实既体现了公平，又体现了行政过程的民主化。通过运用行政程序制度，允许行政相对人参与，行政过程就不是单方面的"命令——服从"的模式了，而被融入了民主因素。行政相对人的参与和理性对话，使行政过程充满了民主化的色彩。

（二）促使行政决定走向理性化

行政权力作用的过程，实际上就是权力主体作出选择的过程，程序的"冷处理"作用有助于正确地选择决策方案。行政程序的设置为行政机关听取各方面意见、慎重作出决定提供了条件，它创造了一种根据证据资料和不同角色之间对话、论证而做出决定的制度。在程序中，通过仔细的取证，衡量对照法律规定，可以使不同的观点和方案得到充分讨论和考虑,这为行政机关去除各种不良因素的干扰提供了必要的前提条件,使选择过程建立在"充分理由"的基础上,排除恣意,使行政决定理性化。

(三) 迫使行政主体提高行政效率

程序化的行政行为最大限度地保障了行政相对人的参与权,防止行政机关对行政权力的滥用,从而可以积极发挥行政权的作用,提高行政效率。在现实中,很多行政实体法律规范往往较为僵硬死板,权利、责任的指向有时不太清晰,有的实体权利,当事人能自由取得,但是,有的实体权利,如果没有法律程序和执法机关的裁量认定,则难以得到落实。所以,程序在此起到了重要的作用,它可以保证行政实体法律规范所确定的权利的实现。所以,行政程序的有效制定和执行直接保障着实体法的目的的实现。而行政程序的各个环节一般都有时间的限制,有一定的行政行为顺序的要求,甚至在必要时格式化行政程序,这些均体现着行政行为的效率。

(四) 遏制行政权力的腐败

一方面,现代行政程序是一种架构、限制以及制约行政机关裁量权的手段,合理的行政程序能有效地防止行政机关滥用自由裁量权,这对减少腐败具有重要意义;另一方面,行政程序所遵守的一些原则和确立的行之有效的制度,会最大程度地防止腐败。"阳光是最好的防腐剂",程序的公开、公正、公平等原则的运用,说明理由、听证等制度的实施,行政相对人的积极参与等,这些都是被世界各国证明了的防止腐败的有力武器。行政程序及其所遵循的相关制度可以最大程度地减少行政领域腐败案件的发生。

(五) 减少行政争议,减轻法院的负担

行政程序对行政争议具有"过滤"的作用,有效地避免导致法院在处理行政案件方面的过重负担。在实际的行政行为中,如果在作出某一行政决定的合适阶段,让当事人有机会参与其中,表明意见,甚至对该决定的形成产生影响的话,那么,该项决定在正式作出之后就比较有可能让当事人接受。这样,由于当事人的利益能够通过公正的行政程序得到考虑与保护,相对人和行政主体之间就会相互理解,二者之间产生纠纷的可能性也会大大降低,进而,相对人对司法救济途径的需求会得以缓解。由此可见,行政程序通过对行政行为的事前预防监督,不仅可以使大量行政争议得以避免,而且可以减轻法院对行政行为事后性司法审查的负担。

3-6

任务2　认识行政程序的基本原则

行政程序的基本原则，是指贯穿于行政程序法的制定和实施的全过程中，行政程序法律关系主体必须遵循的根本规则。它是行政程序法目标模式和立法目的的直接体现，也是制定行政程序规范的指导方针和价值基点。

一、公开原则

公开原则是指行政主体在实施行政行为时，除涉及国家机密、商业秘密或者个人隐私外，应当将影响相对方合法权益的有关事项和情况在整个行为过程中向行政相对方和有关利害关系人公开。行政相对方可以通过参与行政程序维护自己的合法权益，社会公众可以通过公开的行政程序监督行政主体依法行使行政权力。

公开原则包括以下内容：

（一）法律依据的公开

这里的"法律"应理解为法律、行政法规、地方性法规、规章以及其他一切具有参照效力的规范性法律文件。我国《行政许可法》第5条规定："设定和实施行政许可，应当遵循公开、公平、公正、非歧视的原则。有关行政许可的规定应当公布；未经公布的，不得作为实施行政许可的依据。行政许可的实施和结果，除涉及国家秘密、商业秘密或者个人隐私的外，应当公开……"

（二）冲突和矛盾的公开

在行政程序法中，公开矛盾和冲突的方式多种多样，可以是赋予相对方申辩权、提出异议权、要求赔偿权等权利，从而使矛盾和冲突得以释放；也可以是通过举行听证会的方式，使得矛盾和冲突公开化，继而在社会力量的影响和监控下解决矛盾和冲突；还可以是为相对方提供行政复议、行政诉讼等法律救济途径，将矛盾和冲突交由中立的第三方予以处理和解决。

（三）行政过程应当公开

行政过程公开并不是要求行政机关将整个行政过程都让行政相对方参与或者了解，而是在行政程序中若干决定或者影响行政相对方合法权利和义务的阶段，让行政相对方有参与或者了解的机会。如在实践中，一些行政执法部门普遍推行行政执法过程公示制，其实质是行政公开原则的一种具体体现。

（四）行政决定应当公开

行政机关对行政相对方的合法权益作出有影响的决定，必须向行政相对方公开，从而使行政相对方有获得行政救济的机会。如果应当依法公开的行政决定没有公开，该行政决定就不能产生法律效力，不具有法律执行力。

二、公正原则

公正原则是指行政主体在实施行政行为时，要在程序上平等地对待相对方，排除各种可能造成不平等或者偏见的因素。程序公正不仅包含处理过程和处理结果的公正，而且包含心理认知上的公正。

公正原则的基本内容包括：

（一）对待上的公正

行政主体应当力求使多方当事人的法律地位"平面化"，尽量减少相对方因为社会地位和经济状况的不同所形成的身份上的"落差"。行政主体对所有的相对方都要一视同仁，不偏不倚，使得他们能够公平地享用行政资源，平等地获得法律救济。

（二）事实认定上的公正

行政主体要避免先入为主、妄加测度的主观主义倾向，公正地了解必要的事实真相，查明事实并收集有关的证据。在对证据的真实性、有效性、可采性进行判断时，要秉公办理，依法认定。

（三）处理上的公正

行政主体在作出影响相对人权益的决定时，要排除偏见，将行政决定置于公正考虑和权衡的基础之上。

三、参与原则

参与原则，是指行政主体在实施行政行为的过程中，除法律另有规定的以外（这种例外只能限于极个别事项），行政相对方有权参与行政过程，并且有权对行政行为发表意见，而且有权要求行政主体对所发表的意见予以重视。参与行政的原则，是各国行政程序法普遍承认的原则。我国法律也采用了这一原则，如《行政处罚法》关于听证程序的规定首开中国行政程序立法中行政相对方参与的先河。《价格法》中关于制定价格举行听证会的规定和《行政许可法》中有关行政许可事项举行听证会的规定，则使参与原则的范围和内容进一步扩大了。参与原则主要体现在行政相对方在行政程序上的权利，这些权利主要有：参与听证权、陈述权、申辩权、阅览卷宗权、申请复议权等。

四、效率原则

效率原则是指行政程序中的各种行为方式、步骤、时限、顺序的设置都必须有助于确保基本的行政效率，并在不损害行政相对方合法权益的前提下适当提高行政效率。为了确保效率原则的贯彻实施，行政程序法应当确立时效制度、代理制度、具体行政行为不停止执行制度、紧急处置制度、委任制度、排除行政障碍制度和行政协助制度等。

效率原则的价值取向主要是保障行政行为的效率，及时完成各项行政任务。具体包含三层含义：第一，"效率型"的程序模式最终是有利于行政主体一方的，因而选择这一程序模式有可能会使行政主体和相对方之间的力量对比关系更加趋于失衡。第二，在经济学领域，效率意味着以最小的投入获得最大的产出。第三，提高行政效率和确保相对方的合法权利。

任务3 认识并运用行政程序的基本制度

行政程序法的基本制度，是指在行政程序的各个阶段上具有相对的独立性，并且在共同的行政目标之下统一和衔接起来的对整个行政程序具有重要影响的规则体系。比较具有代表性和重要性的程序制度主要有告知制度、说明理由制度、教示制度、听证制度、回避制度和信息获取制度。

一、告知制度

告知制度是行政主体在进行行政行为时，将有关事项告诉相对方的制度。这一制度是程序法公开原则的具体体现，有利于行政相对方获取相关的信息，明确自身目前所处的状态。

告知制度的主要内容包括：行政主体要求相对方为某种行为或不为某种行为时，应当告知相对方该行为的意义以及作为或者不作为的法律后果；行政主体作出行政决定必须向行政相对方说明事实上或者法律上的根据和理由；除法律有特别规定外，行政行为在告知当事人之日起才能生效；行政主体在告知的同时，应当给予相对方陈述自己意见的机会；对有关行政相对方权益的事项，行政主体应平等地告知所有的利害关系人，而不能只将这些信息有选择地告知某些人；行政主体在作出允许相对方申诉的决定时，必须告诉相对方可以进行申诉、处理申诉的机关以及提出申诉的法定期限等；在行政主体没有依法告知或者错误告知的情况下，相对方有权申请获得行政文书的副本。

告知的具体形式可以分为公告、面告和函告。公告一般适用于相对方人数众多或者下落不明的情况；面告即当面以口头或书面形式告知；函告即通过邮局、网络等传媒形式告知。最为正式的告知形式是送达，法律规定必须以送达形式告知相对方行政处理决定的，行政主体以其他方式告知则不产生法律效力。

二、说明理由制度

说明理由制度，是指行政主体在作出可能影响相对方权益的具体行政行为时，应当向相对方说明作出这一决定的依据的制度。

这一制度的法律意义在于：第一，它迫使行政机关事先充分考虑行政行为的事实根据和法律依据，无形中会对行政机关的行为产生制约的作用，有助于限制行政自由裁量权的滥用。第二，它有助于行政相对方发现行政行为中存在的问题，并据此采取有效措施维护自身的合法权益。第三，它便于复议机关和人民法院查明具体行政行为是否违法，从而在相对方提出法律诉求时减少成本支出和诉累。

说明理由也有例外情况，即对于某些法律明确规定的事实和理由，行政主体无须向相对方予以说明。如1979年的《法国说明理由法》即规定了不适用该法的三种情况：一是普遍性的行政决定，如制定行政法规的行为；二是不损害当事人利益的行政决定；三是适用一般原则且不构成例外的决定。另外，考虑到行政的需要，法律还规定即使在法律适用范围以内的事项，在下列情形下也可以暂时不说明理由或者不说明理由：一是情况紧急，行政机关没有时间说明理由的，可以暂时不说明理由；二是行政机关对当事人的请求不作答复被认为是拒绝当事人的请求时，不需要说明理由；三是法律规定保密的事项，如涉及国家机密的事项等，可以不向当事人说明理由。

三、教示制度

教示是"教育"和"示范"的词意关联，用在行政程序制度中，是指由行政主体就行政程序所涉及的事项，向行政参与人作出辅导的方式、步骤等所构成的一项法律制度。教示制度是 20 世纪"服务行政"理念不断发展的结果，是对受到行政程序影响的相对方和参与人所作出的特别辅助，是具体化了的服务性程序制度。它为行政主体和行政参与人提供了一个密切互动的机会，通过这一制度，行政主体给予缺乏经验的相对方和其他行政参与人程序知识方面的帮助，使他们对法律规定和行政主体的执法思路有所了解，进而促使其在行政主体的劝告和建议中作出理性的选择，减少因程序违法或其他失误而导致的不利后果。迄今为止，"教示"作为一项制度在我国的行政程序法律规范中尚无"名分"，但对这一制度进行深入的研究在理论和实践上是有积极意义的。

教示的主体是行政主体，包括行政机关和法律、法规授权的组织，以及受委托从事公务的组织。所有行使行政职权的主体都应负有教示的义务。而且，凡是该教示主体内的公务员均有义务解答个别行政参与人的询问。对于无法解答或者把握不准的问题，公务员应合理引导其向负责此事的公务员或者其他专业人员询问，不能事不关己、高高挂起。

教示制度与告知制度的区别在于，告知侧重于信息的单向流动，即由行政主体向相对方传达信息；而教示则含有丰富的交流色彩，是行政主体与相对方互动关系的体现。另外，教示具有较强的随机性，它可能因为行政相对方或者参与人的咨询而启动，也可能由行政主体视情况主动引发，教示的这一特点也是告知制度所不具备的。

四、听证制度

听证制度，是指行政主体在作出行政决定之前，依法给利害关系人提供陈述和申辩的机会，在听证过程中由双方当事人对证据材料和其他特定事项进行质证、辩驳，再由行政主体依据法律和听证笔录作出决定的程序制度。

自 1996 年《行政处罚法》首次规定行政处罚领域的听证会制度以来，我国已相继在《价格法》《立法法》《政府价格决策听证暂行办法》（已失效）以及《行政许可法》《行政复议法》等法律规范中规定了此项制度。一些部委如自然资源部也正在起草适用于本部门的有关听证会制度的规章。听证制度在很大程度上借鉴了司法程序，具有很强的司法性。其基本程序结构为行政机关调查人员和当事人两造对抗，听证主持人居中裁判并作出初步决定。

听证作为一项程序制度，包括适用范围、主持人、参加人、操作规则、听证记录等若干方面。关于听证的适用范围，各国法律一般均有限制性规定。我国《行政处罚法》规定，除责令停产停业、吊销许可证或者执照、较大数额罚款之外的行政处罚，不适用听证程序。

五、回避制度

回避制度是指与行政行为有利害关系的行政人员必须避免参与有关行政行为，以确保行政行为形式上的公正性的制度。回避的理由一般是：行政人员是本案当事人或者当事人的近亲属；行政人员与行政事项有利害关系；行政人员与相对方有其他关系，如代理关系、顾问关系、雇佣关系、朋友关系、恩怨关系等，可能影响案件公正处理的；行政人员曾经作为证人、鉴定人、代理人等参与过本案的办理过程的。

我国目前的行政法律规范如《行政处罚法》《行政许可法》《公务员法》《人民警察法》等都规定有回避制度。但总的来看，有关回避的条件、申请、步骤、后果等问题在不同的行政程序规则中还不够统一，实际操作性不强，监督实施不力。这些问题应考虑在制定统一的行政程序法时予以解决。

六、信息获取制度

信息获取是指行政相对人通过预设的程序从行政主体那里获得各种有助于其参与行政程序、维护自身合法权益或者公共利益所需要的各种信息资料，如果没有法律禁止，则行政主体应当无条件地提供。

信息获取制度的核心内容是：

第一，行政相对人可以获取信息的范围。这关系到行政相对人的权利范围大小以及能否有效地实现参与行政程序的问题。

第二，行政相对人对信息获取权利的救济。行政相对人与行政主体对某种资料信息是否可以获取发生争议时，行政主体不具有争议的最终裁决权，行政相对人有权提起行政复议或者行政诉讼。

◇ 项目训练

训练项目一：抽象行政行为与具体行政行为的区分

【案情简介】

杭州市人民政府于2001年5月18日作出《关于对市区行政审批的小型客运出租汽车征收经营权有偿使用费的通告》（以下简称"通告"），决定"对市区（不含萧山区、余杭区）经原行政审批的尚未缴纳经营权有偿使用费的小型客运出租汽车，一次性征收经营权有偿使用费3万元，并重新核定使用期限为10年，即从2001年6月1日起至2011年5月31日止"。通告还明确表示，凡未在该通知要求的时间内缴纳经营权使用费的，视为自动放弃经营权，原持有的营运证同时作废，若继续从事客运出租汽车经营业务的，按无证经营论处。1992年以前审批发放的出租车经营权证，杭州市政府有关部门未对其经营期限作出规定，获得经营权的出租车业主也不需要缴纳经营权使用费。这是杭州市政府在出租车经营市场起步之初，为推动市场发展出台的优惠政策之一。自1995年起，该市新投入市场的出租车经营权改为公开竞投方式，有偿使用。2001年，杭州市政府以通告的形式统一出租车经营权，变双轨制为单轨制。（1992年以前审批获得经营权的出租车共有3675辆，其中个体经营的出租车有1645辆。）

该通告发出后，方小燕等688名个体出租车司机认为，杭州市政府的上述行为违反了法律、法规及行政决定不溯及既往的法律原则，违反了自愿、公平的法律原则，是滥用职权的行为。其于2001年6月27日将杭州市政府诉至杭州市中级人民法院,请求法院判决撤销杭州市政府的"通告"。杭州市中级人民法院认为,杭州市人民政府为了维护社会主义计划经济和市场经济两个不同时期投入市区营运的小型客运出租汽车经营户的公平竞争,体现公平原则,依职权作出"通告",是符合省人大常委会批准的《杭州市客运出租汽车管理条例》的,于法有据,程序合法。杭州市政府规定征收有偿使用费的时间是从2001年6月1日起至2011年5月31日止,没有溯及1996年8月1日《杭州市客运出租汽车管理条例》施行之前的经营行为,故方小燕等688名司机的诉讼请求无事实和法律依据,法院不予支持。

训练目的:

通过此案例,使学生掌握行政行为的概念特征,能区分抽象行政行为和具体行政行为。所预设的问题是:该通告是否属于人民法院的受案范围,被诉的通告到底是具体行政行为,还是抽象行政行为,并说出判断理由。

分析提示:

分析此案例,从行政行为的概念入手,结合抽象行政行为与具体行政行为的区分标准判断本案中的具体行政行为和抽象行政行为。

训练项目二:行政行为合法性的判断

【案例一】超越职权

2015年10月29日,某商贸公司向某金融服务公司借款2800万元。其间,某投资集团将其开发建设的10 000平方米写字楼,以"房屋买卖网签"的形式,为这笔借款提供担保,并办理了登记备案手续。某市住房保障和房产管理局备案后对商品房买卖合同签约情况梳理发现,目前,此项目施工至全部工程量的90%后处于停工状态,而法定代表人被公安机关羁押,案件处于法院审判阶段,商品房买卖合同关系实为第三方担保关系,同时房屋价格明显低于市场价,房屋债权关系也存在争议,某市住房保障和房产管理局决定对已办理的合同备案业务予以撤销,遂于2020年4月2日作出《关于撤销某金融服务公司商品房买卖合同备案的决定》,该公司不服,提起行政诉讼。法院审理后认为某市住房保障和房产管理局撤销备案登记的行为属超越职权,判决其承担败诉的不利后果。

训练目的:

通过此案例的分析主要让学生了解和掌握行政行为合法性的判断。

分析提示:

本案中,某市住房保障和房产管理局对其主动撤销合同备案的行政行为既未提供明确的法律依据,亦未能提供相应的证据证实该撤销行为的合法性。《城市房地产管理法》等相关法律法规只对商品房预售合同备案登记有明确规定,而对于行政主管部门是否能依职权撤销备案登记并无规定,也无法律法规的明确授权,故该撤销备案登记的行为属超越职权行为。

【案例二】程序违法

2018年5月，某市人民政府作出房屋征收决定，并发布征收补偿方案，富某的房屋位于征收范围内。但在征收决定发布之前的2018年3月，房屋征收部门选定的评估机构评估富某的房屋，作出评估报告。因富某与房屋征收部门未达成征收补偿协议，2020年6月，某市人民政府作出房屋征收补偿决定，富某不服提起诉讼。法院经审理认为，评估机构确定的房屋价值评估时间早于房屋征收决定公告之日，且评估报告未经注册房地产估价师签字确认，某市人民政府无证据证明其依法送达评估报告、依法保障被征收人申请复估、鉴定等权利。因某市人民政府作出征收补偿决定时未依法履行相关程序，判决撤销征收补偿决定，并责令重作。

训练目的：

通过此案例的分析主要让学生了解和掌握行政行为合法性的判断。

分析提示：

被征收房屋的价值，由具有相应资质的房地产价格评估机构按照房屋征收评估办法评估确定。而评估环节成为国有土地上房屋征收过程中的关键环节。本案中，某市人民政府不能提供证据证明其依法送达评估报告，报告未经注册房地产估价师签字确认，且房屋价值评估时间早于房屋征收决定公告之日。因此，对富某作出的征收补偿决定书依法应予撤销。

训练项目三：行政行为生效的判断

【案情简介】

杜宝良，安徽人，以在北京贩菜为生。2005年5月23日，杜宝良偶尔查询得知，自己于2004年7月20日至2005年5月23日在驾车运货时，在真武庙头条西口被"电子眼"拍下闯禁行105次，被罚款10 500元。此前，从未有交管部门告知他，自己曾被查出违法。

2005年6月1日，杜宝良前往西城交通支队执法站接受了巨额罚款的处罚。北京交管部门随后向媒体披露"违章大王"接受处罚的事情，媒体与公众对此事反应强烈，"杜宝良事件"迅速成为政府部门在行政执法过程中管理与服务是否失衡的热点。

6月13日，杜宝良向西城区法院申请撤销北京市交通管理局西城交通支队西单队的行政处罚决定，并退还万元罚款。杜宝良起诉西单队的三大理由是：禁行标志应为无效标志；交通队执法程序违规，少送达81次违法记录的处罚决定书；西单队未及时告知杜宝良有违法行为，有悖于执法原则和目的。

7月27日下午，原告杜宝良向西城法院提出撤回起诉的申请。撤诉书称：经本人考虑，自愿撤回起诉。西城法院审查后认为，该撤诉申请符合法律规定，裁定准予原告杜宝良撤回起诉。杜宝良之所以撤诉是因为被告退还了全部罚款。

训练目的：

通过此案例的分析主要让学生了解和掌握行政行为生效的规则，引导学生正确认识非现场执法（包括"电子眼"拍照和警察、交通协管员拍照）行为。

分析提示：

对本案的分析主要运用行政行为生效的规则来解决本案交警处罚的错误之处。

训练项目四：行政程序基本制度的运用

【案情简介】

原国家计委依据原铁道部报送的相关材料，批准对铁路部分旅客列车运价实行政府指导价，原铁道部依据国家计委《批复》，发出《关于2001年春运期间部分旅客列车实行票价上浮的通知》，规定：节前（1月13日至22日）自广州（集团）公司、北京、上海铁路局始发、节后（1月26日至2月17日）为成都、郑州、南昌、上海铁路局始发的部分直通客车票价上浮，其中新型空调列车上浮20%，其他列车上浮30%。除夕、正月初一、初二不上浮。儿童、学生、现役军人、革命伤残军人票价不上浮。

乔占祥购买了2001年1月17日2069次从石家庄到磁县的车票和2001年1月22日2069次从石家庄到邯郸的车票。第一张车票比涨价前多支出了5元票价，第二张车票比涨价前多支出了4元票价。据此，乔占祥认为原铁道部关于涨价的通知侵害了其合法权益，向法院提起诉讼。

训练目的：

通过此案例的分析主要让学生了解和掌握行政程序的法治价值，让学生进一步思考如何更好地用行政程序限制行政权的运用，实现依法行政和公开行政。

分析提示：

对本案的分析应运用行政程序的基本原则和基本制度来判断票价上浮行为的合法性。

学习单元三检测

学习单元三检测及答案　　　　项目训练答案三

学习单元四　行政行为的类型

💬 问题与思考

作为行政法核心概念的行政行为，根据不同的标准有很多种分类方式，正如上个学习单元所学的抽象行政行为与具体行政行为的区分、依职权行政行为与依申请行政行为的区分、羁束行政行为与自由裁量行政行为的区分等。现代公共事务管理的内容庞杂，范围广泛，行为方式纷繁复杂，为便于学生学习和掌握，本学习单元对行政行为加以类型化，全景式展示我国行政行为的丰富种类。行政立法属于抽象行政行为的一种；授益行政行为与负担行政行为是具体行政行为（行政执法行为）的一种分类；行政司法行为中的行政调解与行政裁决是健全社会矛盾纠纷行政预防调处化解体系的重要内容。其他行政行为中的行政调查是行政管理的重要环节和基本手段，那日常生活中常见的行政检查在行政法上是如何规制的？作为行政诉讼受案范围的行政协议，非强制性管理手段的行政指导，以及近年来政府日益重视的行政应急，都是本学习单元的学习范畴。

📦 知识结构图

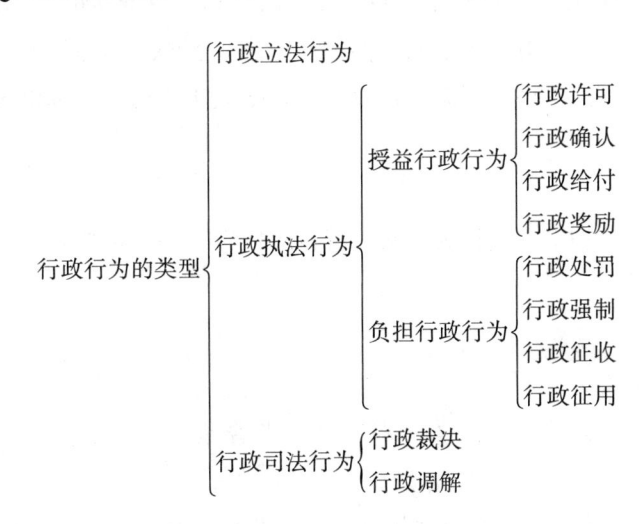

```
                        ┌ 行政立法行为
                        │
                        │                 ┌ 授益行政行为 ┌ 行政许可
                        │                 │             ├ 行政确认
                        │                 │             ├ 行政给付
                        │                 │             └ 行政奖励
行政行为的类型 ┤ 行政执法行为 ┤
                        │                 │             ┌ 行政处罚
                        │                 │ 负担行政行为 ├ 行政强制
                        │                                ├ 行政征收
                        │                                └ 行政征用
                        │
                        └ 行政司法行为 ┬ 行政裁决
                                       └ 行政调解
```

行政行为的类型 ⎰ 其他行政管理行为 ⎰ 行政调查与行政检查
　　　　　　　　　　　　　　　　　行政协议
　　　　　　　　　　　　　　　　　行政指导
　　　　　　　　　　　　　　　　　行政应急

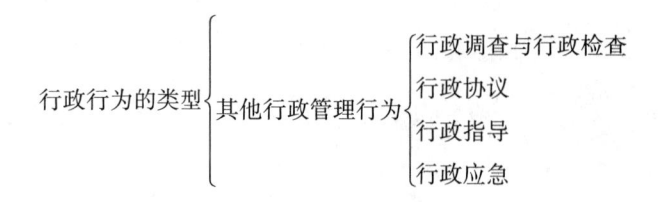

学习目标

知识目标：掌握行政立法；授益行政行为中的行政许可、行政确认、行政给付、行政奖励；负担行政行为中的行政处罚、行政强制、行政征收、行政征用；行政司法行为中的行政调解、行政裁决；其他行政行为中的行政调查、行政检查、行政协议、行政指导、行政应急。

能力目标：能区分行政机关的行为是行政许可还是行政确认；能区分行政征收与行政征用；能准确理解行政检查和行政调查在整个行政行为体系中的作用。

素质目标：建立行政管理活动内容庞杂、行为方式纷繁复杂的观念，树立依法行政的理念。

基本知识

子学习单元1　行政立法

任务1　认识行政立法

一、行政立法的涵义

行政立法是指国家行政机关依照法定权限和程序，制定行政法规和行政规章的活动。行政立法是抽象行政行为中的一种，其涵义有动态意义上的和静态意义上的。动态的行政立法是指一种立法活动，强调的是立法的程序。静态的行政立法是指立法活动所表现出来的结果形式，关注的是行为的效力。

二、行政立法的性质

行政立法既具有立法的性质，是一种准立法行为，又具有行政性质，是一种抽象行政行为。

（一）行政立法的立法性质

行政立法的"立法性"表现在：

1. 行政立法行为所产生的法规、规章具有法的一般特征，即普遍性、规范性和强制性。

2. 行政立法必须遵守行政立法程序，即必须经过起草、征求意见、会议审议、会议通过、签署、公布等立法程序。

(二) 行政立法的行政性质

行政立法的"行政性"表现在:

1. 就行政立法行为的主体来看,行政立法是行政机关的行为。
2. 行政立法是行政机关制定规范性文件的行为,因此属于抽象行政行为。
3. 行政立法是行政机关贯彻执行法律的行为。

任务 2　行政立法的分类

行政立法按照不同的标准,可以作不同的分类:

一、职权立法与授权立法

行政立法依其立法权力的来源不同,可以分为职权立法与授权立法。

(一) 职权立法

职权立法是指行政主体依照宪法和组织法规定的职权进行的立法。如我国《宪法》第89条规定,国务院可以根据宪法和法律,规定行政措施,制定行政法规,发布决定和命令。《立法法》第11条、第72条、第82条、第91条和第93条分别就应由法律、行政法规、地方性法规、规章规定的事项作了具体规定。它有如下特点:

第一,职权立法是行政机关根据宪法或有关组织法规定所享有的固有职权。

第二,职权立法一般不能创设新的权利义务,只能把宪法和法律规定的权利义务加以具体化。

(二) 授权立法

授权立法有一般授权立法和特别授权立法之分。

一般授权立法是指行政机关依据宪法和组织法以外的法律法规的授权进行的立法活动。例如,全国人大常委会通过的《道路交通安全法》第13条第2款规定的"对机动车的安全技术检验实行社会化。具体办法由国务院规定";又如国务院发布的《城市生活无着的流浪乞讨人员救助管理办法》第17条规定的"本办法的实施细则由国务院民政部门制定"。其特点是:

第一,授权立法的权力来源于宪法和组织法以外的其他法律的授权。因此授权立法与授权的法律之间关系密切,主要表现在以下几个方面:一是授权的法律明确规定某行政机关制定行政法律规范,就只能由这个机关行使这一行政立法权,其他机关不得行使。二是授权立法活动只能在授权范围内进行,只能实施该法律的规定,不能超越该授权法律所规定的事项,增加新的规定。三是这种立法权只能行使一次,不得反复运用。

第二,依据授权立法可以制定执行性的行政法律规范,以执行法律或上级机关所发布的行政法律规范,令其更切合实际情况,更能具体适用。

第三,依据授权立法还可以制定补充性行政法律规范。

特别授权立法是指国家权力机关或者上级行政机关将本应由自己行使的某一方面的立

法权交由行政机关去行使，行政机关根据这种特别授权所进行的立法活动。其特点：一是特别授权立法是在特殊的条件下或特殊的环境下产生的法律规范，其效力不同于一般的行政法规，具有和法律相同的效力。二是特别授权立法具有"试验性立法"的性质。三是特别授权立法一般都有较严格的具体限制条件，如授权的内容和范围、授权的时限、备案批准制度，以及授权立法不能同有关的法律和全国人大及其常委会有关规定的基本原则相抵触等。

二、中央行政立法与地方行政立法

依行使行政立法权的主体不同，行政立法可分为中央行政立法与地方行政立法。

中央行政立法是指中央国家行政机关所进行的立法活动，它包括国务院制定行政法规和国务院各部委、中国人民银行、审计署和具有行政管理职能的直属机构制定部门规章的活动。中央行政立法调整全国范围内的普遍性问题和须由中央作出统一规定的重大问题，如全国性治安管理问题、资源问题、国家安全问题。

地方行政立法是指有立法权的地方人民政府制定地方政府规章的活动，包括各省、自治区、直辖市的人民政府，以及设区的市的人民政府制定地方政府规章的活动。地方行政立法的调整范围限于执行性事务、地方性事务以及城乡建设与管理、环境保护、历史文化保护等方面的事项。

三、执行性立法与创制性立法

依据行政立法的内容、目的和功能不同，行政立法可分为执行性立法与创制性立法。

执行性立法是行政机关为贯彻实施全国人民代表大会及其常务委员会的基本法律和法律、国务院的行政法规或上级行政机关的行政规章，明确法律规范的含义及适用范围而制定实施细则、实施办法的活动。一般称为"实施条例""实施细则"或"实施办法"。

创制性立法是指行政机关根据全国人民代表大会及其常务委员会的特别授权，或地方政府根据中央人民政府或地方权力机关的授权，就法律法规尚未规定的事项制定行政法规或规章，创制法律法规尚未确立的新的权利义务规范的活动。创制性立法的目的是填补法律法规的空白或变通法律法规的个别规定。

四、法规性立法与规章性立法

法规性立法是指国务院依法制定和发布行政法规的活动。法规性立法的内容包括全国性的政治、经济、教育、科技、文化和外事等各个方面。法规性立法的目的是为了执行法律，实现国务院对全国各项行政工作的领导。

规章性立法是指法定的国务院主管部门和地方政府制定和发布行政规章的活动。规章性立法所制定的行政规章可以以"规定""办法""实施细则"和"规则"等为名称，但不得采用"条例"为名称。

任务3 行政立法的制定

一、制定主体

行政立法的主体即有权进行行政立法的行政机关，具体是指依据宪法、立法法和组织法的规定享有行政法规或行政规章制定权的国家行政机关。

1. 国务院根据宪法和法律，享有行政法规制定权；

2. 国务院各部、委员会、中国人民银行、审计署和具有行政管理职能的直属机构以及法律规定的机构，可以根据法律和国务院的行政法规、决定、命令，在本部门的权限范围内，享有部门规章制定权；

3. 省、自治区、直辖市和设区的市、自治州的人民政府，可以根据法律、行政法规和本省、自治区、直辖市的地方性法规，享有地方政府规章的制定权。

二、立法事项

行政立法权限即指享有行政立法权的行政机关享有多大范围的行政立法权，或说在哪些方面享有行政立法权。

我国现行宪法和组织法，规定了哪些立法主体可以制定法律、行政法规、地方性法规和行政规章。至于哪些事项应由法律规定，哪些事项应由行政法规、地方法规或行政规章规定，由《立法法》作出了明确规定。

1. 《立法法》第11条规定下列事项只能制定法律：

（1）国家主权的事项；

（2）各级人民代表大会、人民政府、监察委员会、人民法院和人民检察院的产生、组织和职权；

（3）民族区域自治制度、特别行政区制度、基层群众自治制度；

（4）犯罪和刑罚；

（5）对公民政治权利的剥夺、限制人身自由的强制措施和处罚；

（6）税种的设立、税率的确定和税收征收管理等税收基本制度；

（7）对非国有财产的征收、征用；

（8）民事基本制度；

（9）基本经济制度以及财政、海关、金融和外贸的基本制度；

（10）诉讼制度和仲裁基本制度；

（11）必须由全国人民代表大会及其常务委员会制定法律的其他事项。

2. 国务院制定行政法规的事项。《立法法》第72条规定国务院根据宪法和法律，制定行政法规。行政法规可以就下列事项作出规定：

（1）为执行法律的规定需要制定行政法规的事项；

（2）《宪法》第89条规定的国务院行政管理职权的事项。

应当由全国人民代表大会及其常务委员会制定法律的事项，国务院根据全国人民代表大会及其常务委员会的授权决定先制定的行政法规，经过实践检验，制定法律的条件成熟时，国务院应当及时提请全国人民代表大会及其常务委员会制定法律。

3. 国务院与地方人民代表大会、地方人民代表大会常务委员会、地方人民政府的立法分工。

（1）全国性的问题或涉及几个地区的问题由国务院制定行政法规予以规定；仅涉及某一地区的问题，由相应地区的人民代表大会、人大常委会以地方性法规或由相应地方人民政府以规章规定。

（2）法律规定由国务院制定实施细则或办法的，由国务院以行政法规予以规定；法律规定由地方制定实施细则或办法的，由地方人民代表大会、地方人大常委会以地方性法规或地方人民政府以规章规定。

（3）涉及国防、外交或其他方面的重大方针政策的问题，由国务院以行政法规予以规定；涉及发展地区经济、文化、教育、卫生等方面的问题，由地方人民代表大会、地方人大常委会以地方性法规或地方人民政府以规章规定。

（4）应由法律规定的事项，全国人民代表大会或全国人大常委会认为制定法律的条件尚不成熟的，可授权国务院先行行政立法，也可授权地方人民代表大会、地方人大常委会先行制定地方性法规或授权地方人民政府先制定地方规章。

4. 地方人民政府与地方人民代表大会、地方人大常委会的立法分工。

（1）涉及地方政治、经济、文化等方面的方针、政策等重大问题的，由地方性法规规定；涉及地方经济、文化、教育、卫生等方面的行政管理问题的，由地方政府规章规定。

（2）应由地方制定法律实施细则或具体办法的，由地方性法规规定；应由地方制定行政法规实施细则或具体办法的，由地方政府规章规定。

（3）涉及相应区域内全体公民重要权益的，由地方性法规规定；有关相应区域内个人或组织一般行为规则或管理标准的，由地方政府规章规定。

（4）涉及司法机关活动规范的，由地方性法规规定；调整行政机关自身活动规范的，由地方政府规章规定。

5. 规章制定的限制性规则。没有法律或者国务院的行政法规、决定、命令的依据，部门规章不得设定减损公民、法人和其他组织权利或者增加其义务的规范，不得增加本部门的权力或者减少本部门的法定职责。没有法律、行政法规、地方性法规的依据，地方政府规章不得设定减损公民、法人和其他组织权利或者增加其义务的规范。设区的市、自治州的人民政府制定地方政府规章，限于城乡建设与管理、生态文明建设、历史文化保护、基层治理等方面的事项。

三、制定程序

根据《行政法规制定程序条例》和《规章制定程序条例》的规定，行政法规和行政规章的制定程序，可分为立项、起草、审查、决定、公布、备案等六个环节。

1. 立项。即享有行政立法权的人民政府法制部门根据国民经济和社会发展五年计划所规定的任务，事先把需制定的行政法规和行政规章列入立法计划内，以克服行政立法上的盲目性。具体表现即编制有指导性的行政立法的五年规划和年度计划。

2. 起草。是指对列入规划的需要制定的行政法规和规章，由人民政府各主管部门分别草拟法案。

3. 征求意见。行政机关起草行政法草案的过程中，应当充分听取人民群众的意见，听取技术专家、管理专家和法学专家的意见，特别是利害关系人的意见。

4. 审查。是指法规、规章草案拟定之后，送交政府主管机构进行审议的制度。

5. 通过。是指法规、规章在起草、审查完成后，交由主管机关的正式会议讨论表决的制度。

6. 公布和备案。由行政首长签署发布令，在政府公报或其他新闻媒体上发布，这是法规、规章生效的必经程序和必要条件。备案是指将已经发布的行政法律规范，上报法定的机关，使其知晓，并在必要时备查的程序。

四、效力等级和诉讼地位

《立法法》第98、99、100、102条对行政法规、行政规章等法律规范的效力等级作了明确规定。

1. 宪法具有最高的法律效力，其他一切法律规范都不得同宪法相抵触。
2. 法律的效力高于行政法规、地方性法规、规章。
3. 行政法规的效力高于地方性法规、规章。
4. 地方性法规的效力高于本级和下级地方政府规章。
5. 省、自治区人民政府规章的效力高于设区市、自治州人民政府规章。
6. 部门规章之间、部门规章与地方政府规章之间具有同等效力，在各自权限范围内施行。

因各法律规范的效力等级不同，其在行政诉讼中的法律地位也不同。有关内容详见下表：

表 4-1 各类立法文件的效力等级与诉讼地位

法律规范	效力等级	诉讼地位
法律	低于宪法	人民法院审判行政案件的适用依据
行政法规	低于宪法、法律	
地方性法规	低于宪法、法律、行政法规、上级地方法规	
部门规章	低于宪法、法律、行政法规	人民法院审判行政案件的参照依据
地方政府规章	低于宪法、法律、行政法规、本级以上地方性法规、上级地方政府规章	
自治条例、单行条例与经济特区法规	类似本级地方性法规，但可对上位法做变通规定并在本区域内优先适用	人民法院审判行政案件的适用依据

任务4 行政立法的监督

对立法文件的监督,体现于批准、备案、撤销与改变等方面。详见下表:

表4-2 行政立法的监督

批准与备案	改变与撤销	法律效力的适用规则	冲突的适用规则
批准问题: ①自治区条例报全国人大常委会批准 ②设区市法规、自治州县条例报省级人大常委会批准 备案问题: ①备案找上级 ②人大不备案 ③批准当备案 ④规章有例外	①领导关系:若两机关为领导关系,则上级既可撤销也可改变下级立法 ②监督关系:若两机关为监督关系,则上级只能撤销不能改变下级立法 ③授权关系:若两机关为授权关系,则上级可撤销下级立法乃至撤销授权 ④批准关系:经过批准的立法视为批准者的立法对待(但审查结果仅为撤销)	①上位法优于下位法 ②特别法优于一般法 ③新法优于旧法 ④法不溯及既往,但有利溯及除外	①新一般规定与旧特别规定冲突的,由制定机关裁决(制定机关为某级人大的,则替换为其常委会) ②授权制定的行政法规或经济特区法规与法律冲突无法决定适用的,由全国人大常委会裁决 ③部门规章之间、部门规章与地方政府规章之间冲突的,由国务院裁决 ④地方性法规与部门规章冲突,国务院可决定适用地方性法规,适用部门规章的则应提请全国人大常委会裁决 ⑤省政府规章与较大市法规冲突,省级人大常委会处理

任务5 行政规范性文件

一、概念

行政规范性文件,是指行政机关发布的除行政法规、行政规章以外的规范性文件。[1] 这种规范性文件在我国行政管理中有非常重要的地位,行政机关的大量行政行为是直接根据这种规范性文件作出的。行政规范性文件是国家行政机关为执行法律、法规和规章,对社会实施行政管理,依法定权限和法定程序发布的规范公民、法人和其他组织行为的具有普遍约束力的政令。通常以规定、办法、实施细则、命令、决定、公告、通告、通知、意

---

[1] 行政规范性文件不属于行政立法的范畴,但单独成一子学习单元又太单薄。行政规范性文件与行政立法均属于抽象行政行为的范畴,本质上一致,故安排在行政立法子学习单元的第5个学习任务。

见等形式呈现，俗称"红头文件"。

二、表现形式

（1）国务院规定行政措施，发布决定、命令的行为；

（2）县级以上地方各级人民政府规定行政措施，发布决定、命令的行为；

（3）乡、民族乡、镇的人民政府发表决定、命令的行为；

（4）国务院各部门和县以上各级地方人民政府工作部门针对非特定对象制定的具有普遍约束力的规范性文件的行为。

三、法律地位

（一）效力的多层次性与从属性

其他规范性文件的效力与其制定主体相对应。从上到下呈现出多层次性的特点，并从属于相应行政机关制定的行政法规和行政规章。

（二）具有一定的规范性和强制性

其他规范性文件也是人们必须遵守的行为规则，在其效力范围内的所有组织和个人都必须遵守。但它不属于法律和法规，在行政诉讼中既不能作为人民法院审理行政案件的适用或参照规范，也不能作为相对人提起行政诉讼的依据。

四、对行政规范性文件的监督

在其他规范性文件的制定上存在制定主体混乱、普遍越权、内容与上级规范性文件抵触、缺乏必要的程序等现象。因此，为了更好地发挥其他规范性文件的积极作用，必须加强对其他规范性文件的监督。

制定行政规范性文件是抽象行政行为的一种，对其监督方式与对行政立法的监督方式基本相同。1999年全国人大常委会第九次会议通过的《行政复议法》，在行政规范性文件的监督方面有了新的突破，该法第7条规定："公民、法人或者其他组织认为行政机关的具体行政行为所依据的下列规定不合法，在对具体行政行为申请复议时，可以一并向行政复议机关提出对该规定的审查申请：（一）国务院部门的规定；（二）县级以上地方各级人民政府及其工作部门的规定；（三）乡、镇人民政府的规定。前款所列规定不含国务院部、委员会规章和地方人民政府规章。规章的审查依照法律、行政法规办理。"这一规定已将行政规定行为纳入行政复议范围。在2014年修改的《行政诉讼法》中也有类似规定，公民、法人或其他组织认为行政行为所依据的行政规范性文件不合法，在对行政行为提起行政诉讼时，可以一并请求对该规范性文件进行审查。审查的内容包括行政规范性文件发布的主体是否合法，发布的程序是否合法以及文件内容是否合法。法院如认为行政行为所依据的规范性文件合法，可以在裁判文书中引用；如认为不合法，则不作为认定行政行为合法的依据，并向制定机关提出处理建议。

此外，地方人民政府以制定政府规章的形式加强了对行政规范性文件的管理。如《浙江省行政规范性文件管理办法》（浙江省人民政府令第372号）、《海南省行政规范性文件制定与备案规定》（海南省人民政府令第285号）、《广西壮族自治区行政规范性文件制定程序规定》（广西壮族自治区人民政府令第 141 号修订）、《上海市行政规范性文件管理规定》（上海市人民政府令第 17 号）、《上海市行政规范性文件管理实施办法》（沪府办发〔2023〕17 号）等。

子学习单元 2 授益行政行为

任务 1 行政许可

一、行政许可的概念

行政许可作为一种预防性规制手段，是指在法律一般禁止的情况下，行政主体根据行政相对方的申请，通过颁发许可证或执照等形式，依法赋予特定的行政相对方从事某种活动或实施某种行为的权利或资格的行政行为。

《行政许可法》第 2 条规定："本法所称行政许可，是指行政机关根据公民、法人或者其他组织的申请，经依法审查，准予其从事特定活动的行为。"

二、行政许可的特征

第一，行政许可是依申请的行为。行政许可是根据公民、法人或者其他组织提出的申请产生的行政行为，无申请即无许可。

第二，行政许可的内容是国家一般禁止的活动。即在国家一般禁止的前提下，对符合特定条件的行政相对方解除禁止，使其享有特定的资格或权利、能够实施某项特定的行为。

第三，行政许可是行政主体赋予行政相对方某种法律资格或法律权利的具体行政行为。行政许可是针对特定的人、特定的事作出的具有授益性的一种具体行政行为。

第四，行政许可是一种外部行政行为。行政许可是行政机关针对行政相对方的一种管理行为，是行政机关依法管理经济和社会事务的一种外部行为。行政机关审批其他行政机关或者其直接管理的事业单位的人事、财务、外事等事项的内部管理行为不属于行政许可。

第五，行政许可是一种要式行政行为。行政许可必须遵循一定的法定形式，即应当是明示的书面许可，应当有正规的文书、印章等予以认可和证明。实践中最常见的行政许可形式就是许可证和执照。

三、行政许可的性质

行政许可的性质，既有一般禁止的解除，也有对竞争性、排他性许可的赋权。一方面，行政许可是建立在普遍禁止基础上的解禁行为。行政许可的内容是国家普遍禁止的活动，但为了适应社会生活和生产的需要，对符合一定条件者解除禁止，允许其从事某种特定活动，享有某种特定权利和资格。另一方面，行政许可是行政机关允许相对人从事某种活动，授予其某种权利和资格的行为，即赋权行为。相对人本来并没有某种权利，只是因为行政机关的允诺和赋予，相对人才获得了该项一般人不能享有的权利。（二维码4-1）

4-1

任务2　行政确认

一、行政确认的概念与特征

行政确认是指行政主体根据相对人的申请，依法对相对人的法律地位、法律关系或特定的法律事实进行甄别，给予确定、认可、证明并予以宣告的具体行政行为。根据法律规范和行政活动的实际情况，行政确认的主要形式有：确定、认可（认证）、证明、登记、批准、鉴证或鉴定。

行政确认的法律特征包括：

第一，行政确认通常是依申请的行政行为。首先由相对人提出申请，行政主体才能对申请事项进行确认。

第二，行政确认行为是一种外部的具体行政行为。它由申请、受理、审查、确认等一系列程序性要素组合而成，并由此构成一个完整的行政确认行为。

第三，行政确认是一种要式行政行为。行政主体作出确认行为时必须以书面形式为之，并要符合一定的技术要求。

第四，行政确认是具有法律效力的行为。这种法律效力具体体现为：确定力、证明力、不可撤销力。

二、行政确认与有关具体行政行为的比较

1. 行政确认与行政许可。行政确认与行政许可在形式上有诸多相似之处，譬如：它们都属于外部的具体行政行为，都以相对人的申请为条件，都必须对相对人的申请进行审查，审查结果都以书面形式作出。但是，它们是两种性质不同的具体行政行为。

第一，行政行为的性质不同。行政许可是对法律限制的解除，相对人获得了行政许可即意味着获得了从事某一领域活动的权利或资格，因此，行政许可实际上是一种授权行为；而行政确认只是对某项特定法律事实的确认，是对该项法律事实的真实性及合法性的证明，因此，行政确认是一种证明行为。

第二，审查的内容不同。行政许可审查的是相对人是否具备从事被许可活动的能力和条件，而行政确认审查的是相对人申请确认的事项是否存在、是否合法，从而决定是否给予确认。

第三，法律后果不同。行政许可的法律后果是相对人取得某项活动的权利或资格，而

行政确认的法律后果是相对人获得了确认某一事项的真实性及合法性、能够在实践中对抗第三人的有效证明。

2. 行政确认与行政裁决和行政处罚。行政确认与行政裁决和行政处罚既相互联系又有区别。行政确认与行政裁决和行政处罚的联系表现在：

第一，行政确认是行政裁决和行政处罚的前提，没有行政确认就不可能进行行政裁决和行政处罚，但行政裁决和行政处罚并非行政确认的必然结果。

第二，在财产权发生争议时，行政确认有时通过行政裁决表现出来，这时形式上是裁决，实质上是确认权利和资格。

行政确认与行政裁决和行政处罚的区别表现在：

第一，对象不同。行政确认的对象既可以是合法行为或事实，也可以是违法行为和事实；既可以是有争议的事项，也可以是没有争议的事项。而行政裁决的对象必须是行政相对人提起的有争议的事实，行政处罚则只限于对行政违法行为的处理。

第二，内容不同。行政确认的内容是确认法律地位、法律关系或法律事实；行政裁决的内容是解决当事人之间的争议；行政处罚的内容是对行政相对人的行政违法行为给予行政法律制裁。

第三，法律效果不同。行政确认不创设权利、不增设义务，在法律法规没有特别规定的情况下，对行政相对人不直接产生约束力和强制执行力；行政裁决和行政处罚可以涉及甚至直接设定、增减、免除当事人的权利和义务，当事人也必须接受和履行行政裁决和行政处罚确定的内容，行政主体对不履行行政裁决和行政处罚内容的行政相对人可以依法采取强制措施或申请人民法院采取强制措施。

任务3　行政给付

行政给付制度是国家发展到一定阶段的产物，是从"守夜行政"向"福利行政"转变的体现。在自由资本主义时期，西方国家奉行"管的最少的政府为最好的政府"，政府变成了消极的"守夜人"，其典型特征为尊重公民的自由。到了现代社会，行政权力逐渐扩大，开始介入到经济、社会生活等各方面，公民要求政府积极提供福祉。行政给付乃国家为公众提供福利的重要方式，属于福利国家的表现形式。行政给付通过赋予特定行政相对人一定的物质权益，可以帮助其改善生活质量、保障公民过上有尊严的生活。行政给付能否得到顺利的展开，是一个国家福利水平的重要体现，也关系到社会公共利益和社会秩序的问题，因此，各个国家都注重行政给付制度的发展。

一、概念与特征

行政给付，又称行政物质帮助，是指行政主体根据行政相对人的申请，在年老、疾病或者丧失劳动能力等情况或其他特殊情况下，依照有关法律、法规、规章或政策等规定，无偿给予其一定的物质帮助（如金钱或实物）或与物质有关的权益（如享受公费医疗）的具体行政行为。

行政给付制度具有宪法层面的法律依据。《宪法》第45条第1款规定："中华人民共和国公民在年老、疾病或者丧失劳动能力的情况下，有从国家和社会获得物质帮助的权利。国家发展为公民享受这些权利所需要的社会保险、社会救济和医疗卫生事业。"

行政给付具有以下特征：

第一，授益性。行政给付属于授益性行政行为，一般表现为给予特定行政相对人财物的形式。财物包括金钱或者其他实物。

第二，无偿性。行政给付针对需要获得物质帮助的特定行政相对人，该行为体现了国家的福利政策，具有无偿性，无须行政相对人支付对价。行政给付并不是国家给给付对象的一种补偿或对价，这是行政给付与行政奖励的根本区别。

第三，对象的特定性。行政给付只对出现了特殊困难和特殊情况的公民、个人或组织作出，其对象是特定的。

第四，依申请行政行为。行政给付需要依据行政相对人的申请而启动。行政主体针对行政相对人的申请进行审查从而判断是否符合行政给付条件。

第五，羁束行政行为。一般来说，法律规范对行政给付的对象、条件、标准、项目、数额等都作出了具体规定，行政机关没有自由裁量的权力，不能任意给付。

二、种类

我国有关行政给付制度的规定分散在各部法律、法规、规章之中，名称各异、含义不一。如《社会保险法》《残疾人保障法》《兵役法》《军人抚恤优待条例》《退役军人安置条例》《失业保险条例》《城市居民最低生活保障条例》《农村五保供养工作条例》等。

行政给付的种类繁多，一般而言，包括以下几种类型：

1. 抚恤金。抚恤金发放针对特定对象，包括给烈士和病故的军人、人民警察、国家机关公务员家属的抚恤金；革命残疾军人的残疾抚恤金；烈军属、复员退伍军人生活补助费、退伍军人安置费等。

2. 特定人员离退休金。特定人员离退休金包括由民政部门管理的军队离休干部的离休金、生活补助费，由民政部门发放的退职人员生活费等。

3. 社会救济、福利金。在农村，社会救济主要针对农村五保户、生活贫困人员；在城市，社会救济主要针对城镇居民中的中低收入者等。社会福利金则用于对社会福利院、养老院、儿童福利院等社会福利机构，流浪乞讨人员收容救助、安置等方面的支出。

4. 自然灾害救济金和救济物资。自然灾害救济金和救济物资，指在发生自然灾害时，国家为安置灾民、抢救、转移灾民所支付的费用或给予的物质救济，包括生活救济费和救济物资、安置抢救转移费及物资援助。

上述行政给付的发放程序不同：伤残抚恤金、离退休金、烈军属生活困难补助等定期性发放；因公牺牲或病故人员的丧葬费、退伍军人安置费、烈士家属抚恤金等通常一次性发放；自然灾害救济金和救济物资、公民突发性困难紧急救济等属于临时性发放。

任务4　行政奖励

在现代行政中，行政奖励成为政府充分调动行政相对人积极性，进而实现行政管理目的的重要法律手段。行政奖励主要是起着激励和引导的功能。在强制行政中，政府与行政相对人的关系为命令与服从关系，后者被迫履行法律规定的义务。行政奖励作为非强制性行政，在政府与行政相对人之间建立起新型的合作关系。相比起强制行政，行政奖励具有激励功能，可以激发行政相对人自发地参与到行政管理之中，有助于行政管理目标的达成。政府通过行政奖励的方式对某些行为进行鼓励和倡导，能够反映出政府的政策导向，进而为社会提供明确、可预期的行为目标。行政奖励能够使行政相对人获得实际利益，进而引导其积极从事有利于政府行政目标的行为。

一、概念与特征

行政奖励是指行政主体为了表彰先进、激励后进，充分调动和激发人们的积极性和创造性，依照法定条件和程序，对为国家、人民和社会作出突出贡献或者模范地遵纪守法的行政相对人，给予物质或者精神奖励的具体行政行为。[1]

行政奖励具有以下特征：

1. 行政奖励属于授益性行为。行政主体从法律上肯定和支持行政相对人的先进行为，行政相对人因此获得了一定的物质或者精神奖励，这是对其贡献的一种肯定。

2. 行政奖励属于倡导性行政行为。政府为了完成管理目标，会积极引导、鼓励行政相对人实施某种行为。在此过程中，行政相对人可以自由选择是否依据行政主体的意愿从事活动，行政主体不能强制行政相对人进行某种受奖行为。

3. 行政奖励属于非强制性行为。传统行政中行政目标的达成主要依靠行政主体的强制行为，如命令、强制、处罚。随着社会的发展，尤其是福利行政日益勃兴，非强制行政得以蓬勃发展。非强制性行为的权力色彩较弱，主要通过激励或者引导行政相对人积极主动参与而实现。行政奖励属于非强制性行为，主要依靠利益引导机制，激励行政相对人积极参与其中。

二、行政奖励的类型

行政奖励的领域较为广泛，且内容多样。依据不同的标准，可以将其划分为不同的类型：

1. 赋权型行政奖励和减免义务型行政奖励。此种划分的标准是行政奖励的表现方式。赋权型行政奖励，是指行政主体依法赋予行政相对人某种权益，这是行政奖励的主要表现形式。减免义务型行政奖励是指行政主体依法减免行政相对人某种法定义务，如减免税收的优惠政策。

2. 物质奖励、精神奖励和权能奖励。此种划分的标准是行政奖励的内容。物质奖励

---

[1] 姜明安主编：《行政法与行政诉讼法》，北京大学出版社、高等教育出版社2011年版，第246页。

是指行政机关颁发给行政相对人一定数额的奖金或者其他奖品。如《浙江省行政奖励暂行办法》第13条第2款规定："对获得行政奖励的集体，可酌情发给一次性奖金，作为工作经费由集体使用，原则上不得发放给个人。"精神奖励是指给予行政相对人嘉奖、记三等功、记二等功、记一等功和授予荣誉称号等精神层面的某种荣誉。权能奖励是指赋予行政相对人从事某种活动或者一定权利的资格。上述三种奖励形式既可以单独使用，也可以同时使用。

子学习单元3 负担行政行为

任务1 行政处罚

一、行政处罚的概念（二维码4-2）

根据《行政处罚法》第2条规定，行政处罚是指行政机关依法对违反行政管理秩序的公民、法人或者其他组织，以减损权益或者增加义务的方式予以惩戒的行为。此概念强调了"违反行政管理秩序"和"惩戒"，内容包含减损权益和增加义务两种方式。

4-2

二、行政处罚的特征

第一，行政处罚必须由行政主体实施。行政处罚是一类具体行政行为，实施行政处罚的主体是拥有行政职权的主体，即行政主体。最常见的是行政机关，当然也包括法律法规授权的组织，以及受行政机关委托的组织。从主体的角度看，行政处罚不同于审判机关、检察机关和监察机关等其他主体所实施的制裁，也不同于行政机关对于其内部工作人员所实施的处分。例如，对于法院依照《民事诉讼法》等作出的罚款，并不能够直接适用《行政处罚法》的规定。当然，在缺乏明确法律规则的情况下，此类行为可以准用《行政处罚法》的部分规则。

第二，行政处罚针对的是相对人违反行政管理秩序的行为。违反行政管理秩序即违反行政法律规范。行政管理秩序是法律规定的行政机关与行政相对人之间的权利义务关系，是行政机关在行政管理活动中所追求的秩序。维护行政管理秩序是行政权存在和运用的重要目的。为实现行政秩序，行政相对人必须遵守行政法律规范设定的各项作为与不作为义务，否则将受到制裁和惩戒。

第三，行政处罚针对的是违反行政管理秩序的客观行为，通常不以行为人的主观过错为必备要件。在某些情况下，即使行政相对人实施违法行为时没有故意或过失，但若其客观上违反了行政管理秩序、损害了公共利益或他人合法权益，也应当受到制裁和惩戒。

第四，行政处罚的后果是制裁和惩戒，这也是行政处罚最突出和最核心的特征。我国台湾地区"行政罚法"第2条将行政处罚的性质明确为"裁罚性之不利处分"，其中"裁罚性"指的就是行政处罚的制裁特性。制裁的核心是剥夺当事人已有的利益或给予其新的不利益。制裁所针对的利益应当被认定为一种事实上的、价值中性的利益，而不去过多考虑其适法性。（二维码4-3、4-4）

4-3 4-4

三、与相关概念的区别

（一）行政处罚与刑罚（二维码4-5）

行政处罚与刑罚都是具有强制力的制裁方式，但两者在制裁对象、依据、实施主体、种类等方面有显著区别：

第一，制裁对象不同。刑罚只能对触犯刑律的犯罪行为人适用，无罪的人不能承担刑事责任；而行政处罚对违反行政法义务的当事人适用。

第二，依据不同。行政处罚适用的依据有《行政处罚法》和其他单行的行政管理法律、法规和规章等；而刑罚适用的依据是《刑法》和全国人大及其常委会通过的有关刑法的补充规定。

第三，实施主体不同。行政处罚在我国属于行政管理范畴，主要实施主体是行政机关；而刑罚属于国家的司法权范畴，只能由人民法院实施。

第四，种类不同。刑罚包括主刑和附加刑。主刑有：管制、拘役、有期徒刑、无期徒刑和死刑；附加刑有：罚金、剥夺政治权利和没收财产，还有适用于外国人的驱逐出境。行政处罚包括：警告、通报批评；罚款、没收违法所得、没收非法财物；暂扣许可证件、降低资质等级、吊销许可证件；限制开展生产经营活动、责令停产停业、责令关闭、限制从业；行政拘留；法律、行政法规规定的其他行政处罚等。

4-5

(二) 行政处罚与行政处分

行政处罚与行政处分虽只有一字之差，但两者在性质、法律依据、制裁对象、制裁方式、救济方式等方面存在着明显的区别：

第一，性质不同。行政处罚属于外部行政行为，它以社会管理关系的存在为先决条件；而行政处分则属于行政机关的内部行政行为，它以有权实施行政处分的主体与接受行政处分的对象之间存在行政隶属关系或者行政监察关系为前提。

第二，法律依据不同。行政处罚所依据的是《行政处罚法》，和各种分散的、单行的行政管理法律、法规；行政处分所依据主要是《公务员法》、《公职人员政务处分法》、《行政机关公务员处分条例》、《监察法》和有关单行法律、法规中关于公务员义务的规范。

第三，制裁对象不同。行政处罚针对行政相对人，即公民、法人和其他组织；而行政处分主要针对行政机关内部的工作人员。

第四，制裁方式不同。行政处罚的种类有：警告、通报批评；罚款、没收违法所得、没收非法财物；暂扣许可证件、降低资质等级、吊销许可证件；限制开展生产经营活动、责令停产停业、责令关闭、限制从业；行政拘留；法律、行政法规规定的其他行政处罚等。行政处分主要包括警告、记过、记大过、降级、撤职、开除等六种形式。

第五，救济方式不同。对行政处罚不服的当事人可以申请行政复议或提起行政诉讼，因违法处罚使合法权益受到损害的当事人还可以请求国家赔偿；对行政处分决定不服的，当事人只能向行政机关申诉。

有关《行政处罚法》的具体内容详见学习情境一。

任务2 行政强制

一、行政强制的概念

行政强制，是指行政主体为了实现行政目的，依法对行政相对人的人身或财产采取紧急性、及时性或临时性强制措施，或者通过强制手段迫使拒不履行行政义务的行政相对人履行义务或达到与履行义务相同状态的具体行政行为。行政强制行为与其他行政行为相比，最明显的特点就是其所表现出的强制力最为突出。

行政强制具体包括"行政强制措施"与"行政强制执行"两类行政行为。

行政强制是行政权的强制力在行政管理领域的具体化。无论行政主体是为了预防、制止违法行为以及紧急事态的发生，还是为了实现义务的履行，只要在行政管理过程中采取了强制性的手段，就应属于行政强制的范畴。

二、行政强制行为之一——行政强制措施（二维码4-6）

（一）概念和特征

行政强制措施，是指行政机关在行政管理过程中，出于制止违法行为、防止证据损毁、避免危害发生、控制危险扩大等目的，依法对公民的人身自由实施暂时性限制，或者对公民、法人或者其他组织的财物实施暂时性控制的行为，如：收容教育、强制检查治疗、强制戒毒、强制带离现场等针对人身自由的强制措施；查封、扣押、冻结财产，强制拆除建筑物、变卖拍卖财物等针对财产的强制措施。其中，行政机关为了预防、制止某种违法行为，控制某种危险状态而采取强制措施的行为也叫作即时强制；为保全证据，保证行政调查工作顺利进行而采取强制措施的行为也叫作行政调查中的强制。行政强制措施具有下列法律特征：

1. 行政强制措施的主体只能是行政主体。由于行政强制措施是为了预防与制止违法行为的发生或者在紧急、危险的情况下采取，故其与行政强制执行不同，只能由行政主体实施。

2. 直接强制性。行政强制措施不仅体现国家权力的权威性和强制性，而且不需要当事人的主动申请或当事人自觉接受，行政机关依职权对当事人主动采取行政强制措施。行政强制措施相对于其他具体行政行为而言，具有更强、更直接的强制性，一旦采取行政强制措施的法定条件成立，不管行政相对人是否同意、接受，行政机关都会采取强制措施，行政相对人也不得自行抵抗。

3. 非制裁性。行政机关采取行政强制措施不是为了制裁当事人，而是为了实现一定的行政目的。采取行政强制措施并非以当事人存在违法行为为前提，它可能针对的是违法行为（制止和控制违法），也可能针对的不是违法行为（预防违法和控制危险），即使是前者，也不是为了制裁违法者，而是为了制止当事人继续违法。

4. 暂时性。行政强制措施是对行政相对人权利进行暂时性限制和约束，不是对行政相对人权利作最终处理，它只是一种手段而不是结果，是行政主体对行政相对人实施的"一种中间行为，而不是最终行为"。所以，行政强制措施只是行政主体在未作出其他具体行政行为之前暂时采取的措施，是对当事人的人身、财产或行为进行的暂时限制或约束，一旦包含案件结果的具体行政行为作出，行政强制措施必然解除。

（二）行政强制措施与相关概念的区别

1. 行政强制措施与行政处罚。行政处罚是指行政主体依照法定权限和程序对违反行政法规范而尚未构成犯罪的相对方给予行政制裁的具体行政行为。由于行政强制措施与行政处罚都属具体行政行为，而且两者的某些行为手段在形式上相同，如"暂扣证照"，因此，有必要将两者进行区分。两者的主要区别在于：

（1）实质不同。行政处罚是对行政相对人权利的最终处分，如没收财产是对相对人财产所有权的最终剥夺；而行政强制措施是对相对人权利的一种临时限制，如查封财物不是对该财物所有权的最终处分，而仅是在短期内对该财物使用权和处分权的临时限制。

（2）对象不同。行政处罚是一种行政制裁行为，因而必然以行政相对人的行为违法为前提；行政强制措施可以针对相对人的违法行为，也可针对相对人的合法行为。

（3）结果不同。行政强制措施是一种中间行为，它是为保证最终行政行为的作出所采取的一种临时性措施，而并没有使事件到达最终处理完毕的状态。如扣押财物，扣押本身不是最终的目的，它是为保证尔后行政处理决定的最终作出和执行所采取的临时措施。与之相对的，行政处罚则是一种最终行政行为。它的作出，表明该行政违法案件已被处理完毕。如没收财物，它是行政主体对该财物的最终处理。

2. 行政强制措施与行政命令。行政命令既可作为抽象行政行为的一种形式，也可作为具体行政行为的一种形式。作为具体行政行为的行政命令，是指由行政主体作出的强制要求相对人进行一定的作为或不作为的意思表示。不少行政强制措施在实施时同时都伴随着行政命令，几乎大多行政强制措施都以行政命令为程序上的辅助手段，如要驱散人群，必然同时命令被驱者离开。两者之间的关系如下：

（1）如果行政主体作出一个在先的行政命令，而且该命令尚未最终生效，事后根据该命令实施一种强制行为，那么，应将事前的行政命令作为独立的具体行政行为对待，将事后的行政强制行为也作为独立的行政强制措施行为对待。

（2）如果行政主体作出一个在先的行政命令，并且该命令已获得最终效力，事后根据该命令实施一种强制行为，那么，事前的行政命令应被作为独立的具体行政行为对待，事后的行政强制行为便被作为"行政强制执行"而不是"行政强制措施"对待。

（3）如果行政主体在实施行政强制措施过程中或与实施行政强制措施同时作出行政命令，那么，这种命令只是行政强制措施中一个程序上的告诫环节，它被行政强制措施行为所吸收，不能作为一个独立的具体行政行为存在。

3. 行政强制措施与刑事强制措施。行政强制措施作为行政主体实施行政管理所采用的一种强制性手段，其中限制人身自由的行政强制措施与刑事强制措施有许多相似之处。若将行政强制措施（主要是限制人身自由）与刑事强制措施（如拘传、监视居住）不加区分地适用，将引起许多行政争议。两者的差别在于：

（1）对象不同。刑事强制措施的适用对象是已被追究刑事责任，或有重大犯罪嫌疑而有可能追究其刑事责任的人。而行政强制措施的适用对象是违反行政法律规范的相对人，或具有自我危害性，或虽对社会公共利益、公共安全有危害性，但其主观没有恶性，或基于紧急情势，而需对其财物或人身施以强制的相对人。

（2）目的不同。刑事强制措施的适用以保障侦查和审判的顺利进行为主要目的。而行政强制措施主要是为了排除相对人具有社会危险性或自我危害性的行为，或出于公共利益的紧迫需要，或为了保障行政管理活动的顺利进行而实施的。

（3）实施主体不同。刑事强制措施只能由公安、司法机关实施，而行政强制措施的实施主体则具有多样性。除限制人身自由的行政强制措施只能由公安机关和海关等极少数行政主体实施以外，其他强制措施往往分别由不同的行政主体实施，如工商、海关、税务、审计、卫生、文化等部门均有程度不同的采取行政强制措施的权力。

（4）内容不同。依照《刑事诉讼法》的规定，刑事强制措施有拘传、监视居住、取保候审、拘留、逮捕。而行政强制措施的种类主要有限制公民人身自由，查封场所、设施或者财物，扣押财物，冻结存款、汇款。

三、行政强制行为之二——行政强制执行

（一）概念和特征

行政强制执行，是指行政机关自行或者由行政机关申请人民法院，对不履行行政决定的公民、法人或者其他组织，依法强制其履行义务的行为，如行政机关采取强制扣缴的方式使拒不履行纳税义务的社会组织依法履行纳税义务。这里所说的义务包括法律直接规定的义务和行政处理决定所确定的义务。在行政执法实践中，行政强制执行常常与行政处罚形成承接关系，当行政机关作出以惩戒违法行为为目的的行政处罚决定之后，被处罚者无故拒不执行时，行政机关或者人民法院可以依法对其实行行政强制执行，从而使行政处罚决定所设定的义务得以履行。行政强制执行具有以下特征：

1. 行政强制执行的主体是行政机关和人民法院。根据我国有关法律、法规的规定，行政机关和人民法院都有行政强制执行权。在行政相对人不履行应当履行的义务时，究竟是由行政机关自行强制执行还是由行政机关申请人民法院强制执行，取决于法律的具体规定。

2. 行政强制执行以行政相对人不履行应履行的义务为前提。只有在行政相对人不履行法律直接规定的义务或由具体行政行为所确定的义务时，才能采取行政强制执行。同时，行政相对人应履行义务的内容决定了行政强制执行的内容和形式。

3. 行政强制执行的目的是保证行政相对人履行应履行的义务。行政强制执行不是为行政相对人设定新的义务，而是使行政相对人已经担负的义务得以履行。因此，行政强制执行机关实施行政强制执行行为不能超出行政相对人所承担义务的范围。

4-6

任务3　行政征收与行政征用

一、行政征收

（一）行政征收的概念与特征

行政征收是行政主体根据国家和社会经济利益的需要，以强制方式无偿取得相对人财产所有权的一种具体行政行为。行政征收具有以下法律特征：

第一，处分性。行政征收的直接法律效果，是导致行政相对人有关财产权的丧失。无论是行政主体向相对人征收税费，还是征收私有财产，如房产等，都意味着相对人一定范围内的财产权被处分、财产所有权发生从相对人转移至国家。

第二，强制性。行政征收机关实施行政征收行为，实质上是履行国家赋予的征收权，

这种权力具有强制他人服从的效力。实施征收行为，不需要征得相对人的同意或与相对人协商一致，除非法律另有规定。行政相对人必须服从，否则应承担相应的法律后果。例如相对人不依法交纳税款，将受到国家税务机关的处罚。

第三，非对价性。国家行政主体向相对人征税是无偿的，作为纳税义务人的相对人有无偿交纳税款的义务。行政收费大多也是无偿的，虽然个别行政收费以提供行政服务为前提，但由于相对人交纳的费用不属于行政服务费，因而不具有对价性。国家征收相对人的个人财产，虽然依法给予补偿，但也是不对价的。因为补偿款是法定的，国家并不根据被征收财产的实际价值支付对价。

第四，法定性。行政征收的强制性和非对价性，决定了其对相对人的权益始终具有侵害性。行政征收的法定性旨在保护行政相对人的合法权益，将行政征收的整个过程纳入法律调整的范围，避免滥用行政征收权。我国《立法法》第11条规定只能制定法律的保留事项中就有"对非国有财产的征收、征用"和"税种的设立、税率的确定和税收征收管理等税收基本制度"两项内容。行政征收的法定性，不仅在于行政征收的项目与行政征收主体必须由法律直接设定，还在于行政征收的范围、标准、程序等都必须有法律上的依据并且须严格依法实施。

（二）行政征收的种类

行政征收是国家凭借其权力参与国民收入分配和再分配的一种方式，其基本目的在于满足国家为实现其职能而对物质的需要。行政相对人的财产一经国家征收，其所有权就转移为国家所有，成为国家财产的一部分，由国家负责分配和使用，以保证国家财政开支的需要。换言之，行政征收是财产的单向流转，一经征收，不再返还相对人，也不给予对价性的回报。在我国，行政征收制度有下列几个种类：

1. 土地征收。根据《宪法》第10条的规定，我国的土地所有制只有两种，即国家所有和集体所有。城市的土地属于国家所有；农村和城市郊区的土地，除由法律规定属于国家所有的以外，属于集体所有；宅基地和自留地、自留山，也属于集体所有。国家为了公共利益的需要，可以依照法律规定对集体所有的土地实行征收或者征用并给予补偿。《土地管理法》第2条第4款也直接规定了土地征收制度。

国家征收集体土地受到严格的法律限制。其一，必须经有权机关审批；其二，必须补偿。根据《土地管理法》第46条规定，征收下列土地的，由国务院批准：①永久基本农田；②永久基本农田以外的耕地超过35公顷的；③其他土地超过70公顷的。征收前述以外的土地的，由省、自治区、直辖市人民政府批准。这就是说，作出征收集体土地决定的行政主体只限于国务院或者省级人民政府，其他行政机关都无权决定土地征收。

2. 房屋征收。对集体所有土地上房屋的征收，是作为被征收土地附属物按照土地征收程序处理的。所以，这里的房屋征收仅指国有土地上的房屋征收。设定房屋征收的直接法律依据是《城市房地产管理法》第6条[1]，具体制度主要是依据国务院《国有土地上房屋征收与补偿条例》。

根据《国有土地上房屋征收与补偿条例》第8条，作出房屋征收决定的主体限于市、县级人政府。有下列情形之一，确需征收房屋的，市、县级人民政府可以作出房屋征收决定：①国防和外交的需要；②由政府组织实施的能源、交通、水利等基础设施建设的需要；③由政府组织实施的科技、教育、文化、卫生、体育、环境和资源保护、防灾减灾、文物保护、社会福利、市政公用等公共事业的需要；④由政府组织实施的保障性安居工程建设的需要；⑤由政府依照城乡规划法有关规定组织实施的对危房集中、基础设施落后等地段进行旧城区改建的需要；⑥法律、行政法规规定的其他公共利益的需要。

3. 财产征收。广义上，土地和房屋都是财产。但是这里的财产征收，系指针对土地和房屋以外的集体财产和个人财产的征收。设定财产征收的直接法律依据是我国《宪法》第13条第3款，该款规定："国家为了公共利益的需要，可以依照法律规定对公民的私有财产实行征收或者征用并给予补偿。"（二维码4-7）

4-7

4. 税的征收。税，亦称税收，是国家税收机关凭借其行政权力，依法强制无偿取得财政收入的一种手段。按照征税对象的不同，可分为流转税、资源税、收益（所得）税、财产税和行为税五种；按照税收支配权的不同，可分为中央税、地方税和中央地方共享税。国家通过对各种税的征管，达到调节资源分配和收入分配、促进各行各业协调发展的目的。通过对中央税、地方税和中央地方共享税的合理分配，兼顾中央和地方的利益，有利于市场经济条件下宏观调控的实施。

5. 费的征收。费，即各种社会费用，是一定行政机关凭借国家行政权所确立的地位，为行政相对人提供一定公益服务或授予国家资源和资金的使用权而收取的对价。我国目前的行政收费数量庞大，常见的有公路运输管理费、公路养路费、港口建设费、排污费、教育附加费和社会抚养费等。

二、行政征用

（一）行政征用的概念和特征（二维码4-8）

行政征用，是指行政主体根据法律规定，出于公共利益的需要，强制性地使用相对人

---

[1]《城市房地产管理法》第6条规定："为了公共利益的需要，国家可以征收国有土地上单位和个人的房屋，并依法给予拆迁补偿，维护被征收人的合法权益；征收个人住宅的，还应当保障被征收人的居住条件。具体办法由国务院规定。"

的财产并给予补偿的行政行为。行政征用具有下列法律特征：

第一，非处分性和限制性。行政征用并不导致被征用物所有权的转移，而只是强制性地使用被征用物（如交通工具等）。行政征用只是影响被征用物的使用权而不是处分其所有权，所以它不具有处分性。

第二，强制性。行政征用是一种国家的单方强制行为，不以被征用财物所有权人和使用权人同意为前提。

第三，补偿性。行政征用具有补偿性，行政主体征用有关财物时，应当向被征用人支付补偿金。

第四，法定性。行政征用同样属于行政限权行为，其效果显然对行政相对人不利。因此，行政征用的主体、条件、对象、方式、范围等都必须有法律的明文依据。无法律依据，不得行政征用。

第五，应急性。行政征用一般是在抢险、救灾等紧急需要情景下采用，所以具有应急性。

4-8

（二）行政征用与行政征收的比较（二维码4-9）

行政征收与行政征用只有一字之差，但它们是两个独立的行政行为，存在着明显的区别：

第一，处分所有权与限制使用权不同。行政征收与行政征用都是影响相对人权利的"不利行为"，但影响程度是不同的。行政征收是处分相对人的财产所有权，导致相对人被征收物所有权的转移；而行政征用只是限制了相对人对被征用物的使用权。

第二，补偿原则不同。在行政征收中，征税与征费不发生补偿问题，对其他财产权的征收以补偿为条件。但行政征用则完全适用补偿原则，都以补偿为条件。

第三，是否具有应急性不同。行政征用一般发生在应急状态下，如在抢险、救灾等紧急情形中征用交通工具或通信工具等；行政征收则不具有应急性。

4-9

(三) 行政征用的种类

我国行政征用制度大体有下列几个种类：

1. 对交通工具与通信设备的征用。有关行政主体在应急状态下，根据法律规定，强制征用有关公民与单位的交通工具与通信设备，使用完毕后归还并依法给予一定的补偿。

2. 对房屋、场地与设施的征用。例如《戒严法》第17条规定："根据执行戒严任务的需要，戒严地区的县级以上人民政府可以临时征用国家机关、企业事业组织、社会团体以及公民个人的房屋、场所、设施、运输工具、工程机械等。在非常紧急的情况下，执行戒严任务的人民警察、人民武装警察、人民解放军的现场指挥员可以直接决定临时征用，地方人民政府应当给予协助。实施征用应当开具征用单据。前款规定的临时征用物，在使用完毕或者戒严解除后应当及时归还；因征用造成损坏的，由县级以上人民政府按照国家有关规定给予相应补偿。"

3. 对劳力的征用。有关行政主体在应急状态下，特别是在抢险、救灾中，根据法律规定，强制性地征调劳力进行特定工作，并支付一定的报酬。

4. 对其他财产的征用。除上述几种情况外，其他财产在有法律明文规定的前提下，如遇应急状态，也可被征用。

三、行政征收与征用的基本原则

行政征收和征用是基于公共利益的需要而作出，并直接影响相对人"私权"的行政行为。因而在实施行政征收或者征用时，都必须坚持以下四项原则。

（一）法定原则

行政征收和征用是直接影响相对人财产权的限权行为，尤有必要坚持法定原则。行政征收与征用的法定原则，是行政法上的合法性原则在行政征收与征用中的体现。具体内容有：

第一，行政征收和征用必须由全国人大及其常委会制定的法律直接设定，法律以下的法规和规章不得直接设定行政征收与征用制度。

第二，行政征收和征用不仅应当有法律的直接依据，即无直接的法律依据行政主体不得实施行政征收和征用，而且在具备法律依据的前提下，还必须做到实施行政征收和征用的主体、范围、程序都符合法律规定。

（二）公益原则

实施行政征收与征用必须坚持公益原则。无论我国《宪法》《民法典》还是其他有关行政征收与征用的法规，都明确规定了实施行政征收与征用的条件为出于"公共利益"的需要，非出于公共利益的需要不得实施行政征收或者征用。

（三）补偿原则

实施行政征收与征用还必须坚持补偿原则。补偿原则包括下列含义：①除行政征税和收费外，实施其他的行政征收与征用，必须依法对相对人予以补偿。②必须给予相对人充分的补偿，必须按法定标准给相对人以足额的补偿，不得人为地打折扣。

（四）合理原则

行政征收和征用的合理原则是行政法上的合理性原则在行政征收、征用行为中的体现，它要求行政主体在实施行政征收、征用中体现比例原则、平等原则和正当原则。

1. 在行政征收和征用中坚持比例原则，是指行政主体在实施行政征收和征用中，要以相对人财产所受最小损失的方式来实现行政征收和征用所期望达到的目标。

2. 在行政征收和征用中坚持平等原则，是指行政主体在实施行政征收和征用中，针对相对人权利损失的补偿要坚持同等情况同等标准。

3. 在行政征收和征用中坚持正当原则，是指行政主体在实施行政征收和征用中，关于是否实施征收和征用、如何实施征收和征用等问题，都应有正当的理由，不允许存在随意性。

子学习单元4　行政司法行为

任务1　行政裁决

一、行政裁决的概念与特征

行政裁决是指行政机关根据当事人申请，依据法律法规授权，居中对与行政管理活动密切相关的民事纠纷进行裁处的行为。是中国特色社会主义行政司法的最基本形式。行政裁决制度具有以下特征：

1. 行政裁决是一种行政司法行为。因为行政裁决是对平等主体间发生的与行政管理活动密切相关的民事争议或特定行政争议进行审查，并作出裁决的行政行为。

2. 行政裁决的主体是法定的行政机关。裁决主体必须是对与民事纠纷有关的行政事务具有管理权的行政机关，且具有法律明确规定其有解决此类民事纠纷或特定行政争议的行政裁决权。

3. 行政裁决的对象主要是特定的民事纠纷。如有关自然资源所有权或使用权的争议、知识产权争议、侵权赔偿争议、补偿纠纷和经济合同纠纷等。但行政裁决的对象也包括某些行政争议，如商标评审委员会裁决商标注册申请人不服商标局驳回商标注册申请、不予公告的争议，专利复审委员会裁决专利申请人不服国务院专利行政部门驳回专利申请的争议。

4. 行政裁决的结果具有法律权威性。行政裁决具有行使行政权的特征，带有明显的强制性。对于生效的行政裁决，如果当事人不自行履行其规定的义务，行政机关可以强制或者申请法院强制其履行。

二、行政裁决的相关法律规定

我国现行法律对自然资源所有权、使用权（如土地、水域、宅基地等使用权）争议的行政裁决作了较明确的规定。例如,《土地管理法》第 14 条第 1 款和第 2 款规定:"土地所有权和使用权争议,由当事人协商解决;协商不成的,由人民政府处理。单位之间的争议,由县级以上人民政府处理;个人之间、个人与单位之间的争议,由乡级人民政府或者县级以上人民政府处理。"这里的"处理"即裁决。又如,《水法》第 56 条规定:"不同行政区域之间发生水事纠纷的,应当协商处理;协商不成的,由上一级人民政府裁决……"

在现代,民事争议既由法院管辖,又可由行政机关裁决。但哪些争议由法院管辖、哪些争议由行政机关裁决,国家没有统一的标准,通常由法律具体规定。行政机关裁决的民事争议一般由法律列举规定,法律未明确规定由行政机关裁决的争议则统一由法院管辖。行政机关对于民事争议的管辖,大多属于不完全管辖权,行政机关作出裁决后,当事人不服的,还可向法院提起诉讼;但也有个别争议,法律授予行政机关完全管辖权,即可对之作出终局裁决,当事人即使不服,也不能再诉诸法院,而只能通过向行政机关内部申诉的途径解决。至于当事人对行政机关不具完全管辖权的民事争议裁决不服而向法院起诉的,如果以行政机关为被告,请求法院对行政机关的裁决进行司法审查,则该争议转化为行政争议;但如果不服裁决的一方当事人仍以原争议的对方当事人为被告,请求法院裁决,那么该争议则仍属民事争议。为了提高司法效率,方便当事人诉讼,2014 年修正的《行政诉讼法》第 61 条规定,在当事人申请一并审理的条件下,人民法院在审理行政机关对民事争议所作的裁决的行政诉讼中,可对民事争议和行政争议一并审理。

任务 2　行政调解

一、行政调解的概念与特征

行政调解是行政机关为解决争议而主持的调解,是行政司法中运用最多、最普遍的方式。行政调解在化解社会矛盾纠纷方面发挥着积极作用。行政调解的本质是在行政机关的主持下,通过协商的方式化解矛盾纠纷的一种机制。行政调解应当在自愿、合法的前提下,以相关法律法规及政策为根据,通过说服教育的方式,促使争议各方平等协商,最终化解矛盾纠纷。

行政裁决大多以调解为前置程序,调解不成方进行行政裁决。而行政调解却不一定以行政裁决为后续程序,有些争议、纠纷只能进行调解,调解不成则进行诉讼,而不能再进行行政裁决。例如,《道路交通安全法》第 74 条规定,对交通事故损害赔偿的争议,当事人可以请求公安机关交通管理部门调解,也可直接向法院起诉;当事人未达成协议或者调解书生效后不履行的,当事人可以向人民法院提起民事诉讼。

二、行政调解的种类

行政调解虽然和企事业组织、基层群众性自治组织中的民间调解有着密切联系,但并不包括或等于民间调解。行政机关大多不设置专门调解机构、不配置专门调解人员,而是在争议发生后,根据情况和需要组织临时的调解机构,其组成人员除了行政机关的工作人员外,通常还包括争议双方单位的人员以及有关专家。例如,调解版权纠纷,通常邀请法律专家参加;调解环境污染纠纷,通常要邀请化学、生物等自然科学专家参加;调解医疗事故纠纷,通常要邀请医学专家参加。在基层人民政府设立的司法助理员和民政助理员,虽然不是专职行政调解人员,但他们具有调解民间纠纷的职责。行政调解是在争议双方当事人自愿的基础上进行的,行政机关只有在接到一方当事人申请并且另一方当事人同意接受调解的情况下才能进行调解。行政机关进行调解,要对当事人进行法律政策教育,要弄清事实、分清是非,对当事人的错误应进行适当的批评。在是非分明的基础上,促成争议双方互谅互让,达成解决问题的协议。行政调解协议达成后,应制作调解协议书,调解协议书应有当事人双方的签字,并盖上行政机关的印章。一般而言,调解书送达当事人后即发生法律效力,当事人应当执行(如行政赔偿调解书);一方当事人不执行,对方当事人可申请法院强制执行。但有的行政调解书(如交通事故损害赔偿调解书)送达后并不发生终局法律效力,一方当事人不执行,只能向法院提起诉讼,通过诉讼最后解决争议。

子学习单元 5 其他行政管理行为

其他行政管理行为是指除类型化行政行为之外的由行政主体作出的行为。具体包括作为执法重要手段的行政检查与行政调查,作为非强制性行为的行政指导,以及当前政府常用的行政协议、行政应急。

任务 1 行政调查与行政检查

一、行政调查

(一) 行政调查的概念与特征

行政调查是行政主体依法了解信息、收集证据,以确定行政行为事实依据的活动。行政调查可以要求行政相对人保留或者填写有关记录和资料,也可以使用特定的措施迫使相对人向行政机关报告;可以通过传唤、询问等方式实施行政调查,也可以通过检查、鉴定等方式进行行政调查。行政调查是行政主体为实现行政目的而收集、整理、分析、认定证据材料的活动,是行政处罚、许可、强制、征收等行政行为的基础,是行政管理的重要环节和基本手段。长期以来,受行政法重实体轻程序、重结果轻过程倾向的影响,行政调查及其法治化问题并未引起足够重视,因此,其也是我国行政法制度的薄弱环节。

行政调查具有以下四个特征:

1. 行政性。行政调查是为特定行政目的而由行政主体实施的活动。行政调查的目的必须是实现特定行政目的,比如为实施行政处罚而进行的调查取证活动。行政调查的主体是特定行政机关和法律法规授权组织。不具备行政主体资格的任何组织进行的调查都不属于行政调查;立法机关开展的执法检查活动和司法机关进行的司法调查活动等,均不属于行政调查范畴。

2. 法律性。行政调查不同于政府及其部门开展的人口普查、经济普查等活动,虽然这些普查活动对政府规划、行政决策和经济社会发展具有重要意义,但这不是行政法意义上的行政调查。行政调查也不同于为行政决策、行政立法等而开展的调查研究活动。比如,我国一些地方行政程序立法关于"决策事项承办单位应当深入调查研究,全面、准确掌握决策所需信息"的规定所涉及的调查研究活动,亦不属于行政法意义上的行政调查。

3. 附属性。行政调查本身并不是目的,它是行政主体获取信息、收集证据材料以作出行政处罚、许可、强制、征收等行政行为的手段,通常被认为是其他行政行为的一个准备阶段,是其他行政行为不可或缺的一部分。换言之,行政调查不是独立的行政行为,而是依附于其他行政行为的"中间行政行为"或"过程行政行为"。

4. 多样性。行政调查广泛联系着行政处罚、许可、强制、征收、给付等不同性质的行政行为。存在于公安行政、环境行政、反垄断执法等政府行政领域。行政调查主体多元、方式多样。比如,公安行政经常采取的传唤、询问、盘查、检查、现场勘查、检验、鉴定等行政调查方式;再如,《反垄断法》第47条规定的行政人员进入被调查的经营者的营业场所或者其他有关场所进行检查,询问被调查的经营者并要求其说明有关情况,查阅和复制文件和资料,查封和扣押相关证据,以及查询经营者的银行账户等行政调查方式。

需要指出的是,不能将行政调查中的检查活动等同于行政检查。通过检查方式进行的行政调查活动,主要是指行政主体对与违法行为有关的场所、物品、人员等进行查看、搜查或采取强制措施,以获取证据从而认定违法事实的活动,它与行政检查不是同一层面的概念。此外,行政调查也可以运用于内部行政法律关系中。

(二)行政调查的分类

行政调查广泛存在于行政管理的各领域,与不同性质的行政行为联系密切,呈现出多样化特征。依据被调查对象的不同,可以将行政调查分为对人的调查、对物的调查和对场所的调查。

1. 对人的调查,是指以人为对象的行政调查,如对行政相对人身份核查、资格审核等。

2. 对物的调查,是指以物为对象的行政调查,如对物的种类、数量、形状、样貌、化学属性等方面的调查。

3. 对场所的调查,是指以场所为对象的行政调查,如对住所、营业场所、生产场所等的调查。

(三)行政调查的原则

1. 依法调查原则。依法调查原则要求行政调查主体适格,职权法定。行政主体实施行政调查必须遵循法定权限,还必须遵循法定程序和法定调查方式,以及采用合法调查手段等。行政主体不得采取非人道对待、暴力威胁、不间断询问等不适当方法以及许诺好处、利益等诱使方法实施行政调查。

2. 职权调查原则。行政调查属于行政主体的职权行为，主要体现为积极主动的调查和广泛的裁量权限。职权调查原则要求行政主体依据职权自主地决定调查的方式、范围，不受行政相对人请求的限制。尽管在很多情形下，行政调查需要行政相对人的参与，并且强调给予相对人主张权利与法律上利益的机会，如行政相对人除自行提出证据外还可以提出调查申请，但这并不改变行政调查主动性、裁量性的基本特征。

3. 客观公正原则。行政调查的目的是了解实情、收集证据，以便准确认定事实，作出相应的行政行为。这就需要行政主体按照客观全面的实体要求收集相关信息资料，包括有利于行政相对人的证据材料，尤其应当禁止片面收集证据。例如，多省份的《行政程序规定》均规定"不得仅收集对当事人不利的证据"。同时，行政主体实施行政调查还必须符合正当程序的要求，保持不偏不倚的态度，保证行政调查不受各种偏见或偏私的影响。

4. 参与协助原则。参与协助原则要求行政主体尊重行政相对人的参与权，同时要求行政相对人履行协助调查的义务。不仅如此，根据法律法规的明确规定，行政相对人以外的知晓有关情况的公民、法人和其他组织也应当协助行政主体调查。

5. 调查保密原则。调查保密原则要求行政主体应当保护行政调查过程中所接触或获取的国家秘密、个人隐私和商业秘密。除此之外，由于行政调查还关涉行政相对人的社会形象、声誉等，因此需要对公开调查予以必要的限制。同时，对行政调查所获得的信息和证据，必须予以合理保存和利用。比如，根据《税收征收管理法》第54条的规定，税务机关查询所获得的资料，不得用于税收以外的用途。

（四）行政调查程序（二维码4-10）

1. 表明身份。实施行政调查的人员应当佩戴公务标志，随身携带并出示有效的执法资格证件及其他特定的证件，这是行政调查的必经环节。调查人员未表明身份的，即构成行政调查的程序瑕疵，被调查者有权拒绝接受调查和提供证据。

2. 告知说明。行政调查人员应当向行政相对人说明实施行政调查的目的、法律根据，并告知行政相对人在行政调查过程中所享有的各项权利，如陈述权、申辩权、申请回避权等。

3. 陈述申辩。在行政调查的实施过程中，调查人员应当听取被调查人员的陈述和申辩，对于相对人、利害关系人的陈述和申辩，调查人员应当予以记录并归入案卷。

4. 时限制度。行政调查应当遵循法定或合理的时限制度，对于法律规定了明确调查时限的，必须在规定的期限内完成；对于法律未规定调查时限的，应当在合理的期限内完成。这对于保证行政效率，尤其是对保护行政相对人合法权益至关重要。比如，《治安管理处罚法》第83条关于"询问查证的时间不得超过八小时"的时效规定就具有重要的人权保障意义。

5. 行政救济。行政调查尤其是强制性行政调查具有很强的损益性，应当为行政相对人提供有效的救济途径。除申诉和复议外，还需要健全行政调查中止、终止等制度。

二、行政检查

(一) 行政检查的概念与特征

广义的行政检查,包括作为行政调查手段的检查活动。狭义的行政检查,亦称为行政监督检查,是指行政主体依法单方面强制性实施了解行政相对人遵守法律法规或者履行法定义务情况的活动。行政检查不同于行政调查中的检查活动,作为行政调查方式和方法的检查活动,侧重于收集违法证据以认定行政相对人的违法事实;而作为一类行政行为的行政检查则是指依法享有检查权的行政主体了解行政相对人遵守法律法规或者履行法定义务情况的行政行为。

行政检查具有以下三个特征:

1. 法定性。行政检查的法定性是指行政主体实施行政检查必须有明确的法律依据,只有依法享有行政检查职权的行政主体才能实施行政检查行为。行政检查的方式、内容、时限等也应该符合法律的明确规定。

2. 强制性。行政检查均是强制性的,如果被检查主体不配合检查,行政检查主体有权采取强制措施。而行政调查有强制调查和任意调查之分。例如,《税收征收管理法》第56条规定:"纳税人、扣缴义务人必须接受税务机关依法进行的税务检查,如实反映情况,提供有关资料,不得拒绝、隐瞒。"

3. 独立性。与行政调查相比较,行政检查具有独立性。行政检查与行政调查中的检查不同,它不依附于其他行政行为。行政检查不仅包括了解实情、收集证据、认定事实,还包括督促行政相对人遵守法律、履行义务。行政检查的整个过程,从检查的启动、运行到检查决定的作出,都是独立完成的。

(二) 行政检查的分类

行政检查广泛存在于行政管理实践中,依据不同的标准可以对行政检查作以下分类:

1. 独立检查和联合检查。从检查主体的角度可以将行政检查分为独立检查和联合检查。独立检查是指单一行政主体在职权范围内独立开展的检查。比如,环保部门依法对企业遵守环境保护法律法规情况进行的检查。联合检查是指2个以上的行政主体就某一特定事项联合开展的检查。比如,卫生行政部门与教育行政部门联合检查学校饮食服务是否符合卫生标准。联合检查在实践中通常表现为一个行政主体主导,其他行政主体参与。相对于独立检查,联合检查更需要加强规范。

2. 定期检查和不定期检查。从检查活动特征的角度可以将行政检查分为定期检查和不定期检查。定期检查是指主体将行政检查的目的、事项尤其是时间事前周知，包括告知行政相对人甚至向社会公示，表明将在相对固定的时间段进行的检查；不定期检查是指检查主体对行政检查的目的、事项尤其是时间事前并不公开，以使检查对象始终保持待查状态的检查。不定期检查在实践中通常表现为突击检查，相对于定期检查更需要加强规范。

3. 专项检查和综合检查。从检查内容的角度可以将行政检查分为专项检查和综合检查。专项检查是指行政主体就单一事项对行政相对人遵守法律法规情况的检查。比如，公安交警对酒驾进行的路查。综合检查是指行政主体就具有关联性的多个事项对行政相对人遵守法律法规情况进行的检查。比如，对企业守法情况进行的年度检查。

4. 对人的检查、对物的检查和对场所的检查。从检查对象的角度可以将行政检查分为对人的检查、对物的检查和对场所的检查。安全检查中对人身的检查、公安交警执法中对酒驾人员的检查等均属于对人的检查；对车辆的检查、对包裹的检查等均属于对物的检查；对住所的检查、对生产场地的检查等均属于对场所的检查。

另外，行政检查还可以根据行政事务的性质或者行政管理的领域进行划分。比如，治安检查是公安行政中最广泛的管理活动，包括对人身、物品、住宅的检查等；再比如，《税收征收管理法》第四章规定的"税务检查"，包括税务机关有权检查纳税人的账簿、到纳税人的生产和经营场所检查商品和货物、责成纳税人提供与纳税有关的文件等。

（三）行政检查的原则

1. 依法检查原则。依法检查原则要求行政检查权的设定和实施都应当符合法律的明确规定。依法检查原则是行政检查的首要原则，包括行政检查主体合法、目的合法、程序合法、手段合法等内容。

2. 公开公正原则。行政检查除了应当遵守依法检查原则外，还应当遵守公开公正的原则。所谓公开原则，是指行政检查的诸环节应当尽可能地向行政相对人和社会公开，自觉接受监督。公开原则有利于提高行政检查的透明度，防止暗箱操作。当然，公开原则也要求对国家秘密、商业秘密及个人隐私给予保护。而公正原则要求行政主体在实施行政检查过程中办事公道，不徇私情，平等对待各方当事人。

3. 合乎比例原则。行政检查具有很大的裁量空间，因此，行政检查还应当符合合理性原则的要求。合理性原则要求行政检查权的设定和实施要适度、合乎情理，对相对人可能造成的损害不得大于检查行为所能实现的公共利益，不得给行政相对人造成不必要的负担。比如，针对物的检查涉及行政相对人的财产权益，通过抽检能够达到检查目的的，应当进行抽样检查。

4. 特别保护原则。行政检查涉及公民、法人和其他组织的广泛权利，对于多数权利来说，需要依法检查、公开公正、合乎比例等原则加以保护，但对涉及人格尊严的权利，还需要遵循特别保护原则并采取相应保护措施。比如，我国《治安管理处罚法》第87条第2款规定："检查妇女的身体，应当由女性工作人员进行。"同时，该条第1款还规定："……对确有必要立即进行检查的，人民警察经出示工作证件，可以当场检查，但检查公民住所应当出示县级以上人民政府公安机关开具的检查证明文件。"

（四）行政检查程序（二维码4-11）

行政主体实施行政检查必须遵循法定环节、步骤、方式、时效等程序要求。一般来说，行政检查应当遵循以下程序：

1. 立案管辖。立案管辖是关于行政机关行政检查权限范围的制度。行政检查关涉行政相对人的人身、财产权益，涉及隐私、声誉等与人身和财产密切相关的权益，因此，必须自始至终强调程序和过程的重要性。行政主体实施行政检查必须规范立案工作以克服行政检查的随意性，严格管辖制度以防止超越职能权限的行政检查。

2. 告知说明。行政主体实施行政检查应当首先向行政相对人表明身份，除当场检查必须出示工作证件外，非当场实施的行政检查还必须出示有权机关开具的检查证明文件。当场检查公民住所也必须出示检查证明文件。实施行政检查应当说明实施检查的目的、法律依据等，并告知行政相对人所享有的各项程序性权利。

3. 陈述申辩。在行政检查过程中，行政主体应当听取行政相对人的陈述和申辩，对于行政相对人和其他行政检查利害关系人的陈述和申辩，行政主体应当予以记录并归入案卷。

4. 说明理由。行政主体作出行政检查决定，应当以书面形式告知行政相对人和其他行政检查利害关系人，并说明理由，包括作出行政检查决定的事实依据和法律根据。

5. 行政救济。行政检查具有很强的损益性，应当为行政相对人提供救济的途径，包括行政复议、行政诉讼、行政赔偿等。除了事后的救济，还应当完善申诉、听证、异议、拒检等事中救济措施。比如，根据《税收征收管理法》第59条的规定，税务机关派出的人员进行税务检查时，未出示税务检查证和税务检查通知书的，被检查人有权拒绝检查。

4-11

任务2　行政协议

一、行政协议的概念

行政协议，又称为行政合同、行政契约，是指行政机关为了实现行政管理或公共服务目标，与公民、法人或其他组织协商订立的具有行政法上权利义务内容的协议。行政协议的具体表现形式在实务中更常使用"合同"的表述，比如国家订货合同、国有土地使用权有偿出让合同、行政委托合同（如我国普遍推行的科研合同）、公用征收合同、国企承包租赁合同、公共工程合同等。行政协议具有以下特征：

1. 必有一方是行政机关。行政机关是行政协议不可缺少的当事人，民事权利义务主体之间缔结的合同一般不属于行政协议。

2. 行政协议的双方当事人地位不平等。行政机关对协议履行有指导与监督权；对不履行协议义务的相对一方有直接强制执行权；有作为制裁手段的直接解除协议权；有对严重违约构成违法的相对方处以行政制裁措施的权利；有情势变更情况下单方变更与解除协议的权利；有对行政协议的解释权。当然行政机关应当以向相对方承担经济补偿义务作为平衡手段，方可享有为维护公共利益和公共安全所必需的优益条件。行政相对方的权利主要有获得报酬权；享受优惠或照顾的请求权；给予物质损害赔偿或补偿请求权；不可预见的意外和特殊困难补偿请求权等。

3. 行政协议更多地体现的是公法责任。行政协议涉及国家公共利益和公共安全，协议当事人在享受利益的同时还要承担专门的公法责任。这种责任不仅有一般的违约责任，而且要根据法律规定承担必要的行政责任。

二、行政协议的订立和效力

（一）行政协议的订立

1. 订立行政协议的基本方式。订立行政协议的基本方式有两种，一种是招标，通过竞标方法，按照一定的标准与政策选择行政协议的相对人一方。招标多适用于具有经济目的的行政协议，如政府采购协议。另一种是直接协商签订协议，是双方就协议的内容进行协商，最终达成一致的一种书面方式。

2. 订立行政协议的基本程序要求。[1]（二维码4-12）

（1）共同协商。通过协商有助于取得相对方对行政目的的理解和支持，协调可能发生冲突的公共利益和其他参加者利益之间的关系。协商机制在行政协议制度中具有重要作用，在行政协议的达成共识、缔结、执行等各个阶段都应贯彻协商精神。

（2）听证方式。为保证行政机关能够考虑公共利益而及时行使主导性权利，要尽量避免行政程序上的过分牵制，仅在涉及相对方重大利益时，要求行政机关必须举行听证，在其他情况下则由行政机关自由斟酌采取听证方式还是说明理由方式。

（3）书面形式。这是基本、一般的要求，但不能不分情形一概排斥电传或口头等其他形式，行政机关在特殊情况下可以采取其他缔约形式。

（4）公开信息。在行政协议的缔结和执行阶段，行政机关应公开与行政协议有关的情况，包括拟将缔结的行政协议的基本情况、参加竞争的条件、资格的审查及甄选的结果等，但信息公开将危害公共利益的情况除外。

（5）说明理由。说明理由是行政机关在存在多名符合资格的竞争者中间进行利益分配时，对最终决定的依据所作的解释，或者作为听证的替代方式对行使主导性权利的理由所作的书面阐述。

---

[1] 参见余凌云：《行政契约论》，中国人民大学出版社2000年版，第142—159页。

（6）参与保留。是指在缔结行政协议时，必须征得其他行政机关（多为上级行政机关）的核准、同意或会同办理的程序，它在一定程度上能够抑制行政恣意，保障行政理性。

（7）保护第三人。在行政协议侵害第三人权利时，应当以第三人书面同意作为行政协议生效的必要条件。

4-12

（二）行政协议的效力

行政协议的效力主要分为对行政机关的约束力和对行政相对人的约束力。就行政机关而言，虽然我国法律没有明文规定行政协议的效力，但行政机关签订协议的目的就是试图用有拘束力的协议，实现"官民"合作。因此，行政协议对于行政当事人的约束力，应该是不言自明的。还应当注意的是，行政协议的约束力不是绝对的，首先行政协议应当是合法有效的，其次在行政协议缔结之后，如果产生了重大情势变更，按照协议条款的字面意思履行将对一方当事人造成显失公平的后果时，双方当事人有权重新协商、变更或解除协议，但是情势变更的适用需要慎重，否则会影响行政机关的公信力。

就行政相对人而言，行政协议本质上是一种契约，同民事合同一样具有对等性。行政协议是对公共利益和资源的优化配置，这种配置不可避免地会影响行政相对人的利益，强调行政协议对行政相对人具有约束力实际是对其合法权益的一种法律保护。因此，行政相对人应当受到生效行政协议的约束。

三、行政协议的履行

行政协议自成立和生效后，即对当事人产生法律约束力。行政机关可以依照法律或行政协议的规定，对另一方当事人履行行政协议的情况提供指导和监督。行政机关可以要求对方提供相应的实际履行说明，并在此基础上提出完善和改进建议。行政协议应当规定关于行政机关监督和指导的条款，其中包括监督和指导的范围、方式、时间、费用等必要事项。如果因行政机关的违法监督造成对方损失的，行政机关应当承担相应的赔偿责任。

此外，在一定情况下，行政协议可以变更或终止，这种情况主要是行政协议的继续履行会给公共利益造成重大损害时，行政机关可以向对方提出变更或终止行政协议并向对方提出书面情况说明。该说明应当包括变更或终止行政协议的法律依据、事实依据、行政理由、补偿方式和数额以及其他相关事项。对方对说明内容不接受的，可以要求进行协商。在协议终止后，行政机关应向对方提供经济补偿。

四、行政协议的救济制度

1. 司法外救济途径。包括三种途径：①协商或者由政府出面协调。由双方当事人通过非正式的谈判与意见交流来消弭彼此对协议条款理解的差异以及有关纷争，协商或者由政府居中协调因行政协议产生的分歧。这是诸多解决方式中成本最低、效率最高的方式。②仲裁。这种模式对于解决一些特殊的内部协议特别是行政机关之间、行政机关与所属下级行政机构及公务员之间缔结的协议引起的纠纷尤具有示范作用。③行政复议。《行政复议法》第11条第13项明确规定了认为行政机关不依法订立、不依法履行、未按照约定履行或者违法变更、解除政府特许经营协议、土地房屋征收补偿协议等行政协议的，可申请行政复议。

2. 司法救济途径。2014年修正后的《行政诉讼法》第12条第1款第11项，已将受理公民、法人或其他组织"认为行政机关不依法履行、未按照约定履行或者违法变更、解除政府特许经营协议、土地房屋征收补偿协议等协议的"争议，列入人民法院的受案范围。随着行政法治化的发展，行政诉讼作为行政协议纠纷的解决方式，将会发挥越来越重要的作用。

任务3　行政指导

行政指导符合现代民主、法治的要求，在当代公共事务管理中起着非常重要的作用。在当代市场经济条件下，行政指导被广泛运用于经济、科技和社会管理等各个领域。政府机关在行政管理过程中积极采用具有柔软灵活特点的行政指导，是一种面向现实和未来、适应市场经济和社会发展趋势的理性行为选择。

行政指导可以有效弥补立法落后、空白，相较于可能存在不及时、成本高等不足的行政强制手段，行政指导以柔和的方式引导和影响行政相对人的行为，同时保护社会公益，最终促进经济社会的健康发展。行政指导的非强制性和自主性能够使其在缓解和平衡各种利益之间的矛盾和冲突过程中，起到一种特殊而有效的协调作用。行政指导这种积极方式能够对损害社会公益的行为起到防患于未然的作用，对刚刚萌芽的损害行为起到一定的抑制作用。

一、行政指导的概念和特征

行政指导，是指行政机关在其职责范围内为实现一定的行政目的而采取的符合法律精神、原则、规制或政策的指导、劝告、建议等不具有国家强制力的行为。行政指导具有以下特征：[1]

1. 行政性。行政指导是行政主体的社会管理行为。只有具有行政主体资格的行政机关和法律法规授权组织才能实施行政指导行为。

2. 多样性。行政指导适用的范围非常广泛，其方法多种多样。行政机关可以根据法定职责和管辖事务的范围灵活采取指导、劝告、建议、示范、告诫等方式，对社会经济生活作出及时灵活的反应。

---

[1] 罗豪才、湛中乐主编：《行政法学》，北京大学出版社2006年版，第287页。

3. 自愿性。行政指导是一种柔性的、不具有法律强制力的行为，以非强制性的方式进行，并辅以利益诱导机制，向特定行政相对方施加作用和影响，以促使其进行一定作为或不作为，从而达到一定的行政目的。但是，相对方是否接受行政指导，全凭其自行决定。

4. 积极性。行政指导属于"积极行政"的范畴。相比之下，传统行政主要是"消极行政"。但在现代社会，由于经济生活日趋复杂化和多样化，政府为了平衡各方利益、兼顾公平与效率，应当从社会发展和促进人类福祉目的出发，实施积极行动，包括采取行政指导方式，以弥补强制手段的不足。

二、行政指导的分类

关于行政指导的类型，我国行政法学者莫于川教授对学界的主要观点进行了归类、评析和总结，主要情况如下：

（一）功能角度三分说

对于行政指导行为，学界主要从行政指导具有何种功能的角度进行划分，大多数学者将其归为三类：

1. 规制性或抑制性的行政指导。主要是指行政机关为了维护和增进公益，预防危害行为的发生，对违法行为加以规制和约束的行政指导，如对物价暴涨作出的提醒、告诫等行为。

2. 调整性或调停性的行政指导。主要针对行政相对人之间发生争议时，行政机关出面进行调停的情况。此时的行政指导出于对社会秩序稳定的考量，往往寻求在权限范围内对争议的解决。

3. 助成性或辅助性。主要指以促进相对人自身利益维护或事业发展为目的，为其指明方向、提出建议的行政指导，即为了促使相对人的行为合理化而给予的行政指导，如政府提供的农业经营指导、就业指导、投资指导、价格指导等。

（二）功能角度二分说

与三分说相同，二分说的区分也是以功能分析为标准，即将行政指导分为助成性指导和规制性指导。在此基础上，将助成性指导分为信息服务性指导和技术帮助性指导；将规制性指导根据有无具体法律依据，分别分为直接规定性指导、前置程序性指导、协调解纷性指导及积极能动性指导。

（三）功能角度四分说

在研究国内外行政指导理论和实践的基础上，四分说的区分方式最为合理。四分说倾向于从行政指导具有何种功能的角度，将其划分为如下四种类型：①规制性或抑制性行政指导；②调整性或调停性行政指导；③促进性或辅助性行政指导；④动员性或参与性行政指导。四分说的主要目的，在于通过增加协作型行政指导的行为类型，促进改善官民关系、提高行政效率目标的顺利达成，具有非常明显的实践价值。

除上述几种主要分类学说外，学界还有"依据角度划分说"（从行政指导有无具体的法律依据这一角度来划分）及"救济角度划分说"（从行政指导的救济途径这一角度来划分）。

三、行政指导的程序

纵观世界各国的行政指导实践情况，行政指导程序并不同于其他典型行政行为程序，其法定化程度不高，我国也没有专门的相关规定。但通过对各国实践情况的了解，可以从中找寻出一些普遍的做法：[1]

1. 行政指导的启动方式。根据实践情况，行政指导的启动方式大致可以分为依职权和依申请两种，前者是最主要的方式，这也正是行政指导的一个显著特点。

2. 行政主体应当事前调查了解实践情况，确定是否有进行行政指导的必要。

3. 行政主体在开展行政指导活动时，应当向有关专家和业务部门进行咨询和论证，确定行政指导的适当方式及相关措施。

4. 行政主体与行政相对人进行商谈、协商或其他方式的交流，来取得最大程度的谅解和配合。

5. 行政指导的时机。在开展行政指导之前，应当确定不同实践情况应当采取行政指导的时机。

6. 告知行政相对人有关行政指导的实质内容，包括行政指导的目的、内容、负责人，并且说明理由。

7. 向行政相对人提供与行政指导有关的文件、资料、数据等材料，供其参考。

8. 听取行政相对人和利害关系人的意见，对于重要事项，还可举办听证会、论证会等。

各国在行政指导实务中普遍存在如下缺陷：①行为不够透明；②动机不尽纯正；③关系尚未理顺；④保障变成强制；⑤责任不甚明确；⑥救济缺乏力度。

任务4 行政应急

为了预防和减少突发事件的发生，控制、减轻和消除突发事件引起的严重社会危害，规范突发事件应对活动，保护人民生命财产安全，维护国家安全、公共安全、环境安全和社会秩序，2007年8月30日第十届全国人民代表大会常务委员会第二十九次会议通过了《突发事件应对法》[2]。该法及其相关的行政应急预案体系主要规范了行政应急状态，对行政应急制度作出了规定。

一、行政应急的概念

（一）突发事件与紧急状态

探讨行政应急的概念离不开准确理解"突发事件"与"紧急状态"的含义。在公法语境下，突发事件是指突发公共事件。我国的《突发事件应对法》这样定义突发事件：突发事件是指突然发生，造成或者可能造成严重社会危害，需要采取应急处置措施予以应对

---

[1] 莫于川：《行政指导与建设服务型政府——中国的行政指导理论发展与实践探索》，中国人民大学出版社2015年版，第176-177页。

[2] 2024年6月28日，中华人民共和国第十四届全国人民代表大会常务委员会第十次会议修订。

的自然灾害、事故灾难、公共卫生事件和社会安全事件。

紧急状态，是指发生或者即将发生特别重大突发事件，需要国家机关行使紧急权力予以控制、消除其社会危害和威胁时，有关国家机关按照宪法、法律规定的权限决定并宣布局部地区或者全国实行的一种临时性的严重危急状态。我国在2004年修宪时，用紧急状态取代了戒严。紧急状态包括戒严但不限于戒严。

突发事件与紧急状态之间是什么关系呢？根据相关法律规定，突发事件是一种事实状态，而紧急状态是一种法律状态。突发事件有可能成为紧急状态的诱因。从法律性质上来看，紧急状态法属于宪法性法律，突发事件应对法属于行政法法律。[1]

（二）行政紧急权与行政应急权

如上所述，紧急状态与突发事件含义不同，且分别由不同位阶的法律进行规范。在紧急状态下，国家行使国家紧急权，这种权力又分为立法紧急权、行政紧急权、司法紧急权。行政紧急权包含两种状态下的行政权的行使：紧急状态下行政权的行使，突发事件状态下行政权的行使。行政应急权特别强调突发事件状态下行政权的行使，而行政紧急权强调在紧急状态下行政权的行使。

因而，行政应急是指国家行政机关行使应急职权，以控制和消除突发事件的制度。行政紧急涵盖突发事件与紧急状态两种状态，行政应急更侧重指突发事件发生时政府行使的行政权力。

二、行政应急的特点

行政应急有如下基本特征：

1. 行政应急具有扩张性。在突发状态下，从行政行为角度说，行政应急权几乎涵盖所有的具体行政行为，政府为了应对紧急情况，可能会争取比平常更为广泛和强烈的措施。这种扩张性不仅体现在政府职能的增加，还包括行政应急行为在行使过程中与一般行政行为相比，具有更强的行政强制性、更广的适用范围、更大的自由裁量幅度，更为简易的程序。

2. 行政应急程序具有特殊性。在突发状态下，虽然程序正义很重要，但效率是行政应急程序的首要价值。因此，行政应急程序力求简洁、快速有效。

3. 行政应急权的时效性。在突发事件应急过程中，行政应急权与常规的行政权是交替行使的，为防止以特权取代常规行政权的行使，行政应急权具有极强的时效性。一旦突发事件得到有效控制，行政应急权即失去效力。

4. 行政应急具有损益性。在发生突发事件的情况下，实施行政应急权的主体会临时征收或征用行政相对人的财产，或让行政相对人承担其他义务。对行政相对人来说，行政应急会使其负担义务或减损其权益。

三、行政应急的类型

行政应急依照不同的分类标准可分为不同种类。

---

[1] 我国还没有制定统一专门的紧急状态法。

（一）按照突发事件的种类划分

按照突发事件的种类划分，行政应急可分为自然灾害行政应急、事故灾难行政应急、公共卫生行政应急、社会安全行政应急。具体如下：

1. 自然灾害行政应急。自然灾害行政应急，是指由于出现自然灾害，包括水旱灾害、气象灾害、地震灾害、地质灾害、海洋灾害、生物灾害和森林草原火灾等导致的突发公共事件，行政机关作出应急处理的制度。我国于1997年公布了《防震减灾法》，该法规定了在造成特大损失的严重破坏性地震发生后，指挥机构的设立、信息的报告和紧急应急措施的采取等重要事项。

2. 事故灾难行政应急。事故灾难行政应急，是指由于出现包括各类安全事故、交通运输事故、公共设施和设备事故、环境污染和生态破坏事件、核与辐射事故等技术性事故导致的突发公共事件，行政机关作出应急处理的制度。相关法律有《安全生产法》《核电厂核事故应急管理条例》等。

3. 公共卫生行政应急。公共卫生行政应急，是指出现由自然因素和人为因素共同所致，主要包括传染病疫情、群体性不明原因疾病、食品安全和职业危害、动物疫情以及其他严重影响公众健康和生命安全的事件，行政机关对此作出应急处理的制度。相关法律有《突发公共卫生事件应急条例》。

4. 社会安全行政应急。社会安全行政应急，是指由于出现包括恐怖袭击事件、民族宗教事件、经济安全事故、涉外突发事件等突发公共事件，行政机关作出应急处理的制度。相关法律有《戒严法》。

（二）按照具体行政行为的种类划分

按照行政行为的种类，我国的行政应急可以分为：行政应急征收、征用，行政应急强制，行政应急奖励等。

1. 行政应急征收、征用。行政征收与征用对行政相对人来说具有一定的损益性和强制性，突发事件的发生会放大这种负面效应，因此更应当严格受到法律的限制、依法进行。行政应急征收与征用应当具有较强的公益性。我国《突发事件应对法》第76条第1款规定："履行统一领导职责或者组织处置突发事件的人民政府，必要时可以向单位和个人征用应急救援所需设备、设施、场地、交通工具和其他物资，请求其他地方人民政府提供人力、物力、财力或者技术支援，要求生产、供应生活必需品和应急救援物资的企业组织生产、保证供给，要求提供医疗、交通等公共服务的组织提供相应的服务。"但目前我国仍然欠缺关于行政应急征收、征用的具体制度，有待进一步完善。

2. 行政应急强制。行政应急强制权，是指行政主体在紧急状态下，为了维护社会治安、公共秩序或保护公民人身健康与安全，对相对人的人身或财产采取应急性即时强制。比如对感染新冠病毒的病人进行强制隔离和治疗。行政应急强制受到《行政强制法》的制约，行政应急强制措施的设定应当严格遵守法律的绝对保留原则。

3. 行政应急奖励。行政应急奖励，旨在鼓励先进、树立榜样、为营造良好的社会风气提供制度支持。行政应急奖励是指行政主体在应急状态中，对为国家和社会作出重大贡献的单位和个人，给予物质或精神鼓励的行为。我国《突发事件应对法》第15条规定："对在突发事件应对工作中做出突出贡献的单位和个人，按照国家有关规定给予表彰、奖励。"

四、行政应急性原则

行政应急性原则是行政应急领域里较为特殊的原则。目前，学界通说认为，行政应急性原则是现代行政法治原则的重要内容，指在某些特殊的紧急情况下，出于国家安全、社会秩序或公共利益的需要，行政机关可以采取没有法律依据的或与法律相抵触的措施。应急性原则是合法性原则的例外，但是不受任何限制的行政应急权力同样是行政法治原则所不容许的。

在公平与效率之间，行政应急原则是追求效率、兼顾公平。由于突发事件的紧迫性，行政应急常常在事中应对阶段追求高效，而在事前和事后的程序上予以公平性的考量和平衡。《突发事件应对法》第17条第1款的规定就体现了行政应急性原则所追求的高效："突发事件发生后，发生地县级人民政府应当立即采取措施控制事态发展，组织开展应急救援和处置工作，并立即向上一级人民政府报告，必要时可以越级上报，具备条件的，应当进行网络直报或者自动速报。"该法第12条则体现了兼顾公平的价值追求："县级以上人民政府及其部门为应对突发事件的紧急需要，可以征用单位和个人的设备、设施、场地、交通工具等财产。被征用的财产在使用完毕或者突发事件应急处置工作结束后，应当及时返还。财产被征用或者征用后毁损、灭失的，应当给予公平、合理的补偿。"此外，《突发事件应对法》还规定了行政应急性原则的适用范围和适用阶段。

1. 适用范围。行政应急性原则适用于"突发事件"。根据《突发事件应对法》的分类，突发事件分为：自然灾害、事故灾难、公共卫生事件和社会安全事件。因此，行政应急性原则适用用于这四类事件。

2. 适用阶段。一般而言，突发事件的应对可分为三个阶段：事前的预防与准备、事中的突发事件应对、事后的恢复。行政应急性原则是事中的突发事件应对阶段的紧急处置原则。事前的预防与准备和事后的恢复由于不具有紧急性，因此不适用行政应急原则。

项目训练

训练项目一：如何理解对行政立法的监督

【案情简介】

被害人孙某刚，男，汉族，27岁，湖北省武汉市人，2001年在武汉科技学院艺术设计专业结业。受聘于广州达奇服装有限公司。2003年3月17日晚10时许，孙某刚因未携带任何证件，在天河区黄村大街被执行统一清查任务的区公安分局黄村街派出所民警带回询问，随后被错误作为"三无"人员送至天河区公安分局收容遣送站。18日晚，孙某刚称有病，被送往广州市卫生部门负责的收容人员救治站诊治。20日凌晨1时13分至30分期间，孙某刚遭同病房的8名被收治人员两度轮番殴打，当日上午10时20分，因大面积软组织损伤致创伤性休克死亡。救护站死亡证明书上称其死因是"心脏病"。4月18日，中山大学中山医学院法医鉴定中心出具尸检检验鉴定书，结果表明，孙某刚死前72小时曾遭毒打。4月25日，《南方都市报》以"被收容者孙某刚之死"为题，首次披露了孙某刚惨死事件。次日，全国各大媒体纷纷转载此文，并开始追踪报道。经过相关司法程序，相关责任人员的法律责任被追究。本案引发了其他法律问题。2003年5月14日，3位法学博士将一份题为"关于审查《城市流浪乞讨人员收容遣送办法》的建议书"传真至全国人大常委会法制工作委员会，建议全国人大常委会对收容遣送制度进行违宪审查。3位博士指出，根据《宪法》第37条规定，中华人民共和国公民的人身自由不受侵犯。任何公民，非经人民检察院批准或者决定或者人民法院决定，并由公安机关执行，不受逮捕。禁止非法拘禁和以其他方法剥夺或者限制公民的人身自由，禁止非法搜查公民的身体；1996年《行政处罚法》第9条规定，限制人身自由的行政处罚，只能由法律设定；2000年《立法法》第8条规定，对公民政治权利的剥夺、限制人身自由的强制措施和处罚，只能制定法律。因此，1982年由国务院颁布的收容遣送办法及其实施细则中限制公民人身自由的规定，违反了《宪法》、《行政处罚法》和《立法法》。所以建议对《城市流浪乞讨人员收容遣送办法》进行违宪和违法审查。

训练目的：

通过此案例的分析让学生了解行政立法的目的、程序，以及对行政法规进行审查的制度规定。所预设问题是：普通公民是否可以直接"上书"全国人大常委会，建议对行政法规进行审查？

分析提示：

本案例应根据《宪法》和《立法法》关于违宪审查的规定进行分析。

训练项目二：行政协议的履行原则

【案情简介】

2013年9月，某县人民政府与某置业公司签订了《文化广场建设协议书》，约定由某置业公司建设文化广场一期、二期所有项目，并约定由某县人民政府完成一期用地范围内的拆迁安置工作。如一方违约，造成项目不能正常实施或对方经济损失的，应向对方赔偿经济损失，并支付项目投资总额1%的违约金。协议签订后，某置业公司以出让方式取得一期建设项目国有土地使用权。但在实际建设过程中，某置业公司自行实施了拆迁安置，某县人民政府擅自将一期部分建设交由其他公司开发且未按约定将二期建设项目交由某置业公司建设。某置业公司由此提起行政协议诉讼，法院经审查判决某县人民政府承担相应违约责任。法院根据协议约定，判决某县人民政府向某置业公司给付拆迁补偿款600余万元，并支付违约金420万元。本案审结后，二审法院向某县人民政府发出司法建议，建议应诚信履行与公民、法人或其他组织签订的协议。

训练目的：

此案例旨在让学生了解行政协议的履行原则、与民事协议的区别和相同之处。所预设问题是：行政机关能否单方面变更协议内容，违反协议后是否需承担违约责任。

分析提示：

行政协议的单方面变更解除权的条件是情势变更。如果客观情况发生变化，确需变更解除的，应当严格遵守法律规定与协议约定，给对方当事人合法权益造成损失的，应当依法适当补偿。

训练项目三：房屋征收的合法性判断

【案情简介】

2017年3月6日，夏津县政府经社会稳定风险评估、政府常务会议讨论、公布拟征收补偿方案等程序作出房屋征收决定并公告，决定对六五河以南棚户区改造项目片区内的房屋及附属物实施征收。该征收决定涉及的对象既包括征收范围内国有土地上的房屋，也包括征收范围内北关居委会和西关居委会的集体土地。韩某某的房屋也位于征收范围内。夏津县政府的上述征收行为共涉及被征收人1400余户，至本案诉讼提起时已完成拆迁约1300户，韩某某的房屋尚未拆除。韩某某不服上述房屋征收决定，起诉请求撤销该决定。

德州市中级人民法院一审认为，夏津县政府在同一征收决定中，未能提供证据证明征收范围内的集体土地已经被依法征收，却直接整体适用了国有土地上房屋的征收程序，故其所作的征收行为主要证据不足、程序违法，应予撤销。但由于该征收行为涉及旧城改造，范围较大、人数众多，且绝大多数被征收人已经拆迁完毕，如果撤销将会给社会公共利益造成重大损害，故判决确认夏津县政府作出房屋征收决定的行为违法但不撤销该行为。韩某某不服，提起上诉。二审判决驳回上诉，维持原判决决定。

训练目的：

此案例旨在让学生掌握征收国有土地上的房屋和集体土地上的房屋在程序上和法律适用上的区别。预设的问题是：法院为何判决确认违法而不是撤销该违法的房屋征收决定？

分析提示：

本案涉及"城中村"旧城改造中的征收补偿问题。此类片区既有国有土地上的房屋，也有集体土地上的房屋。国有土地上房屋的征收与集体土地的征收，在征收程序和所适用的法律等方面存在明显区别。在集体土地未经依法征收、土地权属性质并未改变的情况下，直接作出包含该集体土地的房屋征收决定，明显违反《土地管理法》的规定，此行为的违法性并不因征收补偿到位或尚未引发争议而消除。因此，不能在同一征收程序中既征收国有土地上的房屋，又征收集体土地上的房屋。本案对于正确区分征收对象是国有土地上房屋还是集体土地上的房屋，促使行政机关在征地拆迁过程中选择合法的征收补偿程序，预防和减少违法征收行为，具有示范意义。

训练项目四：公安执法行为的合法性判断

【案情简介】

某日傍晚，某市出租车司机吴某开车带着某美容厅的刘某（女）到某照相馆冲洗照片，正准备上车，4个自称某派出所民警的青年人冲到车前把他俩带到派出所，以涉嫌卖淫嫖娼为由对他俩进行隔离讯问。凌晨2时，2个民警拿着一张稿纸走进关押吴某的屋里对吴说："女的已经招了（意思是吴某和刘某发生过性关系），又说如果你不承认，就让亲戚朋友都知道你嫖娼；只要承认，交二三千元钱即可放人。"吴某相信了民警的话，就胡编乱造了嫖娼的时间和地点，民警又让吴某照着样本抄写了一份"检查"。次日民警拿着吴某的笔录讯问刘某时，对刘某说，"吴某承认了，你也承认吧，免得丢人"。随后，民警拿着一份抄好的材料，让她按手印。此后，市公安局以涉嫌嫖娼为由对吴某作出了治安拘留15天，罚款5000元的裁决；对刘某以涉嫌卖淫，给予拘留15天和2000元罚款的处罚。吴某和刘某均不服，向上一级公安机关提出复议申请，并且还提交了事发后刘某到几家医院对其身体检查后作出的"处女膜完整"的证据，但上一级公安机关作出了维持原裁决的决定。

此案经多家媒体披露后，引起各级领导高度重视，市委派出由公、检、法等组成的工作组，在深入调查的基础上，撤销对吴某和刘某的治安处罚决定，并对相关责任人予以党纪、政纪处分。

训练目的：

分析判断此案件中公安机关的执法行为存在哪些违法的情形。

分析提示：

根据行政行为的合法性要件和行政违法的表现形式，并结合相关法律法规进行分析判断。

学习单元四检测

学习单元四检测及答案　　　　　　项目训练答案四

学习单元五　行政机关的救济——行政复议

问题与思考

行政复议是解决行政争议的主要程序之一，是最为重要的，以制度化、专门化、法律化形式规范的行政机关内部监督方式，也是行政相对人权利保障和救济的主要途径之一。比如，小孙在完成高强度的加班任务后于凌晨下班回到其住处休息，次日早晨未上班，后被发现猝死在自己的房间。小孙死亡时不在工作时间和工作岗位，能否认定职工小孙的死亡属于工伤。此时，小孙死亡，谁有资格申请行政复议寻求救济？针对工伤案件，能否直接申请行政复议？在什么期间内可以申请复议？又该向谁申请行政复议？谁是被申请人？复议机关在多长时间内应当作出复议决定？会作出什么决定？这些就是本学习单元要学生学会解决的问题。通过学习，使学生掌握行政复议的基本流程，知道如何通过行政复议途径寻求权利保障和救济。

知识结构图

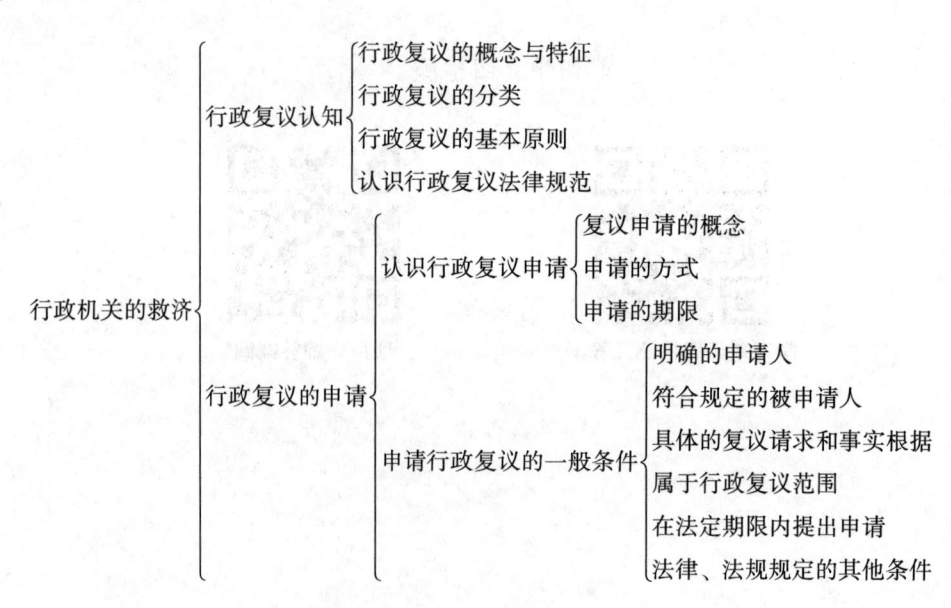

```
                    ┌ 行政复议认知 ┬ 行政复议的概念与特征
                    │              ├ 行政复议的分类
                    │              ├ 行政复议的基本原则
                    │              └ 认识行政复议法律规范
                    │
行政机关的救济 ─────┤              ┌ 认识行政复议申请 ┬ 复议申请的概念
                    │              │                  ├ 申请的方式
                    │              │                  └ 申请的期限
                    └ 行政复议的申请┤
                                   │                  ┌ 明确的申请人
                                   │                  ├ 符合规定的被申请人
                                   └ 申请行政复议的一般条件 ┼ 具体的复议请求和事实根据
                                                      ├ 属于行政复议范围
                                                      ├ 在法定期限内提出申请
                                                      └ 法律、法规规定的其他条件
```

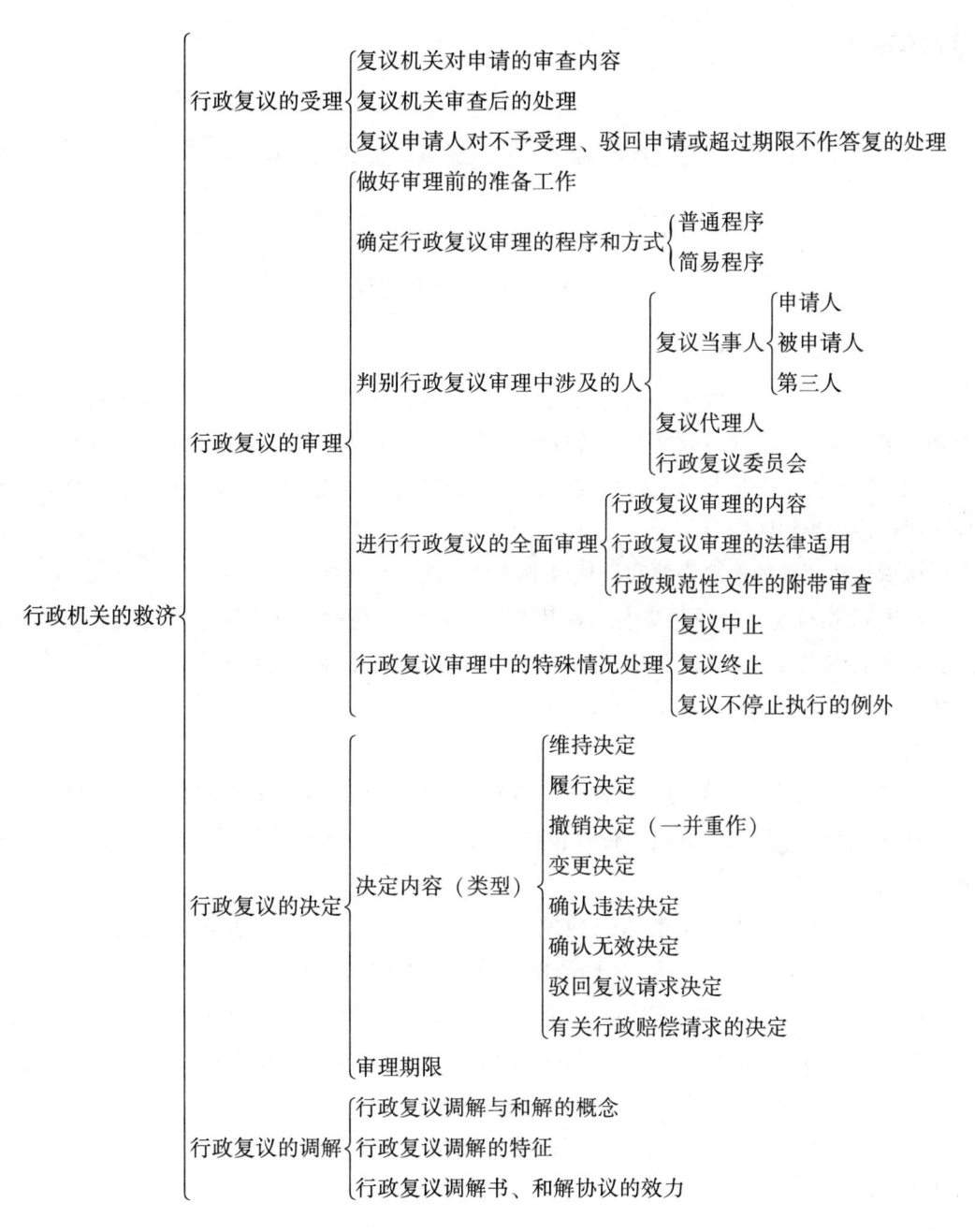

学习单元五　行政机关的救济——行政复议

```
                              ┌ 复议机关对申请的审查内容
                  ┌ 行政复议的受理 ┤ 复议机关审查后的处理
                  │              └ 复议申请人对不予受理、驳回申请或超过期限不作答复的处理
                  │              ┌ 做好审理前的准备工作
                  │              │ 确定行政复议审理的程序和方式 ┬ 普通程序
                  │              │                              └ 简易程序
                  │              │                        ┌ 复议当事人 ┬ 申请人
                  │              │                        │            ├ 被申请人
                  │              │ 判别行政复议审理中涉及的人 ┤            └ 第三人
                  │ 行政复议的审理 ┤                        │ 复议代理人
                  │              │                        └ 行政复议委员会
                  │              │                        ┌ 行政复议审理的内容
行政机关的救济 ┤              │ 进行行政复议的全面审理 ┤ 行政复议审理的法律适用
                  │              │                        └ 行政规范性文件的附带审查
                  │              │                              ┌ 复议中止
                  │              └ 行政复议审理中的特殊情况处理 ┤ 复议终止
                  │                                            └ 复议不停止执行的例外
                  │              ┌                   ┌ 维持决定
                  │              │                   │ 履行决定
                  │              │                   │ 撤销决定（一并重作）
                  │              │ 决定内容（类型）  ┤ 变更决定
                  │ 行政复议的决定 ┤                   │ 确认违法决定
                  │              │                   │ 确认无效决定
                  │              │                   │ 驳回复议请求决定
                  │              │                   └ 有关行政赔偿请求的决定
                  │              └ 审理期限
                  │              ┌ 行政复议调解与和解的概念
                  └ 行政复议的调解 ┤ 行政复议调解的特征
                                 └ 行政复议调解书、和解协议的效力
```

学习目标

知识目标：掌握行政复议的概念、性质与功能定位；行政复议的范围；行政复议机关；行政复议参加人；行政复议的申请与受理；行政复议审理与决定；行政复议调解。

能力目标：能判断一个行为是否属于行政复议的申请范围；能结合案例确定行政复议机关；能结合案例确定行政复议参加人有哪些；能结合案例作出正确的行政复议的决定

素质目标：树立权力制约、权利救济的理念，培养法治思维

基本知识

子学习单元 1　行政复议认知

任务 1　认识行政复议

一、行政复议的概念

行政复议，是指行政相对人（公民、法人或者其他组织）认为行政主体的行政行为侵犯其合法权益，依法向行政复议机关提出复议申请，行政复议机关依法对该行政行为进行合法性、适当性审查，并作出行政复议决定的法律制度。此处的行政行为，包括法律、法规、规章授权组织的行政行为。

认识行政复议的概念需要我们从以下几个方面进行把握：

1. 行政相对人（公民、法人或者其他组织）的主观性。行政复议是行政救济一种形式，有人也称之为一种善意救济方式。行政复议制度的主要目的在于保障自己的权益不受行政机关的任意侵害，其赋予了行政相对人较大的主观自由度，即自认为即可，不需要符合客观实际。

2. 行政复议处理对象的专属性。行政复议只以行政争议为处理对象，它不解决民事争议和其他争议。行政争议是由行政相对人认为行政机关的行政行为侵犯其合法权益而引起的争议。

3. 行政复议机关的法定性。行政复议机关的法定性是指行政复议机关的确立必须以《行政复议法》和《行政复议法实施条例》等规定为依据，不得任意而为。

4. 行政行为的合法性、适当性审查。在行政复议过程中，行政复议机关需要对被提起行政复议的行政行为的合法性、适当性进行审查，该行政行为既要符合行政法律规范，又要是在法律法规限定的范围内作出的。

5. 行政复议决定的确定性。确定性是法律的一个基本特征，对行政法律关系双方当事人都具有指引作用，行政复议机关复议后应当给予行政相对人和行政主体双方一个明确的结果。

二、行政复议的特征

行政复议本质上是一种行政行为。因为行政复议机关是国家行政机关，其行使复议职能是行政权力——上级对下级的监督权的具体表现形式之一，且复议决定对双方当事人都能产生法律效果。很显然，行政复议具备了行政行为最基本的要素。但行政复议毕竟是一种救济途径，它不同于一般行政行为，主要体现为行政复议具有以下特征：

（一）行政复议的被动性

行政复议的开始以利害关系人提出申请为前提，具有"不告不理"的被动性。行政机关对违法或不当行政行为的主动审查与纠正，不属于行政复议。

（二）行政复议兼具行政性与司法性，凸显行政性

行政复议具有监督行政、救济权利与解决纠纷三大功能，且三大功能高度统一，形成"三位一体"的功能关系。行政复议行为虽然本质上是一种行政行为，但救济相对人合法权益的目的体现了其司法性，而监督行政机关依法行使职权和发挥行政复议化解行政争议主渠道的作用这两个目的体现了其行政性。行政复议的程序需经过申请、受理、审查、决定等环节，具有司法程序的性质，但为了体现效率，又没有司法程序那么严格。简易程序采用书面方式进行审查；普通程序中增加了听取当事人意见的程序；对重大、疑难、复杂案件应当组织听证。

任务2　认识行政复议的分类

行政权在现代社会中是非常广泛的，可以说涉及国家行政管理的各个领域，因此，行政主体与行政相对人之间的行政争议也就涉及各个领域。行政复议的分类恰好给我们提供了全面认识这一行政争议解决方式的途径。

一、以行政复议对象为标准的分类

不同的国家行政机关具有不同行政职权，其作出的具体行政行为也是不同的。因此，该分类方法有利于我们对属于不同领域的具体行政行为进行认识，从而解决不同的行政争议。如可以分为：公安行政复议、工商行政复议、海关行政复议、税务行政复议、金融行政复议等。

二、以复议机关为标准的分类

这一分类方式的实质是行政复议机关管辖权的区分。以此分类标准，可以分为原行政机关行政复议、上一级行政机关行政复议和法定组织行政复议等。原行政机关行政复议优势在于复议清晰、简便，缺点是监督力度不够；上一级行政机关行政复议有利于解决以上缺点，但同时增加了行政工作成本；法定组织行政复议以法律规定的权限进行复议，可以保证复议的公正性。

三、以复议次数为标准的分类

以复议次数为标准，行政复议体制可以分为一级复议制、二级复议制、混合制等。这一分类标准意义在于认识私权与行政权的对抗强度。各国的复议体制目前并不相同，多数国家都采用一级复议制，如美国、法国、韩国等。有的实行两级复议制，如德国、日本等。一级复议制是当事人对复议机关的复议决定不服的，只能向司法机关申请司法救济，不能再向上一级行政机关申请复议。二级复议制是指当事人对复议机关的复议决定不服的，还可以向上一级行政机关或者法律规定的其他行政机关申请再复议。我国目前采取的是混合制，以一级复议制为主，二级复议制为例外，比如对省部级行政行为的复议决定不服的，可以向国务院申请再复议作出最终裁决。

除了以上三种主要的分类外，还有以复议是否具有选择性为标准，对行政复议进行分

类，分为选择复议和必经复议；以复议决定的效力为标准，对行政复议进行分类，分为终局复议和非终局复议等。

任务 3　认识行政复议的基本原则

行政复议基本原则，是指由《行政复议法》确立和体现的，反映行政复议基本特点，贯穿于行政复议全过程，并对行政复议具有普遍的规范和指导作用的基本行为准则。《行政复议法》第 3 条第 1 款开宗明义指出，行政复议工作坚持中国共产党的领导；该条第 2 款确立了合法、公正、公开、高效、便民、为民五项行政复议基本原则。

一、合法原则

行政复议必须依法进行，这是依法行政原理在行政复议领域的体现。具体而言，合法原则对于行政复议的主要要求包括以下方面：其一，主体合法。行政复议机关必须是依法设立并依法履行行政复议职责的行政机关。其二，行政复议行为合法。复议机关必须在查明案件事实的基础上，适用正确的法律、法规或者规章作出复议决定。其三，行政复议的程序必须合法。行政复议机关审理行政复议案件必须严格依照法定程序进行，包括步骤、顺序、形式和期限等。

二、公正原则

公正是指公平正义、不偏不倚，要求复议机关必须平等地对待行政复议的各方当事人，特别是不能因为与行政机关同属行政系统而偏向行政机关一方。同时考虑到相对人所处的相对弱势的地位，必须对相对人进行必要的保护。行政复议法规定的回避规则、申辩规则、举证规则和救济制度都是公正原则的体现。

三、公开原则

公开，是指行政复议的过程、结果应当向复议当事人公布，使其了解。将行政复议活动置于公众的监督之下，可以有效地防止行政复议活动的暗箱操作，增强公众对行政复议的信任感。同时，公众的了解和参与也有助于向公众进行法制宣传，增强公众的法制观念。行政复议过程的公开内容包括复议过程中的复议申请书、答复书、相关的证据、依据、材料；行政复议决定的公开内容包括复议决定以及决定所依据的事实、理由与法律依据等。

四、高效原则

高效原则，是指行政复议机关在查明事实、分清是非的基础上，在法定期限内迅速地审结行政复议案件并作出行政复议决定。确立高效原则，既是保护申请人合法权益的需要，也是提高行政效率的需要。高效原则要求行政复议机关及时审查决定是否受理；及时审理并作出行政复议决定；及时处理行政复议决定执行中的问题。

五、便民、为民原则

便民、为民原则要求行政复议机关为行政复议申请人提起申请以及参加复议活动提供便利，充分保证相对人申请和参与行政复议的权利得以实现，发挥行政复议化解行政争议的主渠道作用。提起行政复议申请的便民、为民表现为：管辖上，原则上让申请人自己选择；申请形式上，规定了可以口头申请；放宽了申请复议的期限（60天）。参加复议活动的便民、为民表现为：申请人、第三人可以委托代理人参加行政复议；行政复议机关受理行政复议申请，不得向申请人收取任何费用；适用范围的扩展；人民政府统一管辖的规定；当事人可申请法律援助，代理人身份要求宽松；审理程序大大扩张了当事人的参与权和自主权，如查阅复制权；增加了调解和和解制度。

任务4　认识规范行政复议制度的法律规范

国务院于1990年12月24日发布的《行政复议条例》，正式确立了新中国的行政复议制度。此后，在积累了有关行政复议的立法经验后，全国人大常委会于1999年4月29日制定了《行政复议法》，明显拓宽了行政复议的受案范围，标志着我国行政复议制度的逐步成熟。在《行政复议法》施行8年后，为解决实践中出现的诸多误解和分歧，国务院又于2007年5月23日通过了《行政复议法实施条例》，在既有的法律框架下，对行政复议中的一系列具体问题做了进一步的明确和解释，而且特别强调了行政复议机关的领导和监督职能。《行政复议法》经历了2009年和2017年两次部分修正后，迎来了施行二十多年来的首次"大修"。2023年9月1日第十四届全国人民代表大会常务委员会第五次会议通过了新修订的《行政复议法》，自2024年1月1日开始施行。

新修订的《行政复议法》把握行政复议制度定位和特点，贯彻落实改革部署，总结改革经验，注重提升行政复议的公信力和权威性，重点解决制约行政复议发挥化解行政争议主渠道作用的突出矛盾问题，将行政复议的制度优势转化为制度效能。具体来说有以下亮点：优化行政复议管辖体制，提升统一性、科学性；增强行政复议吸纳行政争议的能力，更好发挥主渠道作用；新增多项便民举措，切实保障当事人各项权利，如申请的方式多样化；完善行政复议审理程序，提高公信力公正性，如增加了调查程序和证据制度，增加了复议中止、复议终止等中间决定，根据案件繁简区分简易程序和普通程序；优化行政复议决定体系，强化执行监督力度。（二维码5-1）

从法律规范的颁布时间来看，我国的行政复议制度是在行政诉讼制度的带动下出台的，无论是在整个制度框架上，还是法律规范的内容上，都与行政诉讼相当接近。因此，掌握行政复议制度，应时刻注意与行政诉讼上的相关制度进行联系和比较。以下对行政复议制度的介绍主要以《行政复议法》和《行政复议实施条例》为基础，以行政复议的流程为主线展开。

5-1

子学习单元 2　行政复议的申请与法律文书

任务 1　认识行政复议申请

一、概念

行政复议申请是指行政相对人认为行政主体的行政行为侵犯了其合法权益，依法向行政复议机关提出复议的请求行为。对当场作出或者依据电子技术监控设备记录的违法事实作出的行政处罚决定不服申请行政复议的，可以通过作出行政处罚决定的行政机关提交行政复议申请。

二、申请的方式

《行政复议法》第 22 条第 1 款规定：申请人申请行政复议，可以书面申请；书面申请有困难的，也可以口头申请。

（一）书面申请

申请人书面申请行政复议的，可以通过邮寄或者行政复议机关指定的互联网渠道等方式提交行政复议申请书，也可以当面提交行政复议申请书。行政机关通过互联网渠道送达行政行为决定书的，应当同时提供提交行政复议申请书的互联网渠道。申请人书面申请行政复议的，应当在行政复议申请书中载明：申请人和被申请人的情况；行政复议请求、申请行政复议的主要事实和理由；申请人的签名或者盖章；申请行政复议的日期。

（二）口头申请

申请人口头行政复议申请的，行政复议机关应当当场记录申请人的基本情况、行政复议请求、申请行政复议的主要事实、理由和时间。

三、申请的期限

1. 一般申请期限：60 天。公民、法人或者其他组织认为行政行为侵犯其合法权益的，可以自知道或应当知道该行政行为之日起 60 日内提出行政复议申请；但是法律规定的申请期限超过 60 日的除外。

因不可抗力或者其他正当理由耽误法定申请期限的，申请期限自障碍消除之日起继续计算。

2. 未告知权利的申请期限：最长不得超过 1 年。行政机关作出行政行为时，未告知公民、法人或者其他组织申请行政复议的权利、行政复议机关和申请期限的，申请期限自公民、法人或者其他组织知道或者应当知道申请行政复议的权利、行政复议机关和申请期限之日起计算，但是自知道或者应当知道行政行为内容之日起最长不得超过 1 年。

3. 最长申请期限：20 年或 5 年。因不动产提出的行政复议申请自行政行为作出之日起超过 20 年，其他行政复议申请自行政行为作出之日起超过 5 年的，行政复议机关不予受理。

4. 被申请的行政行为是不作为的申请期限：①有履行期限规定的，自履行期限届满之日起计算；②没有履行期限的，自行政机关收到申请满60日起计算；③在紧急情况下请求行政机关履行保护人身权、财产权的法定职责，行政机关不履行的，申请期限不受上述规定的限制。

任务2　理解申请行政复议的一般条件

行政相对人申请行政复议，应当符合一定的条件，复议机关才有可能依法受理。

一、明确的申请人

申请人必须是认为行政行为侵犯其合法权益的利害关系人，或是依法承受其申请资格的人。

（一）申请人的特征

行政复议申请人包括公民、法人或其他组织；申请人必须是与被申请行政复议的行政行为有利害关系的人；申请人必须以自己的名义申请行政复议，否则为复议代理人。

（二）申请人的资格转移

有权申请行政复议的公民在申请行政复议期限内死亡，其配偶、父母、子女、兄弟姐妹、祖父母、外祖父母、孙子女、外孙子女等近亲属可以继承其行政复议申请人的地位，以自己的名义（而不必以死者的名义）直接申请行政复议。有权申请复议的公民如为无行为能力或者限制行为能力人，其法定代理人可以代理申请复议。

法人或其他人组织的申请人资格参照行政诉讼法的有关规定。有权申请行政复议的法人或其他组织终止的，其权利义务的承受人作为申请人。

（三）推选代表人参加复议

同一行政复议案件申请人人数众多的，可以由申请人推选代表人参加行政复议。代表人参加行政复议的行为对其所代表的申请人发生效力，但是代表人变更行政复议请求、撤回行政复议申请、承认第三人请求的，应当经被代表的申请人同意。

二、符合行政复议法规定的被申请人

被申请人必须是所作出的行政行为受申请人指控违法、侵犯其合法权益，并由行政复议机关通知参加行政复议的行政主体。

没有明确的被申请人，复议机关可以拒绝受理。如果行政复议机关受理后认为被申请人不合格，则可依法予以更换。

（一）被申请人的特征

被申请人必须是行政主体，包括行政机关和法律、法规、规章授权的组织；被申请人必须实施了行政行为；被申请人必须是相应行政行为受申请人指控并由行政复议机关通知参加行政复议的行政主体。

（二）被申请人的种类

依据《行政复议法》和《行政复议法实施条例》的规定，行政复议被申请人有以下几种：

1. 作出行政行为的行政机关和法律、法规、规章授权的组织。

2. 共同作出行政行为的行政机关。两个以上行政机关以共同名义作出行政行为的，共同作出行政行为的行政机关是共同被申请人。

3. 委托的行政机关。行政机关委托的组织作出行政行为的，委托的行政机关是被申请人。因为受委托的组织本身没有行政职权，只是基于行政机关的委托代为行使行政职权，由此引起的争议，自然应当由委托机关作为被申请人。

4. 行政处理决定书上签名的行政机关。经上级行政机关批准作出具体行政行为的，在行政处理决定书上签名的行政机关是被申请人。因为批准是行政机关的内部行为，对于公民、法人或者其他组织来说，直接对其作出具体行政行为的机关才是行政复议被申请人。

5. 继续行使其职权的行政机关。作出具体行政行为的行政机关如果被撤销，继续行使其职权的行政机关是被申请人。如果原行政职权已经被取消或者转变，不再属于行政机关的管辖范围，那么撤销该行政机关的行政机关为被申请人。

三、有具体的复议请求和事实根据

即申请人必须明确提出要求复议机关保护自己哪些具体权益和提供哪些具体救济，指出自己的权益遇到行政行为的哪些伤害、有哪些证据材料。复议请求是申请人的复议主张，事实根据则是支持其复议主张的材料，这是复议申请必备的条件。

《行政复议法》第44条规定，有下列情形之一的，申请人应当提供证据：

第一，认为被申请人不履行法定职责的，提供曾经要求被申请人履行法定职责的证据，但是被申请人应当依职权主动履行法定职责或者申请人因正当理由不能提供的除外；

第二，提出行政赔偿请求的，提供受行政行为侵害而造成损害的证据，但是因被申请人原因导致申请人无法举证的，由被申请人承担举证责任；

第三，法律、法规规定需要申请人提供证据的其他情形。

四、属于行政复议范围

公民、法人或者其他组织只能按照法律、法规、规章的规定提出复议申请，不在行政复议范围内的，复议机关不予受理。同时申请复议必须向有管辖权的复议机关提出，复议机关无权受理不属于自己管辖的复议案件。

从立法技术上讲，法条是有限的，而现实情况却是复杂的。有限的法条规定无法囊括所有的现实；概括性的法条又无法体现法律规定的明确性。为了弥补此不足，行政复议法在行政复议范围上采用了列举式、概括式等手段。

我国《行政复议法》规定了行政复议的肯定范围、排除范围和附带审查范围。

(一) 行政复议的肯定范围

我国《行政复议法》第 11 条规定了 15 类肯定情形：

1. 对行政机关作出的行政处罚决定不服；

2. 对行政机关作出的行政强制措施、行政强制执行决定不服；

3. 申请行政许可，行政机关拒绝或者在法定期限内不予答复，或者对行政机关作出的有关行政许可的其他决定不服；

4. 对行政机关作出的确认自然资源的所有权或者使用权的决定不服；

5. 对行政机关作出的征收征用决定及其补偿决定不服；（二维码 5-2）

6. 对行政机关作出的赔偿决定或者不予赔偿决定不服；

7. 对行政机关作出的不予受理工伤认定申请的决定或者工伤认定结论不服；

8. 认为行政机关侵犯其经营自主权或者农村土地承包经营权、农村土地经营权；

9. 认为行政机关滥用行政权力排除或者限制竞争；

10. 认为行政机关违法集资、摊派费用或者违法要求履行其他义务；

11. 申请行政机关履行保护人身权利、财产权利、受教育权利等合法权益的法定职责，行政机关拒绝履行、未依法履行或者不予答复；

12. 申请行政机关依法给付抚恤金、社会保险待遇或者最低生活保障等社会保障，行政机关没有依法给付；

13. 认为行政机关不依法订立、不依法履行、未按照约定履行或者违法变更、解除政府特许经营协议、土地房屋征收补偿协议等行政协议；

14. 认为行政机关在政府信息公开工作中侵犯其合法权益；

15. 认为行政机关的其他行政行为侵犯其合法权益。

5-2

(二) 行政复议的排除范围

我国《行政复议法》第 12 条规定了 4 类排除情形：

1. 国防、外交等国家行为。国防行为、外交行为、军事行为、宣布进入紧急状态等国家行为涉及重大国家利益，政治性较强，因此排除在行政复议之外。

2. 行政法规、规章或者行政机关制定、发布的具有普遍约束力的决定、命令等规范性文件。行政机关制定和发布行政法规、行政规章即行政立法。行政相对人对行政立法行为不服的，只能通过其他有权国家机关进行救济，而不能提起行政复议。

3. 行政机关对行政机关工作人员的奖惩、任免等决定。行政机关对其工作人员的奖

惩、任免、工资福利待遇等人事处理行为，具有行为的内部性，不宜通过行政复议程序解决。（二维码 5-3）

4. 行政机关对民事纠纷作出的调解。行政机关在对民事纠纷作出的调解行为，仅仅是居中行为，并不依据法定的行政职权行事，不具有强制力。

5-3

（三）行政复议的附带审查范围

依据我国《行政复议法》的规定，行政复议机关可以对规范性文件进行附带审查。此处，行政规范性文件是指行政机关所创制的行政法规和行政规章等法源性规范以外的行政规范，具有较低层次的法律效力。

我国《行政复议法》第13条第1款规定，公民、法人或者其他组织认为行政机关的行政行为所依据的规范性文件不合法，在对行政行为申请行政复议时，可以一并向行政复议机关提出对该规范性文件的附带审查申请：①国务院部门的规范性文件；②县级以上地方各级人民政府及其工作部门的规范性文件；③乡、镇人民政府的规范性文件；④法律、法规、规章授权的组织的规范性文件。

上述规范性文件不含规章。规章的审查依照法律、行政法规办理。

五、属于受理行政复议机关管辖

行政复议管辖是指确立不同职能及不同层级的行政机关之间受理行政复议申请、办理行政复议案件的分工和权限的法律制度。对于复议申请人而言，就是应向哪个行政机关申请复议的问题。行政复议机关是指享有和行使行政复议权的行政主体，具体是指县级以上各级人民政府以及其他依照本法履行行政复议职责的行政机关。

行政复议机关办理行政复议事项的机构，即行政复议机构。行政复议机构同时组织办理行政复议机关的行政应诉事项。行政复议机关应当加强行政复议工作，支持和保障行政复议机构依法履行职责。上级行政复议机构对下级行政复议机构的行政复议工作进行指导、监督。另外，国务院行政复议机构可以发布行政复议指导性案例。

确定行政复议的管辖，遵循以下规则：

1. 县级以上地方各级人民政府为复议机关。根据《行政复议法》第24条第1款规定，县级以上地方各级人民政府管辖下列行政复议案件：①对本级人民政府工作部门作出的行政行为不服的；②对下一级人民政府作出的行政行为不服的；③对本级人民政府依法设立的派出机关作出的行政行为不服的；④对本级人民政府或者其工作部门管理的法律、法规、规章授权的组织作出的行政行为不服的。

省、自治区人民政府依法设立的派出机关参照设区的市级人民政府的职责权限，管辖相关行政复议案件。

2. 省、自治区、直辖市人民政府为复议机关。根据《行政复议法》第24条第2款规定，除该条第1款规定外，省、自治区、直辖市人民政府同时管辖对本机关作出的行政行为不服的行政复议案件。

3. 国务院部门为复议机关。根据《行政复议法》第25条规定，国务院部门管辖下列行政复议案件：①对本部门作出的行政行为不服的；②对本部门依法设立的派出机构依照法律、行政法规、部门规章规定，以派出机构的名义作出的行政行为不服的；③对本部门管理的法律、行政法规、部门规章授权的组织作出的行政行为不服的。

对省、自治区、直辖市人民政府依照《行政复议法》第24条第2款的规定、国务院部门依照该法第25条第1项的规定作出的行政复议决定不服的，可以向人民法院提起行政诉讼；也可以向国务院申请裁决，国务院依照本法的规定作出最终裁决。

4. 上一级主管部门为复议机关。根据《行政复议法》第27条规定，对海关、金融、外汇管理等实行垂直领导的行政机关、税务和国家安全机关的行政行为不服的，向上一级主管部门申请行政复议。

5. 司法行政部门为被申请人的选择管辖。根据《行政复议法》第28条规定，对履行行政复议机构职责的地方人民政府司法行政部门的行政行为不服的，可以向本级人民政府申请行政复议，也可以向上一级司法行政部门申请行政复议。

6. 派出机构为被申请人的特殊管辖。根据《行政复议法》第24条第4款规定，对县级以上地方各级人民政府工作部门依法设立的派出机构依照法律、法规、规章规定，以派出机构的名义作出的行政行为不服的行政复议案件，由本级人民政府管辖。其中，对直辖市、设区的市人民政府工作部门按照行政区划设立的派出机构作出的行政行为不服的，也可以由其所在地的人民政府管辖。

表5-1　行政复议的管辖（行政复议机关的确定）

被申请人	行政复议机关	说明
本级人民政府工作部门	县级以上地方各级人民政府	国安机关虽是政府组成部门，但此处除外
下一级人民政府		
本级人民政府设立的派出机关		省、自治区人民政府依法设立的派出机关参照设区的市级人民政府的职责权限，确定复议管辖
本级人民政府及其工作部门管理的被授权组织		

续表

被申请人	行政复议机关	说明
省部级单位（省、自治区、直辖市人民政府或国务院部门）	原机关	对复议决定不服可起诉或申请国务院裁决，国务院的裁决为最终裁决
垂直领导机关	上一级主管部门	海关、金融、外汇管理、税务、国安机关
国务院本部门	国务院部门	
本部门依法设立的派出机构		
本部门管理的被授权组织		
司法行政机关	本级人民政府或上一级司法行政机关	解决司法行政机关作为被申请人的程序正义
部门派出机构	本级人民政府	
直辖市、设区的市人民政府工作部门按照行政区划设立的派出机构	本级人民政府或派出机构所在地的人民政府	

六、在法定期限内提出申请

申请人的法定申请期限详见本子学习单元任务1之三申请的期限。

七、法律、法规规定的其他条件

有关单行法律、法规对申请复议条件有特别规定的，应从这些特别规定。

任务3 认识并会写行政复议申请书（二维码5-4）

行政复议申请书中应当载明下列事项：①申请人的基本情况，包括：公民的姓名、性别、年龄、身份证号码、工作单位、住所、邮政编码，法人或者其他组织的名称、住所、邮政编码和法定代表人或者主要负责人的姓名、职务；②被申请人的名称；③行政复议请求、申请行政复议的主要事实和理由；④申请人的签名或者盖章；⑤申请行政复议的日期。

5-4

子学习单元 3　行政复议的受理与法律文书

任务 1　认识行政复议的受理

行政复议受理是指行政复议机关收到行政复议申请后，应当在法定期限内进行审查，并作出相应处理决定的行为。对当场作出或者依据电子技术监控设备记录的违法事实作出的行政处罚决定不服申请行政复议的，作出行政处罚决定的行政机关收到申请后，应当及时处理；认为需要维持行政处罚决定的，应当自收到行政复议申请之日起 5 日内转送行政复议机关。

一、行政复议机关对申请的审查内容

申请人提出行政复议申请后，行政复议机关应对行政复议申请书进行审查，审查的内容主要有五项：

第一，审查复议申请的合法性。主要审查申请人是否适格，被申请人是否明确，行政复议是否在法定期限内提出，是否属于行政复议范围和受理行政复议机关的管辖。

第二，是否有其他救济手段排除了行政复议，即对于法律不要求必须经行政复议后即可起诉的事项，应当审查行政相对人是否向人民法院提起行政诉讼，以及人民法院是否已经受理。

根据《行政复议法》第 23 条规定，申请人应当先向行政复议机关申请行政复议，对行政复议决定不服的，可以再依法向人民法院提起行政诉讼的情形有：①对当场作出的行政处罚决定不服；②对行政机关作出的侵犯其已经依法取得的自然资源的所有权或者使用权的决定不服；③认为行政机关存在本法第 11 条规定的未履行法定职责情形；④申请政府信息公开，行政机关不予公开；⑤法律、行政法规规定应当先向行政复议机关申请行政复议的其他情形。

第三，是否是重复提起行政复议申请。申请是否存在时间上或者空间上的重复申请。

第四，申请书、证据是否完备。

第五，法律、法规规定的其他条件。

二、行政复议机关审查后的处理

行政复议机关收到复议申请书后，应当在 5 日内进行审查，视情况作出如下处理：

1. 复议申请符合法定条件的，决定受理。

2. 不符合法定实质条件的，决定不予受理并说明理由；对不属于本机关管辖的，还应当在不予受理决定中告知申请人有权管辖的行政复议机关。

3. 行政复议申请的审查期限届满，行政复议机关未作出不予受理决定的，审查期限届满之日起视为受理。

4. 行政复议申请材料不齐全或者表述不清楚，无法判断行政复议申请是否符合《行政复议法》第 30 条第 1 款规定的，行政复议机关应当自收到申请之日起 5 日内书面通知申请人补正。补正通知应当一次性载明需要补正的事项。申请人应当自收到补正通知之日起 10 日内提交补正材料。有正当理由不能按期补正的，行政复议机关可以延长合理的补正期限。无正当理由逾期不补正的，视为申请人放弃行政复议申请，并记录在案。

5. 行政复议机关受理行政复议申请后，发现该行政复议申请不符合法定实质条件的，应当决定驳回申请并说明理由。

三、行政复议申请人对不予受理、驳回申请或超过期限不作答复的处理

（一）提起行政诉讼

法律、行政法规规定应当先向行政复议机关申请行政复议、对行政复议决定不服再向人民法院提起行政诉讼的，行政复议机关决定不予受理、驳回申请或者受理后超过行政复议期限不作答复的，公民、法人或者其他组织可以自收到决定书之日起或者行政复议期限届满之日起 15 日内，依法向人民法院提起行政诉讼。

（二）向上级行政机关反映

公民、法人或者其他组织依法提出行政复议申请，行政复议机关无正当理由不予受理、驳回申请或者受理后超过行政复议期限不作答复的，申请人有权向上级行政机关反映，上级行政机关应当责令其纠正；必要时，上级行政复议机关可以直接受理该复议申请。

任务 2　认识行政复议机关受理的相关法律文书（二维码 5-5）

5-5

子学习单元 4　行政复议的审理

行政复议的审理是指行政复议机关对受理的行政复议案件进行合法性与适当性审查的过程，即审查作出行政行为的事实是否清楚、适用法律是否正确、理由是否充分、内容是否合理。

任务 1　做好审理前的准备工作

为了复议审理工作的顺利进行，在审理前复议机关应当做好以下准备工作。

一、确定行政复议承办人员

行政复议工作由行政复议机构承担。行政复议机关受理复议申请后，行政复议机构应当指定行政复议人员参加复议工作。

二、发送复议申请书副本

行政复议机构应当自行政复议申请书受理之日起 7 日内，将申请书副本或者行政复议申请笔录复印件发送被申请人。被申请人应当自收到申请书副本或申请笔录复印件之日起 10 日内，提出书面答复，并提交作出行政行为的证据、依据和其他有关材料。

适用简易程序审理的行政复议案件，行政复议机构应当自受理行政复议申请之日起 3 日内，将行政复议申请书副本或者行政复议申请笔录复印件发送被申请人。被申请人应当自收到行政复议申请书副本或者行政复议申请笔录复印件之日起 5 日内，提出书面答复，并提交作出行政行为的证据、依据和其他有关材料。

三、提供被申请人答复及材料的查阅

申请人、第三人及其委托代理人可以查阅被申请人提出的书面答复、行政行为的证据、依据和其他有关材料。除涉及国家秘密、商业秘密或者个人隐私外，行政复议机关不得拒绝，而且，应当为申请人、第三人查阅有关材料提供必要条件。

四、更换或追加当事人

复议机关发现申请人或被申请人不符合复议条件的，应当予以更换，通知符合条件的当事人参加复议。如果发现应当参加复议的第三人、共同申请人或被申请人没有参加复议的，及时通知其参加复议。

五、调查取证

行政复议机构认为必要时，可以实地调查核实证据。调查取证时，可以查阅、复制、调取有关文件和资料，向有关人员进行询问；复议人员不得少于 2 人，并应当向当事人或有关人员出示证件。

六、明确争议焦点、确定审理计划

任务 2　确定行政复议审理的程序和方式

行政复议机关受理行政复议申请后，根据案件繁简情况确定行政复议审理适用的程序。2023 年新修订的《行政复议法》规定了普通程序和简易程序两种，并明确了适用的条件。

一、普通程序——听取意见、组织听证、咨询意见

普通程序可以适用于所有行政复议案件，取消了书面审理原则，代之以听取意见制度，但并没有采用诉讼的直接言辞原则，司法化体现不足，仍是一个二次执法程序。

（一）听取意见审查方式

听取意见审查，是指行政复议机构应当当面或者通过互联网、电话等方式听取当事人的意见，并将听取的意见记录在案。因当事人原因不能听取意见的，可以书面审理。

（二）组织听证审查方式

组织听证审查，是指行政复议机构在行政复议程序中，召集案件当事人，围绕被复议行为是否合法、正当，当场听取当事人陈述、相互质证、进行辩论的活动。听证是司法化程度最高的行政程序制度，以下三种情形适用听证审查方式：①审理重大、疑难、复杂的行政复议案件，行政复议机构应当组织听证；②行政复议机构认为有必要听证，行政复议机构可以组织听证；③申请人请求听证的，行政复议机构可以组织听证。听证由1名行政复议人员任主持人，2名以上行政复议人员任听证员，1名记录员制作听证笔录。

遗憾的是，2023年新修订的《行政复议法》未对听证会如何召开作出规定。第51条规定了听证通知和行政机关负责人出席听证的要求：行政复议机构组织听证的，应当于举行听证的5日前将听证的时间、地点和拟听证事项书面通知当事人。申请人无正当理由拒不参加听证的，视为放弃听证权利。被申请人的负责人应当参加听证。不能参加的，应当说明理由并委托相应的工作人员参加听证。第61条第2款规定了案卷排他原则：经过听证的行政复议案件，行政复议机关应当根据听证笔录、审查认定的事实和证据，依照本法作出行政复议决定。

（三）提交行政复议委员会提供咨询意见

《行政复议法》第52条第2款规定，审理行政复议案件涉及下列情形之一的，行政复议机构应当提请行政复议委员会提出咨询意见：①案情重大、疑难、复杂；②专业性、技术性较强；③本法第24条第2款规定的行政复议案件（省本级复议案件）；④行政复议机构认为有必要。

行政复议机构应当记录行政复议委员会的咨询意见。

二、简易程序——书面审理

适用简易程序审理的行政复议案件，可以书面审理。适用简易程序审理的行政复议案件，行政复议机构认为不宜适用简易程序的，经行政复议机构的负责人批准，可以转为普通程序审理。可以适用简易程序的是事实清楚、权利义务关系明确、争议不大的案件。具体包括：①被申请行政复议的行政行为是当场作出；②被申请行政复议的行政行为是警告或者通报批评；③案件涉及款额3000元以下；④属于政府信息公开案件；

除前述规定以外的行政复议案件，当事人各方同意适用简易程序的，可以适用简易程序。

这一规定意味着书面审理仍是行政复议主要的审查方式，事实清楚、权利义务关系明确、争议不大的行政复议案件占据绝大多数。且当事人各方同意适用简易程序的，可以适用简易程序的规定，又大大增加了行政复议书面审理的比重。

任务3　判别行政复议审理过程中涉及的主体

不论行政复议机关采取哪种审理方式，除了提出复议申请的申请人和被指控并通知参加复议的被申请人外，行政复议审理过程中还有可能涉及的主体是行政复议第三人、复议代理人以及证人、鉴定人、翻译人、勘验人,以及行政复议委员会等。

其中,申请人、被申请人、第三人是行政复议当事人,行政复议当事人和复议代理人构成了行政复议参加人。其他的证人、鉴定人等因在法律上与复议案件本身没有利害关系,被称为行政复议参与人。

一、行政复议当事人

行政复议当事人是指与行政行为有利害关系,因行政行为发生争议,以自己名义参加复议,并受行政复议机关的裁定拘束的主体。申请人与被申请人是最主要的行政复议当事人,但有的案件中还会涉及第三人。申请人与被申请人在行政复议申请的一般条件中已有介绍,此处只介绍行政复议第三人。

行政复议第三人是指申请人以外的同被申请行政复议的行政行为或者行政复议案件处理结果有利害关系的公民、法人或其他组织。行政复议第三人参加行政复议的方式有通知参加与申请参加两种,在行政复议开始后、终结前参加。在行政复议中,第三人不依附于申请人或者被申请人,而是具有独立的法律地位,享有与申请人基本相同的行政复议权利,但不具有撤回行政复议申请的权利。第三人不参加行政复议,不影响行政复议案件的审理。

从《行政复议法》的规定和实践来看,行政复议第三人通常包括以下几种:

1. 在行政处罚案件中,被侵害人与被处罚人互为第三人,即对行政处罚行为不服时,双方中的任何一方都可以提出行政复议,而另一方就可以以第三人身份参加复议。

2. 行政处罚案件的共同被处罚人互为第三人。

3. 在竞争性的行政许可案件中,具有竞争关系的相对人互为第三人。

4. 行政裁决、行政确权案件中民事纠纷当事人互为第三人。

5. 两个或两个以上行政机关对同一行政案件作出互相矛盾的行政行为,相对人以其中一个行政机关为被申请人而提出行政复议申请时,其他行政机关可以作为第三人参加复议。

6. 行政机关因越权处罚被申请行政复议时,被越权的行政机关作为第三人参加复议。

7. 其他与被申请的具体行政行为有利害关系的相对人。

二、行政复议代理人

行政复议代理人是指在行政复议中,以被代理人的名义,在代理权范围内代理当事人进行行政复议的人,分为法定代理人、指定代理人、委托代理人三种。

1. 法定代理人是指根据《行政复议法》的规定,代替无民事行为能力或者限制民事行为能力的公民进行行政复议的人。法定代理人一般为被代理人的父母(包括养父母)、配偶、子女(包括养子女)、监护人等。

2. 指定代理人是根据行政复议机关的指定,代理无民事行为能力或限制民事行为能力的申请人、第三人进行行政复议的人,通常适用于无民事行为能力或限制民事行为能力的当事人没有法定代理人,或者虽有法定代理人,但法定代理人不能行使代理权时,为保证行政复议顺利进行，由行政复议机关指定代理人。

3. 委托代理人是指受申请人、第三人及其法定代表人、法定代理人的委托代为参加行政复议的人。申请人、第三人可以委托1至2名律师、基层法律服务工作者或者其他代理人代为参加行政复议。申请人、第三人委托代理人的，应当向行政复议机构提交授权委托书、委托人及被委托人的身份证明文件。授权委托书应当载明委托事项、权限和期限。申请人、第三人变更或者解除代理人权限的，应当书面告知行政复议机构。符合法律援助条件的行政复议申请人申请法律援助的，法律援助机构应当依法为其提供法律援助。

三、行政复议委员会

《行政复议法》修订前，为了进一步完善行政复议体制和工作机制，提高行政复议解决行政争议的质量和效率，增强行政复议制度的公信力，充分发挥行政复议制度在解决行政争议、建设法治政府、构建社会主义和谐社会中的重要作用，国务院从2008年起适时推出试点行政复议委员会工作，确定北京市、黑龙江省、江苏省、山东省、河南省、广东省、海南省、贵州省8个省、直辖市为行政复议委员会试点单位。

2023年新修订的《行政复议法》第52条对行政复议委员会的组成、职责等作了具体规定。县级以上各级人民政府应当建立相关政府部门、专家、学者等参与的行政复议委员会，为办理行政复议案件提供咨询意见，并就行政复议工作中的重大事项和共性问题研究提出意见。行政复议委员会的组成和开展工作的具体办法，由国务院行政复议机构制定。

提请行政复议委员会提出咨询意见的行政复议案件，行政复议机关应当将咨询意见作为作出行政复议决定的重要参考依据。

任务4　进行行政复议的全面审理

一、行政复议审理的内容

行政复议机构应当从行政行为本身、案件事实、证据、程序等方面进行全面审查。审查的具体内容如下：

（一）审查行政行为的合法性、适当性

行政复议机关的主要工作有：①审查被申请人是否具有作出该项行政行为的职权。②审查被申请人是否超越法定权限范围。③被申请人如果是非行政机关的社会组织，其行使的行政执法权是否具有法律、法规的授权。④审查行政行为的内容是否合法。⑤审查被申请人作出行政行为时适用的法律依据是否正确。⑥审查作出原行政行为的行政机关所行使的自由裁量权是否适当。

（二）审查案件事实、证据

行政复议机关的主要工作有：

1. 行政复议机关逐一审查案件争议的事实、根据、时间、内容、形式等，排查一致点和矛盾点，确定需要进一步清查的问题。

2. 根据举证责任分担规则，审查证据是否真实、充分。

《行政复议法》第44条规定，被申请人对其作出的行政行为的合法性、适当性负有举证责任。但有下列情形之一的，申请人应当提供证据：①认为被申请人不履行法定职责的，提供曾经要求被申请人履行法定职责的证据，但是被申请人应当依职权主动履行法定职责或者申请人因正当理由不能提供的除外；②提出行政赔偿请求的，提供受行政行为侵害而造成损害的证据，但是因被申请人原因导致申请人无法举证的，由被申请人承担举证责任；③法律、法规规定需要申请人提供证据的其他情形。

行政复议当事人提交的证据应符合《行政复议法》第43条规定的证据种类，具体包括：①书证；②物证；③视听资料；④电子数据；⑤证人证言；⑥当事人的陈述；⑦鉴定意见；⑧勘验笔录、现场笔录。且以上证据经行政复议机构审查属实，才能作为认定行政复议案件事实的根据。

3. 审理过程中的调查取证。对需进一步证明的问题，行政复议机关认为有必要时有权向有关单位和个人调查取证，查阅、复制、调取有关文件和资料，向有关人员进行询问。但是根据《行政复议法》第46条的规定，行政复议期间，被申请人不得自行向申请人和其他有关单位或者个人收集证据；自行收集的证据不作为认定行政行为合法性、适当性的依据。行政复议期间，申请人或者第三人提出被申请行政复议的行政行为作出时没有提出的理由或者证据的，经行政复议机构同意，被申请人可以补充证据。

调查取证的规则应符合《行政复议法》第45条的规定。调查取证时，行政复议人员不得少于2人，并应当出示行政复议工作证件。被调查取证的单位和个人应当积极配合行政复议人员的工作，不得拒绝或者阻挠。

（三）审查程序

行政复议机关的主要工作有：①作出原行政行为的行政机关是否违反法定的处理程序。②作出原行政行为的行政机关是否属于先处罚后取证。③作出原行政行为的行政机关是否违反法定形式。④作出原行政行为的行政机关是否向当事人告知过复议权、诉权等。

二、行政复议审理的法律适用

行政复议机关依照法律、法规、规章审理行政复议案件。行政复议机关审理民族自治地方的行政复议案件，同时依照该民族自治地方的自治条例和单行条例。

三、行政规范性文件的附带审查

对行政行为所依据的规范性文件的审查，复议机关可以主动性审查，也可以依相对人申请后被动性审查。

（一）行政复议机关有权处理的：应当在30日内依法处理

1. 审查程序：行政复议机构应当自行政复议中止之日起3日内，书面通知规范性文件或者依据的制定机关就相关条款的合法性提出书面答复。制定机关应当自收到书面通知之日起10日内提交书面答复及相关材料。行政复议机构认为有必要时，可以要求规范性文件或者依据的制定机关当面说明理由，制定机关应当配合。

2. 审查之后的处理决定：行政复议机关认为相关条款合法的，在行政复议决定书中一并告知；认为相关条款超越权限或者违反上位法的，决定停止该条款的执行，并责令制定机关予以纠正。

（二）行政复议机关无权处理的：应当在 7 日内转送有权处理的国家机关依法处理

接受转送的行政机关、国家机关应当自收到转送之日起 60 日内，将处理意见回复转送的行政复议机关。

任务 5 行政复议审理中的特殊情况处理

复议审理中可能出现的特殊情况主要有：复议中止、复议终止以及复议不停止执行原则的例外。

一、复议中止

《行政复议法》第 39 条规定，行政复议期间有下列情形之一的，行政复议中止：①作为申请人的公民死亡，其近亲属尚未确定是否参加行政复议；②作为申请人的公民丧失参加行政复议的行为能力，尚未确定法定代理人参加行政复议；③作为申请人的公民下落不明；④作为申请人的法人或者其他组织终止，尚未确定权利义务承受人；⑤申请人、被申请人因不可抗力或者其他正当理由，不能参加行政复议；⑥依照该法规定进行调解、和解，申请人和被申请人同意中止；⑦行政复议案件涉及的法律适用问题需要有权机关作出解释或者确认；⑧行政复议案件审理需要以其他案件的审理结果为依据，而其他案件尚未审结；⑨有该法第 56 条或者第 57 条规定的情形；⑩需要中止行政复议的其他情形。行政复议中止的原因消除后，应当及时恢复行政复议案件的审理。行政复议机关中止、恢复行政复议案件的审理，应当书面告知当事人。

行政复议期间，行政复议机关无正当理由中止行政复议的，上级行政机关应当责令其恢复审理。

二、复议终止

根据《行政复议法》第 41 条的规定，行政复议期间有下列情形之一的，行政复议机关决定终止行政复议：①申请人撤回行政复议申请，行政复议机构准予撤回；②作为申请人的公民死亡，没有近亲属或者其近亲属放弃行政复议权利；③作为申请人的法人或者其他组织终止，没有权利义务承受人或者其权利义务承受人放弃行政复议权利；④申请人对行政拘留或者限制人身自由的行政强制措施不服申请行政复议后，因同一违法行为涉嫌犯罪，被采取刑事强制措施；⑤依照该法第 39 条第 1 款第 1 项、第 2 项、第 4 项的规定中止行政复议满 60 日，行政复议中止的原因仍未消除。

三、复议不停止执行原则的例外

根据《行政复议法》第 42 条的规定，行政复议期间行政行为不停止执行，但有下列情形之一的，应当停止执行：①被申请人认为需要停止执行的；②行政复议机关认为需要停止执行的；③申请人、第三人申请停止执行，行政复议机关认为其要求合理，决定停止执行的；④法律、法规、规章规定停止执行的其他情形。

子学习单元 5　行政复议的决定与法律文书

任务 1　认识行政复议的决定

行政复议决定是指由行政复议机构对行政行为进行审查、提出意见、经行政复议机关的负责人同意或者集体讨论通过后,以行政复议机关的名义作出的决定。行政复议机关作出行政复议决定,应当制作行政复议决定书,并加盖行政复议机关印章。行政复议决定书一经送达,即发生法律效力。

行政复议机关在办理行政复议案件过程中,发现被申请人或者其他下级行政机关的有关行政行为违法或者不当的,可以向其制发行政复议意见书。有关机关应当自收到行政复议意见书之日起 60 日内,将纠正相关违法或者不当行政行为的情况报送行政复议机关。

一、行政复议决定的内容

行政复议决定主要有以下几种:

(一) 维持决定

复议机关经过对行政行为的审查,认为其认定事实清楚,证据确凿,适用依据正确,程序合法,内容适当的,作出维持该行政行为的复议决定。

(二) 履行决定

复议机关经过对行政行为的审查,认定被申请人未履行法定的职责,作出责令其在一定期限内履行法定职责的决定。被申请人未履行法定的职责包括拒不履行和拖延履行法定职责。

(三) 撤销决定(可一并重作决定)

行政行为有下列情形之一的,行政复议机关决定撤销或者部分撤销该行政行为,并可以责令被申请人在一定期限内重新作出行政行为:①主要事实不清、证据不足;②违反法定程序;③适用的依据不合法;④超越职权或者滥用职权。

行政复议机关责令被申请人重新作出行政行为的,被申请人不得以同一事实和理由作出与被申请行政复议的行政行为相同或者基本相同的行政行为,但是行政复议机关以违反法定程序为由决定撤销或者部分撤销的除外。

(四) 变更决定

行政行为有下列情形之一的,行政复议机关决定变更该行政行为:①事实清楚,证据确凿,适用依据正确,程序合法,但是内容不适当;②事实清楚,证据确凿,程序合法,但是未正确适用依据;③事实不清、证据不足,经行政复议机关查清事实和证据。

行政复议机关不得作出对申请人更为不利的变更决定,但是第三人提出相反请求的除外。

（五）确认违法决定

行政行为有下列情形之一的，行政复议机关不撤销该行政行为，但是确认该行政行为违法：①依法应予撤销，但是撤销会给国家利益、社会公共利益造成重大损害；②程序轻微违法，但是对申请人权利不产生实际影响。

行政行为有下列情形之一，不需要撤销或者责令履行的，行政复议机关确认该行政行为违法：①行政行为违法，但是不具有可撤销内容；②被申请人改变原违法行政行为，申请人仍要求撤销或者确认该行政行为违法；③被申请人不履行或者拖延履行法定职责，责令履行没有意义。

（六）确认无效决定

行政行为有实施主体不具有行政主体资格或者没有依据等重大且明显违法情形，申请人申请确认行政行为无效的，行政复议机关确认该行政行为无效。

（七）驳回复议请求决定

行政复议机关受理申请人认为行政机关不履行法定职责的行政复议申请后，发现被申请人没有相应法定职责或者在受理前已经履行法定职责的，决定驳回申请人的行政复议请求。

（八）有关行政协议的决定

申请人提起有关行政协议的行政复议申请，如被申请人不依法订立、不依法履行、未按照约定履行或者违法变更、解除行政协议的，行政复议机关决定被申请人承担依法订立、继续履行、采取补救措施或者赔偿损失等责任。被申请人变更、解除行政协议合法，但是未依法给予补偿或者补偿不合理的，行政复议机关决定被申请人依法给予合理补偿。

（九）有关行政赔偿请求的决定

申请人在申请行政复议时一并提出行政赔偿请求，行政复议机关对依照《国家赔偿法》的有关规定应当不予赔偿的，在作出行政复议决定时，应当同时决定驳回行政赔偿请求；对符合《国家赔偿法》的有关规定应当给予赔偿的，在决定撤销或者部分撤销、变更行政行为或者确认行政行为违法、无效时，应当同时决定被申请人依法给予赔偿；确认行政行为违法的，还可以同时责令被申请人采取补救措施。

申请人在申请行政复议时没有提出行政赔偿请求的，行政复议机关在依法决定撤销或者部分撤销、变更罚款，撤销或者部分撤销违法集资、没收财物、征收征用、摊派费用以及对财产的查封、扣押、冻结等行政行为时，应当同时责令被申请人返还财产，解除对财产的查封、扣押、冻结措施，或者赔偿相应的价款。

二、行政复议的审理期限

适用普通程序审理的行政复议案件，行政复议机关应当自受理申请之日起60日内作出行政复议决定；但是法律规定的行政复议期限少于60日的除外。情况复杂，不能在规定期限内作出行政复议决定的，经行政复议机构的负责人批准，可以适当延长，并书面告知当事人；但是延长期限最多不得超过30日。

适用简易程序审理的行政复议案件，行政复议机关应当自受理申请之日起 30 日内作出行政复议决定。

此处的 60 日、30 日为自然日。

任务 2　认识行政复议决定相关法律文书（二维码 5-6）

5-6

子学习单元 6　行政复议的调解与法律文书

任务 1　认识行政复议的调解与和解

一、行政复议调解、和解的概念

行政复议调解与和解是指行政复议机关在审查行政复议案件过程中，查明事案件实，分清是非，在不违反法律、法规的强制性规定，不损害国家利益、社会公共利益和他人合法权益的基础上，积极进行协调工作，引导案件当事人互谅互让达成调解协议或自愿达成和解，从而有效化解行政争议的行政复议处理方式。

二、行政复议调解的特征

行政复议调解过程中，必须遵循自愿平等、合法合理和公开公正的原则。

（一）自愿性

政复议调解从表达调解愿望、开始调解、提出调解方案到完成调解的全过程，均应出于当事人的意思表示。行政复议机关在应当充分尊重当事人的意愿基础上完成调解工作。

（二）合法合理性

在调解过程中，行政复议机关不得违背法律、法规的强制性规定，不得违背法律原则与精神。当事人各方应坚持平等协商的原则，真诚地交换意见，以达到调解与和解目的。行政复议机关及其工作人员在组织调解时，应以公正、合理为前提，做到不偏不倚。

（三）调解与决定相结合

在审理行政复议案件过程中，行政复议机关应坚持调解与决定相结合的原则，当事人不愿意调解或者无法达成调解协议，或者调解书生效前一方当事人又反悔的，行政复议机关应当依法审查或者及时作出行政复议决定。

三、行政复议调解书、和解协议的效力

当事人经调解达成协议的,行政复议机关应当制作行政复议调解书,行政复议调解书经各方当事人签字或者盖章,并加盖行政复议机关印章,具有法律效力。

当事人达成和解后,由申请人向行政复议机构撤回行政复议申请。行政复议机构准予撤回行政复议申请、行政复议机关决定终止行政复议的,申请人不得再以同一事实和理由提出行政复议申请。但是,申请人能够证明撤回行政复议申请违背其真实意愿的除外。

任务2 确定行政复议调解的范围

依据《行政复议法实施条例》和相关规定,有下列情形之一的,行政复议机关可以按照自愿、合法的原则进行调解:

1. 公民、法人或者其他组织对行政机关行使法律、法规规定的自由裁量权作出的具体行政行为不服申请行政复议的;
2. 当事人之间的行政赔偿或者行政补偿纠纷;
3. 案情复杂、当事人之间情绪严重对立,且双方都难以形成证据优势的案件;
4. 相关法律法规没有规定或者规定不明确,在适用法律方面有一定困难的案件;
5. 涉及自然资源所有权、使用权权属的行政裁决、行政确权的行政争议中,当事人就所涉权属达成调解、和解协议的;或者该调解、和解协议的履行需要变更原具体行政行为的;
6. 因行政合同纠纷,当事人之间达成新的协议或自愿解除原合同的;
7. 涉及土地征收、征用或出让、房屋拆迁、资源环境、工伤认定等行政争议或群体性案件,可能影响公共利益或社会稳定的;
8. 行政复议机关认为可以调解、和解的其他情形。

任务3 认识行政复议调解书(二维码5-7)

5-7

📎 项目训练

训练项目一:行政复议机关的确定(管辖)

【案情简介】

某市税务局与公安局联合在该市的107国道入口进行临时稽查。该市某区个体户包某

从广州用汽车运回的一批价值 2 万元的烟酒被鉴定为"假货"并被依法予以扣押。某市税务局与公安局以共同名义对包某作出罚款 1 万元的行政处罚决定。次日，某区税务局委托工商局吊销包某的营业执照，某区公安分局委托该区红领派出所对包某行政拘留 5 天。事后，包某不服上述行政处罚，欲申请行政复议。

训练目的：

通过此案例，学生应当熟练掌握联合执法情形下的行政复议机关的确定。

分析提示：

分析此案，首先找出本案中的行政行为，然后根据行政复议机关确定的规则进行判断。

训练项目二：行政复议范围中行政不作为违法的判断（二维码 5-8）

【案情简介】

2018 年 3 月至 4 月，申请人白某（以下简称申请人）多次通过电话、电子邮件、"12345"便民服务平台、面谈等途径向被申请人苏州市教育局（以下简称被申请人）反映其女儿小白（苏州某国际学校小学二年级学生，该校系被申请人代管的民办学校）在学校遭受校园欺凌，要求被申请人按照教育部等十一部门联合印发的《加强中小学生欺凌综合治理方案》（以下简称《综合治理方案》）进行处理。

被申请人接到反映后，开展了一系列工作，包括要求学校提供情况说明、进行现场调查、督促学校带申请人女儿看病和劝导申请人女儿回校上课、组织并指导学校及双方家长进行调解、向上级部门作出汇报等，也通过电话、网络及面谈的方式给出了相关的处理意见。复议过程中被申请人还协调申请人和学校就民事赔偿达成了调解协议。被申请人认为其已按照《学生伤害事故处理办法》进行了处理，承认未按照《综合治理方案》的规定处理此事。

申请人认为被申请人未按照《综合治理方案》的规定成立调查组对事件是否属于校园欺凌进行认定，构成不作为，故申请行政复议。

苏州市人民政府作出〔2018〕苏行复第 53 号《行政复议决定书》，责令被申请人履行职责。理由为：复议机关认为，教育部等十一部门联合印发的《综合治理方案》对各地教育行政部门在处置学生欺凌事件方面的职责进行了明确规定，被申请人应当按照该方案履行相应职责。教育行政部门负责对学生欺凌治理进行组织、指导、协调和监督，是学生欺凌综合治理的牵头单位。该治理方案对各级教育行政部门提出了履职要求。被申请人在接到申请人的投诉举报与履行职责申请后，确已开展了大量工作，进行了相应的调查、指导、协助处理，并促使学校与申请人达成了协议。但被申请人的组织、指导、协调、监督未能按照《综合治理方案》的规定进行，未对案涉学校的处理结果予以确认或者启动复查，构成未全面正确履行职责。

训练目的：

通过此案例，学生应当掌握申请行政复议的范围中"不作为"的理解和界定。

分析提示：

分析此案例，前提是分析判断《综合治理方案》规定的职责是否属于教育行政机关的法定职责。《综合治理方案》是一个行政规范性文件，对下级教育行政部门是否具有直接拘束力？部分履行、不完全履行是否属于不履行法定职责，即行政不作为？

5-8

训练项目三：抽象行政不作为引发的行政争议案件（二维码5-9）

【案情简介】

2016年4月1日，申请人方某（以下简称申请人）向被申请人广州住房公积金管理中心（以下简称被申请人）提交关于旧楼加装电梯提取住房公积金的申请。2016年4月12日，被申请人作出《关于旧楼加装电梯提取住房公积金的复函》，主要内容为："我中心于2016年4月1日接待了您的来访，并收到您提交的关于旧楼加装电梯提取住房公积金的申请。虽然《广州市既有住宅增设电梯试行办法》中规定既有住宅增设电梯可以通过提取住房公积金来筹集资金，但住房公积金的提取细则需经广州市住房公积金管理委员会（以下简称管委会）审批通过才可执行，我中心于2012年提交关于既有住宅增设电梯提取住房公积金议题由第二届七次管委会审议，未通过审议。所以，目前广州市住房公积金提取政策规定的职工可提取的情形不包括旧楼加装电梯……"

复议机关撤销了被申请人作出的《关于旧楼加装电梯提取住房公积金的复函》，并责令被申请人重新作出行政行为。理由为：《住房公积金管理条例》（国务院令第350号）[1]第5条规定："住房公积金应当用于职工购买、建造、翻建、大修自住住房，任何单位和个人不得挪作他用。"第24条规定："职工有下列情形之一的，可以提取职工住房公积金账户内的存储余额：（一）购买、建造、翻建、大修自住住房的；……"

《广州市既有住宅增设电梯试行办法》（穗府办〔2012〕21号）[2]第7条规定："既有住宅增设电梯所需要的资金，可以按照以下方式筹集：……（三）可以申请使用房屋所有权人名下的住房公积金、专项维修资金；……"第8条规定："……申请使用第七条第

---

[1] 该条例已被修改，新规定可参见《住房公积金管理条例》（根据2019年3月24日《国务院关于修改部分行政法规的决定》修正）。

[2] 该办法已失效。新规定可参见《广州市既有住宅增设电梯试行办法》（穗府办规〔2020〕7号）。

（三）项的住房公积金用于既有住宅楼宇增设电梯的按照《住房公积金管理条例》及本市有关规定向广州住房公积金管理中心提出申请。……"

根据上述规定，既有住宅增设电梯所需要的资金，可以申请使用房屋所有权人名下的住房公积金。《住房公积金管理条例》第5条规定："住房公积金应当用于职工购买、建造、翻建、大修自住住房……"，电梯也属于房屋的一部分，应属于该范畴。本案中，申请人向被申请人提交关于旧楼加装电梯提取住房公积金的申请，被申请人以"住房公积金的提取细则需经广州市住房公积金管理委员会审批通过才可执行"为由不同意申请人的申请，被申请人对申请人提取公积金申请的处理，明显与上述规定不符。

训练目的：

通过此案例，学生应当理解行政复议机关审理行政复议案件的思路，全面审理包含了对抽象行政不作为的处理考虑。

分析提示：

本案是一例典型的因落地政策缺位而导致的行政争议。虽然本案涉及被申请人对申请人作出的具体行政行为，但被申请人应该制定却未制定提取公积金细则的行为，属于行政不作为中的抽象行政不作为。抽象行政不作为对相对人的权利义务有更大的影响，也涉及更多不特定的行政相对人。复议机关在此案中强调了被申请人行政职能和建设服务型政府的要求。在复议机关的监督下，被申请人正式发布《关于加大住房公积金对缴存人改善居住条件支持力度的通知》，明确加装电梯提取公积金的具体申请程序，充分体现了行政复议化解行政争议主渠道的作用，推进了法治政府建设。

5-9

训练项目四：行政复议案件综合分析（二维码5-10）

【案情简介】

已故职工小孙系第三人某公司的职工，于2014年12月25日被发现于职工宿舍中死亡。申请人孙某和刘某（以下简称申请人）认为小孙的死亡符合《工伤保险条例》第15条第1款第1项的情形，因为其死亡时间是2014年12月25日11时之前，当天的前一天是平安夜，其在完成高强度的加班任务后，回宿舍死亡的，应当视同工伤。小孙居住宿舍是总公司给外派人员安排的休息场所，应当视为工作岗位的延伸和补充。

但被申请人某市人力资源和社会保障局（以下简称被申请人）认为：2015年1月6日，该局收到第三人为职工小孙申请工伤的《工伤认定申请书》及证据材料，要求认定工伤。经调查，职工小孙系第三人派遣到外地担任部门经理，其于 2014 年 12 月 25 日凌晨下班后回到其住处休息，26 日早晨未上班，后被发现猝死在自己的房间。小孙死亡时不是在工作时间和工作岗位，而且死亡原因不明，故该局作出《不予认定工伤决定书》，认定职工小孙的死亡情形不视同工伤。

复议机关撤销了被申请人所作的《不予认定工伤决定书》，理由为：第三人职工小孙虽在休息场所内被发现猝死，但是一同工作的职工商某证明职工小孙于 2014 年 12 月 24 日工作期间就有发病症状，但是未到医院就医，坚持工作至 12 月 25 日凌晨下班回休息地点。当地医院诊断为猝死，县公安局调查认为不构成刑事案件。被申请人作出《不予认定工伤决定书》时，未对此事实进行调查核实，认为职工小孙的死亡情形不视同工伤，证据不足。根据当时有效的 2017 年修正的《行政复议法》第 28 条第 1 款第 3 项之规定，复议机关决定撤销被申请人作出的《不予认定工伤决定书》并责令被申请人重新作出具体行政行为。

训练目的：

通过此案例，学生应当掌握行政复议申请人的认定、行政复议与行政诉讼之间的关系、行政复议机关审查的内容以及行政复议决定的适用，学生应当正确理解和把握"工作时间""工作岗位"这几个不确定法律概念。

分析提示：

分析此案例，学生应从以下方面分析判断：公民死亡后，其近亲属可以提出行政复议吗？小孙的近亲属有哪些？工伤行政确认案件，行政复议是否为提起行政诉讼必经的前置程序？行政复议机关审查的内容有哪些？复议决定的种类有哪些？

5-10

学习单元五 行政机关的救济——行政复议

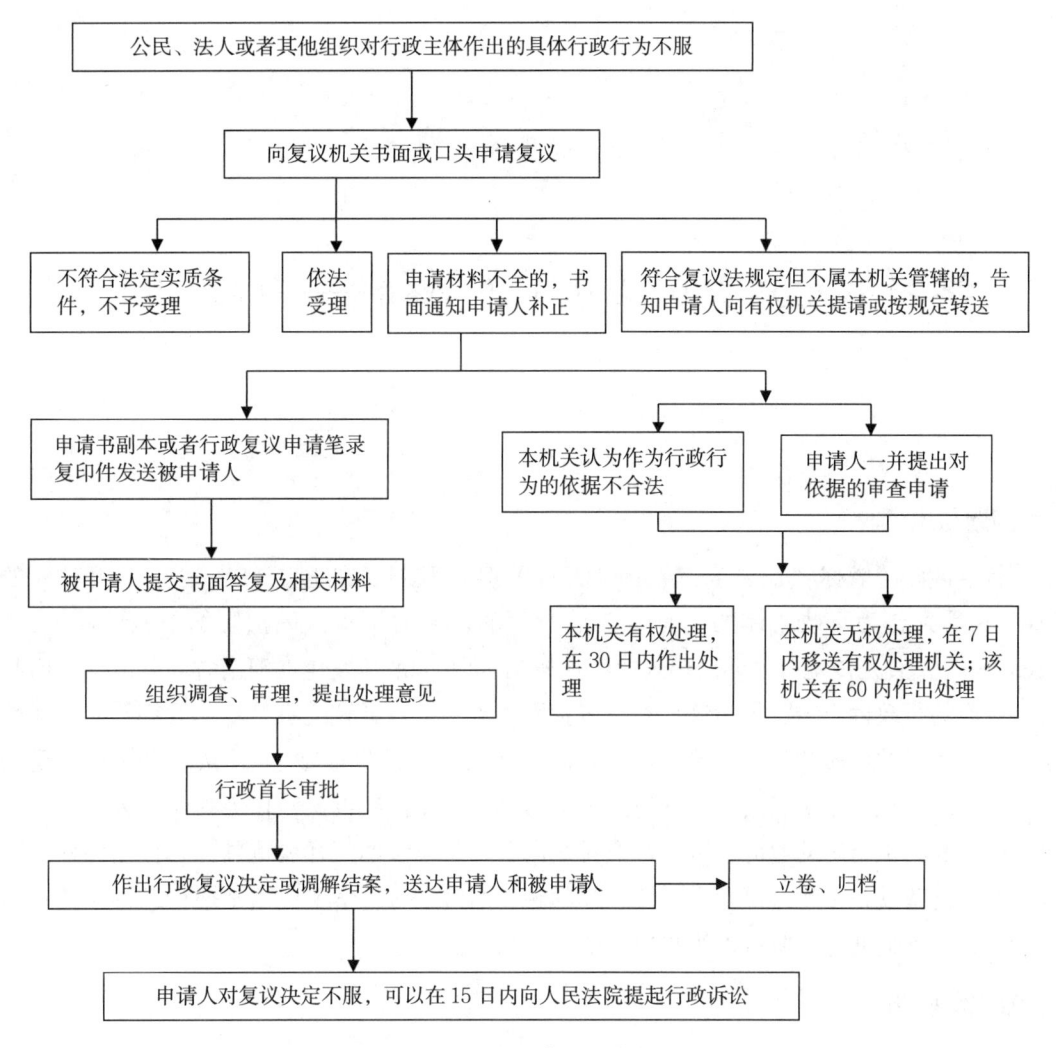

```
公民、法人或者其他组织对行政主体作出的具体行政行为不服
                    ↓
        向复议机关书面或口头申请复议
   ┌────────┬────────┬────────┬────────────┐
不符合法定  依法      申请材料不全的,   符合复议法规定但不属本机关管辖的,
实质条件,  受理      书面通知申请人补正  告知申请人向有权机关提请或按规定转送
不予受理
            ↓                ↓
  申请书副本或者行政复议申请笔录    本机关认为作为行政行为    申请人一并提出对
  复印件发送被申请人              为的依据不合法           依据的审查申请
            ↓                        ↓                    ↓
  被申请人提交书面答复及相关材料    本机关有权处理,      本机关无权处理,在7日
            ↓                    在30日内作出处    内移送有权处理机关;该
  组织调查、审理,提出处理意见      理                  机关在60内作出处理
            ↓
       行政首长审批
            ↓
  作出行政复议决定或调解结案,送达申请人和被申请人 → 立卷、归档
            ↓
  申请人对复议决定不服,可以在15日内向人民法院提起行政诉讼
```

图 5-1　行政复议程序图

学习单元五检测

学习单元五检测及答案　　　项目训练答案五

学习单元六　司法机关的救济——行政诉讼

💬 问题与思考

行政诉讼，俗称"民告官"，是司法机关对行政机关的监督，也是作为相对人的"民"在受到作为行政主体的"官"违法行为的侵害时请求人民法院给予救济的方式。"民告官"一直是传统行政诉讼模式的经典概括，但2008年发生在河南省一起由镇政府状告市政府的行政诉讼案，却为这一经典概括平添了一缕"异调之音"[1]。我们需要思考的是：行政诉讼的性质和目的是什么？行政诉讼到底是"谁告谁"？人民法院是否可以受理所有的行政争议？公民、法人或其他组织该向哪个法院提起诉讼？作为人民法院，面对公民、法人和其他组织的起诉，应当审查哪些内容？又应该如何开展审判，并作出怎样的行政裁判？这些就是本学习单元需要回答的问题。通过学习，学生应当掌握行政诉讼的基本流程，知道如何通过行政诉讼维护自身的合法权益。

📦 知识结构图

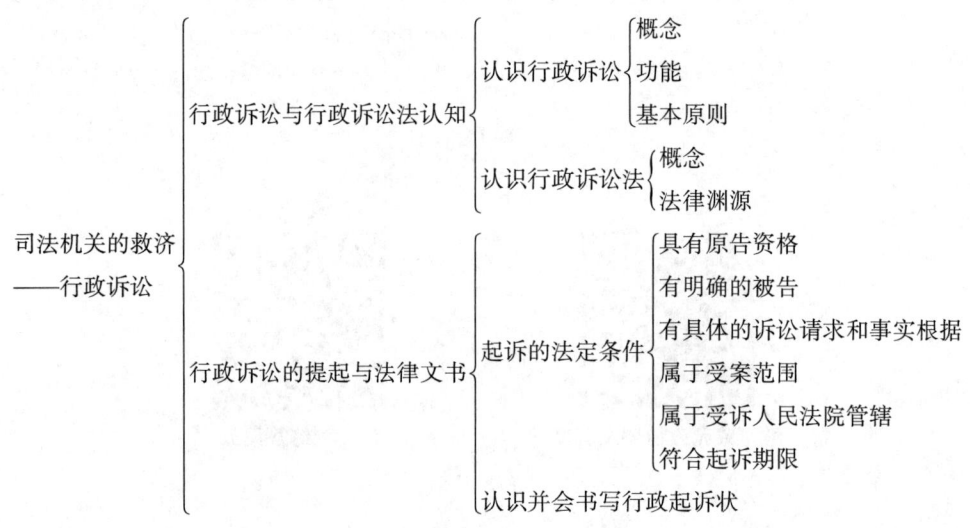

```
                    ┌─ 行政诉讼与行政诉讼法认知 ┬─ 认识行政诉讼 ┬─ 概念
                    │                          │              ├─ 功能
                    │                          │              └─ 基本原则
                    │                          └─ 认识行政诉讼法 ┬─ 概念
司法机关的救济       │                                           └─ 法律渊源
——行政诉讼    ─────┤
                    │                          ┌─ 起诉的法定条件 ┬─ 具有原告资格
                    │                          │                 ├─ 有明确的被告
                    └─ 行政诉讼的提起与法律文书 ┤                 ├─ 有具体的诉讼请求和事实根据
                                               │                 ├─ 属于受案范围
                                               │                 ├─ 属于受诉人民法院管辖
                                               │                 └─ 符合起诉期限
                                               └─ 认识并会书写行政起诉状
```

---

[1] 具体案情详见"一块地皮引发'犯上'官司河南镇政府状告市政府"，载新浪新闻中心 https://news.sina.cn/sa/2006-08-29/detail-ikknscsk0866791.d.html?from=w，最后访问日期：2024年12月24日。

```
                                            ┌ 行政诉讼的受理 ┌ 法院对起诉的审查内容
                    ┌ 行政诉讼的受理与法律文书 ┤               └ 法院审查后的处理
                    │                       └ 认识受理的法律文书
                    │
                    │                       ┌                  ┌ 诉讼当事人
                    │                       │ 审理中涉及的主体 ┤ 诉讼代理人
                    │                       │                  └ 诉讼代表人
                    │         ┌ 认识行政诉讼的审理 ┤
                    │         │             │ 审理中的法律适用
                    │         │             └ 特殊情况的处理
                    │         │                       ┌ 庭审前准备
                    │ 行政诉讼的审理 ┤                 │           ┌ 开庭准备
  司法机关的救济     │         │                       │           │ 法庭调查
    ——行政诉讼 ┤         └ 一审程序的审理 ┤           │ 开庭审理 ┤ 法庭辩论
                    │                                 │           │ 案件评议
                    │                                 │           └ 宣告判决
                    │         └ 二审程序和审判监督程序
                    │
                    │ 行政诉讼的举证责任与分配规则 ┌ 被告的举证责任
                    │                             └ 原告的举证责任
                    │
                    │                       ┌ 驳回诉讼请求判决
                    │                       │ 撤销判决
                    │                       │ 重做判决
                    │         ┌ 一审判决 ┤ 履行判决
                    │ 行政诉讼的裁判 ┤     │ 给付判决
                    │         │             │ 确认判决
                    │         │             │ 变更判决
                    │         │             └ 赔偿判决
                    │         └ 二审判决和再审判决
                    │
                    └ 行政诉讼裁判的执行
```

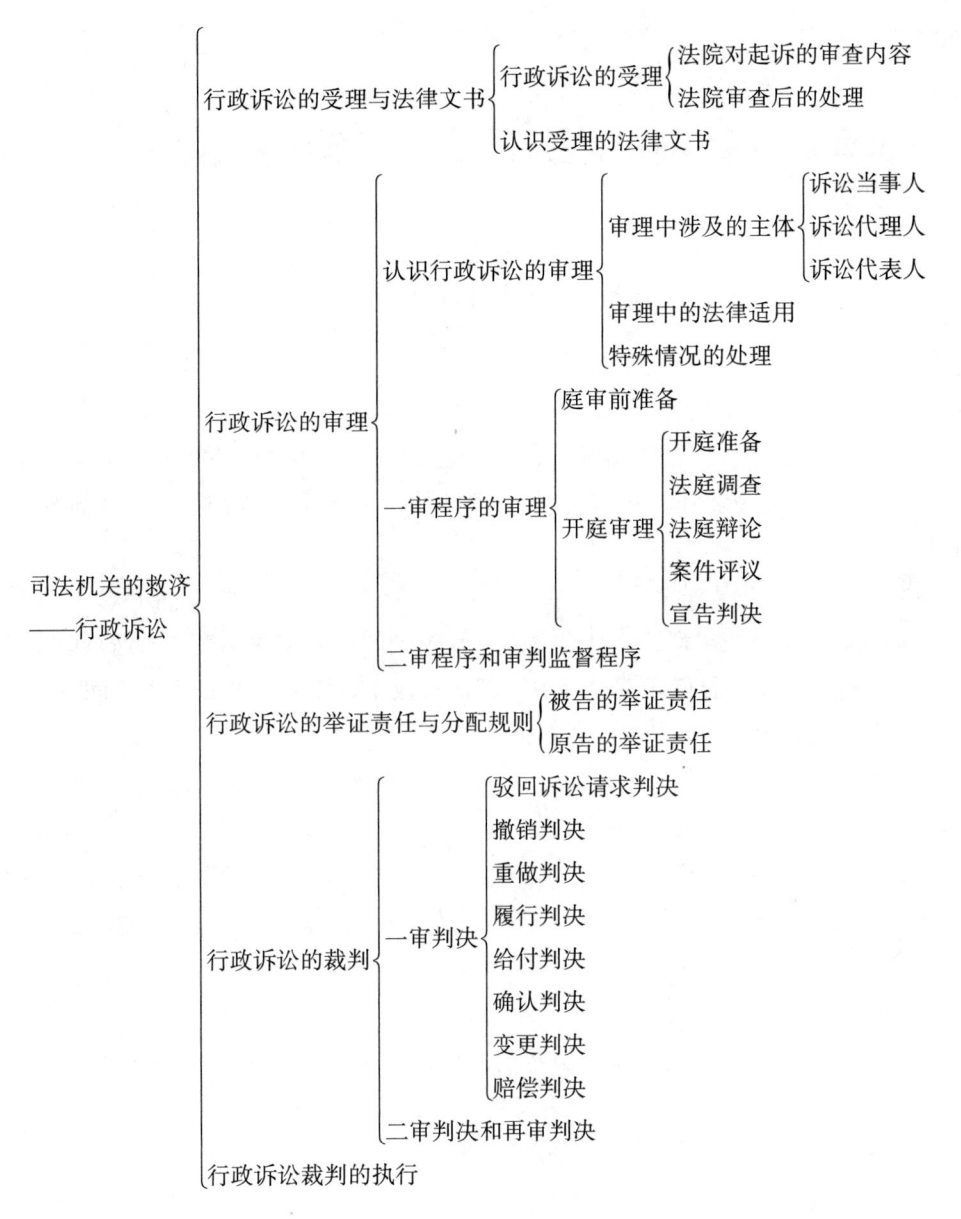

学习目标

知识目标：掌握行政诉讼、行政诉讼法的概念；行政诉讼法的渊源；行政诉讼法的原则和立法目的；行政诉讼的受案范围与管辖；行政诉讼参加人；行政诉讼证据；行政诉讼程序；行政诉讼判决、裁定与决定；行政诉讼的执行。

能力目标：能结合案例准确分析判断是否属于受案范围，并根据级别管辖、地域管辖的规则确定管辖法院；能结合案例准确找出原告、被告、第三人、共同诉讼人等；能运用行政法的理论知识，结合案例作出合适的判决。

素质目标：树立司法是权力保障的最后一道防线，确立司法审查有限、司法公正等理念。

基本知识

子学习单元 1　行政诉讼与行政诉讼法认知

任务 1　认识行政诉讼

一、行政诉讼的概念与特征（二维码 6-1）

在我国，行政诉讼是指公民、法人或者其他组织认为具有国家行政职权的机关和组织及其工作人员实施的行政行为侵犯其合法权利，依法向人民法院提起诉讼，人民法院在当事人及其他诉讼参与人的参加下，依法对被诉行政行为进行审查并作出裁判，从而解决行政争议的制度。

行政诉讼具有以下特征：

1. 行政诉讼是解决行政争议、并且是部分行政争议的一项法律制度。所谓行政争议，是指行政主体在行使职权和履行职责过程中与其他行政主体以及行政相对人之间发生的，以行政法上的权利义务为内容的争议。行政诉讼与民事诉讼、刑事诉讼的区别在于，其是解决行政争议的法律制度。不过，行政诉讼并不能够解决所有的行政争议，它仅仅能够解决行政主体与行政相对人之间发生的部分行政争议。

2. 行政诉讼的裁判者是作为司法机关的普通人民法院。根据《宪法》的规定，人民法院是我国的审判机关，包括普通人民法院和专门人民法院（如军事法院、海事法院等）。行政诉讼是普通人民法院运用审判权解决行政争议的一种活动，有别于通过行政机关解决行政争议的行政复议制度。

3. 行政诉讼中原告与被告的关系是恒定的。行政诉讼的原告只能是在行政法律关系中以行政相对人身份出现的公民、法人或者其他组织，而行政诉讼的被告只能是具有国家行政职权的行政机关和法律、法规授权的组织，即行政主体。也就是说，行政诉讼只能是"民告官"，而不可能是"官告民"。这是由行政主体在行政法律关系中的优势地位所决定的。不过，需要注意的是，行政机关也可以成为行政诉讼的原告，因为其可能是特定行政法律关系中的行政相对人。

二、行政诉讼的功能

行政诉讼体现了司法权对行政权的监督，是现代法治社会的重要制度之一。从总体上看，行政诉讼具有以下功能或作用：

1. 化解行政争议。行政诉讼通过审理行政争议，确定当事人之间的权利义务，最终对行政争议作出裁断。同时，根据司法最终裁判原理，行政诉讼是处理行政纠纷的终局机制。

2. 保护公民、法人和其他组织的合法权益，即提供法律救济。行政权伴随着一个人从摇篮到坟墓的全过程，随时都可能侵害公民、法人和其他组织的合法权益。当公民、法人和其他组织认为行政行为侵害其合法权益时，可以通过行政诉讼寻求法律救济。

3. 监督行政主体依法行政。依法行政是法治社会对行政主体的最低要求。在行政诉讼中，人民法院对违法的行政行为予以撤销、变更，或确认违法、无效，或者判令被告履行法定职责，进而监督行政主体依法行政。

三、行政诉讼的基本原则

行政诉讼的基本原则，是指贯穿于整个行政诉讼制度当中，对行政诉讼活动的各个环节具有普遍指导意义的基本准则。

行政诉讼的基本原则包括两类：一是行政诉讼与民事诉讼、刑事诉讼共有的原则，二是行政诉讼特有的原则。

根据《行政诉讼法》第4-5条和第7-11条的规定，行政诉讼与民事诉讼、刑事诉讼共有的原则包括：①人民法院独立行使审判权原则；②以事实为根据，以法律为准绳原则；③回避原则；④公开审判原则；⑤合议原则；⑥两审终审原则；⑦当事人法律地位平等原则；⑧使用本民族语言进行诉讼原则；⑨辩论原则；⑩人民检察院实行法律监督原则等。

根据《行政诉讼法》第6条、第56条和第60条的规定，行政诉讼特有的原则包括合法性审查原则、被诉行政行为不停止执行原则和不适用调解原则。下面对行政诉讼的特有原则进行阐述。

1. 合法性审查原则。《行政诉讼法》第6条规定："人民法院审理行政案件，对行政行为是否合法进行审查。"这确立了行政诉讼的合法性审查原则。

所谓合法性审查原则，是指人民法院在行政诉讼过程中，只审查被诉行政行为是否合法，而不审查其他内容。具体来说，合法性审查原则旨在说明行政诉讼的审查范围与审查强度。就审查范围而言，行政诉讼只审查行政行为，不审查行政相对人的行为；就审查强度而言，行政诉讼只审查行政行为是否合法，而不审查行政行为是否合理。

合法性审查原则的确立，说明行政诉讼在解决行政争议方面具有局限性。不过，不能把这种局限性视作行政诉讼的弊端，因为在解决行政争议问题上，既要考虑人民法院与权力机关、行政机关之间的合理分工，也要考虑人民法院的审判能力。应该说，人民法院作为法律的适用者，仅对行政行为进行合法性审查是妥当的。

2. 被诉行政行为不停止执行原则。（二维码6-2）被诉行政行为不停止执行原则，是指在行政诉讼过程中，被诉行政行为继续执行，或者说行政行为不因进入行政诉讼程序而停止执行。这一原则的确立，主要是为了维护社会秩序、公共利益以及行政活动的连续性。

不过，值得注意的是，如果被诉行政行为最终被判定违法或无效，而其已经被执行，并且无法执行回转时，行政诉讼的权利救济功能就无法实现。因此，《行政诉讼法》在规定诉讼不停止执行原则的同时，也在第56条中规定了停止执行的四种例外情形：一是被告认为需要停止执行的；二是原告或者利害关系人申请停止执行，人民法院认为该行政行为的执行会造成难以弥补的损失，并且停止执行不损害国家利益、社会公共利益的；三是人民法院认为该行政行为的执行会给国家利益、社会公共利益造成重大损害的；四是法律、法规规定停止执行的。当事人对停止执行或者不停止执行的裁定不服的，可以申请复议一次。

6-2

3. 不适用调解原则。《行政诉讼法》第60条第1款规定："人民法院审理行政案件，不适用调解。但是，行政赔偿、补偿以及行政机关行使法律、法规规定的自由裁量权的案件可以调解。"

行政诉讼不适用调解原则，指人民法院在行政诉讼中，不能以调解形式审理案件，也不能以调解形式结案。

《行政诉讼法》之所以确立不适用调解原则，主要基于两个考虑：①行政诉讼的审查内容是行政行为是否合法，而行政行为要么合法，要么违法，不可能存在中间状态。调解的目的在于寻找合法与违法之间的中间状态，这就使得调解原则的适用在逻辑上难以成立。②行政行为是被告行使行政职权的结果，而被告无权对行政职权作出处分。这与调解的适用以当事人对争议事项拥有处分权为前提相抵触。

不过，《行政诉讼法》在确立不适用调解原则的同时，还规定了可以适用调解的例外情形：一是行政赔偿案件；二是行政补偿案件；三是行政机关行使法律、法规规定的自由裁量权的案件。当然，行政调解的适用，应当遵循自愿、合法原则，不得损害国家利益、社会公共利益和他人合法权益。

任务2　认识行政诉讼法

一、行政诉讼法的概念

行政诉讼法，指有关调整人民法院和当事人及其他诉讼参与人的行政诉讼活动，以及在这些诉讼活动中所形成的各种关系的法律规范的总称。

行政诉讼法有狭义、广义之分：前者特指《行政诉讼法》法典本身；后者指的是一个独立的法律部门，是包括《行政诉讼法》法典在内的所有有关行政诉讼的法律规范的总称。

二、行政诉讼法的法律渊源

行政诉讼法的法律渊源，是指行政诉讼法律规范的各种表现形式。主要包括：

1. 宪法。现行宪法有关公民对国家机关及其工作人员的监督权、对国家的求偿权，以及审判制度的规定，都属于行政诉讼法的法律渊源。

2. 狭义的行政诉讼法。第七届全国人民代表大会常务委员会于1989年4月4日通过《行政诉讼法》，该法自1990年10月1日起施行。2014年11月1日和2017年6月27日，全国人民代表大会常务委员会对《行政诉讼法》进行了两次修正。《行政诉讼法》是行政诉讼法最重要的法律渊源。

3. 国家赔偿法。国家赔偿制度与行政诉讼制度密切相关，国家赔偿制度中与行政赔偿诉讼有关的规定，也构成行政诉讼法的法律渊源。

4. 司法机关组织法。《人民法院组织法》中有关法院从事诉讼活动的一般性规定，《人民检察院组织法》中有关检察院实施法律监督方面的规定，都是行政诉讼法的组成部分。

5. 民事诉讼法。我国的行政诉讼制度脱胎于民事诉讼制度。《行政诉讼法》第101条规定："人民法院审理行政案件，关于期间、送达、财产保全、开庭审理、调解、中止诉讼、终结诉讼、简易程序、执行等，以及人民检察院对行政案件受理、审理、裁判、执行的监督，本法没有规定的，适用《中华人民共和国民事诉讼法》的相关规定。"因此，民事诉讼法也是行政诉讼法的法律渊源。（二维码6-3）

6-3

6. 其他单行法律与法规。许多单行的法律、法规都规定了行政诉权、行政诉讼起诉期限、复议前置等内容，这些规定也是行政诉讼法的组成部分。

7. 司法解释。最高人民法院有关《行政诉讼法》的司法解释是行政诉讼法的一个重要组成部分，在审判实践中发挥着无法替代的重要作用。目前，《最高人民法院关于适用〈中华人民共和国行政诉讼法〉的解释》[1]（以下简称《适用解释》）是最重要的司法解释。此外，最高人民法院就个案或者个别法律条款所单独作出的批复、答复、解释等，在

---

[1] 该司法解释于2017年11月13日由最高人民法院审判委员会第1726次会议通过，自2018年2月8日起施行。

实践中也对各级法院的行政诉讼活动发挥着指导作用。(二维码6-4)

子学习单元2　行政诉讼的提起与法律文书

任务1　理解提起行政诉讼需具备的法定条件

行政诉讼的提起，即起诉，是行政诉讼程序的启动环节，是指公民、法人及其他组织认为行政机关的行政行为侵犯了其合法权益，向人民法院提出诉讼请求，要求人民法院行使国家审判权，对行政行为进行审查，以保护自己合法权益的一种法律行为。

根据《行政诉讼法》第49条的规定，提起行政诉讼应当符合下列条件：第一，原告是认为行政行为侵犯其合法权益的公民、法人或者其他组织，即具有原告资格。第二，有明确的被告。第三，有具体的诉讼请求和事实根据。第四，属于人民法院受案范围和受诉人民法院管辖。此外，起诉应当在法律规定的起诉期限内提出，原则上应当采用书面形式，即提交行政起诉状。

一、提起行政诉讼的公民、法人或者其他组织必须具有原告资格

（一）原告及原告资格的转移

特定主体成为行政诉讼原告必须具备一定的法定条件，这就是行政诉讼的原告资格。根据《行政诉讼法》及《适用解释》的规定，成为行政诉讼的原告，必须同时满足以下条件：一是在行政法律关系中，处于行政主体的相对一方；二是与被诉行政行为有利害关系；三是认为行政行为侵犯其合法权益。其中，有下列情形之一的，属于"与被诉行政行为有利害关系"：一是被诉的行政行为涉及其相邻权或者公平竞争权的；二是在行政复议等行政程序中被追加为第三人的；三是要求行政机关依法追究加害人法律责任的；四是撤销或者变更行政行为涉及其合法权益的；五是为维护自身合法权益向行政机关投诉，具有处理投诉职责的行政机关作出或者未作出处理的；六是其他与行政行为有利害关系的情形。

只有起诉人具有原告资格，人民法院才可能受理；人民法院受理后，起诉人才能被称之为"原告"。所以，行政诉讼的原告是指对行政行为不服，依照《行政诉讼法》的规定向人民法院提起诉讼的公民、法人或其他组织。

具有原告资格的公民死亡、法人或组织终止的,其诉权并不因其失去诉讼权利能力而丧失,其原告资格将转移给他人,继续行使诉权。原告资格的转移遵循以下规则:①有权提起行政诉讼的公民死亡的,其近亲属可以作为原告提起诉讼。这里的"近亲属"包括:配偶、父母、子女、兄弟姐妹、祖父母、外祖父母、孙子女、外孙子女和其他具有扶养、赡养关系的亲属。需要注意的是,公民因被限制人身自由而不能提起诉讼的,其近亲属可以依其口头或者书面委托以该公民的名义提起诉讼。甚至,近亲属起诉时无法与被限制人身自由的公民取得联系的,近亲属可以先行起诉,并在诉讼中补充提交委托证明,此时不构成原告资格的转移。②有权提起行政诉讼的法人或者其他组织终止的,承受其权利的法人或者其他组织可以作为原告提起诉讼。

(二) 行政诉讼原告资格的确定

根据《行政诉讼法》及《适用解释》的规定,与行政行为有利害关系的公民、法人或者其他组织,对该行政行为不服的,都可以依法提起行政诉讼,成为行政诉讼的原告。

考虑到公共行政的复杂性和原告问题的重要性,《适用解释》对特殊情形下的原告资格作出了具体规定:

1. 合伙企业的原告资格。合伙企业提起行政诉讼时,其原告资格的确定分为两种情况:①合伙企业向人民法院提起诉讼的,应当以核准登记的字号为原告;②未依法登记领取营业执照的个人合伙的全体合伙人为共同原告;全体合伙人可以推选代表人,被推选的代表人,应当由全体合伙人出具推选书。

2. 个体工商户的原告资格。个体工商户向人民法院提起诉讼的,以营业执照上登记的经营者为原告。有字号的,以营业执照上登记的字号为原告,并应当注明该字号经营者的基本信息。

3. 股份制企业及联营企业、中外合资或者合作企业的联营、合资、合作各方的原告资格。股份制企业的股东大会、股东会、董事会等认为行政机关作出的行政行为侵犯企业经营自主权的,可以企业名义提起诉讼,但不能以自己的名义提起诉讼。同时,联营企业、中外合资或者合作企业的联营、合资、合作各方,认为联营、合资、合作企业权益或者自己一方合法权益受行政行为侵害的,均可以自己的名义提起诉讼。这一规定对于维护联营企业、中外合资或者合作企业的联营、合资、合作各方的合法权益具有重要意义。

4. 非国有企业因被注销、撤销等丧失主体资格时的原告资格。非国有企业指国有企业以外的其他企业,包括集体企业、私营企业等。当行政机关通过其行政行为将非国有企业注销、撤销、合并、强令兼并、出售、分立或者改变企业隶属关系时,非国有企业原有的主体资格将被消灭。此时,为维护非国有企业的合法权益,《适用解释》授权该非国有企业或者其法定代表人可以提起行政诉讼。

5. 非营利法人的出资人、设立人的原告资格。根据《民法典》第87条的规定,非营利法人,是指为公益目的或者其他非营利目的成立,不向出资人、设立人或者会员分配所取得利润的法人,包括事业单位、社会团体、基金会、社会服务机构等。根据《适用解释》的规定，事业单位、社会团体、基金会、社会服务机构等非营利法人的出资人、设立人认为行政行为损害法人合法权益的，可以自己的名义提起诉讼。

6. 业主委员会和业主的原告资格。业主是在区分所有权制度下的一个法律概念，特指在区分所有的建筑物内或者在一个建筑区划内拥有一个或者一个以上专有建筑物空间或者房屋的所有权人。业主可以是自然人、法人和其他组织，可以是本国公民或组织，也可以是外国公民或组织。业主委员会，是指由物业管理区域内由业主选举出的业主代表组成，通过执行业主大会的决定，代表业主的利益，向社会各方反映业主意愿和要求，并监督和协助物业服务企业或其他管理人履行物业服务合同的业主大会执行机构，不具备独立法人资格。

根据《适用解释》的规定，业主委员会对于行政机关作出的涉及业主共有利益的行政行为，可以自己的名义提起诉讼。业主委员会不起诉的，专有部分占建筑物总面积过半数或者占总户数过半数的业主可以提起诉讼。

实践中倍受争议的举报人的原告资格需要具体情况具体分析。（二维码6-5）

6-5

另外，我国已建立行政公益诉讼制度，即人民检察院在履行职责过程中发现生态环境和资源保护、食品和药品安全、国有财产保护、国有土地使用权出让等领域负有监督管理职责的行政机关违法行使职权或者不作为，致使国家利益或者社会公共利益受到侵害的，应当向行政机关提出检察建议，督促其依法履行职责。行政机关不依法履行职责的，人民检察院依法向人民法院提起诉讼。相较而言，行政公益诉讼的原告资格的判定较为简单。目前，行政公益诉讼在维护公共利益方面发挥了重要作用。（二维码6-6）

6-6

二、起诉必须有明确但未必正确的被告

（一）被告、被告资格

行政相对人（即原告）向人民法院递交行政起诉状时必须明确指出作出侵犯其合法权益的行政行为的主体，即哪个行政机关或哪个法律、法规授权的组织。行政相对人因法律知识的欠缺不一定能指出正确的主体，所以法律规定，只要有明确但未必正确的被告，人

民法院就应当受理。判断被告是否正确,即是否具有被告资格,必须在人民法院对本案进行审查之后才能确定。故而被告资格不是起诉条件,而是法院裁判要件。

行政诉讼的被告是指因原告认为其作出的行政行为违法并侵犯其合法权益而向人民法院起诉,人民法院受理后通知其应诉,并受人民法院终局裁判约束的行政机关或者法律、法规授权的组织。可见,行政诉讼的被告必须是行政法律关系中的行政主体,包括行政机关和法律、法规授权的组织。同时,行政诉讼的被告是基于原告的指控和人民法院的通知而参加诉讼的当事人,其必须接受人民法院终局裁判的拘束。

(二)行政诉讼被告的确定

判断一个主体是否是行政诉讼的被告,其核心是对行政主体的判定。

1. 行政诉讼被告的一般确认规则。一般情况下,行政诉讼被告的确定,主要根据两个条件:一是形式条件,即被原告所指控。二是实质条件,即必须是实施了被诉行政行为的行政主体。在判断第二个条件是否成立时,应坚持"权"、"名"、"责"相统一的原则。

一般可通过如下规则确定行政诉讼的被告:行政机关实施的行政行为被诉时,该行政机关是被告;被法律、法规、规章授权的组织实施的行政行为被诉时,该组织是被告;受委托实施的行政行为被诉时,委托者是被告;原告因行政机关不履行法定职责而起诉时,对相应事务负有职责的行政主体是被告。

表6-1 确定行政诉讼被告的一般情况

行为者	被告
一般行政机关	该机关
派出机关	派出机关
授权行政	被授权组织
委托行政	委托者
不作为案件	有作为义务的机关

2. 特殊情况下行政诉讼被告的确认。

(1)经上级行政机关批准的行政行为案件中的被告。当事人不服经上级行政机关批准的行政行为,向人民法院提起诉讼的,应当以在对外发生法律效力的文书上署名的机关为被告。例如,《环境保护法》第60条规定:"企业事业单位和其他生产经营者超过污染物排放标准或者超过重点污染物排放总量控制指标排放污染物的,县级以上人民政府环境保护主管部门可以责令其采取限制生产、停产整治等措施;情节严重的,报经有批准权的人民政府批准,责令停业、关闭。"A县生态环保局在报经该县人民政府批准后,对B企业作为作出责令关闭的行政处罚。则B企业不服时,应当以在对外发生法律效力的行政处罚决定书上署名的A县生态环保局为被告。

(2) 共同行政行为案件中的被告。两个以上行政机关共同作出同一行政行为的，共同作出行政行为的行政机关是共同被告。如果原告只起诉了其中一部分行政机关的话，这部分行政机关当然为被告，但法院不能直接将其他行政机关也列为被告。此时，法院的正确做法是：先通知原告，要求其追加其他行政机关作为共同被告，如果原告坚持不追加的，法院只能将其列为第三人。

(3) 经行政复议后案件中的被告。经过复议程序以后再提起行政诉讼的案件，其被告因复议决定的类型而异：

第一，复议机关决定维持原行政行为的，作出原行政行为的行政机关和复议机关是共同被告。学术界将这种现象称为"双被告"制度。该制度的确立旨在防止行政复议成为"维持会"，但目前也暴露出一些问题。（二维码6-7）

6-7

第二，复议机关改变原行政行为的，复议机关是被告。所谓"复议机关改变原行政行为"，包括以下情形：①复议机关改变原行政行为的处理结果；②复议机关确认原行政行为无效；③复议机关以违反法定程序为之外的理由确认原行政行为违法。

第三，复议机关在法定期限内未作出复议决定，公民、法人或者其他组织起诉原行政行为的，作出原行政行为的行政机关是被告；起诉复议机关不作为的，复议机关是被告。

(4) 委托作出行政行为时的被告。行政机关委托的组织所作的行政行为，委托的行政机关是被告。

(5) 行政机关新组建的机构以及内设机构、派出机构的被告资格。行政机关组建并赋予行政管理职能但不具有独立承担法律责任能力的机构，虽以自己的名义作出行政行为，当事人不服而提起诉讼的，应当以组建该机构的行政机关为被告。

行政机关的内设机构或者派出机构的被告资格，分为四种情况：

第一，内设机构或者派出机构在没有得到法律、法规或者规章授权的情况下，以自己的名义作出行政行为，当事人不服而提起诉讼的，被告是该内设机构或者派出机构所属的行政机关。

第二，内设机构或者派出机构得到了法律、法规、规章的授权，并且在法律、法规、规章授权的范围内作出行政行为，当事人不服而提起诉讼的，被告是该内设机构或者派出机构。

第三，内设机构或者派出机构得到了法律、法规、规章的授权，但超出法律、法规或者规章授权的范围作出行政行为，当事人不服而提起诉讼的，被告是该内设机构或者派出机构。

第四，行政机关在没有法律、法规或者规章规定的情况下，授权其内设机构、派出机构或者其他组织行使行政职权的，应当视为委托。当事人不服而提起诉讼的，应当以该行政机关为被告。

（6）行政机关被撤销或者职权变更后的被告。作出行政行为的行政机关被撤销或者职权变更，而该行政行为又被提起行政诉讼时，应当以继续行使其职权的行政机关为被告。如果没有继续行使其职权的行政机关，则以撤销它的行政机关为被告。本质上，这属于被告资格的转移。

三、有具体的诉讼请求和事实根据

具体的诉讼请求，是指原告要求人民法院给予审判保护的具体内容。根据《适用解释》的规定，"有具体的诉讼请求"是指：①请求判决撤销或者变更行政行为；②请求判决行政机关履行特定法定职责或者给付义务；③请求判决确认行政行为违法；④请求判决确认行政行为无效；⑤请求判决行政机关予以赔偿或者补偿；⑥请求解决行政协议争议；⑦请求一并审查规章以下规范性文件；⑧请求一并解决相关民事争议；⑨其他诉讼请求。同时，当事人单独或者一并提起行政赔偿、补偿诉讼的，应当有具体的赔偿、补偿事项以及数额；请求一并审查规章以下规范性文件的，应当提供明确的文件名称或者审查对象；请求一并解决相关民事争议的，应当有具体的民事诉讼请求。

事实根据不仅包括案件事实（即案情事实和证据事实），还包括诉讼请求的法律、法规依据。因此，事实根据具体包括行政行为存在的事实、起诉人与行政行为具有利害关系的事实和认为行政行为违法的理由。要求原告提供相应的事实根据，旨在防止滥诉的发生。而且，根据《适用解释》和《最高人民法院关于行政诉讼证据若干问题的规定》（以下简称《证据规定》）的规定，原告应当对起诉符合法定条件承担举证责任。不过，原告的举证责任主要是一种程序推进责任，决定诉讼程序是否开始，而与行政诉讼的结果（即是否胜诉）没有必然联系。

四、属于人民法院的受案范围

（一）行政诉讼受案范围的内涵、确定标准及规定方式

1. 内涵。《行政诉讼法》对受案范围的规定是行政诉讼区别于其他诉讼的一个重要特征。行政诉讼是司法权对行政权的监督，根据司法审查有限原则，司法权的行使主体——人民法院不宜也无能力对所有行政行为都进行审查。权力机关、行政机关自身亦能解决部分行政争议，且有的行政争议只能由权力机关解决。所以，对于行政争议，人民法院与其他国家机关之间存在着权限分工。为此，《行政诉讼法》明确了人民法院解决行政争议的范围，即法院的主管范围，亦称"行政诉讼的受案范围"。

2. 规定方式。在行政诉讼受案范围的规定方式上，《行政诉讼法》第2条第1款首先作出了概括性规定，即"公民、法人或者其他组织认为行政机关和行政机关工作人员的行政行为侵犯其合法权益，有权依照本法向人民法院提起诉讼。"然后，《行政诉讼法》第

12条第1款第1项至第11项、第13条以及《适用解释》，对行政诉讼的受案范围作出了肯定性列举与否定性列举。而且，《行政诉讼法》第12条第1款第12项规定，认为行政机关侵犯其他人身权、财产权等合法权益的，公民、法人或者其他组织有权提起行政诉讼；同时第2款规定"除前款规定外，人民法院受理法律、法规规定可以提起诉讼的其他行政案件"。这就意味着，所有侵犯人身权和财产权等合法权益的行政行为都纳入了行政诉讼的受案范围；除《行政诉讼法》以外，法律、法规可以规定提起行政诉讼的其他案件。这样，概括性规定与列举性规定相结合，肯定性列举与否定性列举相结合，既比较清晰地展示了列入行政诉讼的行政争议的范围，也为行政诉讼受案范围的拓展留有余地。

(二) 行政诉讼受案范围的确定

为便于操作判断，《行政诉讼法》和《适用解释》从肯定范围（可诉范围）和否定范围（排除范围）两个方面对行政诉讼的受案范围作出规定。

1. 肯定范围（可诉范围）。

(1) 行政处罚。行政处罚是最常见的负担性行政行为。关于行政处罚的种类，《行政诉讼法》作了部分列举，具体应当执行《行政处罚法》的规定。目前，根据《行政处罚法》的规定，行政处罚包括六类：一是警告、通报批评等申诫罚；二是罚款、没收违法所得、没收非法财物等财产罚；三是暂扣许可证件、降低资质等级、吊销许可证件等资格罚；四是限制开展生产经营活动、责令停产停业、责令关闭、限制从业等行为罚；五是行政拘留，属于人身罚；六是法律、行政法规规定的其他行政处罚。

(2) 行政强制。根据《行政诉讼法》的规定，对限制人身自由或者对财产的查封、扣押、冻结等行政强制措施和行政强制执行不服的，属于受案范围。行政强制措施，是指行政机关在行政管理过程中，为制止违法行为、防止证据损毁、避免危害发生、控制危险扩大等情形，依法对公民的人身自由实施暂时性限制，或者对公民、法人或者其他组织的财物实施暂时性控制的行为。行政强制措施有多种类型，如：限制公民人身自由；查封场所、设施或者财物；扣押财物；冻结存款、汇款；等等。行政强制执行，是指行政机关或者行政机关申请人民法院，对不履行行政决定的公民、法人或者其他组织，依法强制履行义务的行为。

(3) 与行政许可相关的案件。根据《行政诉讼法》的规定，以下与行政许可相关的案件属于行政诉讼的受案范围：一是行政机关拒绝行政许可申请的；二是行政机关在法定期限内不予答复的；三是行政机关作出的有关行政许可的其他决定，如撤回、撤销行政许可等决定。甚至，行政机关准予许可的决定，也属于行政诉讼的受案范围，利害关系人可以提起行政诉讼。（二维码6-8）

6-8

（4）行政确权行为。行政机关作出的关于确认土地、矿藏、水流、森林、山岭、草原、荒地、滩涂、海域等自然资源的所有权或者使用权的决定，属于行政诉讼的受案范围。从确权内容看，一是确认自然资源所有权的决定；二是确认自然资源使用权的决定。

（5）征收、征用决定及其补偿决定。征收决定，主要指根据《土地管理法》和《国有土地上房屋征收与补偿条例》作出的集体土地征收决定和国有土地上房屋征收决定，国家由此取得被征收人有关财产的所有权。征用决定，主要指根据《突发事件应对法》等法律、法规作出的行政行为，国家由此取得有关财产的使用权。征收、征用决定都属于损益性行政行为，相应地，国家应当给予补偿，并由有关国家机关作出补偿决定。

（6）行政机关不履行法定职责。根据《行政诉讼法》的规定，申请行政机关履行保护人身权、财产权等合法权益的法定职责，行政机关拒绝履行或者不予答复的，行政相对人有权提起行政诉讼。

行政机关不履行法定职责的构成，一般必须满足两个条件：一是当事人申请行政机关实施的行为属于该机关的法定职责。二是以当事人向行政机关提出保护其权益的申请为前提，行政机关应当依职权主动实施的除外。

（7）侵犯经营自主权或者经营权的行为。经营自主权和经营权是经济组织生存与发展的保障。《行政诉讼法》明确将"认为行政机关侵犯其经营自主权或者农村土地承包经营权、农村土地经营权的"案件纳入行政诉讼的受案范围。值得注意的是，不同经济组织，如国有企业、集体所有制企业、私营企业、外商投资企业、个人独资企业等，其依法拥有的经营权的范围和内容有所不同。

（8）行政机关滥用行政权力排除或者限制竞争。《反垄断法》第10条明确规定："行政机关和法律、法规授权的具有管理公共事务职能的组织不得滥用行政权力，排除、限制竞争。"同时，该法具体列举了"滥用行政权力排除、限制竞争"的表现形式：一是限定或者变相限定单位或者个人经营、购买、使用其指定的经营者提供的商品；二是通过与经营者签订合作协议、备忘录等方式，妨碍其他经营者进入相关市场或者对其他经营者实行不平等待遇，排除、限制竞争；三是实施妨碍商品在地区之间的自由流通的行为；四是以设定歧视性资质要求、评审标准或者不依法发布信息等方式，排斥或者限制经营者参加招标投标以及其他经营活动；五是采取与本地经营者不平等待遇等方式，排斥、限制、强制或者变相强制外地经营者在本地投资或者设立分支机构；六是强制或者变相强制经营者从事该法规定的垄断行为；七是制定含有排除、限制竞争内容的规定。

（9）行政机关违法要求履行义务。行政机关违法要求履行义务，主要包括三种情况：

一是当事人依法并不负有某种义务,而行政机关仍然要求其履行义务;二是当事人负有某种义务,但行政机关要求其重复履行;三是当事人虽然负有某种义务,但行政机关违反法定程序要求其履行。这一规定主要是针对行政机关违法集资、摊派费用或者违法要求履行其他义务而制定的。

(10) 行政给付。根据《行政诉讼法》的规定,公民、法人或者其他组织认为行政机关没有依法支付抚恤金、最低生活保障待遇或者社会保险待遇的,有权提起行政诉讼。

行政机关"没有依法支付",包括以下情形:①应当支付而未支付;②虽然已支付,但在数额或期限方面违反法律规定。

(11) 行政协议。根据《最高人民法院关于审理行政协议案件若干问题的规定》(法释〔2019〕17号)的规定,行政协议是指行政机关为了实现行政管理或者公共服务目标,与公民、法人或者其他组织协商订立的具有行政法上权利义务内容的协议,如:政府特许经营协议;土地、房屋等征收征用补偿协议;矿业权等国有自然资源使用权出让协议;政府投资的保障性住房的租赁、买卖等协议;等等。行政机关不依法履行、未按照约定履行或者违法变更、解除行政协议的,作为行政协议另一方的当事人,以及其他与行政协议有利害关系的公民、法人、其他组织,都可以提起行政诉讼。

(12) 行政机关侵犯其他人身权、财产权等合法权益的行为。行政机关实施的侵犯合法权益的行为,包括但不限于侵犯人身权、财产权的行为,都属于行政诉讼的受案范围。

(13) 法律、法规规定可以提起诉讼的其他行政案件。根据《行政诉讼法》的规定,法律、行政法规、地方性法规可以对行政诉讼的受案范围作出规定。

2. 否定范围(排除范围)。

(1) 国防、外交等国家行为。根据《适用解释》的规定,国家行为是指国务院、中央军事委员会、国防部、外交部等根据宪法和法律的授权,以国家的名义实施的有关国防和外交事务的行为,以及经宪法和法律授权的国家机关宣布紧急状态、实施戒严和总动员等行为。可见,国家行为是包括行政机关在内的特定国家机关,根据宪法和法律的授权,以国家的名义实施的涉及国家主权或重大国家利益的行为。这些行为具有高度的政治性,并且相当一部分就不是行政行为。因此,各国基本上都不把国家行为列入行政诉讼的受案范围。

(2) 行政法规、规章以及行政规范性文件。学理上,行政法规、规章以及行政规范性文件,统称抽象行政行为。其中,行政规范性文件是指行政机关制定、发布的"具有普遍约束力的决定、命令",即行政机关针对不特定对象发布的能反复适用的规范性文件。

将抽象行政行为排除于行政诉讼的受案范围之外,主要是因为根据《宪法》和《地方各级人民代表大会和地方各级人民政府组织法》的规定,抽象行政行为已被纳入有关监督机制之中,而且人民法院也不具备审理该类行政争议的能力。

不过,根据《行政诉讼法》第53条规定,公民、法人或者其他组织认为行政行为所依据的国务院部门和地方人民政府及其部门制定的规范性文件不合法,在对行政行为提起诉讼时，可以一并请求对该规范性文件进行审查。

（3）行政机关对行政机关工作人员的奖惩、任免等决定。从文义解释方法看，《行政诉讼法》中"行政机关对行政机关工作人员的奖惩、任免等决定"应涉及奖励、惩戒、任命和免职等四类行为。不过，《适用解释》将该款理解为"行政机关作出的涉及行政机关工作人员公务员权利义务的决定"。一定意义上，《适用解释》限缩了行政诉讼的受案范围。

（4）终局行政行为。所谓终局行政行为，是指法律规定由行政机关最终裁决的行政行为。鉴于终局行政行为本身违反了司法最终原则，限制了行政诉权，因此《适用解释》明确指出，这里的"法律"特指全国人民代表大会及其常务委员会制定、通过的规范性文件，即狭义的法律。

根据相关法律规定，目前，终局行政行为主要包括：①国务院的裁决。根据《行政复议法》第24至26条的规定，对国务院部门或者省、自治区、直辖市人民政府的行政行为不服的，向作出该行政行为的国务院部门或者省、自治区、直辖市人民政府申请行政复议。对行政复议决定不服的，可以向人民法院提起行政诉讼；也可以向国务院申请裁决，但国务院作出的裁决是最终裁决。②有关出入境决定。根据《出境入境管理法》的规定，下列出入境决定是最终决定：一是公安机关出入境管理机构作出的不予办理普通签证延期、换发、补发，不予办理外国人停留居留证件、不予延长居留期限的决定；二是外国人对其实施的继续盘问、拘留审查、限制活动范围、遣送出境措施不服，依法申请行政复议的，该行政复议决定为最终决定；三是其他境外人员对其实施的遣送出境措施不服，申请行政复议的，该行政复议决定为最终决定；四是公安部对外国人作出的驱逐出境决定。

（5）刑事侦查行为。根据《适用解释》的规定，公安、国家安全等机关依照《刑事诉讼法》的明确授权实施的行为不属于行政诉讼的受案范围。这类行为被称为刑事侦查行为，在性质上是刑事诉讼活动的组成部分。从《刑事诉讼法》的规定看，公安、国家安全等机关能实施的刑事侦查行为包括：讯问刑事犯罪嫌疑人、询问证人、检查、搜查、扣押物品（物证、书证）、冻结存款和汇款、通缉、拘传、取保候审、保外就医、监视居住、刑事拘留、执行逮捕等。公安、国家安全等机关在上述《刑事诉讼法》授权范围之外所实施的行为，均不在此类行为之列。例如，没收财产或实施罚款等不在《刑事诉讼法》明确授权的范围之列。同时，《刑法》的授权不属于"刑事诉讼法的明确授权"，例如《刑法》第17条第5款规定："因不满十六周岁不予刑事处罚的，责令其父母或者其他监护人加以管教；在必要的时候，依法进行专门矫治教育。"则政府作出的矫治教育行为就不属于《刑事诉讼法》授权的行为，公民对其不服的，可以起诉。

（6）调解行为以及法律规定的仲裁行为。调解行为，指行政机关在其职权范围内，就平等主体之间发生的民事纠纷或行政机关与公民、法人、其他组织之间发生的行政争议进行协调，劝导双方自愿达成协议的一种行为。调解行为对当事人没有强制力，当事人可以不受调解结果的约束。因此，当事人如对调解结果不服的，不能对调解行为提起行政诉讼。

仲裁行为，是指发生争议的双方当事人通过协议自愿将争议提请仲裁委员会作出裁决，并执行该裁决的一种解决争议的方法。在我国，法律规定的仲裁行为主要包括两类：一是根据《仲裁法》的规定，仲裁委员会对平等主体的公民、法人和其他组织之间发生的合同纠纷和其他财产权益纠纷进行仲裁；二是根据《劳动法》的规定，劳动争议仲裁委员会对用人单位和劳动者之间发生的劳动争议进行仲裁。在这两类仲裁中，作为争议解决者的仲裁委员会、劳动争议仲裁委员会都不是行政主体。相应的，这两类仲裁行为也不是行政行为，因此不应被纳入行政诉讼的受案范围。

（7）行政指导行为。行政指导，指的是行政主体向相对人采取指导、劝告、建议、鼓励、警示、倡议等不具有国家强制力的方式，谋求相对人的同意与协助，从而实现其行政目的的行为。从性质上看，行政指导不具有强制力，也不会引起当事人权利义务的变动，因此不能对其提起行政诉讼。

（8）重复处理行为。《适用解释》第1条第2款第4项规定："驳回当事人对行政行为提起申诉的重复处理行为"不纳入行政诉讼的受案范围。

所谓重复处理行为，是指行政机关对其已经作出的行政行为表示强调、坚持、重复的行为。这类行为不改变行政相对人的权利义务，因此不能对其提起行政诉讼。

（9）不产生外部法律效力的行为。行政机关的内部沟通、会签意见、内部报批等行为，并不对外发生法律效力，不对公民、法人或者其他组织合法权益产生影响，因此不属于行政诉讼的受案范围。

（10）过程性行为。过程性行为，指行政机关为作出行政行为而实施的准备、论证、研究、层报、咨询等行为。这些行为尚不具备最终的法律效力，因此不属于行政诉讼的受案范围。

（11）执行协助行为。行政机关根据人民法院的生效裁判、协助执行通知书作出的执行行为，本质上属于履行生效裁判的行为，并非行政机关自身依职权主动作出的行为，因此不属于行政诉讼的受案范围。当然，行政机关扩大执行范围或者采取违法方式实施的除外。

（12）内部层级监督行为。内部层级监督行为，指上级行政机关基于内部层级监督关系对下级行政机关作出的听取报告、执法检查、督促履责等行为。例如《国有土地上房屋征收与补偿条例》规定，上级人民政府应当加强对下级人民政府房屋征收补偿工作的监督。这类法律法规规定的内部层级监督行为，并不给当事人直接设定新的权利义务关系，因此不属于行政诉讼的受案范围。

（13）信访办理行为。信访办理行为，指行政机关针对信访事项作出的登记、受理、交办、转送、复查、复核意见等行为。这类行为对信访人不具有强制力，对信访人的实体权利义务不产生实质影响，因此不属于行政诉讼的受案范围。

（14）对公民、法人或者其他组织权利义务不产生实际影响的行为。这是一项兜底性规定，揭示了纳入行政诉讼受案范围的行政行为的基本特征，即对公民、法人或者其他组织的权利义务产生实际影响。所谓"实际影响"，指已经或者可能导致公民、法人或其他组织自身权利义务的增减或法律地位的变化。

行政诉讼的受案范围是一个兼具理论性与实践性的重要问题，也是一个存在较多争议的问题。（二维码6-9、6-10）

6-9　　6-10

五、属于受诉人民法院管辖

行政诉讼受案范围确定了法院的主管范围，在此基础上，需要明确一个案件到底由哪个级别、哪个地区的法院来审理，即不同级别的人民法院之间以及同一级别的不同地区的人民法院之间受理第一审行政案件的权限分工，这就是管辖。

表6-2　主管与管辖的联系与区别

	主管	管辖
区别	人民法院有权受理的行政案件的范围，旨在解决人民法院与其他国家机关之间处理行政争议的权限和分工问题。	人民法院之间受理第一审行政案件的权限划分。
联系	先确定行政诉讼的主管，然后确定案件由哪一个法院管辖	

需要注意的是，根据《适用解释》第3条的规定，专门人民法院、人民法庭不审理行政案件，也不审查和执行行政机关申请执行其行政行为的案件。

在确定行政诉讼管辖时，需要考虑以下因素：便于当事人参加诉讼，便于法院公正、有效行使审判权，保持法院负担基本均衡。

依据管辖是否由法律直接规定为标准，行政诉讼的管辖分为法定管辖和裁定管辖。法定管辖包括级别管辖和地域管辖。裁定管辖分为指定管辖、移送管辖和管辖权的转移。

（一）级别管辖的确定

行政诉讼的级别管辖，是指不同级别的人民法院之间受理第一审行政案件的权限分工。在我国，行政诉讼的级别管辖就是指基层人民法院、中级人民法院、高级人民法院和最高人民法院之间受理第一审行政案件的权限分工。

《行政诉讼法》《适用解释》对行政诉讼的级别管辖规定如下：

1. 基层人民法院的管辖。除法律规定属于其他级别的人民法院管辖的行政案件外，所有行政案件都由基层人民法院管辖。这主要是考虑了行政诉讼管辖的"两便原则"。不过，基层人民法院对其管辖的第一审行政案件，认为需要由中级人民法院审理或者指定管辖的，可以报请中级人民法院决定。

2. 中级人民法院的管辖。

（1）对国务院部门或者县级以上地方人民政府所作的行政行为提起诉讼的案件。这类案件由中级人民法院管辖，主要是为了排除干扰，确保审判质量。

（2）海关处理的案件。这类案件由中级人民法院管辖，主要是考虑到海关大多设置在大中城市，并且海关业务的政策水平要求较高，需要高度的统一性，由中级人民法院管辖有助于保证审判质量。

（3）本辖区内重大、复杂的案件。包括：一是社会影响重大的共同诉讼案件；二是涉外或者涉及香港特别行政区、澳门特别行政区、台湾地区的案件；三是其他重大、复杂案件。

（4）其他法律规定由中级人民法院管辖的案件。这是一项兜底性规定，明确了"法律"可以规定某类案件由中级人民法院管辖。

当事人以案件重大复杂为由，认为有管辖权的基层人民法院不宜行使管辖权或者根据《行政诉讼法》的规定，向中级人民法院起诉，中级人民法院应当根据不同情况在7日内分别作出以下处理：一是决定自行审理；二是指定本辖区其他基层人民法院管辖；三是书面告知当事人向有管辖权的基层人民法院起诉。

3. 高级人民法院的管辖。高级人民法院管辖本辖区内重大、复杂的第一审行政案件。这是因为，高级人民法院的主要职责是上诉审、审判监督和指导下级人民法院的工作。

4. 最高人民法院的管辖。最高人民法院管辖全国范围内重大、复杂的第一审行政案件。这是因为，最高人民法院的主要职责是上诉审、审判监督、制定司法解释以及解决疑难案件。

表6-3　行政诉讼级别管辖的确定

管辖法院	案件范围
基层人民法院	除非另有规定，一律由基层人民法院管辖。
中级人民法院	①对国务院部门或者县级以上地方人民政府所作的行政行为提起诉讼的案件；②海关处理的案件；③本辖区内重大、复杂的案件；④其他法律规定由中级人民法院管辖的案件。
高级人民法院	本辖区内重大、复杂的第一审行政案件
最高人民法院	全国范围内重大、复杂的第一审行政案件
专门人民法院、人民法庭	一律不审理行政案件

（二）地域管辖的确定

行政诉讼的地域管辖是指同一级别的不同地区的人民法院之间受理第一审行政案件的

权限分工。地域管辖的确定,主要是考虑人民法院的辖区与当事人所在地或诉讼标的所在地的关系。《行政诉讼法》《适用解释》对行政诉讼的地域管辖规定如下:

1. 原告直接提起行政诉讼的案件的管辖。原告直接提起行政诉讼的案件,由最初作出行政行为的行政机关所在地人民法院管辖。

2. 经复议的行政案件的管辖。经复议的行政案件,可以由最初作出行政行为的行政机关所在地人民法院管辖,也可以由复议机关所在地人民法院管辖。

3. 限制人身自由的行政案件的管辖。原告对限制人身自由的行政强制措施不服提起的诉讼,由被告所在地或者原告所在地人民法院管辖。"原告所在地",包括原告的户籍所在地、经常居住地和被限制人身自由地。

对行政机关基于同一事实,既采取限制公民人身自由的行政强制措施,又采取其他行政强制措施或者行政处罚不服的,由被告所在地或者原告所在地的人民法院管辖。

4. 因不动产提起的行政诉讼的管辖。因不动产提起的行政诉讼的,由不动产所在地人民法院管辖。并且,这是一种排他性的专属管辖。

"因不动产提起的行政诉讼",是指因行政行为导致不动产物权变动而提起的诉讼。不动产已登记的,以不动产登记簿记载的所在地为不动产所在地;不动产未登记的,以不动产实际所在地为不动产所在地。

另外,值得注意的是,经最高人民法院批准,高级人民法院可以根据审判工作的实际情况,确定若干人民法院跨行政区域管辖行政案件。跨行政区域管辖是行政诉讼地域管辖的一大特色。如,2019 年 4 月 8 日,杭州市中级人民法院发布《浙江省杭州市中级人民法院关于杭州市部分行政案件跨区划管辖调整方案的公告》,明确经浙江省高级人民法院批准,对杭州市部分行政诉讼案件的跨区划管辖进行调整,区(县、县级市)人民政府作为复议机关作共同被告的一审行政诉讼案件,原则上实行异地交叉管辖,但原告选择被告所在地法院管辖的除外;杭州市人民政府作为复议机关作共同被告的一审行政诉讼案件(不包括县级人民政府作为原行政行为机关的一审行政诉讼案件),原则上由杭州市人民政府所在地的江干区(现上城区)人民法院集中管辖,但原告选择作出原行政行为的行政机关所在地法院管辖或者属于不动产专属管辖的除外;浙江省人民政府及国家部(委、局)作为复议机关作共同被告的一审行政诉讼案件,统一集中并提级由杭州市中级人民法院管辖。实行异地管辖的案件,由被选择的法院依法立案登记。最初接收起诉材料的法院应依法将相关材料移送至当事人所选择的异地管辖法院。当事人也可以直接向可选择的异地管辖法院起诉。

(三)裁定管辖

行政诉讼的裁定管辖,是指人民法院以裁定的方式来确定行政案件的管辖法院。裁定管辖包括移送管辖、指定管辖与移转管辖三种。

1. 移送管辖。移送管辖,是指已作出受理裁定的法院发现自己对案件并无管辖权时,将其移送到自己认为有管辖权的法院。接受移送的法院认为自己也没有管辖权时,不得再自行移送，而应当报请上级人民法院指定管辖。

2. 指定管辖。指定管辖，是指上级人民法院以裁定的方式，将某一案件指定下级人民法院管辖。

指定管辖主要存在两种情形：一是有管辖权的人民法院由于特殊原因不能行使管辖权的，由上级人民法院指定管辖；二是人民法院对管辖权发生争议，由争议双方协商解决。协商不成的，报它们的共同上级人民法院指定管辖。

3. 移转管辖。移转管辖，又称管辖权的转移，是指上级法院决定将特定案件的管辖权在上下级法院之间转移。

根据《行政诉讼法》的规定，上级人民法院有权审理下级人民法院管辖的第一审行政案件。下级人民法院对其管辖的第一审行政案件，认为需要由上级人民法院审理或者指定管辖的，可以报请上级人民法院决定。

表6-4 行政诉讼地域管辖的确定

案件类型	管辖法院
原告直接提起行政诉讼的案件	最初作出行政行为的行政机关所在地人民法院
经过复议程序的行政案件	最初作出行政行为的行政机关所在地人民法院
	复议机关所在地人民法院
限制人身自由的行政案件	被告所在地或者原告所在地人民法院
不动产行政案件	不动产所在地人民法院

（四）行政诉讼管辖异议

行政诉讼管辖异议，是指当事人向受诉人民法院提出的该院对争议案件没有管辖权的主张。根据《行政诉讼法》的规定，人民法院受理案件后，被告提出管辖异议的，应当在收到起诉状副本之日起15日内提出。对当事人提出的管辖异议，人民法院应当进行审查。异议成立的，裁定将案件移送有管辖权的人民法院；异议不成立的，裁定驳回。人民法院对管辖异议审查后确定有管辖权的，不因当事人增加或者变更诉讼请求等改变管辖，但违反级别管辖、专属管辖规定的除外。

五、符合法律规定的起诉期限

行政诉讼的起诉期限是指原告提起行政诉讼所受到的时间限制。原告只有在规定期限内提起诉讼方能被法院受理。

《行政诉讼法》和《适用解释》规定了五类起诉期限：

第一，起诉人直接向人民法院提起诉讼的，应当自知道或者应当知道作出行政行为之日起6个月内提出。法律另有规定的除外。依此规定，直接起诉的期限为6个月。但单行法律中可能存在特殊规定，如《土地管理法》第14条规定，土地所有权和使用权争议，当事人对有关人民政府的处理决定不服的，起诉期限为 30 日。又如《森林法》第 22 条规定，单位之间发生的林木、林地所有权和使用权争议，当事人对有关政府的处理决定不服的，起诉期限为 30 日。

第二，起诉人先向复议机关申请行政复议，对复议决定不服的，可以在收到复议决定书之日起 15 日内向人民法院提起行政诉讼。复议机关逾期不作决定的，起诉人可以在复议期满之日起 15 日内向人民法院提起诉讼。法律另有规定的除外。

第三，起诉人申请行政机关履行保护其人身权、财产权等合法权益的法定职责，行政机关在接到申请之日起 2 个月内不履行的，起诉人可以在期满之日起 6 个月内提起行政诉讼。法律、法规对行政机关履行职责的期限另有规定的，从其规定。起诉人在紧急情况下请求行政机关履行保护其人身权、财产权等合法权益的法定职责，行政机关不履行的，起诉期限不这一规定的限制。

第四，行政机关作出行政行为（包括复议决定）时，未告知起诉人诉权或者起诉期限的，起诉期限从公民、法人或者其他组织实际知道诉权或者起诉期限之日起计算，但从知道或者应当知道行政行为内容之日起最长不得超过 1 年。

第五，起诉人不知道行政机关作出的行政行为内容的，其起诉期限从实际知道或者应当知道该行政行为内容之日起计算。但是，因不动产提起诉讼的案件自行政行为作出之日起超过 20 年，其他案件自行政行为作出之日起超过 5 年提起诉讼的，人民法院不予受理。

此外，公民、法人或者其他组织因不可抗力或者其他不属于其自身的原因耽误起诉期限的，被耽误的时间不计算在起诉期限内；因其他特殊情况耽误法定期限的，在障碍消除后的 10 日内，起诉人可以申请延长期限，并由人民法院决定是否延长。

域外行政诉讼的起诉期限制度与我国存在一定差异，对完善我国行政诉讼起诉期限制度具有一定的借鉴意义。（二维码 6-11）

6-11

六、符合法律规定的起诉形式

根据《行政诉讼法》的规定，行政诉讼的起诉方式既可以是书面形式，也可以是口头形式。采用书面形式的，应当向人民法院递交起诉状，并按照被告人数提出副本；书写起诉状确有困难的，可以口头起诉，由人民法院记入笔录，出具注明日期的书面凭证，并告知对方当事人。

公民、法人或者其他组织提起诉讼时应当提交以下起诉材料：一是原告的身份证明材料以及有效联系方式；二是被诉行政行为或者不作为存在的材料；三是原告与被诉行政行为具有利害关系的材料;四是人民法院认为需要提交的其他材料。由法定代理人或者委托代理人代为起诉的,还应当在起诉状中写明或者在口头起诉时向人民法院说明法定代理人或者委托代理人的基本情况,并提交法定代理人或者委托代理人的身份证明和代理权限证明等材料。

任务2　认识并会书写行政起诉状(二维码6-12)

行政诉讼起诉状是原告向人民法院提出诉讼请求的书面依据,也是人民法院对案件进行初步审理的书面依据。行政诉讼起诉状应当列明下列事项:①原告和被告的基本情况;②诉讼请求和所根据的事实和理由;③证据和证据来源,证人姓名和住所;④接受起诉状的人民法院名称和起诉的具体日期。

需要注意的是,证据由原告持有的,应随起诉状递交,如是证人,应注明其姓名、住址等,以便调查;证据为他人持有的,应记明持有人的姓名、住址。此外,起诉状必须由原告签名或盖章。原告递交起诉状,应按被告人数提出起诉状副本,由受诉人民法院逐一送达被告。

6-12

子学习单元3　行政诉讼的受理与法律文书

任务1　认识行政诉讼的受理

行政诉讼的受理,指人民法院接到起诉状后,组成合议庭,在7日内对起诉状内容和材料是否完备以及是否符合《行政诉讼法》规定的起诉条件进行审查,并对起诉状内容和材料完备、符合《行政诉讼法》规定的起诉条件的,作出立案决定。

受理在行政诉讼中具有重要意义。原告的起诉行为与人民法院的受理行为相结合,才能够导致行政诉讼法律关系的产生。而且,起诉被受理后,被诉行政行为的最终法律效力将有待人民法院裁判确定,并且管辖法院也发生恒定效果。

一、人民法院对起诉的审查内容

1. 是否符合《行政诉讼法》第49条规定的起诉条件。
2. 代理人是否合法,即代理是否符合法定要求。
3. 是否符合法律对起诉期限的规定。

4. 是否属于重复诉讼。原告对已经作出生效判决、裁定的案件再行起诉，属于重复诉讼，人民法院不予受理。

5. 是否符合法律、法规关于行政复议与行政诉讼关系的规定。现行法律对行政复议和行政诉讼关系的规定大致有三种：复议诉讼自由选择、复议前置但不终局和复议诉讼自由但复议终局。绝大多数法律规定当事人既可以直接向人民法院起诉，也可以先向复议机关申请复议，对复议决定仍不服的，再向法院起诉。

根据《行政复议法》第23条的规定，复议前置的案件主要有：①对当场作出的行政处罚决定不服的。②对行政机关作出的侵犯其已经依法取得的自然资源的所有权或者使用权的决定不服。③认为行政机关存在拒绝履行、未依法履行或者不予答复保护人身权、财产权、受教育权等合法权益的法定职责情形的。④申请政府信息公开，行政机关不予公开的。⑤法律、行政法规规定应当先向行政复议机关申请行政复议的其他情形。如《税收征收管理法》和《海关法》规定的纳税争议案件，即"是否纳税、由谁纳税、纳多少税、如何纳税"的案件，应当先申请行政复议而不包括当事人对税务机关的税务处罚决定、强制执行措施或税收保全措施不服等情况。

二、人民法院审查后的处理

（一）决定立案受理

人民法院经过审查，认为起诉符合受理条件的，应当立案受理，并及时通知原告。

（二）告知原告补正

起诉状内容或者材料欠缺的，人民法院应当给予指导和释明，并一次性全面告知当事人需要补正的内容、补充的材料及期限。在指定期限内补正并符合起诉条件的，应当登记立案。当事人拒绝补正或者经补正仍不符合起诉条件的，退回诉状并记录在册；坚持起诉的，裁定不予立案，并载明不予立案的理由。

（三）裁定不予立案

法院经审查，认为原告的起诉缺乏实质要件，应当裁定不予立案；已经受理的，裁定驳回起诉。原告对不予受理和驳回起诉的裁定不服的，可以在接到裁定书之日起10日内向上一级人民法院提起上诉。

具有以下情形之一的，法院应当裁定不予立案：①不符合起诉条件的；②超过法定起诉期限且不属于因不可抗力或者其他不属于其自身的原因耽误起诉期限的；③错列被告且拒绝变更的；④未按照法律规定由法定代理人、指定代理人、代表人为诉讼行为的；⑤未按照法律、法规规定先向行政机关申请复议的；⑥重复起诉的；⑦撤回起诉后无正当理由再行起诉的；⑧行政行为对其合法权益明显不产生实际影响的；⑨诉讼标的已为生效裁判或者调解书所羁束的；⑩其他不符合法定起诉条件的情形。

（四）先予立案

人民法院对符合起诉条件的案件应当立案，依法保障当事人行使诉讼权利。能够判断符合起诉条件的，应当当场登记立案；当场不能判断是否符合起诉条件的，应当在接收起诉状后 7 日内决定是否立案；7 日内仍不能作出判断的，应当先予立案。

任务 2　认识人民法院受理的法律文书（二维码 6-13）

6-13

子学习单元 4　行政诉讼的审理

任务 1　认识行政诉讼的审理

行政诉讼的审理是人民法院对行政行为的合法性进行实质审查的阶段。在该任务中，学生需掌握行政诉讼审理过程中涉及的主体、审理过程中的法律适用以及审理过程中特殊情况的处理。其中，法律适用是一个比较复杂的问题。

一、行政诉讼审理过程中涉及的主体

行政诉讼的审理过程，是在人民法院审判人员的主持下，原告、被告、第三人、诉讼代理人、证人、鉴定人、翻译人员、勘验人员等进行诉讼活动的过程。在这些主体中，有的与案件本身有实体上的利害关系，有的只是为了协助人民法院和当事人查明案件事实。其中，除审判人员以外的所有参与行政诉讼活动的主体，称为行政诉讼参与人。其中，因起诉、应诉或与被诉行政行为有利害关系，而在案件的整个或部分诉讼过程中参加诉讼活动的人，称为行政诉讼参加人。行政诉讼的参加人主要包括行政诉讼当事人和具有类似当事人诉讼地位的诉讼代理人。

（一）行政诉讼当事人

1. 概念。行政诉讼当事人，是指因行政行为发生纠纷，以自己名义进行行政诉讼，案件审理结果与其具有利害关系，并且受人民法院裁判约束的人。

当事人有广义和狭义之分：前者包括原告、被告、第三人和共同诉讼人，后者只包括原告与被告。

当事人在行政诉讼的不同阶段有不同的称谓：在起诉阶段被称为起诉人和应诉人；在第一审程序中被称为原告、被告或第三人；在第二审程序中则被称为上诉人或被上诉人；在审判监督程序中，按第一审程序再审的被称为原审原告、原审被告、原审第三人，按第二审程序再审的被称为原上诉人、原被上诉人；在执行程序中被称为申请执行人和被申请执行人。

2. 当事人的诉讼权利和诉讼义务。当事人在行政诉讼中均享有以下诉讼权利：①使用本民族语言文字进行诉讼；②在诉讼中进行辩论；③委托诉讼代理人进行诉讼；④按照规定查阅、复制本案庭审材料，但涉及国家秘密、商业秘密和个人隐私的内容除外。⑤在证据可能灭失或以后难以取得的情况下，可以向人民法院申请证据保全；⑥申请财产保全；⑦申请回避；⑧经审判长许可，有权向证人、鉴定人和勘验人发问；⑨查阅并申请补正庭审笔录；⑩上诉权；⑪申诉权。此外，某些当事人还享有特殊的诉讼权利，如原告有起诉的权利，有权放弃、变更、增加诉讼请求，有权申请撤诉，而被告在第一审程序中有改变被诉行政行为的权利。

同时，当事人在行政诉讼中也应当履行下列诉讼义务：①必须依法正确行使权利，不得滥用权利；②必须遵守诉讼秩序，服从法庭的指挥，不得实施妨害诉讼秩序的行为；③自觉履行人民法院已经生效的判决；④被告对作出的被诉行政行为负有举证责任；⑤被告不得自行向原告和证人收集证据。

3. 当事人的构成。

（1）行政诉讼的原告，是指对行政行为不服，依照《行政诉讼法》的规定向人民法院提起诉讼的公民、法人或其他组织。

（2）行政诉讼的被告，是指因原告认为其作出的行政行为违法并侵犯其合法权益而向人民法院起诉，人民法院受理后通知其应诉，并受人民法院终局裁判约束的行政机关或者法律、法规授权的组织。

（3）行政诉讼第三人，是同提起行政诉讼的行政行为有利害关系，因而可能受到行政诉讼审理结果的影响，依本人申请并经人民法院批准或者由人民法院通知参加诉讼的自然人、法人或其他组织。

行政诉讼第三人是行政诉讼中原告、被告之外的另一类诉讼主体，故称为第三人。与原告、被告相比，第三人参加诉讼的时间是特定的，即本诉已经形成，且尚未审结。同时，第三人主要通过两种途径参加行政诉讼：一是直接提出申请，并经人民法院批准；二是由人民法院直接通知参加诉讼。（二维码6-14）

6-14

从性质上看，凡是同提起诉讼的行政行为有利害关系的原告、被告之外其他公民、法人或者其他组织，都可以作为第三人参加诉讼。而且第三人有权提出与本案有关的诉讼主张，对人民法院的一审判决不服时，有权提起上诉。

(4) 共同诉讼人，是指共同诉讼案件的当事人。原告一方是两个或者两个以上主体的，称为共同原告；被告一方是两个或者两个以上主体的，称为共同被告。

根据共同诉讼成立的条件，共同诉讼可以分为必要共同诉讼和普通共同诉讼。必要共同诉讼，是指当事人一方或者双方为两个以上主体，因同一行政行为发生争议，人民法院必须合并审理的诉讼。普通共同诉讼，是指当事人一方或者双方为两个以上主体，因同样的行政行为发生争议，人民法院认为可以合并审理的诉讼。相应地，共同诉讼人也可分为必要共同诉讼人和普通共同诉讼人。（二维码6-15）

6-15

（二）行政诉讼代理人

1. 概念与特征。行政诉讼代理人，是指以当事人名义，在代理权限范围内代替或协助当事人进行诉讼活动的人。

行政诉讼代理人具有以下特征：一是以被代理人的名义从事行政诉讼活动，参与诉讼的目的是维护被代理人的合法权益。二是必须在代理权限范围内活动，由此产生的后果由被代理人承担。

2. 种类。《行政诉讼法》明确规定了法定代理人和委托代理人两类诉讼代理人。

（1）法定代理人，是指根据法律的规定，代替无诉讼行为能力的公民进行行政诉讼活动的人。如《行政诉讼法》第30条规定："没有诉讼行为能力的公民，由其法定代理人代为诉讼。法定代理人互相推诿代理责任的，由人民法院指定其中一人代为诉讼。"法定代理人的代理权虽然来自法律的直接规定，但是却是基于亲权或者监护权而产生。因此，法定代理人在诉讼中居于与原告或第三人相类似的诉讼地位。

（2）委托代理人，是指受当事人或其法定代理人的委托而代理当事人进行行政诉讼活动的人。根据《行政诉讼法》和《适用解释》的规定，当事人、法定代理人，可以委托1至2人作为诉讼代理人。律师、基层法律服务工作者，当事人的近亲属或者工作人员，当事人所在社区、单位以及有关社会团体推荐的公民，可以受委托成为诉讼代理人。在程序上，当事人委托诉讼代理人，应当向人民法院提交由委托人签名或者盖章的授权委托书。委托书应当载明委托事项和具体权限。公民在特殊情况下无法书面委托的，也可以由他人代书，并由自己捺印等方式确认，人民法院应当核实并记录在卷；被诉行政机关或者其他有义务协助的机关拒绝人民法院向被限制人身自由的公民核实的，视为委托成立。当事人解除或者变更委托的，应当书面报告人民法院。

不同的委托代理人，享有的权利不同：代理诉讼的律师，有权按照规定查阅、复制本案有关材料,有权向有关组织和公民调查,收集与本案有关的证据;对涉及国家秘密、商业秘密和个人隐私的材料,应当依照法律规定保密。其他诉讼代理人有权按照规定查阅、复制本案庭审材料,但涉及国家秘密、商业秘密和个人隐私的内容除外。

(三) 行政诉讼代表人

根据《行政诉讼法》的规定,当事人一方人数众多的共同诉讼,可以由当事人推选代表人进行诉讼。代表人的诉讼行为对其所代表的当事人发生效力,但代表人变更、放弃诉讼请求或者承认对方当事人的诉讼请求,应当经被代表的当事人同意。

诉讼代表人的诉讼地位,兼有当事人和代理人的双重属性。

二、审理过程中的法律适用

(一) 行政诉讼法律适用的含义

人民法院按照法定程序,将法律、法规具体运用于各种行政案件,从而对被诉行政行为的合法性进行审查的专门活动,称为行政诉讼的法律适用。

在行政诉讼中,人民法院是法律适用的主体,并且人民法院适用法律、法规的目的是判断被诉行政行为是否合法,而非判断原告的行为是否合法。因此,人民法院适用的法律、法规与被告在行政程序中所适用的法律、法规未必完全一致。

另外,在行政诉讼中,人民法院除需要适用行政法律规范来判断被诉行政行为是否合法以外,还需要适用行政诉讼法律规范来组织行政案件的审理过程。

(二) 各类法律文件在行政诉讼法律适用中的地位

1. 法律、法规、自治条例、单行条例——行政审判的依据。根据《行政诉讼法》第63条第1款、第2款的规定,法律、法规(包括行政法规和地方性法规)、自治条例和单行条例都可以作为行政审判的依据。其中,地方性法规适用于本行政区域内发生的行政案件;民族自治地方的自治条例和单行条例适用于该民族自治地方的行政案件。

法律、法规、自治条例、单行条例作为行政审判的依据,人民法院不能直接否认其法律效力。如果认为法律、法规、自治条例、单行条例与上位法相抵触,人民法院可以通过《立法法》规定的程序寻求解决方案。至于法律、法规、自治条例、单行条例之间对同一事项有相同规定时,则按照"上位法优于下位法"的原则进行适用。(二维码6-16)

6-16

2. 规章——参照适用。根据《行政诉讼法》第63条第3款的规定,人民法院审理行政案件,参照规章。所谓"参照",意指人民法院审理行政案件时,有权对规章进行审查,对符合法律、法规规定的规章予以适用;对不符合或不完全符合法律、法规原则精神的规章，人民法院不予适用。需要注意的是，人民法院只能决定规章在本案中是否适用，但无权直接予以撤销、改变、废止。因此，人民法院对规章只是拥有有限的审查权。

3. 民事诉讼法的相关规定——适用。我国的行政诉讼脱胎于民事诉讼。二者虽然有许多差异，但也存在一些共同点。从立法经济角度出发，对于二者的相同之处，当民事诉讼法已有规定时，行政诉讼法就没有必要再作规定了。因此，《行政诉讼法》第101条规定："人民法院审理行政案件，关于期间、送达、财产保全、开庭审理、调解、中止诉讼、终结诉讼、简易程序、执行等，以及人民检察院对行政案件受理、审理、裁判、执行的监督，本法没有规定的，适用《中华人民共和国民事诉讼法》的相关规定。"

4. 其他规范性文件和司法解释——可以或应当援引。其他规范性文件，是指规章以下的具有普遍约束力的行政决定、命令的总称。根据《人民法院组织法》和1981年《全国人民代表大会常务委员会关于加强法律解释工作的决议》的规定，人民法院在审理案件具体适用法律时遇到的问题，由最高人民法院作出解释。根据《适用解释》第100条的规定，人民法院审理行政案件，适用最高人民法院司法解释的，应当在裁判文书中援引；同时，人民法院审理行政案件，可以在裁判文书中引用合法有效的规章及其他规范性文件。

三、特殊情况的处理

（一）撤诉

撤诉，指原告或上诉人在人民法院宣告裁判前，按照法律规定的程序，放弃其起诉权或上诉权的诉讼行为。撤诉是原告或上诉人特有的诉讼权利。原告或上诉人的撤诉行为经人民法院批准后，将导致诉讼终结。

根据撤诉的启动方式，撤诉可分为申请撤诉和按撤诉处理。前者是原告或上诉人向人民法院作出明确的意思表示，申请撤回起诉或上诉；后者则是根据原告或上诉人的行为推定其有撤回起诉或上诉的意愿。

1. 申请撤诉。申请撤诉是原告或上诉人自愿放弃起诉权或上诉权的行为。

人民法院对撤诉申请，主要是审查原告或上诉人的意思表示是否真实，撤诉是否损害国家、社会和他人的合法权益，是否违反法律、法规的禁止性规定。

2. 按撤诉处理。以下情形，按撤诉处理：第一，原告或者上诉人经人民法院传票传唤，无正当理由拒不到庭。第二，开庭期间，原告或者上诉人未经法庭许可中途退庭。第三，原告或者上诉人未按规定的期限预交案件受理费，又不提出缓交、减交、免交申请，或者提出申请未获批准。不过，按撤诉处理后，原告或者上诉人在法定期限内再次起诉或者上诉，并依法解决诉讼费预交问题的，人民法院应予受理。

需要注意的是，原告或者上诉人在庭审中明确拒绝陈述或者以其他方式拒绝陈述，导致庭审无法进行，经法庭释明法律后果后仍不陈述意见的，视为放弃陈述权利，由其承担不利的法律后果。此种情形并不按撤诉处理。

此外，法院对是否准予撤诉和按撤诉处理享有决定权。当事人申请撤诉或者依法可以按撤诉处理的案件，当事人有违反法律的行为需要依法处理的，人民法院可以不准许撤诉或者不按撤诉处理。法庭辩论终结后原告申请撤诉，人民法院可以准许，但涉及国家利益和社会公共利益的除外。

（二）缺席判决

缺席判决与对席判决相对，指合议庭开庭审理时，在当事人缺席的情况下，经过审理作出的判决。

根据《适用解释》第79条第3款的规定，被告经传票传唤无正当理由拒不到庭，或者未经法庭许可中途退庭的，人民法院可以按期开庭或者继续开庭审理，对到庭的当事人诉讼请求、双方的诉辩理由以及已经提交的证据及其他诉讼材料进行审理后，依法缺席判决。

（三）诉讼中止与诉讼终结

1. 诉讼中止。诉讼中止，是在诉讼进行中，由于某种法定情形的发生而使诉讼程序暂时停止的一种诉讼制度。

诉讼中止的法律效果是暂时停止本案的全部诉讼活动。诉讼程序重新开始后，中止前业已进行的行为依然有效。

根据《适用解释》第87条的规定，在诉讼过程中，可以导致诉讼中止的法定事由包括：一是原告死亡，须等待其近亲属表明是否参加诉讼的；二是原告丧失诉讼行为能力，尚未确定法定代理人的；三是作为一方当事人的行政机关、法人或者其他组织终止，尚未确定权利义务承受人的；四是一方当事人因不可抗力的事由不能参加诉讼的；五是案件涉及法律适用问题，需要送请有权机关作出解释或者确认的；六是案件的审判须以相关民事、刑事或者其他行政案件的审理结果为依据，而相关案件尚未审结的；七是其他应当中止诉讼的情形。前述中止诉讼的原因消除后，恢复诉讼。

2. 诉讼终结。诉讼终结，是指在诉讼程序进行中，因出现某种特殊情况不得已结束诉讼的制度。

诉讼终结有别于诉讼结束，它是诉讼程序的非正常结束。也正因此，诉讼终结时，人民法院对当事人之间的实体权利义务关系不作结论，故只能采用裁定书的形式。诉讼终结也不同于诉讼中止，它是诉讼程序的永远结束，而不可能再行恢复。

根据《适用解释》第88条的规定，在诉讼过程中，有下列情形之一的，终结诉讼：一是原告死亡，没有近亲属或者近亲属放弃诉讼权利的；二是作为原告的法人或者其他组织终止后，其权利义务的承受人放弃诉讼权利的。此外，人民法院因下述三种事由之一而裁定中止诉讼，并且中止诉讼满90日仍无人继续诉讼的，裁定终结诉讼，但有特殊情况的除外：①原告死亡，须等待其近亲属表明是否参加诉讼的；②原告丧失诉讼行为能力，尚未确定法定代理人的；③作为一方当事人的行政机关、法人或者其他组织终止，尚未确定权利义务承受人的。

（四）财产保全与先予执行

1. 财产保全。所谓财产保全，是指人民法院为了保护当事人的合法权益，保证行政行为或者人民法院生效裁判能够得到有效执行，而根据当事人的申请或依据职权，对涉案的标的物或有关财产采取限制处分的临时性保护措施。

根据《适用解释》的规定，人民法院对于因一方当事人的行为或者其他原因，可能使行政行为或者人民法院生效裁判不能或者难以执行的案件，根据对方当事人的申请，可以裁定对其财产进行保全、责令其作出一定行为或者禁止其作出一定行为；当事人没有提出申请的，人民法院在必要时也可以裁定采取上述保全措施。人民法院采取保全措施，可以责令申请人提供担保；申请人不提供担保的，裁定驳回申请。人民法院接受申请后，对情况紧急的，必须在48小时内作出裁定；裁定采取保全措施的，应当立即开始执行。当事人对保全的裁定不服的，可以申请复议；复议期间不停止裁定的执行。

人民法院决定财产保全时，保全范围限于请求的范围，或者与本案有关的财物。财产保全的方法主要是查封、扣押、冻结或者法律规定的其他方法。人民法院保全财产后，应当立即通知被保全人。财产已被查封、冻结的，不得重复查封、冻结。涉及财产的案件，被申请人提供担保的，人民法院应当裁定解除保全。申请有错误的，申请人应当赔偿被申请人因保全所遭受的损失。

财产保全分诉讼过程中的财产保全和诉前财产保全。后者必须由利害关系人提出申请，并且必须提供担保。人民法院接受申请后，必须在48小时内作出裁定；裁定采取保全措施的，应当立即开始执行。申请人在人民法院采取保全措施后30日内不依法提起诉讼的，人民法院应当解除保全。

2. 先予执行。所谓先予执行，指人民法院在判决确定以前，裁定被告预先给付原告部分财物并立即交付执行的一项临时性措施。

根据《行政诉讼法》第57条的规定，先予执行的适用条件如下：一是原告起诉行政机关没有依法支付抚恤金、最低生活保障金和工伤、医疗社会保险金；二是权利义务关系明确；三是不先予执行将严重影响原告生活。同时在程序上，与财产保全不同，先予执行必须由原告提出申请。当符合条件时，人民法院依法书面裁定先予执行。当事人对先予执行的裁定不服的，可以申请复议，但复议期间不停止裁定的执行。

任务2　一审程序的审理

原告向人民法院提起诉讼后，经法院审查符合起诉条件的，法院将会立案受理，并进入审理阶段。审理需经过庭审前准备和开庭审理两个阶段。

一、庭审前准备

庭审前准备，是指在开庭审理前，人民法院、诉讼当事人及其代理人和其他诉讼参与人等为开庭审理所进行的一系列活动。

（一）原告的庭审前准备工作

1. 按期预交诉讼费。原告在接到受理案件通知书后的次日起7日内预交案件受理费，否则，按撤诉处理。

2. 明确自己的诉讼请求和事实根据，为庭审中的调查和辩论阶段作准备。

3. 研究被告的答辩状，明确双方的分歧焦点，拟定诉讼对策。

（二）被告的庭审前准备工作

1. 被告在接到应诉通知书和起诉状副本后，在15日的答辩期内提交答辩状，并确认自己的送达地址、联系电话、邮政编码。

2. 提交答辩状的同时，提供据以作出被诉行政行为的全部证据和所依据的规范性文件。被告在作出行政行为时已经收集了证据，但因不可抗力等正当事由不能提供，申请延期提供证据的，应当在收到起诉状副本之日起15日内以书面方式向人民法院提出。人民法院准许延期提供的，被告应当在正当事由消除后15日内提供证据。逾期提供的，视为被诉行政行为没有相应的证据。

3. 决定是否提出管辖权异议。提出管辖权异议的，应提交相应的书面材料，并说明理由。

（三）人民法院的审前准备工作

1. 立案后向被告送达起诉状副本，并告知被告在法定期限内提出答辩状。法院应当在立案之日起的5日内，将起诉状副本发送被告，并在收到答辩状后5日内将答辩状副本发送原告。

2. 确定审判组织形式，并告知当事人诉讼权利。根据《行政诉讼法》的规定，行政诉讼既可以由审判员一人独任审理，也可以组成由为3人以上的单数构成的合议庭进行审理。其中，人民法院审理下列第一审行政案件，认为事实清楚、权利义务关系明确、争议不大的，可以适用简易程序：一是被诉行政行为是依法当场作出的；二是案件涉及款额2000元以下的；三是属于政府信息公开案件的。除此之外的第一审行政案件，当事人各方同意适用简易程序的，可以适用简易程序。其中，行政案件中的"事实清楚"，是指当事人对争议的事实陈述基本一致，并能提供相应的证据，无须人民法院调查收集证据即可查明事实；"权利义务关系明确"，是指行政法律关系中权利和义务能够明确区分；"争议不大"，是指当事人对行政行为的合法性、责任承担等没有实质分歧。确定审判组织形式后，人民法院应当告知当事人诉讼权利，包括告知当事人独任法官或者合议庭组成人员的姓名等信息。

3. 审查诉讼材料。审查诉讼材料时应作阅卷笔录，阅卷笔录中应载明案由，双方当事人及其他诉讼参与人的基本情况，被诉的行政行为，原告的诉讼请求、事实证据、理由，答辩人的事实和理由，证据的来源，作出行政行为所适用的法律依据等。

4. 调查收集证据。在审查诉讼材料的基础上，法院可根据需要决定进行调查和收集证据，对案件存疑的地方进行进一步调查。

5. 审查诉讼参加人的资格，确认、更换和追加当事人。

6. 决定是否合并审理、是否裁定停止行政行为的执行、是否采取财产保全措施和先予执行。

7. 确定开庭的地点、时间，并在开庭审理 3 日前以传票或通知书通知当事人和其他诉讼参与人。

二、开庭审理

行政诉讼第一审程序，无论是否公开审理，都要开庭审理。开庭审理主要有开庭准备、法庭调查、法庭辩论、案件评议和宣告判决等环节。

（一）开庭准备

此环节的主要任务是：

1. 审查出庭情况，包括查明当事人和其他诉讼参与人是否到庭；

2. 核对当事人身份，审查双方诉讼代理人的授权委托书和代理权限；

3. 宣布法庭纪律；

4. 如果出现诉讼参加人没有到庭的情况，由合议庭决定是否延期、按撤诉处理或者缺席审判等；

5. 宣布案由、合议庭组成和书记员名单；

6. 告知当事人享有的诉讼权利和需要承担的诉讼义务，并询问当事人是否申请回避。

（二）法庭调查

人民法院在法庭上依照法定程序向诉讼当事人和其他诉讼参与人调查案件，审查和判断各种证据及当事人的举证、质证的诉讼活动，即法庭调查。该阶段的主要目的是审查证据。法庭调查一般按下列顺序进行：

1. 当事人陈述。首先由原告陈述事实或宣读起诉状，其次由被告陈述事实或宣读答辩状。案件有第三人的，再由第三人陈述或答辩。

2. 法庭传唤证人到庭作证，或当事人宣读证人证言。证人作证后，双方当事人及其诉讼代理人可以交叉询问证人。

3. 由法庭或双方当事人出示书证、物证和视听资料，宣读鉴定结论、勘验笔录和现场笔录，并由当事人进行质证。其中视听资料也应当庭播放。

当事人提供的证据应当在法庭审理中予以质证，未经质证的证据，不能作为认定案件事实的根据。因此，质证也是法庭调查阶段的一项中心任务。

（三）法庭辩论

法庭辩论，指在审判人员的主持下，诉讼当事人及其代理人就案件的事实、证据等进行辩论，阐述自己的观点和主张、反驳他方的观点和主张的诉讼活动。法庭辩论的一般顺序是：

1. 原告及其诉讼代理人发言。

2. 被告及其诉讼代理人答辩。

3. 第三人及其诉讼代理人发言或答辩。

4. 双方互相辩论。

在法庭辩论过程中，当发现新的情况需要进一步调查时，审判长可以宣布停止辩论，恢复法庭调查或决定延期审理,待事实查清后,再继续法庭辩论。法庭辩论终结后,由审判长按照原告、被告、第三人的顺序征询各方最后意见。

(四) 案件评议和宣告判决

法庭辩论结束后,审判长宣布休庭;采用合议制的,合议庭组成人员将进行合议。合议结论应坚持少数服从多数的原则,但少数人的意见应当记入合议笔录,每一位合议庭组成人员都应在合议笔录上签名。最后,由审判长代表人民法院进行宣判。人民法院宣告判决一律公开进行,除当庭宣判外,还可以择期宣判。宣告判决时,应告知诉讼当事人的上诉权利、上诉期限和上诉人民法院。

注意审理期限:适用普通程序的审理的行政案件,人民法院应当在立案之日起 6 个月内作出第一审判决。有特殊情况需要延长的,由高级人民法院批准,高级人民法院审理第一审案件需要延长的,由最高人民法院批准。适用简易程序审理的行政案件,应当在立案之日起 45 日内审结。

任务 3　二审程序和审判监督程序

一、二审程序

二审程序,又称上诉审程序或终审程序,是指上一级人民法院根据当事人的上诉,对下一级人民法院未发生法律效力的行政判决、裁定进行审理并作出裁判的程序。

二审程序的主要功能是纠正错判,保护当事人合法权益。同时,也有助于帮助当事人服判息讼。

除法律有特别规定外,二审程序的审理规则与一审程序相同。二审程序主要具有以下特点:

1. 必须采用合议制,由 3 名以上(单数)审判员组成合议庭进行审理。

2. 在审理方式上,经过阅卷、调查和询问当事人,对没有提出新的事实、证据或者理由,合议庭认为不需要开庭审理的,也可以不开庭审理,即实行书面审理。

3. 在审理范围上,人民法院应当对原审人民法院的裁判和被诉行政行为是否合法进行全面审查。

4. 在审理期限上,人民法院审理上诉案件,应当在收到上诉状之日起 3 个月内作出终审判决。有特殊情况需要延长的,由高级人民法院批准,高级人民法院审理上诉案件需要延长的,由最高人民法院批准。

二、审判监督程序

审判监督程序,又称再审程序,是指人民法院自行发现已经发生法律效力的判决或裁定违反法律、法规的规定,或者根据人民检察院的抗诉,依法对案件再次进行审理的程序。

(一) 审判监督程序的适用条件

审判监督程序不是行政诉讼的必经程序,其适用条件包括两方面:

第一，仅适用于已经发生法律效力的判决或裁定，具体包括：①超过上诉期限，当事人没有提出上诉的一审裁判；②二审法院作出的裁判；③最高人民法院作出的一审裁判。

第二，已经发生法律效力的判决或裁定必须违反法律、法规的规定，具体包括以下情形：①不予立案或者驳回起诉确有错误的；②有新的证据，足以推翻原判决、裁定的；③原判决、裁定认定事实的主要证据不足、未经质证或者系伪造的；④原判决、裁定适用法律、法规确有错误的；⑤违反法律规定的诉讼程序，可能影响公正审判的；⑥原判决、裁定遗漏诉讼请求的；⑦据以作出原判决、裁定的法律文书被撤销或者变更的；⑧审判人员在审理该案件时有贪污受贿、徇私舞弊、枉法裁判行为的。

（二）审判监督程序的启动方式

审判监督程序虽然具有纠正错判的功能，但在一定程度上降低了行政裁判的稳定性和权威性。因此，《行政诉讼法》及《适用解释》对审判监督程序的启动方式作出严格规定。具体来说，审判监督程序只能通过以下三种方式启动：

1. 人民法院院长通过审判委员会决定启动。各级人民法院院长对本院已经发生法律效力的判决、裁定，发现违反法律、法规规定，或者发现调解违反自愿原则或者调解书内容违法，认为需要再审的，应当提交审判委员会讨论决定是否再审。

2. 上级人民法院提审或者指令再审。最高人民法院对地方各级人民法院已经发生法律效力的判决、裁定，上级人民法院对下级人民法院已经发生法律效力的判决、裁定，发现违反法律、法规规定，或者发现调解违反自愿原则或者调解书内容违法的，有权提审或者指令下级人民法院再审。

3. 人民检察院抗诉。最高人民检察院对各级人民法院已经发生法律效力的判决、裁定，上级人民检察院对下级人民法院已经发生法律效力的判决、裁定，发现有违反法律、法规规定的情形，或者发现调解书损害国家利益、社会公共利益的，应当提出抗诉。地方各级人民检察院对同级人民法院已经发生法律效力的判决、裁定具有前述情形的，可以向同级人民法院提出检察建议，并报上级人民检察院备案；也可以提请上级人民检察院向同级人民法院提出抗诉。

（三）审判监督程序的运行

审判监督程序在运行过程中具有以下特点：

1. 裁定中止原裁判的执行。按照审判监督程序决定再审的案件，裁定中止原判决、裁定、调解书的执行，但支付抚恤金、最低生活保障费或者社会保险待遇的案件，可以不中止执行。上级人民法院决定提审或者指令下级人民法院再审的，应当作出裁定，裁定应当写明中止原判决的执行；情况紧急的，可以将中止执行的裁定口头通知负责执行的人民法院或者作出生效判决、裁定的人民法院，但应当在口头通知后10日内发出裁定书。

2. 重新组成合议庭。人民法院审理再审案件，应当另行组成合议庭。

3. 分别适用第一审、第二审程序。即：发生法律效力的判决、裁定是由第一审人民法院作出的，按照第一审程序审理，所作的判决、裁定，当事人可以上诉；发生法律效力的判决、裁定是由第二审人民法院作出的,按照第二审程序审理,所作的判决、裁定是发生法律效力的判决、裁定;上级人民法院按照审判监督程序提审的,按照第二审程序审理,所作的判决、裁定是发生法律效力的判决、裁定。

表6-5 行政诉讼的审理

	一审	二审	再审
提起人	具有原告资格的人	一审当事人	法院、检察院、当事人
审理对象	行政行为	①未生效的一审判决和原行政行为;②驳回起诉、不予受理、管辖权异议的裁定。	生效判决或裁定
提出期限	参见起诉期限	判决15日内,裁定10日内。	当事人向上一级人民法院申请再审,应当在判决、裁定或者调解书发生法律效力后6个月内提出。有下列情形之一的,自知道或者应当知道之日起6个月内提出:①有新的证据,足以推翻原判决、裁定的;②原判决、裁定认定事实的主要证据是伪造的;③据以作出原判决、裁定的法律文书被撤销或者变更的;④审判人员审理该案件时有贪污受贿、徇私舞弊、枉法裁判行为的。对其他启动方式没有时间限制。
审理方式	开庭审理,原则上应公开进行。	原则上书面审理	按原审方式进行
审理期限	6个月,需延长报高院批准,高院报最高院批准。	3个月,需延长报高院批准,高院报最高院批准。	6个月,有特殊情况需要延长的,由本院院长批准。
判决效力	上诉期内未生效,当事人可上诉。	送达生效,但可能通过再审程序推翻。	针对一审裁判作出的再审裁判,当事人仍可上诉;针对二审裁判作出的再审裁判,送达生效(由上级提审的一审再审视为二审再审)。

任务4 理解行政诉讼的举证责任及其分配规则

行政诉讼举证责任,是指在诉讼中承担该责任的当事人必须提出证据,并用证据来证明事实的责任。

行政诉讼举证责任的分配，是指根据法律规定，当法院无法查清案件事实时应判决由谁承担败诉后果的问题。

《行政诉讼法》及《适用解释》对行政诉讼中被告及原告的举证责任分配作出了明确规定。不过，原告的举证责任主要是一种程序推进责任，与行政诉讼的结果没有必然联系。相反，被告所承担的举证责任则是一种风险责任，即当被告未能依法提供证据证明被诉行政行为合法时，则败诉。（二维码6-17）

6-17

一、被告的举证责任

（一）举证范围

《行政诉讼法》第34条第1款规定："被告对作出的行政行为负有举证责任，应当提供作出该行政行为的证据和所依据的规范性文件。"《行政诉讼法》之所以要求被告对作出的行政行为承担举证责任，主要是基于如下考虑：第一，符合公平原则。公平原则要求举证责任在原告、被告之间的分配应当符合各自的能力要求，符合权利义务要求，并给予弱者一定保护。行政诉讼是对被告作出的行政行为是否合法进行的审查，而行政行为是被告单方面作出的决定，原告根本无法控制任何证据。因而，人民法院在审查被诉的行政行为时，应由被告承担举证责任。第二，从依法行政的角度看，行政行为应当建立在一定的事实依据和法律依据基础之上，并且按照先取证、后裁决的程序要求，被告在作出行政行为之前应当已经收集了相应的证据。因此，由被告承担举证责任符合依法行政的客观要求。

（二）举证期限及逾期举证的法律后果

人民法院应当在立案之日起5日内，将起诉状副本发送被告。被告应当在收到起诉状副本之日起15日内，向人民法院提交作出行政行为的证据和所依据的规范性文件。被告不提供或者无正当理由逾期提供证据的，视为被诉行政行为没有相应的证据。被告在作出行政行为时已经收集了证据，但因不可抗力等正当事由不能提供的，经人民法院准许，可以延期提供。被告申请延期提供证据的，应当在收到起诉状副本之日起15日内以书面方式向人民法院提出。人民法院准许延期提供的，被告应当在正当事由消除后15日内提供证据。逾期提供的，视为被诉行政行为没有相应的证据。

（三）被告对行政诉讼证据的收集

根据《行政诉讼法》的规定，在诉讼过程中，被告及其诉讼代理人不得自行向原告、第三人和证人收集证据。

不过，根据《行政诉讼法》的规定，在以下情形中，行政机关在诉讼过程中可以收集、提供证据：①被告在作出行政行为时已经收集了证据，但因不可抗力等正当事由不能提供的；②原告或第三人在诉讼中提出了其在行政处理程序中没有提出的理由或者证据的。

另外，原告可以提供证明行政行为违法的证据。原告提供的证据不成立的，不免除被告的举证责任。

二、原告的举证责任

根据《适用解释》的规定，原告对下列事项承担举证责任：

1. 在起诉被告不履行法定职责的案件中，原告应当提供其向被告提出申请的证据。但有下列情形之一的除外：一是被告应当依职权主动履行法定职责的；二是原告因正当理由不能提供证据的。

2. 在行政赔偿、补偿的案件中，原告应当对行政行为造成的损害提供证据。因被告的原因导致原告无法举证的，由被告承担举证责任。对于各方主张损失的价值无法认定的，应当由负有举证责任的一方当事人申请鉴定，但法律、法规、规章规定行政机关在作出行政行为时依法应当评估或者鉴定的除外；负有举证责任的当事人拒绝申请鉴定的，由其承担不利的法律后果。当事人的损失因客观原因无法鉴定的，人民法院应当结合当事人的主张和在案证据，遵循法官职业道德，运用逻辑推理和生活经验、生活常识等，酌情确定赔偿数额。

子学习单元5　行政诉讼的裁判与法律文书

任务1　认识行政诉讼裁判

一、含义及分类

行政诉讼裁判，指人民法院在行政案件的审理过程中或审理结束时，依据事实和法律，对案件中的实体问题或程序问题作出的权威性判定。狭义的行政诉讼裁判包括行政判决和行政裁定，广义的行政诉讼裁判还包括行政决定。

1. 行政判决，指人民法院根据事实，依据法律、法规、自治条例与单行条例，参照规章，对行政行为的合法性作出的实体裁判。

2. 行政裁定，指人民法院在审理行政案件过程中，根据事实和法律，就其程序问题所作的处理。行政裁定适用于下列事项：①不予受理；②驳回起诉；③管辖异议；④终结诉讼；⑤中止诉讼；⑥移送或者指定管辖；⑦诉讼期间停止行政行为的执行或者驳回停止执行的申请；⑧财产保全；⑨先予执行；⑩准许或者不准许撤诉；⑪补正裁判文书中的笔误；⑫中止或者终结执行；⑬提审、指令再审或者发回重审；⑭准许或者不准许执行行政机关的行政行为；⑮其他需要裁定的事项。对前述①、②、③项裁定，当事人可以上诉。

3. 行政决定，指人民法院在行政诉讼程序中，就特殊问题所作的处理。它主要指向法院自身的工作。行政诉讼决定的适用范围很广，如回避、确定第三人、指定法定代理人、许可律师查阅庭审材料、同意或不同意延长法定起诉期限、指定鉴定、确定不公开审理、处理妨碍诉讼行为以及确定诉讼费用的承担等情况。

表6-6　行政判决与行政裁定的区别

比较项目	行政判决	行政裁定
作用	用于解决行政案件审理中的实体问题，即被诉行政行为是否合法。	用来解决行政案件中的程序问题。
数量	一个行政案件只能有一份行政判决，并且是在案件审理结束时作出。	一个行政案件可以有多份行政裁定，而且既可能在审判过程中作出，也可能在审理结束时作出。
能否上诉	对所有的第一审行政判决，当事人不服时，都可以在法定期限内提出上诉。	仅不予受理裁定、驳回起诉裁定和管辖异议裁定，允许当事人在法定期限内提出上诉。
表现形式	必须采用书面形式。	书面、口头形式都可以。

任务2　理解并运用行政诉讼的判决

从审判程序角度看，行政诉讼判决可分为第一审程序的行政判决、第二审程序的判决和审判监督程序的判决。

一、行政诉讼的一审判决

行政判决既是司法权对行政权的制约，也是司法权对公民权的救济。第一审程序的行政判决包括9类，即驳回诉讼请求判决、撤销判决、重作判决、履行判决、给付判决、确认判决、变更判决、赔偿判决以及行政协议诉讼的判决类型。在这些判决类型中，除重作判决必须以撤销判决的存在为前提外，其他判决形式都可以独立适用。而且，各种判决方式的适用，应当遵循一定的逻辑。（二维码6-18）

6-18

(一) 驳回诉讼请求判决

驳回诉讼请求判决,指人民法院经过审理,不支持原告的诉讼请求,从而对其诉讼请求予以驳回的判决形式。

被诉行政行为同时符合以下条件时,人民法院应当作出驳回诉讼请求判决:

1. 证据确凿,即行政行为所认定的事实都有相应的证据证明,并且所有的证据都是真实的、合法的、与案件具有关联性的,同时证据之间能形成一个完整的、能够得出唯一结论的证据链。

2. 适用法律、法规正确,即被诉行政行为适用的是有效的法律法规、正确的法律条款。

3. 符合法定程序,即被诉行政行为的作出遵循了法律、法规关于方式、步骤、时限等程序事项的规定。

同时,原告申请被告履行法定职责或者给付义务理由不成立的,人民法院也应当作出驳回诉讼请求判决。

(二) 撤销判决

撤销判决,指人民法院经过审查,认为行政行为部分或全部违法,从而部分或全部撤销行政行为,并根据情况,责令被告重新作出行政行为的判决形式。

撤销判决体现了行政诉讼监督行政机关依法行政的功能,同时也体现了行政诉讼保障行政相对人合法权益的功能。

撤销判决包括全部撤销判决、部分撤销判决和撤销并重作判决三种类型。

根据《行政诉讼法》第70条的规定,被诉行政行为有下列情形之一的,人民法院应当撤销判决:

1. 主要证据不足的,即欠缺对原告违法事实的认定起主要作用或者对案件定性有重要影响的证据。

2. 适用法律、法规错误的,即被告适用了已经失效或尚未生效的法律文件,或者适用了错误的法律条款。

3. 违反法定程序的,即行政主体的行政行为违反了合法有效的法律规范规定的方式、形式、手续、步骤、时限等。

4. 超越职权的,即指行政执法主体及其工作人员所作出的行政行为,超越了法律、法规规定的权限范围,或者实施了根本无权实施的行政行为。

5. 滥用职权的,即被告作出了表面上合法的行政行为,但实际上违背了法律、法规授予其该项职权的目的,主要表现为主观动机不良、假公济私或者以权谋私。

6. 明显不当的,即被告在行政行为的正当性和合理性方面有重大缺失。

(三) 重作判决

重作判决是一种附属性判决,它依附于撤销判决而存在。也就是说,人民法院在作出撤销判决的同时,根据具体情况,可以作出要求被告重新作出行政行为。如根据《最高人民法院关于审理行政许可案件若干问题的规定》（法释〔2009〕20号）的规定，人民法院审理不予行政许可决定案件时，如果认为原告请求准予许可的理由成立，且被告没有裁量余地的，可以在判决理由写明，并判决撤销不予许可决定，责令被告重新作出决定。

人民法院作出重作判决后，被告不得以同一事实和理由作出与原行政行为基本相同的行政行为，除非人民法院是以违反法定程序为由，判决撤销被诉行政行为的。

（四）履行判决

履行判决，指人民法院经过审查，发现被告存在不履行或者拖延履行法定职责的情形，并且继续履行职责仍然有必要时，判决责令被告在一定期限内履行法定职责的判决形式。

履行判决的适用，需要满足以下条件：一是被告负有法定职责；二是被告无正当理由未履行或拖延履行法定职责；三是被告继续履行法定职责仍有意义。

与重作判决不同，在履行判决中，人民法院应当指定被告履行法定职责的期限，因情况特殊难于确定期限的除外。如《最高人民法院关于审理行政许可案件若干问题的规定》规定，被告无正当理由拒绝原告查阅行政许可决定及有关档案材料或者监督检查记录的，人民法院可以判决被告在法定或者合理期限内准予原告查阅。

（五）给付判决

给付判决，指人民法院经过审理，查明被告依法负有给付义务时，判决被告履行给付义务的判决形式。

（六）确认判决

确认判决，指人民法院经过审理，查明被诉行政行为违法但不宜撤销时，或查明被诉行政行为无效时，判决确认被诉行政行为违法或无效的判决形式。

根据《行政诉讼法》的规定，行政行为有下列情形之一的，人民法院判决确认违法，但不撤销行政行为：一是行政行为依法应当撤销，但撤销会给国家利益、社会公共利益造成重大损害的；二是行政行为程序轻微违法，但对原告权利不产生实际影响的。同时，行政行为有下列情形之一，不需要撤销或者判决履行的，人民法院判决确认违法：一是行政行为违法，但不具有可撤销内容的；二是被告改变原违法行政行为，原告仍要求确认原行政行为违法的；三是被告不履行或者拖延履行法定职责，判决履行没有意义的。

确认无效判决的适用条件包括两个方面：一是行政行为有实施主体不具有行政主体资格或者没有依据等重大且明显违法情形，二是原告申请确认行政行为无效。

人民法院判决确认违法或者无效的，可以同时判决责令被告采取补救措施；给原告造成损失的，依法判决被告承担赔偿责任。

（七）变更判决

变更判决，指人民法院经过审理，认定被诉行政处罚明显不当，或者其他行政行为涉及对款额的确定、认定确有错误时，从而改变行政处罚结果或者有关款额的判决形式。

人民法院与行政机关的职责与分工决定了人民法院不能越俎代庖，不能直接代替行政机关对行政管理事项作出决定。因此，在行政诉讼中，变更判决的适用受到严格限制。

在我国，变更判决适用于两种情形：一是行政处罚明显不当的；二是其他行政行为涉及对款额的确定、认定确有错误的。同时，人民法院判决变更，不得加重原告的义务或者减损原告的权益。但利害关系人同为原告，且诉讼请求相反的除外。

（八）赔偿判决

赔偿判决，指人民法院在行政赔偿诉讼中，经过审理，认定被告及其工作人员违法行使职权的行为给原告造成损害的，依法判令被告赔偿原告损失的判决形式。

赔偿判决的适用，必须满足以下条件：一是原告单独提起行政赔偿诉讼。二是被诉行政行为给原告造成了损害。三是被诉行政行为违法，并且该行政行为违法与损害的发生具有因果关系。

（九）行政协议诉讼的判决形式

行政协议诉讼不同于其他行政诉讼，人民法院经审理，发现被告不依法履行、未按照约定履行或者违法变更、解除行政协议时，应当判决被告承担继续履行、采取补救措施或者赔偿损失等责任。同时，被告变更、解除行政协议合法，但未依法给予补偿的，人民法院还要判决被告给予补偿。此外，在行政协议诉讼中，人民法院也需要对相关行政行为的合法性一并作出裁判。（二维码6-19）

6-19

二、行政诉讼的二审判决和再审判决

二审人民法院审理上诉案件，依据不同情形作出不同判决：

（一）驳回上诉，维持原判

原判决认定事实清楚，适用法律、法规正确的，判决或者裁定驳回上诉，维持原判。

（二）依法改判

依法改判，具体包括两种情形：一是原判决、裁定认定事实错误或者适用法律、法规错误的，人民法院依法改判、撤销或者变更；二是原判决认定基本事实不清、证据不足的，人民法院可以查清事实后改判。

需要注意的是，人民法院审理上诉案件，需要改变原审判决的，应当同时对被诉行政行为作出判决。

（三）发回重审

具有以下情形之一的，人民法院可以发回重审：一是原判决认定基本事实不清、证据不足的；二是原判决遗漏当事人或者违法缺席判决等严重违反法定程序的，裁定撤销原判决,发回原审人民法院重审。

需要注意的是,原审人民法院对发回重审的案件作出判决后,当事人提起上诉的,第二审人民法院不得再次发回重审。

审判监督程序分别适用第一审程序或第二审程序,人民法院作出的裁判类型和法律效力也与第一审程序、第二审程序的裁判相同。

任务3　认识行政诉讼判决书（二维码6-20）

6-20

子学习单元6　行政诉讼裁判的执行

任务1　认识行政诉讼裁判的执行

一、概念与特征

行政诉讼裁判的执行,指人民法院对已经生效的行政裁判文书,在义务人逾期拒不履行时,依法采取强制措施,从而使生效的行政裁判文书得以实现的活动。

行政诉讼裁判的执行具有以下特征:

1. 执行主体是人民法院和一定条件下的行政机关。《行政诉讼法》第94条规定:"当事人必须履行人民法院发生法律效力的判决、裁定、调解书。"第95条规定:"公民、法人或者其他组织拒绝履行判决、裁定、调解书的,行政机关或者第三人可以向第一审人民法院申请强制执行,或者由行政机关依法强制执行。"

2. 执行依据是已经生效的行政裁判文书,包括已生效的行政判决书、行政裁定书、行政赔偿调解书、行政附带民事判决书和调解书、决定书等。

3. 法律后果使行政裁判文书所确定的义务得以实现。

二、行政诉讼裁判执行的条件

1. 有执行根据,即具有给付内容的行政裁判文书已经生效。

2. 被执行人有能力履行而拒不履行行政裁判文书。

三、行政诉讼裁判的执行程序

行政诉讼裁判的执行程序有申请执行与移交执行之分,前者指对发生法律效力的行政裁判文书，负有义务的一方当事人拒绝履行的，对方当事人依法申请人民法院强制执行；后者指人民法院直接把生效的行政裁判文书交由人民法院内部负责执行的机构予以执行。

下面仅阐释申请执行：

1. 申请执行的主体。行政裁判文书的当事人，在负有义务的一方当事人拒绝履行时，都可以依法申请人民法院强制执行。因此，申请执行的主体，既可以是行政诉讼的原告与上诉人，也可以是被告和被上诉人，甚至可以是第三人。

2. 申请人在法定期限内以书面形式提出执行申请。申请执行的期限为 2 年。申请执行时效的中止、中断，适用法律有关规定。申请执行的期限从法律文书规定的履行期间最后 1 日起计算；法律文书规定分期履行的，从规定的每次履行期间的最后 1 日起计算；法律文书中没有规定履行期限的，从该法律文书送达当事人之日起计算。逾期申请的，除有正当理由外，人民法院不予受理。执行申请书应当说明执行的根据以及被申请人拒绝履行生效的行政裁判的事实。

3. 执行申请应当向有管辖权的人民法院提出。原则上，生效的裁判文书由第一审人民法院执行。第一审人民法院认为情况特殊需要由第二审人民法院执行的，可以报请第二审人民法院执行；第二审人民法院可以决定由其执行，也可以决定由第一审人民法院执行。

4. 有管辖权的人民法院对执行申请进行审查。人民法院主要审查以下内容：申请人是否适格；执行的文书、材料是否齐备；执行根据是否生效；申请是否逾期，逾期的理由是否正当；执行文书的内容是否正确、合法；执行文书、材料的要求是否一致，有关文号等条件是否完备；等等。

5. 执行申请符合条件的，人民法院采取相应的执行措施。当公民、法人或其他组织拒不履行已经生效的行政裁判文书时，人民法院可以采取下列执行措施：第一，冻结、划拨被执行人的存款；第二，扣留、提取被执行人的劳动收入；第三，查封、冻结、扣押、拍卖、变卖被执行人的财产；第四，强制被执行人迁出房屋、拆除违章建筑，退出土地。

当行政机关拒绝履行判决、裁定的，第一审人民法院可以采取以下措施：第一，对应当归还的罚款或者应当给付的款额，通知银行从该行政机关的账户内划拨；第二，在规定期限内不履行的，从期满之日起，对该行政机关负责人按日处 50 元至 100 元的罚款；第三，将行政机关拒绝履行的情况予以公告；第四，向监察机关或者该行政机关的上一级行政机关提出司法建议。接受司法建议的机关，根据有关规定进行处理，并将处理情况告知人民法院；第五，拒不履行判决、裁定、调解书，社会影响恶劣的，可以对该行政机关直接负责的主管人员和其他直接责任人员予以拘留；情节严重，构成犯罪的，依法追究刑事责任。

任务 2　认识对行政行为的非诉执行

一、概念与特征

对行政行为的非诉执行，指对行政机关作出的行政行为，负有义务的一方当事人在法定期限内不提起诉讼又不履行的，行政机关可以申请人民法院强制执行，或者依法强制执行。

对行政行为的非诉执行具有以下特征：

1. 执行根据是已生效且未经过诉讼审查的行政行为，具有行政性。

2. 执行主体是人民法院或者行政机关。即行政行为的非诉执行包括两种类型：一是行政机关直接强制执行；二是行政机关申请人民法院强制执行。

有关行政机关直接强制执行行政行为问题，《行政强制法》有详细规定，可参照本书有关行政强制章节学习，以下仅涉及行政机关申请法院强制执行的情形。

二、对行政行为非诉执行的条件

根据《行政诉讼法》第97条、《适用解释》第155条及其他条款的规定，行政机关申请人民法院强制执行行政行为需要符合以下七项条件：

1. 行政行为依法可以由人民法院执行。这主要涉及人民法院与行政机关对行政行为的强制执行权的分工问题。目前，法律规定行政机关享有行政强制执行权的，行政机关只能自行强制执行，而不能申请法院强制执行；法律没有规定行政机关享有行政强制执行权的，行政机关只能申请法院强制执行。

2. 行政行为已经生效并具有可执行内容。

3. 申请人是作出该行政行为的行政机关或者法律、法规、规章授权的组织。一般来说，申请执行的主体应当是作出行政行为的行政机关或者法律、法规、规章授权的组织。不过，行政机关根据法律的授权对平等主体之间民事争议作出裁决后，当事人在法定期限内不起诉又不履行，作出裁决的行政机关在申请执行的期限内未申请人民法院强制执行的，生效行政裁决确定的权利人或者其继承人、权利承受人也可以申请人民法院强制执行。

4. 被申请人是该行政行为所确定的义务人。

5. 被申请人在行政行为确定的期限内或者行政机关催告期限内未履行义务。

6. 申请人在法定期限内提出申请。没有强制执行权的行政机关申请人民法院强制执行其行政行为，应当自被执行人的法定起诉期限届满之日起3个月内提出。逾期申请的，除有正当理由外，人民法院不予受理。行政机关根据法律的授权对平等主体之间民事争议作出裁决后，当事人在法定期限内不起诉又不履行，作出裁决的行政机关在申请执行的期限内未申请人民法院强制执行的，生效行政裁决确定的权利人或者其继承人、权利承受人在6个月内可以申请人民法院强制执行。

7. 被申请执行的行政案件属于受理执行申请的人民法院管辖。行政机关申请人民法院强制执行其行政行为的，由申请人所在地的基层人民法院受理；执行对象为不动产的，由不动产所在地的基层人民法院受理。基层人民法院认为执行确有困难的，可以报请上级人民法院执行；上级人民法院可以决定由其执行，也可以决定由下级人民法院执行。

三、对行政行为非诉执行的程序

1. 申请人在法定期限内向拥有管辖权的人民法院提出执行申请。申请期限及管辖法院，前文已述。另外，行政机关提出申请时，应当提交申请执行书、据以执行的行政法律文书、证明该行政行为合法的材料和被执行人财产状况以及其他必须提交的材料。申请人是享有权利的公民、法人或者其他组织的，人民法院应当向作出裁决的行政机关调取有关材料。

2. 人民法院对申请执行的行政行为进行合法性审查。人民法院受理行政机关申请执行其行政行为的案件后，应当在规定期限内由行政审判庭组成合议庭对行政行为的合法性进行审查。

3. 裁定和执行。被申请执行的行政行为有下列情形之一的，人民法院应当裁定不准予执行：一是明显缺乏事实根据的；二是明显缺乏法律依据的；三是其他明显违法并损害被执行人合法权益的。可见，在是否准予执行问题上，人民法院采取的是明显违法标准，其目的是提高行政效率、促使行政相对人积极行使行政诉权。

经审查，执行申请符合条件的，人民法院应当作出准予强制执行的裁定。需要采取强制执行措施的，由该院负责强制执行非诉行政行为的机构执行。

项目训练

训练项目一：行政诉讼受案范围的确定

【案情简介】

2002年8月20日，被告盐城市人民政府因农村公交延伸入城与城市公交发生矛盾后，召集相关部门进行协调并作出了《会议纪要》。该会议纪要对盐城市的城市公交的运营范围进行了界定，并明确城市公交在上述界定的规划区范围运营继续免交有关交通规费等问题。原告吉某等人是经交通部门批准的道路交通运输经营户，经营的客运线路与市政府明确免交交通规费的公交总公司的5路、15路车在盐城市城区立交桥以东至盐城市城区南洋镇之间地段的运营线路重叠。

2002年8月20日和21日，城区交通局分别向公交总公司发出通知、函告，要求该公司进入城区公路从事运营的车辆限期办理有关营运手续。公交总公司则于2002年8月20日复函城区交通局，认为根据建设部的文件及市政府《会议纪要》的精神，该公司不需要到交通主管部门办理有关批准手续。原告认为盐城市人民政府《会议纪要》这一内部行为已经外化，客观上制止了城区交通局对公交总公司违法行为的查处，侵犯了其公平竞争权，于是提起诉讼。

训练目的：

学生能够结合案例分析确定特定的行政争议是否属于行政诉讼的受案范围。

分析提示：

判断特定行政争议是否属于行政诉讼的受案范围，核心是该行政争议是否是因行政行为而引起，并且该行政行为是否对行政相对人的权利、义务产生影响。行政行为，是指行政主体在行政管理活动中行使职权，针对特定的公民、法人或者其他组织，就特定的具体事项，作出的有关该公民、法人或者其他组织权利义务的行为。本案的争议焦点是《会议纪要》是否属于受案范围。会议纪要是用于记载、传达会议情况和议定事项的公文。会议纪要是否属于行政行为需具体认定，如果会议纪要的内容在法律上具有强制执行力，且能够影响特定当事人的权利义务，则属于行政行为，应纳入为行政诉讼的受案范围。从法律规范的角度，应关注《行政诉讼法》第2条、第12-13条和《适用解释》的相关规定。

训练项目二：行政诉讼管辖的确定

【案情简介】

2017年年底，王某携带装有TNT黄色筒装炸药10千克和铜质雷管20枚的提包乘坐火车，并将提包放在车厢行李架上。开车前15分钟，列车员整理行李架上物品，觉得王某的提包可疑，便开始询问。王某低头不语，并拒绝打开提包接受检查。值班乘警便决定将王某及其提包带下车，前往车站派出所查处。途中，王某突然撒腿逃跑，但被乘警抓回。随后，位于该市东城区的市铁路公安分局以王某私自携带爆炸物品乘车、违反爆炸物品管理规定为由，依据《治安管理处罚法》第32条第2款及《中华人民共和国国民用爆炸物品安全管理条例》第26条、第41条的规定作出处罚决定：①给予王某治安行政拘留15天的处罚，并处罚款200元；②查获的炸药和雷管全部没收。

王某对市铁路公安分局的这一处罚决定不服，遂向该市东城区人民法院提起行政诉讼。

训练目的：

根据案件提供的信息，学生能够分析确定行政诉讼的管辖法院。

分析提示：

判断特定行政案件的管辖法院，需要依据《行政诉讼法》的相关规定进行，首先应确定级别管辖法院，然后再确定地域管辖法院，最终确定特定的管辖法院。

训练项目三：行政诉讼原告资格的确定

【案情简介】

2013年4月15日，北京市西城区广安门外街道社区公共服务协会出具《授权书》，同意将中国古建筑模型扎小样项目申报第四批西城区级非物质文化遗产保护名录。此后，北京市西城区文化委员会组织了专家评审、网上公示等工作。经北京市西城区人民政府研究，同意将中国古建筑模型扎小样等28个项目列入第四批区级非物质文化遗产名录，并予以公布。

袁某认为北京市西城区人民政府将古建筑模型扎小样列入第四批区级非物质文化遗产名录的行为不具有合法性，提起行政诉讼，请求人民法院判令北京市西城区人民政府将中国古建筑模型扎小样项目从第四批西城区级非物质文化遗产名录中撤销。

训练目的：

学生能够分析确定在特定的行政争议中，谁具有行政诉讼的原告资格。

分析提示：

根据《行政诉讼法》的规定，行政诉讼的原告必须与被诉行政行为具有利害关系。是否具有利害关系，通常从该公民、法人或者其他组织是否会受到该行政行为的不利影响，其主张的受到影响的利益是否属于相关法律规范所保护的利益等方面进行审查判断。本案中，是否将古建筑模型扎小样从非物质文化遗产名录中撤销，不属于袁某的个人权利，对其个人的合法权益亦不产生实际影响。原告袁某与本案被诉行政行为不具有利害关系，其不具有提起行政诉讼的原告资格。

训练项目四：行政诉讼适格被告的确定

【案情简介】

1994年9月，原告田某考入被告北京科技大学下属的应用科学学院物理化学系，取得本科生学籍。1996年2月29日，田某在参加电磁学课程补考过程中，随身携带写有电磁学公式的纸条，中途去厕所时，纸条掉出，被监考教师发现。监考教师虽未发现田某有偷看纸条的行为，但还是按照考场纪律，当即停止了田某的考试。北京科技大学于同年3月5日按照"068号通知"第3条第5项关于"夹带者，包括写在手上等作弊行为者"的规定，认定田某的行为是考试作弊，根据第1条"凡考试作弊者，一律按退学处理"的规定，决定对田某按退学处理，同年4月10日填发了学籍变动通知。但是，北京科技大学没有直接向田某宣布处分决定和送达变更学籍通知，也未给田某办理退学手续。田某继续在该校以在校大学生的身份参加正常学习及学校组织的活动。

1996年3月，原告田某的学生证丢失，未进行1995至1996学年第二学期的注册。同年9月，被告北京科技大学为田某补办了学生证。其后，北京科技大学每学年均收取田某交纳的教育费，并为田某进行注册、发放大学生补助津贴，还安排田某参加了大学生毕业实习设计，并由论文指导教师领取了学校发放的毕业设计结业费。田某还以该校大学生的名义参加考试，先后取得了大学英语四级、计算机应用水平测试BASIC语言成绩合格证书。田某在该校学习的4年中，成绩全部合格，通过了毕业实习、设计及论文答辩，获得优秀毕业论文及毕业总成绩全班第9名。

被告北京科技大学的部分教师曾经为原告田某的学籍一事向原国家教委申诉，原国家教委高校学生司于1998年5月18日致函北京科技大学，认为该校对田某违反考场纪律一事处理过重，建议复查。同年6月5日，北京科技大学复查后，仍然坚持原处理结论。

1998年6月，被告北京科技大学的有关部门以原告田某不具有学籍为由，拒绝为其颁发毕业证，进而也未向教育行政部门呈报毕业派遣资格表。田某所在的应用科学学院物理化学系认为，田某符合大学毕业和授予学士学位的条件，由于学院正在与学校交涉田某的学籍问题，故在向学校报送田某所在班级的授予学士学位表时，暂时未给田某签字，准备等田某的学籍问题解决后再签，学校也因此没有将田某列入授予学士学位资格名单内交该校的学位评定委员会审核。

田某认为北京科技大学拒绝颁发毕业证书、学位证书的行为违法,向北京市海淀区人民法院提起行政诉讼。

训练目的:

学生能够根据《行政诉讼法》的规定,分析确定行政诉讼中的适格被告。

分析提示:

根据《行政诉讼法》的规定,一般来说,行政诉讼的被告首先必须具有行政主体资格,同时应当是发生争议的行政行为的作出者。此外,《行政诉讼法》及《适用解释》还规定了特殊情形下行政诉讼被告的确认规则。

训练项目五:行政诉讼原被告举证责任的分配

【案情简介】

2011年1月,惠民县政府决定在县城行政规划区内进行旧城改造,成立了指挥部等临时机构,制定颁布了实施方案并公告。原告的房屋被列入旧城改造规划范围,但双方未就补偿问题达成协议。

2015年8月13日,涉案房屋被强制拆除。故原告起诉请求确认县政府强制拆除房屋的行为违法;赔偿房屋及财物损失100万元。

一审法院认为,县政府辩称未曾实施过上述行为,原告提供的证据不能证实县政府工作人员曾参与或实施拆除房屋行为,因此县政府并非本案适格被告,原告的起诉不具备起诉条件,故裁定驳回起诉。二审维持。其后案件进入再审程序。

训练目的:

学生能够掌握行政诉讼中原告与被告的举证责任的性质及范围。

分析提示:

《行政诉讼法》对原告、被告的举证责任的范围作出明确规定,但二者举证责任的性质并不相同。

训练项目六:行政诉讼判决的适用

【案例一】

宣某等18人系浙江省衢州市柯城区卫宁巷1号(原14号)衢州府山中学教工宿舍楼的住户。2002年12月9日,衢州市发展计划委员会根据第三人中国建设银行衢州市分行的报告,经审查同意第三人在其原有的营业综合大楼东南侧扩建营业用房建设计划。该项目为3层结构,其中1层车库,2层营业用房,总建筑面积849平方米,其中营业用房566平方米,车库283平方米,另建绿地400平方米。同日,衢州市规划局制定建设项目选址意见,中国建设银行衢州分行为扩大营业用房等,拟自行收购、拆除占地面积为205平方米的府山中学教工住宅楼,改建为露天停车场,具体按规划详图实施。同月18日,衢州市规划局又规划出第三人扩建营业用房建设用地平面红线图。同月20日,衢州市规划局发出建设用地规划许可证,中国建设银行衢州分行建设项目用地面积756平方米。同月25日,衢州市国土资源局建议收回衢州府山中学教工宿舍楼住户的国有土地使用权187.6平方米,并报政府审批同意。同月31日,衢州市国土资源局作出衢市国土〔2002〕第37号《收回国有土地使用权通知书》,通知宣某等18人:根据《土地管理法》、《浙江省实施〈中华人民共和国土地管理法〉办法》及有关规定,将收回各原告在柯城区卫宁巷住宅的国有土地使用权,收回中涉及的拆迁补偿事宜由第三人中国建设银行衢州市分行负责,具体拆迁事务由有关拆迁事务所负责。原由各原告申请登记的住宅国有土地使用权予以注销,并请在签订拆迁补偿协议时将土地证交回。

宣某等18名人不服衢州市国土资源局的决定,于2003年4月4日向浙江省衢州市柯城区人民法院提起行政诉讼。

训练目的:

学生能够掌握《行政诉讼法》中"适用法律错误"的表现形式。

分析提示:

《行政诉讼法》第70第2项将"适用法律、法规错误"作为判决被诉行政行为撤销或者部分撤销的理由之一。如何理解"适用法律、法规错误"是本案的关键。

【案例二】

为解决该市公共交通相对落后的状况,汕尾市人民政府(以下简称汕尾市政府)于2015年7月27日形成《工作会议纪要》,决定以政府许可方式与广东省粤运交通股份有限公司合作经营公共交通事业,将该市公共交通经营权及公共站场土地使用权许可给其项目公司汕尾市粤运汽车运输有限公司(以下简称汕尾粤运公司)。根据上述会议纪要,汕尾市交通运输局于同日向汕尾市真诚公共汽车运输有限公司(以下简称真诚公司)发出《通知》,要求该公司办理相关公交车的报废手续并停止营运,同时收回经营权指标。

随后,汕尾市政府于2015年8月21日就该市辖区"0-50公里公共交通项目"发布特许经营权招投标公告,要求参与投标者的资质条件应达到包括资产总额不低于20亿元、具有10年以上国家一级道路旅客运输企业的资质等4项要求。经报名、公示,后因其他参与者中途放弃,广东省粤运交通股份有限公司控股的关联公司成为唯一的投标者。经竞争性谈判,2015年9月28日,汕尾市人民政府国有资产监督管理委员会发出公告,同意该特许经营项目具体由汕尾粤运公司负责实施。真诚公司不服诉至法院,请求撤销汕尾市政府上述独家特许经营许可决定,立即停止违法行为。广东省汕尾市中级人民法院一审判决驳回真诚公司的诉讼请求。真诚公司不服提起上诉。

训练目的:

学生能够运用《行政诉讼法》相关规定,作出行政判决。

分析提示:

《行政诉讼法》第69-79条对行政诉讼一审程序的判决类型及适用条件作出了具体规定,这些都是分析行政诉讼判决类型的基本依据。

行政法律与案例分析

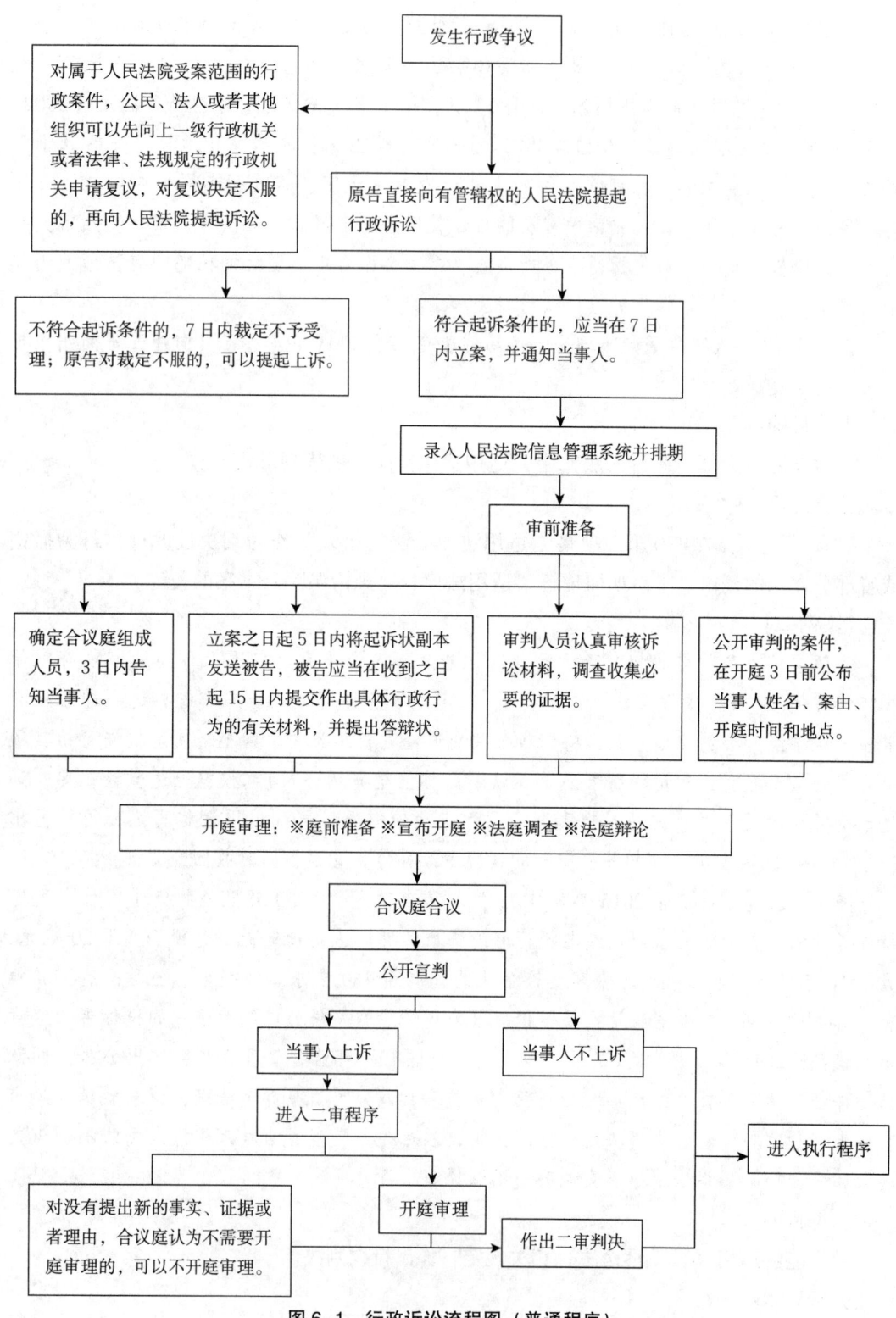

```
                         ┌─────────────────┐
                         │  发生行政争议    │
                         └────────┬────────┘
┌──────────────────────┐          │
│ 对属于人民法院受案范围的行 │          │
│ 政案件，公民、法人或者其他 │◄─────────┤
│ 组织可以先向上一级行政机关 │          │
│ 或者法律、法规规定的行政机 │          ▼
│ 关申请复议，对复议决定不服 │   ┌─────────────────┐
│ 的，再向人民法院提起诉讼。 │   │ 原告直接向有管辖权│
└──────────────────────┘   │ 的人民法院提起    │
                           │ 行政诉讼          │
                           └────────┬────────┘
┌──────────────────────┐            │
│ 不符合起诉条件的，7日内裁│   ┌─────────────────┐
│ 定不予受理；原告对裁定不 │   │ 符合起诉条件的，应│
│ 服的，可以提起上诉。     │   │ 当在 7 日内立案， │
└──────────────────────┘   │ 并通知当事人。    │
                           └────────┬────────┘
                                    ▼
                           ┌─────────────────┐
                           │ 录入人民法院信息 │
                           │ 管理系统并排期    │
                           └────────┬────────┘
                                    ▼
                           ┌─────────────────┐
                           │   审前准备        │
                           └────────┬────────┘
┌───────────┬──────────────┬─────────────┬──────────────┐
│确定合议庭组│立案之日起5日内│审判人员认真 │公开审判的案件，│
│成人员，3日 │将起诉状副本发 │审核诉讼材料，│在开庭3日前公布 │
│内告知当事人│送被告，被告应 │调查收集必要 │当事人姓名、案由│
│           │当在收到之日起 │的证据。      │、开庭时间和地点│
│           │15日内提交作出 │             │               │
│           │具体行政行为的 │             │               │
│           │有关材料，并提 │             │               │
│           │出答辩状。     │             │               │
└───────────┴──────────────┴─────────────┴──────────────┘
                                    ▼
                 ┌─────────────────────────────────┐
                 │ 开庭审理：※庭前准备 ※宣布开庭    │
                 │ ※法庭调查 ※法庭辩论              │
                 └────────────────┬────────────────┘
                                  ▼
                           ┌─────────────┐
                           │  合议庭合议  │
                           └──────┬──────┘
                                  ▼
                           ┌─────────────┐
                           │  公开宣判    │
                           └──┬──────┬───┘
                              ▼      ▼
                     ┌──────────┐  ┌──────────┐
                     │ 当事人上诉│  │当事人不上诉│
                     └────┬─────┘  └─────┬────┘
                          ▼              │
                     ┌──────────┐        │
                     │进入二审程序│       │
                     └────┬─────┘        │
┌───────────────────┐     │             ▼
│对没有提出新的事实、 │     │      ┌──────────┐
│证据或者理由，合议庭 │────►│      │进入执行程序│
│认为不需要开庭审理的 │   ┌──────┐ └──────────┘
│，可以不开庭审理。   │   │开庭审理│
└───────────────────┘   └───┬───┘
                            ▼
                       ┌──────────┐
                       │作出二审判决│
                       └──────────┘
```

图 6-1 行政诉讼流程图（普通程序）

学习单元六检测

学习单元六检测及答案　　　项目训练答案六

学习单元七　行政赔偿救济

💬 问题与思考

　　行政赔偿是国家赔偿的重要组成部分。近年来轰动全国的"佘祥林案件"、"夫妻看黄碟案",都是因为司法机关的错拘、错捕、错判而导致的国家赔偿,但其属于刑事赔偿的范畴。而行政赔偿是指行政机关及其工作人员因行政侵权、行政失职等违法行为,侵犯公民、法人或其他组织的合法权益并造成损害而引起的赔偿。如河南卢氏县城区某个体商店被盗,目击者两次报警却遭到该县公安局的拒绝,致使店主尹某蒙受巨大的财产损失。然而两个多月过去了,案件却一直没有侦破,其间尹某多次向卢氏县公安机关协商损失赔偿,均无果。尹某遂将卢氏县公安局告上了法庭。本案中的卢氏县公安局是否应承担行政赔偿责任?尹某可以采取哪些途径寻求赔偿?赔偿义务机关该怎么赔?赔偿数额怎么算?这就是本学习单元要让学生学会解决的问题。通过学习,学生能够在学会解决"赔什么"、"谁赔谁"、"如何赔"、"怎么算"等问题后,还能够区分行政赔偿与行政补偿、民事赔偿、刑事赔偿等相近概念。

📦 知识结构图

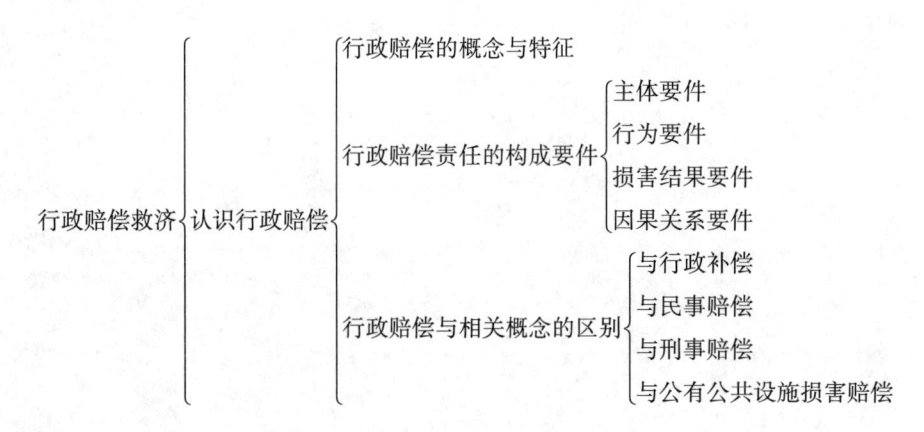

```
                          ┌─ 行政赔偿的概念与特征
                          │
                          │                      ┌─ 主体要件
                          │                      │
                          │                      ├─ 行为要件
                          ├─ 行政赔偿责任的构成要件┤
                          │                      ├─ 损害结果要件
                          │                      │
行政赔偿救济─认识行政赔偿─┤                      └─ 因果关系要件
                          │
                          │                      ┌─ 与行政补偿
                          │                      │
                          │                      ├─ 与民事赔偿
                          └─ 行政赔偿与相关概念的区别┤
                                                 ├─ 与刑事赔偿
                                                 │
                                                 └─ 与公有公共设施损害赔偿
```

学习单元七　行政赔偿救济

```
行政赔偿救济
├─ 行政赔偿请求的提出
│   ├─ 提出方式
│   │   ├─ 单独提出行政赔偿请求及先行处理程序
│   │   └─ 一并提出行政赔偿请求
│   ├─ 提出赔偿请求的范围
│   │   ├─ 侵犯人身权的赔偿请求范围
│   │   ├─ 侵犯财产权的赔偿请求范围
│   │   └─ 不予赔偿的范围
│   └─ 提出赔偿请求的当事人
│       ├─ 受到行政侵权的公民、法人或其他组织
│       ├─ 受害人的继承人或其他有扶养关系的亲属
│       └─ 受害法人或组织的权利承受人
├─ 行政赔偿义务机关
│   ├─ 行政机关
│   ├─ 共同赔偿义务机关
│   ├─ 法律、法规授权的组织
│   ├─ 委托机关
│   └─ 经复议后的赔偿义务机关
├─ 行政赔偿方式与计算标准
└─ 行政赔偿诉讼
```

学习目标

知识目标：掌握行政赔偿的概念和特征；行政赔偿的行为范围和赔偿范围；行政赔偿责任的构成要件和归责原则；行政赔偿的请求人和赔偿义务机关；行政赔偿程序、行政追偿以及我国国家赔偿方式和计算标准。

能力目标：能结合案例判断行政赔偿的范围；能结合案例确定行政赔偿请求人和赔偿义务机关。

素质目标：树立行政赔偿是一种国家责任、有限责任的理念。

基本知识

子学习单元 1　认识行政赔偿

任务 1　认识行政赔偿（二维码 7-1）

一、行政赔偿的概念与特征

行政赔偿是指行政机关及其工作人员在行使职权的过程中侵犯公民、法人和其他组织的合法权益并造成损害，法律规定由国家承担赔偿责任的制度。

行政赔偿制度具有以下特征：

第一，行政赔偿的责任主体是国家，这是行政赔偿区别于民事赔偿的主要特点。承担责任的主体是国家，最终由国库支付，而不是具体行使职权的行政机关及其工作人员。这是由行政权力的属性以及国家与行政机关及其工作人员之间的法律关系决定的。行政机关

及其工作人员代表国家履行社会管理职能，在管理过程中的履职行为，均以国家公权力为依托，法律后果（包括利益与不利益）归属于国家。

第二，行政赔偿的侵权主体是行政机关及其工作人员，这是行政赔偿区别于司法赔偿的主要特点。行政机关及其工作人员行使职权是引起行政赔偿责任的基础。由于国家与国家行政机关工作人员之间存在职务委托关系，行政机关及其工作人员在行使职权过程中侵犯公民、法人和其他组织合法权益的，或以执行职务的名义侵犯公民、法人和其他组织合法权益的，应当视为国家侵权行为。

第三，行政赔偿所针对的是行政机关及其工作人员的违法行为，这是行政赔偿区别于行政补偿的主要特点。国家承担行政赔偿责任的前提是行政行为违法，在行政机关及其工作人员的合法行为对公民、法人和其他组织的合法权益造成损害的情况下，国家不负有行政赔偿责任，仅需承担行政补偿责任。

第四，行政赔偿程序是行政程序与诉讼程序的结合，这是行政赔偿的程序特点。行政赔偿程序包括行政处理程序和行政赔偿诉讼程序两个部分。行政处理程序又分为两种情况：一是赔偿义务机关先行处理程序，即行政赔偿请求人申请行政赔偿时先向有关赔偿义务机关提出赔偿请求，双方就赔偿事项进行自愿协商或由赔偿义务机关决定，从而解决赔偿争议的一种行政程序；二是行政复议机关受理赔偿请求，确认赔偿义务机关和赔偿责任的程序。行政赔偿诉讼程序是人民法院对行政赔偿案件进行审理的程序。

7-1

二、行政赔偿责任的构成要件

行政赔偿责任的构成要件是指国家承担行政赔偿责任所应当具备的各种条件。构成要件是归责原则的具体化。

1. 主体要件。主体要件是指国家对哪些主体的侵权行为承担行政赔偿责任。根据我国《国家赔偿法》的规定，国家对行政机关及其工作人员所实施的职务侵权行为承担赔偿责任。此处的行政机关和工作人员均应作广义理解，具体包括以下四类：国家行政机关，法律、法规授权组织，行政机关委托的组织及其工作人员。

2. 行为要件。行为要件是指国家需要对侵权主体实施的何种行为承担行政赔偿责任，具体包括两个方面的要求：①行为的职务性。构成行政赔偿责任的行为必须是行政机关及其工作人员的职务行为。这种职务行为既包括行政机关为实现管理目的而作出的直接影响公民、法人和其他组织合法权益的行政行为，也包括行政机关在行使职权过程中所作出的与实现管理目的有关的事实行为。同时，对于行政机关不履行法定作为义务的情形，也应当认定其具有职务性。（二维码7-2）②行为的违法性。构成行政赔偿责任的行为必须是违法的职务行为。此处的违法应当从广义上予以理解，不仅指行政机关及其工作人员的职务行为违反法律、法规的明文规定，还包括违反规章及其他规范性文件的规定以及违反法律原则、公序良俗和人类的一般理性。

7-2

3. 损害结果要件。损害结果要件是指行政行为对公民、法人和其他组织的权益造成客观损害的结果。行政赔偿以公民、法人和其他组织的合法权益受到损害为条件。一方面，行政赔偿的请求人必须是合法权益受到损害的公民、法人或者其他组织，如果没有损害的发生，则不存在赔偿请求权。同时，这种损害必须是现实的、已确定的损害，不包括未来可能发生的潜在损害。另一方面，受损权益必须是公民、法人或者其他组织的合法权益，赃款、赃物等违法权益不属于行政赔偿的范围。按照我国《国家赔偿法》第3条和第4条的规定，受到行政赔偿制度保护的合法权益包括公民、法人和其他组织依法享有的人身权和财产权。

4. 因果关系要件。因果关系要件是指损害结果与行政机关及其工作人员的职务行为具有法律上的因果关系。因果关系是连接违法行为与损害后果的纽带，是国家对损害后果承担行政赔偿责任的基础与前提。对于法律上因果关系的理解，目前学界多采用民法学说、存在条件说、重要条件说、相当因果关系说和盖然因果关系说等多种学说。其中，相当因果关系说于行政赔偿领域最具可采性。相当因果关系说认为，某种原因在特定情形下发生某种结果还不足以判定二者有因果关系，只有在一般情况下，依照当时当地的社会观念普遍认为也能够发生这样的结果，方能认定因果关系。由损害看行为，可以确信损害是由行为造成的，那么该行为即为相当原因。如警察殴打某人致伤，并囚之于拘留所内，受害人因不能外出治疗或治疗不得法而死，但警察殴打人的行为与受害人死亡之间有因果关系。也就是说，行为后加入其他原因，如果其他原因在客观上足以预料损害的可能，则行为对于损害，是相当原因。同样，行为前已有其他原因，如果再加上行为这一原因，在客观上足以引起损害，则行为也属相当原因。但是相当因果关系说并不能适用于行政赔偿领域的所有案件，在实践中仍须立足于案件的特点和类型，从不同角度综合判断和分析因果关系。此外，因果关系的确认直接决定着行政赔偿范围的大小，因此在认定因果关系是否存在时，不仅要对引起损害的各种原因进行分析，还应当考虑到社会责任的公平分担。有学者认为，与一般民事侵权行为不同，国家侵权行为具有违法性、滥用或超越职权以及强制性等特点，凡违背对特定人所承担的法律义务即视为侵权行为。因此在行政赔偿中，只要行政机关及其工作人员违背了对权利人所承担的特定义务并致其损害,且权利人无法通过其他途径受偿的,就应当认为存在行政赔偿责任中的因果关系。[1]

任务2　区分行政赔偿与相关概念

为更好地理解行政赔偿的概念和特征,有必要将其与其他相近概念加以比较分析,以明确其界限。

一、行政赔偿与行政补偿

行政赔偿是国家对行政机关及其工作人员违法行使职权造成的损害承担的赔偿责任。而行政补偿是国家对行政机关及其工作人员的合法行为造成的损失给予的补偿。两者引发的原因不同,行政赔偿是违法行为引起的,而行政补偿是合法行为（如征用等）引起的。两者的性质也不同,行政赔偿是普通的违法行政行为引起的法律责任,而行政补偿是例外的特定民事责任,并不具有对国家行政行为的责难。此外,行政赔偿与行政补偿在适用范围、标准、方式等方面也有不同。

二、行政赔偿与民事赔偿

行政赔偿是行政机关及其工作人员违法行使职权行为引起的国家责任,而民事赔偿是由发生在平等民事法律主体之间的侵权行为引起的民事责任。二者的责任主体、责任性质等均不相同,且适用的赔偿原则、标准和程序也有所不同。当然,并非行政机关及其工作人员的所有行为引起的赔偿责任都是行政赔偿。行政机关及其工作人员以民事主体身份实施的侵权行为仍属于民事侵权,行政机关对此承担的责任亦是民事赔偿责任。例如,行政机关建房侵占他人用地的行为是民事侵权行为,行政机关须和其他民事主体一样承担民事赔偿责任。

三、行政赔偿与刑事赔偿

行政赔偿与刑事赔偿同属于国家赔偿的一部分,都是违法行使职权行为引起的国家责任,其责任性质、赔偿方式和标准是相同的。二者不同之处在于:行政赔偿是违法行使行政职权引起的赔偿责任,而刑事赔偿是违法行使审判、检察、侦查、监狱管理职权引起的赔偿责任。此外,二者还在赔偿义务机关、赔偿范围、赔偿程序等方面有所区别。

四、行政赔偿与公有公共设施致害赔偿

公有公共设施致害赔偿,是指因公有公共设施的设置、管理、使用有欠缺和瑕疵,造成公民生命、健康、财产损害的,国家负责赔偿的制度。在美国、英国、日本等国家,这类赔偿属于国家赔偿的一部分,受国家赔偿法规范。例如,因桥梁年久失修,有人骑车掉进水里摔伤;公共建筑设计失当,倒塌砸伤人等,均由国家予以赔偿。我国《国家赔偿法》不包括公有公共设施的致害赔偿。在我国,公有公共设施致害的,由该设施的经营管

---

[1] 参见姜明安主编:《行政法与行政诉讼法》,法律出版社2006年版,第558页。

理单位或通过保险渠道赔偿。例如，邮政损害由邮政企业赔偿；铁路、航空损害由保险公司赔偿；道路、桥梁致害由负责管理的单位赔偿。

子学习单元2　行政赔偿请求的提出与法律文书

任务1　认识行政赔偿请求的提出

受害人向有权机关提出行政赔偿请求，是行政赔偿程序的开始。根据《行政诉讼法》和《国家赔偿法》等法律规定，我国行政赔偿请求的提出有两种途径：一种是单独就赔偿问题向行政机关及人民法院提出；另一种是在行政复议、行政诉讼中一并提起。而且受害人可以根据受到损害的不同，同时提出数项赔偿请求。例如，行政机关违法行使职权，造成公民身体伤害的，受害人可以请求赔偿医疗费和赔偿误工减少的收入；造成公民身体残疾并全部丧失劳动能力的，受害人还可以申请残疾赔偿金及对其抚养的人的生活费等。当然，如果损害是单一的，请求人只能就该项损害提出赔偿请求，不得就该损害造成的其他间接损失提出赔偿请求。

一、单独提出行政赔偿请求及先行处理程序

受害人单独提起行政赔偿请求的，应当首先向行政赔偿义务机关提出，应当自其知道或者应当知道行政行为侵犯其合法权益之日起2年内，向赔偿义务机关申请行政赔偿。赔偿义务机关应当在收到赔偿申请之日起2个月内作出赔偿决定。赔偿义务机关逾期不作出赔偿决定、作出不予赔偿决定或赔偿请求人对赔偿方式、项目、数额有异议的，赔偿请求人才可以向上级机关申请复议或直接向法院提起诉讼。先行程序要求赔偿请求人必须首先向赔偿义务机关提出，通常适用于：争议双方对行政机关及其工作人员行使职权合法性没有争议，但赔偿问题达不成协议；侵权行为已经被确认为违法或已经被撤销、变更；该行为为终局裁决；该行为为事实行为等情形。

二、一并提出行政赔偿请求

一并提出行政赔偿请求，是指请求人在申请行政复议、提起行政诉讼中一并提出赔偿要求。其特点为：将确认行政行为违法与要求赔偿二项请求一并提出，并要求并案审理。复议机关或人民法院通常先确认行政行为的违法性，然后再决定是否赔偿。

任务2　判别允许受害人提出行政赔偿请求的范围（二维码7-3）

允许受害人提出行政赔偿请求的范围，是指国家对哪些违法行政行为造成的损害予以赔偿，对哪些损害不予赔偿，即国家承担赔偿责任的领域，包括侵犯人身权的行政赔偿范围（《国家赔偿法》第3条）和侵犯财产权的行政赔偿范围（《国家赔偿法》第4条），以及国家不予赔偿的范围（《国家赔偿法》第5条）。

一、侵犯人身权的行政赔偿范围

人身权是指与权利主体自身不可分离的,没有直接财产内容的权利。《国家赔偿法》第3条规定的侵犯人身权的情形主要指侵犯公民人身自由权和公民生命健康权两个方面。具体包括以下情形:

(一) 违法拘留或违法采取限制公民人身自由的行政强制措施的

此处的违法拘留主要是指违法行政拘留。行政拘留是对公民人身自由进行限制或剥夺的行政处罚。根据法律规定,享有行政拘留处罚权的只能是公安机关和国家安全机关。实践中违法拘留主要表现在:①作出拘留没有证据或证据不合法;②拘留对象错误;③违反法定程序实施拘留;④拘留违反一事不再罚原则。

行政机关违法采取限制公民人身自由的行政强制措施主要有:违法盘问检查、违法强制戒毒、违法强制治疗、违法即时强制、违法强制扣留、违法劳动教养等。

(二) 非法拘禁或者以其他方法非法剥夺公民人身自由的

非法拘禁或者以其他方法非法剥夺公民人身自由的行为,是指行政机关及其工作人员在行使行政职权过程中,不具有限制或剥夺公民人身自由的职权,非法以拘禁或者其他强制方法限制或剥夺公民人身自由的行为。

非法拘禁,是指以拘留、禁闭、捆绑、隔离、关押等强制方法非法限制或剥夺公民人身自由的行为。在实践中,当无权实施限制公民人身自由行为的行政机关在行使职权时,发现应当对违法行为人采取拘留手段的,可以扭送其至公安机关处理,而不能超越权限实施拘禁。

以其他方法非法剥夺公民人身自由的,如乡政府或其工作人员私设公堂、私设牢房,用拘留或变相拘留的手段,非法剥夺不交售公粮、超生的人及经济纠纷、邻里纠纷的当事人的自由;或用办学习班不让回家等手段剥夺公民的人身自由。

(三) 以殴打、虐待等行为或者唆使、放纵他人以殴打、虐待等行为造成公民身体伤害或者死亡的

行政机关的工作人员或法律、法规授权组织的工作人员,受行政机关委托行使职权的组织(如联防大队)及其工作人员在行使职权时,如有殴打公民致其遭受身体伤害的,或采用其他方式,如捆绑、示众、罚跪、罚站、卡脖子等暴力行为,以及受冻、挨饿等非暴力的虐待行为,造成公民身体伤害或者死亡的,国家应当承担赔偿责任。唆使包括授意、劝说、命令、挑拨、刺激、收买、引诱等方式。2012年修正的《国家赔偿法》还将违法

不作为纳入了行政赔偿的范围,即行政机关及其工作人员放纵他人以殴打、虐待等行为造成公民身体伤害或者死亡的,国家也应承担赔偿责任。

需要注意的是,行政机关工作人员的以上行为即使不是执行职务、行使职权的行为,但只要与执行职务、行使职权有关,或者是作为行使职权的一种手段,或者是假借行使职权之便实施的,或者是在行使职权的时间或场所实施的,国家就应当对由此造成相对方身体伤害或死亡的结果承担责任。即使行政机关工作人员由于上述行为已被追究刑事责任的,国家同样应当赔偿受害人损失。

(四) 违法使用武器、警械造成公民身体伤害或者死亡的

有权使用枪支、警棍、手铐、警绳、催泪弹等武器、警械的机关工作人员主要包括人民警察、武警部队的工作人员等。此外,《海关法》也规定海关工作人员可以配备、使用武器。在实践中违法使用武器、警械主要表现为:①使用武器、警械违反法定目的;②违反法定情形使用武器、警械;③使用武器、警械超过必要限度。

(五) 造成公民身体伤害或者死亡的其他违法行为

该项是一个兜底性规定,上述四类行为可分为两大类:一类是违法的具体行政行为,如违法行政处罚、违法行政强制;另一类是违法的事实行为,如公安机关询问、拘传、收审公民时的辱骂、殴打行为,违法使用武器致人伤害等行为。除上述四类行为外,行政机关及其工作人员行使职权造成公民身体伤害或者死亡的其他违法行为,如公安机关的警车在执行公务时违反交通法规撞伤路人,国家也应当承担赔偿责任。此外,国家应当承担赔偿责任的范围还包括行政机关及其工作人员不履行法定职责造成损害的行为。

二、侵犯财产权的行政赔偿范围

财产权包括公民个人财产所有权、继承权、土地使用权和承包经营权、采矿权、宅基地使用权、租赁权、专利权和著作权等。对法人而言,其财产权包括企业经营自主权、不动产和动产所有权、土地使用权、采矿权、专利权、商标权、租赁权等。《国家赔偿法》第4条规定,行政机关及其工作人员在行使职权时,侵犯公民、法人或其他组织财产权的情形有:

(一) 违法实施罚款、吊销许可证和执照、责令停产停业、没收财物等行政处罚的

行政处罚是行政主体依据法律、法规和规章对违反行政管理秩序但尚未构成犯罪的公民、法人或者其他组织实施的制裁。行政处罚中涉及公民、法人或其他组织财产权的处罚种类包括罚款、吊销许可证和执照、责令停产停业、没收财物等。

在实践中,违法罚款通常表现为:①巧立名目、越权罚款;②罚款没有标准,缺乏限制;③重复罚款。违法吊销许可证和执照主要表现为:①行政机关不具有法定的处罚权限;②违反法定条件实施;③违反法定程序实施。

(二) 违法对财产采取查封、扣押、冻结等行政强制措施的

行政强制措施是指行政主体在实施行政管理过程中,为预防与制止违法行为的发生或者在紧急、危险的情况下,依照法律、法规的规定,采取法定的强制方式,对公民、法人或者其他组织的人身、行为及财产进行暂时性约束或处置的限权性强制行为。涉及财产权

的行政强制措施有查封、扣押、冻结等。

违法查封财产是指没有查封权的行政机关或者是有查封权的行政机关没有依照法律、法规的规定实施查封财产的强制措施行为，如没有符合查封财产的条件、程序和期限等规定。违法扣押财产主要体现在：①实施扣押的主体无法定职权；②扣押所针对的行政相对人错误；③扣押的对象错误；④扣押违反法定程序。

（三）违法征收、征用财产的

征收、征用，是指行政主体为了实现公共利益，以国家强制力为后盾，对行政相对人财产权作出一定限制或剥夺的单方行为。征收是对行政相对人财产所有权的永久性剥夺，征用只是对行政相对人财产使用权或劳务等权益的限制和剥夺。征收、征用必须由行政机关或法律、法规明确授权的组织依照法律规定行使；征收、征用具有强制性；征收、征用目的应当是并且也只能是实现社会公共利益；征收、征用的实施必须遵循法定程序，体现程序正义，并且行政相对人可以申请补偿。

为了保证国家机器的正常运行，保障国家支持的各项事业的发展，法律、行政法规赋予一部分行政机关可以行使国家税收、收取有关费用的职能，如税务机关向纳税人征税，环保部门征收排污费，工商机关收取登记注册费、计划生育部门征收超生费等。除此之外，国家还可以根据安全和建设的需要，依照法律、行政法规的规定对公民、法人和其他组织的财物进行征收、征用，如国家可以依据《土地管理法》以及有关行政法规的规定对城镇集体所有的土地进行征用。违法征收、征用是指行政机关在没有法律规定的情况下，滥用其行政职权，强行向行政相对人征收、征用财物，要求行政相对人履行某种义务的行为。这种行为严重侵犯了公民、法人和其他组织的合法权益，国家应承担赔偿责任。

（四）造成财产损害的其他违法行为

除违法采取行政处罚、行政强制措施及行政征收、征用行为外，其他违法行政行为造成公民、法人或其他组织损害的，国家也应当予以赔偿。如行政机关违法的不作为行为、行政检查行为、行政裁决行为、行政命令行为、侵犯企业经营自主权的行为等。根据《行政诉讼法》的规定，违法不作为行为有：行政机关对符合法定条件的申请人拒绝颁发许可证、执照或不予答复的；拒绝履行保护公民、法人或其他组织的人身权、财产权的法定职责或不予答复的；未发给抚恤金的。此外，行政机关违法实施许可行为造成申请人以外的其他人财产损失的，国家均应负责赔偿。

三、国家不予赔偿的范围

《国家赔偿法》第5条规定，国家不承担赔偿责任的情形主要有：

（一）行政机关工作人员实施的与行使职权无关的个人行为

行政机关工作人员的行为包括职务行为和个人行为。对于职务行为造成的损害，国家应当承担赔偿责任。对于那些与行使职权无关的个人行为造成的损害，国家不负责赔偿。所谓个人行为，是指行政机关工作人员实施的与职权无关的涉及个人感情、利益等因素的行为。例如，公务人员在执行职务时间以外的民事行为；以个人名义实施的各类行为；为了个人利益或感情实施的行为等。又如，某税务局工作人员上班时间内着工作服装到所辖饭店大吃大喝并殴人致伤的行为，不是执行职务的行为，属于个人行为，国家对此造成的损失不应赔偿。区分职务行为与个人行为的主要标准是：行为的时间、地点、名义，与职务的内在联系，与个人感情、利益的联系等。对那些客观上具有行使职权特征的行为，一般均应认定为职务行为，具体包括以下几类行为：与行使职权密不可分的行为，如刑讯逼供、随意扣留物品；工作时间外行使职权的行为，如警察休息期间追捕违法犯罪分子的行为；管辖区域以外行使职权的行为，如甲地公安机关工作人员到乙地抓人、扣物；超越职权行为，如乡镇政府工作人员扣押人质解决纠纷的行为；滥用职权行为，如为泄私愤，工商管理人员吊销个体户营业执照的行为；等等。上述行为均属于职务行为，虽为行政机关工作人员具体实施，也不一定合法，但具有行使职权的性质，因而与行政机关工作人员为个人利益、感情因素实施的与职权无任何关系的行为不同。

（二）因公民、法人或其他组织自己的行为致使损害发生的

行政机关及其工作人员在行使职权时造成公民、法人或其他组织损害的原因很多，如果该损害是受害人自己的行为造成的，国家不予赔偿。例如，某公民的妻子开车肇事，为保护妻子，该公民向公安交通管理机关作虚伪陈述，欺骗行政机关，最后导致自己被拘留处罚，该公民自己的行为造成了损害发生，国家对此不予赔偿。

国家对受害人自己的行为造成的损害不予赔偿必须具备两个条件：一是受害人有故意，其故意行为是行政机关实施侵权行为的主要或全部原因。因行政机关工作人员的刑讯逼供或诱供被迫作虚伪陈述致使损害发生的，国家应当负责赔偿。二是损害必须完全是受害人自己的故意行为所致，国家才不予赔偿。如果部分损害是行政机关或工作人员所致，部分损害由受害人自己行为所致，则国家应当给予部分赔偿。

（三）法律规定的其他情形

这里的"法律"仅指由全国人民代表大会及其常务委员会通过的法律，不包括法规、规章。例如，《民法典》规定的"不可抗力"、"紧急避险"造成的损害，国家不予赔偿。第三人过错造成的损害，国家无需承担赔偿责任。受害人通过其他途径得到补偿的，如通过保险和公费医疗两种方式获得赔偿的，国家便不再需要承担赔偿责任。

任务3　确定提出行政赔偿请求的当事人

提出行政赔偿请求的当事人，为行政赔偿请求人，是行政赔偿案件中的一方当事人，是指因行政机关及其工作人员违法执行职务而遭受损害，有权请求国家给予赔偿的人。赔偿请求人既可以是公民，也可以是法人或者其他组织。行政赔偿中，有权提出赔偿请求的主体有以下几种：

一、受到行政侵权的公民、法人或者其他组织

《民法典》规定，未成年人及不能辨识自己行为的精神病人属于无民事行为能力人或限制民事行为能力人。其合法权益遭到行政机关及其工作人员损害时，其监护人（包括父

母、兄弟、姐妹、成年子女、配偶、近亲属等）为法定代理人。但赔偿请求权人仍为受到侵害的未成年人和精神病人。

二、受害人的继承人和其他有扶养关系的亲属

受害的公民死亡的，其继承人和其他有扶养关系的亲属也可以成为赔偿请求人。例如，甲某因行政侵权死亡，其继承人为赔偿请求人。其亲属乙某在甲某死亡前一直由甲某赡养，甲某死亡后，乙某随即丧失了赡养请求权，因此，乙某有权作为与甲某有扶养关系的亲属请求国家赔偿。

三、受害法人或组织的权利承受人

受害的法人或其他组织终止，其权利承受人有权要求赔偿。实践中，不发生赔偿请求权转移的情形有：

1. 法人或其他组织被行政机关吊销许可证或执照，但该法人或组织仍有权以自己的名义提出赔偿请求，不发生请求权转移问题。

2. 法人或其他组织破产，也不当然发生赔偿请求权转移问题。破产程序尚未终结时，破产企业仍有权就此前的行政侵权损害取得国家赔偿。

3. 法人或其他组织被主管行政机关决定撤销，因《行政诉讼法》已经赋予此种情形下的法人或其他组织以诉权，受害的法人或其他组织可以通过行政诉讼一并提出行政赔偿，不发生转移赔偿请求权问题。

任务4　认识并会写行政赔偿申请书（二维码7-4）

7-4

赔偿申请书是赔偿请求人向赔偿义务机关提出赔偿请求的书面文件，也是赔偿义务机关据以审查赔偿请求、裁决赔偿内容及结果的根据。赔偿请求人提出赔偿要求，首先应当递交赔偿申请书。申请书应包括以下内容：①受害人的姓名、性别、年龄、工作单位和住所，法人或其他组织的名称、住所，法定代表人或主要负责人的姓名、职务。②具体的请求、事实根据和理由。缺少事实根据和理由的，赔偿义务机关可以责令申请人补正。③申请的年、月、日。因为赔偿请求必须在法定期限内提起，所以在申请书中应当注明申请的年、月、日。

赔偿申请书是请求人向赔偿义务机关提出的主要书面材料，因此必须内容完整，符合法定形式，语言简明，字迹工整，便于赔偿义务机关审查处理。请求人书面申请确有困难的，可以委托他人代书，也可以口头申请，由赔偿义务机关记录。

赔偿请求人不是受害人本人的，应当说明与受害人的关系，并提供相应证明。

赔偿请求人当面递交申请书的，赔偿义务机关应当当场出具加盖本行政机关专用印章并注明收讫日期的书面凭证，以此来计算行政赔偿义务机关受理赔偿申请后应当作出赔偿决定的法定期限的起算点。申请材料不齐全的，赔偿义务机关应当当场或者在5日内一次性告知赔偿请求人需要补正的全部内容。

子学习单元3 行政赔偿义务机关的受案与处理

任务1 认识受理并处理行政赔偿请求的机关

受理并处理行政赔偿请求的机关，为行政赔偿义务机关，是行政赔偿案件中的另一方当事人，其主要职责是代表国家接受行政赔偿请求，参加赔偿诉讼程序、履行赔偿义务。由于国家行政机关众多，部门林立，职权交叉分散，当行政侵权损害发生后，受害人很难确定应向哪个机关提出赔偿请求，个别赔偿机关也借机互相推诿，致使受害人无法行使赔偿请求权。《国家赔偿法》第7条和第8条规定了不同行政机关的赔偿义务，具体可以分为以下几种情形：

一、行政机关为赔偿义务机关

行政机关及其工作人员在行使职权时侵犯公民、法人或其他组织的合法权益造成损害的，该行政机关或工作人员所在的行政机关为赔偿义务机关。例如，海关违法处罚给某公司造成重大损失的，该公司应直接向作出处罚决定的海关请求赔偿；又如，公安机关某干警在执行巡逻任务时非法殴打他人致残，该受害人就应当向该民警所在的公安局提出赔偿请求。

二、共同行政赔偿义务机关

两个以上行政机关共同实施违法行政行为造成损害的，应由该两个以上行政机关为共同赔偿义务机关。赔偿请求人可以向共同赔偿义务机关中的任何一个机关请求赔偿，该机关应当先予赔偿全部损失。由于2012年修正后的《国家赔偿法》取消了赔偿义务机关"先行垫付"赔偿金的责任，而是赔偿义务机关自收到赔偿请求人的申请之日起7日内直接向财政部门申请，因此，在先行赔付的案件中，共同赔偿义务机关之间的追偿问题便不复存在了，都是财政部门直接支付。

三、法律、法规授权的组织为赔偿义务机关

法律、法规授权的组织在行使被授予的行政职权时，侵犯公民、法人和其他组织合法权益造成损害的，该法律、法规授权的组织为赔偿义务机关。我国除各级人民政府及所属行政部门能行使行政权力外，还有一部分由法律、法规授权的具有公共事务管理职能的企事业单位也能行使行政职权。如卫生防疫站、烟草公司、盐业公司等根据法律、法规授权可以行使行政职权，其行为侵犯公民、法人或其他组织合法权益的，国家应当负责赔偿。受害人请求赔偿，也应当以这些法律、法规授权的组织为赔偿义务机关。

四、委托机关为赔偿义务机关

行政机关出于工作需要，有时依照法律、法规和规章将自己的职权委托给其他行政机关或社会组织去行使，如乡政府委托村委会征收粮食税，公安交通局委托居委会维护交通秩序，环境卫生管理局委托商场监督检查破坏环境卫生的行为等。接受委托的组织行使行政职权时，享有与行政机关同样的权力，其行为与行政行为有同样的法律后果。但受托组织行使职权的范围是由行政机关决定的，是以行政机关的名义行使的，产生的法律责任也应由行政委托机关承担。因此，当行政机关委托其他组织行使职权引起赔偿责任时，应由委托的机关承担法律责任，充当赔偿义务机关。即使受托组织超越了委托权限，违法滥用该委托权力，委托的机关仍然应当承担因此产生的各项法律责任。

五、行政赔偿义务机关被撤销后的责任承担

行政机关实施侵权行为给他人造成损害后又被撤销的，一般继续行使其职权的行政机关为赔偿义务机关。如果没有继续行使其职权的行政机关，撤销该赔偿义务机关的行政机关为赔偿义务机关。行政赔偿义务机关被撤销一般有两种情形：一是受害人提出赔偿请求，赔偿义务机关尚未作出最终裁决时，该赔偿义务机关被撤销；二是受害人已向法院提起行政赔偿诉讼后，赔偿义务机关被撤销。第一种情形下，由继续行使其职权的行政机关为赔偿义务机关；第二种情形则涉及变更赔偿诉讼被告问题，受害人应以赔偿义务机关被撤销后继续行使其职权的行政机关为赔偿诉讼被告，如果没有继续行使其职权的行政机关，则应以撤销该赔偿义务机关的行政机关为赔偿诉讼被告。

六、经行政复议后的赔偿义务机关

经复议的案件，由最初作出具体行政行为的行政机关为赔偿义务机关。但是，复议机关的复议决定加重损害的，复议机关对加重的部分履行赔偿义务。例如，某人被区公安分局拘留5日，该公民不服处罚申诉至市公安局，市公安局作出了改处15日拘留的复议决定。后该公民认为行政行为违法，应以原行政行为的作出机关即区公安分局为赔偿义务机关，但由于市公安局最终加重了原处罚决定，那么市公安局应就加重部分承担赔偿义务，因此，以市公安局为赔偿义务机关，请求复议机关对加重部分的损害承担赔偿责任是合适的。

表7-1 复议后的赔偿义务机关、赔偿诉讼被告、行政诉讼被告的确定

复议决定		赔偿义务机关	行政赔偿诉讼被告		行政诉讼被告
维持决定	未加重损害	原机关	原机关		原机关
改变决定	未加重损害	原机关	原机关		原机关和复议机关共同被告
	加重损害	原机关和复议机关（对各自造成的损害承担赔偿义务）	只起诉原机关	原机关	
			只起诉复议机关	复议机关	
			起诉原机关和复议机关的	原机关和复议机关	

任务2　行政赔偿义务机关对行政赔偿请求的处理

一、赔偿义务机关处理赔偿申请的期限

《国家赔偿法》规定，行政赔偿义务机关应当自收到赔偿申请之日起2个月内作出赔偿与不赔偿的决定。

二、赔偿义务机关处理赔偿的内容

赔偿义务机关应当依照《国家赔偿法》提出赔偿方案。方案包括：赔偿方式；赔偿项目；赔偿数额；计算数额的依据和理由；履行期限等。

三、关于听取意见和协商制度

2012年修正后的《国家赔偿法》中规定，赔偿义务机关作出赔偿决定，应当充分听取赔偿请求人的意见，并可以与赔偿请求人就赔偿方式、赔偿项目和赔偿数额进行协商。听取意见是赔偿程序上的一大进步。协商不能突破法律规定的标准、范围和项目。

四、关于赔偿决定书送达及说明理由

2012年修正后的《国家赔偿法》中亦规定，赔偿义务机关决定赔偿的，应当制作赔偿决定书，并自作出决定之日起10日内送达赔偿请求人。赔偿义务机关决定不予赔偿的，应当自作出决定之日起10日内书面通知赔偿请求人，并说明不予赔偿的理由。这一规定体现了程序正当原则和行政赔偿义务机关处理赔偿问题的严肃性。

任务3　认识行政赔偿中的追偿

追偿又称为求偿，指国家行政机关向请求人支付赔偿费用或履行赔偿义务后，依法责令有故意或重大过失的公务员或受委托的组织或个人，承担部分或者全部赔偿费用的制度。追偿制度既可以保证受害人及时得到赔偿，避免因公务员资力薄弱难以向受害人支付足额赔偿的情形，又可以监督公务员依法行使职权，增加其责任心，免除公务员行使职权时的后顾之忧，鼓励公务员尽职尽忠，同时还可以减轻国家财政负担。追偿是国家基于行政机关与工作人员之间特别权力关系而对其实施的制裁形式。追偿需满足两个条件，一是行政赔偿义务机关已经向受害人支付了赔偿金；二是公务员或受委托的组织或个人有故意或重大过失。追偿权的行使，并不妨碍国家以其违反职务为由追究工作人员的纪律责任和刑事责任。

所谓故意，是指公务员或受委托的组织或个人执行职务、行使权力时，明知自己的行为会给相对人造成损害，却仍然希望或放任这种结果发生的主观态度。所谓重大过失，是公务员或受委托的组织或个人行使职权时未能达到普通公民应当达到的标准，而造成公民、法人或其他组织合法权益的损害。重大过失相对于一般过失而言，更为明显，更为严重，即有超过一般标准的欠缺或明显、严重的欠缺。

任务4　认识行政赔偿方式和计算标准

一、行政赔偿方式

国家赔偿的方式,是指国家承担赔偿责任的各种形式。我国《国家赔偿法》规定国家赔偿的方式有三种:

(一) 金钱赔偿

金钱赔偿方式是以货币形式支付赔偿金额的一种赔偿方式。这种赔偿方式,省时省力,可以使受害人的赔偿请求迅速得到满足,也便于行政机关正常开展工作。金钱赔偿方式的适用范围较广,无论是人身自由还是生命健康权的损害,都可以通过计算或者估算的方式进行适当的金钱赔偿。

(二) 返还财产

返还财产是行政机关将违法占有或控制的受害人的财产返还给受害人的赔偿方式,如返还罚款,返还没收的财物、返还扣押、查封、冻结的财产等。

(三) 恢复原状

恢复原状是公民、法人或者其他组织的财产因国家行政机关及其工作人员的违法分割或毁损而遭到破坏后,若有可能恢复的,应当由赔偿义务机关负责修复,以恢复财产原状的一种赔偿方式。

我国《国家赔偿法》规定了以金钱赔偿为主,返还财产和恢复原状为辅的赔偿方式。适用返还财产、恢复原状的赔偿方式,以"能够"为前提,即能够返还财产和恢复原状的,予以返还财产或恢复原状。

二、行政赔偿的计算标准

赔偿计算标准是计算赔偿金额的尺度和准则。《国家赔偿法》对不同损害规定了不同的计算标准。

(一) 人身自由损害的赔偿标准

行政机关及其工作人员侵犯公民人身自由的,每日赔偿金按照国家上年度日平均工资计算。国家上年度职工日平均工资的数额,以国家统计局发布的数额为准。目前我国公民的实际工资水平并不高,具体数额又在不断变化,因此按上年度职工的日平均工资计算赔偿额是科学的。

(二) 生命健康权的损害赔偿标准

行政机关及其工作人员侵犯公民生命健康权的,赔偿金按照下列规定计算:

1. 造成身体伤害的,应当支付医疗费、护理费,以及赔偿因误工减少的收入。减少的收入,每日的赔偿金按照国家上年度职工的日平均工资计算,最高额为国家上年度职工年平均工资的5倍。

2. 造成部分或者全部丧失劳动能力的,应当支付医疗费、护理费、残疾生活辅助具费、康复费等因残疾而增加的必要支出和继续治疗所必需的费用,以及残疾赔偿金。残疾赔偿金根据丧失劳动能力的程度，按照国家规定的伤残等级确定，最高不超过国家上年度职工年平均工资的 20 倍。造成全部丧失劳动能力的，对其抚养的无劳动能力的人，还应当支付生活费。

3. 造成死亡的，应当支付死亡赔偿金、丧葬费，总额为国家上年度职工年平均工资的 20 倍。对死者生前扶养的无劳动能力的人，还应当支付生活费。生活费的发放标准参照当地最低生活保障标准执行。被扶养人是未成年人的，生活费给付至 18 周岁为止；其他无劳动能力的人，生活费给付至死亡时止。

（三）精神损害赔偿

《国家赔偿法》第 35 条规定："有本法第三条或者第十七条规定情形之一，致人精神损害的，应当在侵权行为影响的范围内，为受害人消除影响，恢复名誉，赔礼道歉；造成严重后果的，应当支付相应的精神损害抚慰金。"将精神损害赔偿载入《国家赔偿法》是对我国国家赔偿制度的重大突破与完善。

（四）财产损害的赔偿标准

《国家赔偿法》规定的对侵犯公民、法人和其他组织的财产权的赔偿，是以赔偿直接损失为原则。所谓直接损失，是指侵权行为直接造成的已经发生的实际损失。侵犯财产权的具体赔偿标准为：

1. 处罚款、追缴、没收财物或违法征收、征用财产的，返还财产。

2. 查封、扣押、冻结财产的，解除对财产的查封、扣押、冻结；造成财产损坏或灭失的，能够恢复原状的恢复原状，不能恢复原状的按照损害程度给付相应的赔偿金；应当返还的财产灭失的，给付相应的赔偿金。

3. 财产已经拍卖的或者变卖的，给付拍卖或者变卖所得的价款；变卖的价款明显低于财产价值的，应当支付相应的赔偿金。

4. 吊销许可证和执照，责令停产停业的，赔偿停产停业期间必要的经常性的费用开支。

5. 返还执行的罚款或者罚金、追缴或没收的金钱，解除冻结的存款或者汇款的，应当支付银行同期存款利息。

三、赔偿费用

国家赔偿费用是国家用以支付给赔偿请求人的金钱。国家赔偿费用以货币形式表现，由行政赔偿义务机关支付。2012 年修正后的《国家赔偿法》对赔偿费用及支付方式作了很大的改革，主要体现为：其一，赔偿金的支付由原来的赔偿义务机关先行垫付后再向财政机关申请核拨，改变为赔偿义务机关自接到赔偿请求人提出的赔偿金支付申请之日起 7 日内向有关财政部门申请支付，财政部门则应自收到支付申请之日起 15 日内支付赔偿金。其二，将视情况改变我国原来的赔偿费用来源及列支办法。这一改变从很大程度上避免了机关之间推诿，国家赔偿决定执行难的窘境。

《国家赔偿法》还规定，赔偿请求人要求国家赔偿的，赔偿义务机关、复议机关和人民法院不得向赔偿请求人收取任何费用。不论最终处理结果如何，均不得收取案件受理费、勘验费、鉴定费等一切开支和费用。以上所有费用均由赔偿义务机关、复议机关和人民法院自行负担。对赔偿请求人取得的赔偿金不予征税。

子学习单元 4　行政赔偿诉讼

行政赔偿诉讼是特殊的诉讼形式，是法院根据赔偿请求人的诉讼请求，依照行政诉讼程序和国家赔偿的基本原则裁判赔偿争议的活动。在起诉条件、审理形式、证据原则及适用程序诸方面，行政赔偿诉讼都有其自身的特点。从起诉条件看，单独提起赔偿诉讼以行政赔偿义务机关先行处理为前提条件；一并提起赔偿请求通常以行政复议或行政诉讼确认行政行为违法为赔偿先决条件。从审理形式看，赔偿诉讼不同于行政诉讼，赔偿案件可以适用调解。从证据规则看，赔偿诉讼不完全采取"被告负举证责任"的原则，而参照民事诉讼，要求赔偿请求人和赔偿义务机关对自己提出的主张，应当提供证据。

任务 1　认识提起行政赔偿诉讼的受案范围

行政赔偿诉讼的受案范围除了《国家赔偿法》第 3 条、第 4 条规定的赔偿范围外，《最高人民法院关于审理行政赔偿案件若干问题的规定》（法释〔2022〕10 号）（二维码 7-5 和 7-6）对行政赔偿受案范围有如下补充规定：

1. 《国家赔偿法》第 3 条、第 4 条规定的"其他违法行为"包括以下情形：①不履行法定职责行为；②行政机关及其工作人员在履行行政职责过程中作出的不产生法律效果，但事实上损害公民、法人或者其他组织人身权、财产权等合法权益的行为。

2. 依据《行政诉讼法》第 1 条、第 12 条第 1 款第 12 项和《国家赔偿法》第 2 条规定，公民、法人或者其他组织认为行政机关及其工作人员违法行使行政职权对其劳动权、相邻权等合法权益造成人身、财产损害的，可以依法提起行政赔偿诉讼。

3. 赔偿请求人不服赔偿义务机关下列行为的，可以依法单独提起行政赔偿诉讼：①确定赔偿方式、项目、数额的行政赔偿决定；②不予赔偿决定；③逾期不作出赔偿决定；④其他有关行政赔偿的行为。

7-5　　　　7-6

任务2　认识提起行政赔偿诉讼的起诉期限

根据2017年修正后的《行政诉讼法》规定，单独提起行政赔偿诉讼的起诉期限为6个月。一并提出赔偿请求的，诉讼时效期间应依《行政复议法》、《行政诉讼法》及其他有关单行法律、法规所规定的提起合法性审查之诉的时效规定。

行政赔偿请求先行处理结果不同，6个月起诉期限的起算点也不同。2012年修正后的《国家赔偿法》规定：①在规定期限内未作出是否赔偿的决定，起诉期限为自该规定期限届满之日起6个月。②在规定期限内作出了是否赔偿的决定的，起诉期限为自该决定作出之日起6个月。此情形又包含两种情况：一是赔偿义务机关作出赔偿决定，但赔偿请求人对赔偿方式、项目、数额有异议的；二是赔偿义务机关作出不予赔偿决定的。

任务3　认识行政赔偿诉讼案件的举证责任

行政赔偿诉讼中，原告应当对行政行为造成的损害提供证据；被告的原因导致原告无法举证的，由被告承担举证责任。人民法院对于原告主张的生产和生活所必需物品的合理损失，应当予以支持；对于原告提出的超出生产和生活所必需的其他贵重物品、现金损失，可以结合案件相关证据予以认定。原告主张其被限制人身自由期间受到身体伤害，被告否认相关损害事实或者损害与违法行政行为存在因果关系的，被告应当提供相应的证据证明。

任务4　认识行政赔偿诉讼案件的审理和裁判

行政赔偿诉讼案件的审理与一般行政案件的审理基本一致。行政赔偿诉讼案件可以适用调解。人民法院在办案中，既要坚持调解优先，又要从实际出发，对久拖不决的赔偿案件及时作出裁判。行政赔偿诉讼的判决包括维持行政赔偿决定、改变行政赔偿决定、变更行政赔偿决定中的赔偿数额等。具体而言，人民法院根据以下规则进行裁判：

1. 两个以上行政机关共同实施违法行政行为，或者行政机关及其工作人员与第三人恶意串通作出的违法行政行为，造成公民、法人或者其他组织人身权、财产权等合法权益实际损害的，应当承担连带赔偿责任。一方承担连带赔偿责任后，对于超出其应当承担部分，可以向其他连带责任人追偿。

2. 两个以上行政机关分别实施违法行政行为造成同一损害，每个行政机关的违法行为都足以造成全部损害的，各个行政机关承担连带赔偿责任。人民法院应当根据其违法行政行为在损害发生和结果中的作用大小，确定各自承担相应的行政赔偿责任；难以确定责任大小的，平均承担责任。

3. 第三人提供虚假材料，导致行政机关作出的行政行为违法，造成公民、法人或者其他组织损害的，人民法院应当根据违法行政行为在损害发生和结果中的作用大小，确定行政机关承担相应的行政赔偿责任；行政机关已经尽到审慎审查义务的，不承担行政赔偿责任。

4. 第三人行为造成公民、法人或者其他组织损害的，应当由第三人依法承担侵权赔偿责任；第三人赔偿不足、无力承担赔偿责任或者下落不明，行政机关又未尽保护、监管、救助等法定义务的，人民法院应当根据行政机关未尽法定义务在损害发生和结果中的作用大小，确定其承担相应的行政赔偿责任。

5. 不可抗力等客观原因造成公民、法人或者其他组织损害，行政机关不依法履行、拖延履行法定义务导致未能及时止损或者损害扩大的，人民法院应当根据行政机关不依法履行、拖延履行法定义务行为在损害发生和结果中的作用大小，确定其承担相应的行政赔偿责任。

项目训练

训练项目一：对国家赔偿中精神损害赔偿的理解

【案情简介】

2001年1月8日晚，19岁的农村姑娘麻某和姐夫、外甥一起正在看电影时，突然被陕西泾阳县蒋路派出所干警和聘用司机两个人在没有出示任何证件的情况下带到派出所。他们轮流对她审讯，要她承认有卖淫行为。麻某被非法讯问了23小时后，1月9日，泾阳县公安局出具了一份《治安管理处罚裁决书》，该裁决书以"嫖娼"为由决定对麻某拘留15天。裁决书上麻某的性别变成了"男"，裁决时间竟写成1个月后的2月9日。为证明自己的清白，麻某自己去医院做了处女检查，证明自己还是处女。在麻某到咸阳市公安局申请复议后，市公安局竟要求她到医院做了两次处女膜检查，结果证明她仍为处女。咸阳市公安局撤销了泾阳县公安局的错误裁决。2001年2月23日，泾阳县公安局对相关人员进行了处理。

但是，麻某认为咸阳市公安局仅撤销县公安局的荒唐裁决，未就申请人提出的索赔要求作出答复，因此，于2月13日以咸阳市公安局作为被告、泾阳县公安局为第三人，向咸阳市中级人民法院提起行政诉讼。麻某在一审中，一共提出9项诉讼请求：①确认咸阳市公安局迟作出治安处罚裁决行为违法；②确认泾阳县公安局作出的治安处罚裁决行为违法；③确认泾阳县公安局强制传唤、非法限制人身自由的行为违法；④确认咸阳市公安局要求原告作"处女膜完整"医学鉴定的行为违法；⑤确认泾阳县公安局对原告讯问程序、实体违法；⑥确认泾阳县公安局对原告使用戒器械具行为违法；⑦判令两被告对原告公开赔礼道歉、恢复名誉；⑧判令两被告赔偿原告精神损失500万元；⑨判令两被告赔偿原告误工损失、医疗费59 560元。

咸阳市中级人民法院指定该案件由咸阳市秦都区人民法院受理。5月9日，咸阳市秦都区法院对此案作出了一审判决，除误工损失费（误工费按每日25.67元计算，自2001年1月10日起，至该判决发生法律效力之日止）和医疗费（1354.34元）外，受害者麻某仅获得了74.66元的赔偿金。原告对一审判决不服，当庭表示要上诉。12月11日，二审法院咸阳市中级人民法院认为，咸阳市、泾阳县两级公安局的行政违法行为给麻某造成了一定精神损害，泾阳县公安局应在其侵权范围内为麻某消除影响、恢复名誉、赔礼道歉；麻某提出的500万元精神损害赔偿的请求不符合《国家赔偿法》规定，请求公安机关在媒体上公开赔礼道歉也没有事实依据，不予支持。遂终审判决如下：确认泾阳县公安局对麻某讯问时使用械具并殴打、限制其人身自由的行政行为违法；确认咸阳市公安局委托医院对麻某作医学鉴定的具体行政行为违法；自判决书生效后10日内，泾阳县公安局支付麻某违法限制人身自由2天的赔偿金74.66元，赔偿麻某医疗费1671.44元，交通、住宿费699.50元，180天的误工费6719.40元，共计9135元整。一审及二审诉讼费用共360元由两级公安机关承担。

训练目的：

此案的发生，引起人们对精神损害是否纳入国家赔偿的深入思考。通过训练，学生应当思考精神损害赔偿在《国家赔偿法》中的必要性。根据2012年修正的《国家赔偿法》，学生应当掌握公安机关执法中刑讯逼供行为造成的损害由谁举证、如何举证的问题。

分析提示：

结合《国家赔偿法》第35条、第15条的规定进行分析和思考。

训练项目二：行政不作为赔偿责任的认定

【案情简介】

1998年5月16日7时，郑某（以下简称"郑疯子"或"疯子"）在街上碰到李某，劈头就问："你叫李某吗？"李某回答："是，又怎么样？""郑疯子"说："你立即把房子腾出来，我要住进去。"李某心想"疯子"就是喜欢说疯话，就继续往家里走，郑某却在后边追他。追至李某家屋下，郑某不由分说将李某家楼下的大门打烂了，李某只好躲到楼上。不一会儿，郑某又来了，在楼下高叫李某拿5万元钱出来。李某见"郑疯子"追杀得那么紧，便向水观派出所跑去。同日8时，恰遇王某、张某某两位干警在值班，李某便向两位干警求助："'疯子'在追杀我，求求你们把'疯子'制止一下。"随后，"郑疯子"也追到了派出所，当着干警的面，对着李某叫嚣："你今天先给我拿6000块钱，我要还贷款，还要再给我准备5万元……"接着强行将李某按跪在地上。李某只得用哀求的口吻求两位干警救命。王某把脸转过去不管，张某某则自言自语地说："你还有求人的时候？你也有今天？""郑疯子"见张警官这么说，叫嚣得更加凶狠："你到底拿不拿钱？"并用铁链条抽打李某。李某声嘶力竭地哀求两位警官："救命啊！救命！"但丝毫没有打动两位干警。待"疯子"打累后跑了，鲜血也染红了李某的衣衫。正在这时，水观镇党委书记杨某赶到了派出所。对干警王某说："'疯子'把李某的门市部打烂了，材料、汽油甩了一地，电话机也抱走了，还把他的儿媳妇打得浑身是伤。你们快把'疯子'抓起来，不然要出人命了。"王某说："我们没有抓疯子的权力，抓起来又交给谁呢？"当天，水观派出所的干警没有出警。

5月17日，天还没有亮，"郑疯子"就到李某的楼下要钱，并砸烂了他的楼门。李某当天向阆中市公安局打了几次求救电话，公安局叫他去找水观派出所制止"疯子"，但水观派出所仍然不闻不问。5月18日清晨，"郑疯子"又来了，李某被追得无处可逃，最后只得躲到区工委王书记家的楼梯上。8时多，在王书记的带领下，他们一起来到水观派出所，这天全体干警都来了。罗姓所长对李某说："你有钱，你拿1000元，涂某（曾被'郑疯子'威胁过的人）拿500元，我们马上去把疯子抓起来。"李某说："我没有钱。"镇党委书记杨某在一旁劝道："你就拿500元算了，我看不拿钱就要求他们抓疯子，是没有指望的。"见派出所是这种态度，李某只得悻悻而归，可又被"疯子"发现了，他只得再次跑向派出所报告，但仍无人理睬。

5月19日晚9时，"郑疯子"已是第4天来到李某家的楼下要钱了。李某见"疯子"砸烂了门要往楼上冲，急忙就给水观派出所打电话反映，水观派出所距李某家只有200米远，但半个小时都没有人来。眼看"郑疯子"已持刀冲上楼来了，李某为了求生，只得从2楼上跳下，摔得不能动弹。李某的三弟李某某见状，赶紧跑到派出所的门口大喊："水观派出所杀人了！"这样一喊果然有效，派出所的干警出来问："你在乱吼啥？哪个派出所在杀人?!"当李某某讲明情况后，水观派出所才派干警和群众一道将"郑疯子"制服。

当晚，李某被家属送至阆中市人民医院治疗。经诊断：右腿跟骨粉碎性骨折、巨骨粉碎性骨折、舌骨粉碎性骨折，并经残联核定为八级残疾。

法院认为，《人民警察法》规定：人民警察的任务是"……维护社会治安秩序……预防、制止和惩治违法犯罪活动"；其义务是"遇到公民人身、财产安全受到侵犯或处于其他危难情形，应当立即救助。"本案被告下属的水观派出所民警，在1998年5月16日面临精神病人郑某手持链条威逼、抽打原告时，未给予及时救助；在接到镇党委书记杨某的报案后，仍未采取相应措施控制郑某。17日，虽将正在滋事的郑某带至派出所，没收了链条，但未对其加以有效约束，致其逃跑，且对当天李某的报案未予出警。18日，当原告李某等人报案后，派出所让其去找镇政府，不符合法律规定。19日早上，原告再次找到派出所报案时派出所仍未立即出警；当天下午6时在获悉郑某回到水观场后，派出所没有及时出警对其采取必要的约束措施，致使当晚原告被郑某威吓、跳楼。被告工作人员的上述行为违背了《人民警察法》规定的职责和义务，被告辩称其采取了一些措施，但其措施未达到对郑某加以有效约束的目的。但是，被告工作人员不履行法定职责的行为与原告的损失之间亦有一定的因果关系，被告依法应当承担相应的行政赔偿责任，原告在1998年5月19日晚采取跳楼的方式避险欠妥，应减轻被告一定的责任，原告受伤的医疗、误工、护理和部分丧失劳动能力以及"野马"汽车、木门被损的经济损失，依法由被告相应赔偿。

但原告主张其出院后的门诊治疗费1万元，没有提供相关的证据，本院不予采信；原告提供的2000年3月1日购药22元的发票一张，在庭审中陈述是用于治感冒，故原告将此费用纳入医疗费损失要求被告赔偿，本院不予支持；原告主张赔偿"被扶养人生活费、上访费用、精神损失、营养费、房租费"等，不符合《国家赔偿法》规定的赔偿之列，法院不予支持；原告主张赔偿机油、汽车零件、电话机等财产损失，因这些损失发生在其请求被告履行法定职责之前，这些损失与被告的违法行为之间不存在因果关系，故法院不予支持，原告的其他诉讼请求不属于行政法律、法规调整范畴，应予驳回。据此，法院为保护公民的合法权益，监督行政机关依法行使职权，根据《最高人民法院关于执行〈中华人民共和国行政诉讼法〉若干问题的解释》第57条第2款第1项、第56条第4项、《最高人民法院关于公安机关不履行法定行政职责是否承担行政赔偿责任问题的批复》（法释〔2001〕第23号）和《行政诉讼法》第68条第1款以及《国家赔偿法》第3条第5项、第4条第4项、第7条第1款，第27条第1款第1、2项，第28条第7项的规定，判决被告阆中公安局工作人员不履行职责的行为违法；被告阆中市公安局赔偿原告李某医疗费（含鉴定费、护理费、就医交通费）1921.88元；误工费1791.84元；残疾赔偿金14 993.60元；木门损失费78元；汽车损失费966元。合计赔偿19 751.32元；驳回原告李某的其他诉讼请求。

另有类似参考案例：尹某诉卢氏县公安局110报警不作为行政赔偿案（因受害人自己有过错，国家赔偿50%）

训练目的：

学生掌握行政机关不作为的行政赔偿责任。

分析提示：

结合2012年修正后《国家赔偿法》第3条第3款"以殴打、虐待等行为或者唆使、放纵他人以殴打、虐待等行为造成公民身体伤害或者死亡的"规定，理解"放纵"的含义。

训练项目三：行政赔偿范围的确定及对追偿的理解

【案例一】

吴某向镇政府申请建房。为了多盖几间房屋，其在申请书上弄虚作假，将全家6口人虚报为9人；将原有的13间房少报为6间；将建房需占用的自留地报为荒地；将原来的宅基地3处改为2处。镇政府工作人员未经严格审核，依吴某的申请为吴某办理了"村镇建设许可证"、"施工许可证"和"宅基地使用公证书"，吴某于是在自留地上动手建房。此后，镇政府根据群众举报派人通知其停止施工，且县土地管理部门也派员调查处理并通知其停工，吴某虽然在通知书上签了字，但仍继续建房至竣工。在此情形下，县土地管理局对吴某作出处罚决定：责令吴某20日内拆除在非法占用的土地上新建的房屋，退还非法占用的土地，恢复耕种条件。此后，吴某在非法占用的土地上新建的房屋被行政机关强行拆除。吴某不服向县法院申请国家赔偿。

训练目的：

学生能区分因行政机关及其工作人员的违法行为致使损害发生和因相对人自己的行为致使损害发生的不同。

分析提示：

因相对人自己的行为致使损害发生不属于行政赔偿的范围，关键是理解损害是完全由相对人自己的行为造成。

【案例二】

1995年5月27日，某县公安局城南派出所所长粟某一行人正在该县城山居大酒楼用餐，服务员蒋某前去报称有人在楼下打架，但酒楼老板和老板娘均已外出，故请公安人员前去制止。在此情况下，粟某与同行的警察刘某去纠纷现场，见田某与艾某等人扭打在一起。粟某表明身份并出示了工作证，要求双方立即停止纠纷。但田某不听劝阻，与粟某发生抓扯，致其双手肘擦伤。粟某挣脱后又与田某推拉到酒楼外，田某站在距离粟约2米远的斜对面争吵，并欲上前打粟某。此时，粟某用随身携带的"七七式"手枪射中田某的左大腿，田侧身倒地。约10秒钟左右，粟某又向田某右背上开一枪，弹头从田某右胸部腋后线第9、10肋间隙处直接贯通胸、腹腔，长达44厘米，致直肠全面破口5厘米。田某在当日下午3时许被送往该县中医院，经抢救无效，于同月30日5时许死亡。法医鉴定称，田某因腹部贯通枪弹后，继发化脓性腹膜炎，感染性、中毒性休克死亡。县人民检察院以故意伤害罪对粟某提起公诉。一审法院认为粟某在执行职务中，违反《人民警察使用武器和警械的规定》，在不应使用武器的情况下，向田某连开两枪，致其重伤，其行为是故意的。依照《刑法》第134条第2款之规定，以故意伤害罪判处粟某有期徒刑5年。粟某上诉，二审法院改粟判某有期徒刑3年。此后，死者田某的法定继承人请求国家赔偿。赔偿义务机关某县公安局作出赔偿决定，赔偿田某之遗孀和与其具有扶养关系的人的损失共计人民币10万元。赔偿义务机关作出以上赔偿决定后，当事人未向人民法院起诉。赔偿义务机关履行赔偿义务后，依法向负有故意和直接责任的粟某进行追偿。

训练目的：

学生能区分粟某的行为是个人行为还是公务行为；田某的法定继承人是否有权请求行政赔；粟某承担刑事责任后，县公安局是否还有权对粟某追偿。

分析提示：

结合公务行为与个人行为的区分标准判断粟某的行为性质；结合《国家赔偿法》对赔偿请求人及追偿的规定进行分析。

学习单元七检测

第二部分 | 行政案件实务分析

学习情境一　行政处罚

问题与思考

行政处罚行为是行政机关运用最为广泛的一类行政行为，基本上所有的行政机关都享有行政处罚权。现实中滥用处罚的情形也很多，如当前物业管理中，某些业主委员会和物业公司为了便于管理，或是为了增加收入，在业主公约中对诸多事项作出了极其严格的规定和较重的经济处罚，如在物业发的《用户手册》中约定"业主违反手册规定，物业公司有权罚款"。但是《用户手册》是由物业管理公司编制，并发给业主保存的文件，应以写明业主应遵守的管理规定、业主的权利和义务、物业管理公司的职责和权限等内容为原则。物业公司有权设定"违反手册规定"的行政处罚吗？有权实施行政处罚行为吗？实施该处罚的程序合法吗？业主该如何救济自己的合法权益？这些就是本学习情境要让学生学会解决的问题。

本学习情境以行政处罚这一典型具体行政行为为载体，以《行政处罚法》的规定为依据，运用第一部分的行政法基础理论综合分析现实中的行政处罚案件。

知识结构图

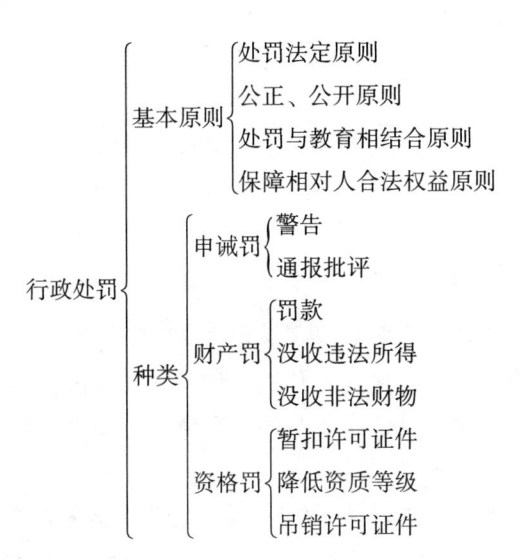

行政处罚
- 基本原则
  - 处罚法定原则
  - 公正、公开原则
  - 处罚与教育相结合原则
  - 保障相对人合法权益原则
- 种类
  - 申诫罚
    - 警告
    - 通报批评
  - 财产罚
    - 罚款
    - 没收违法所得
    - 没收非法财物
  - 资格罚
    - 暂扣许可证件
    - 降低资质等级
    - 吊销许可证件

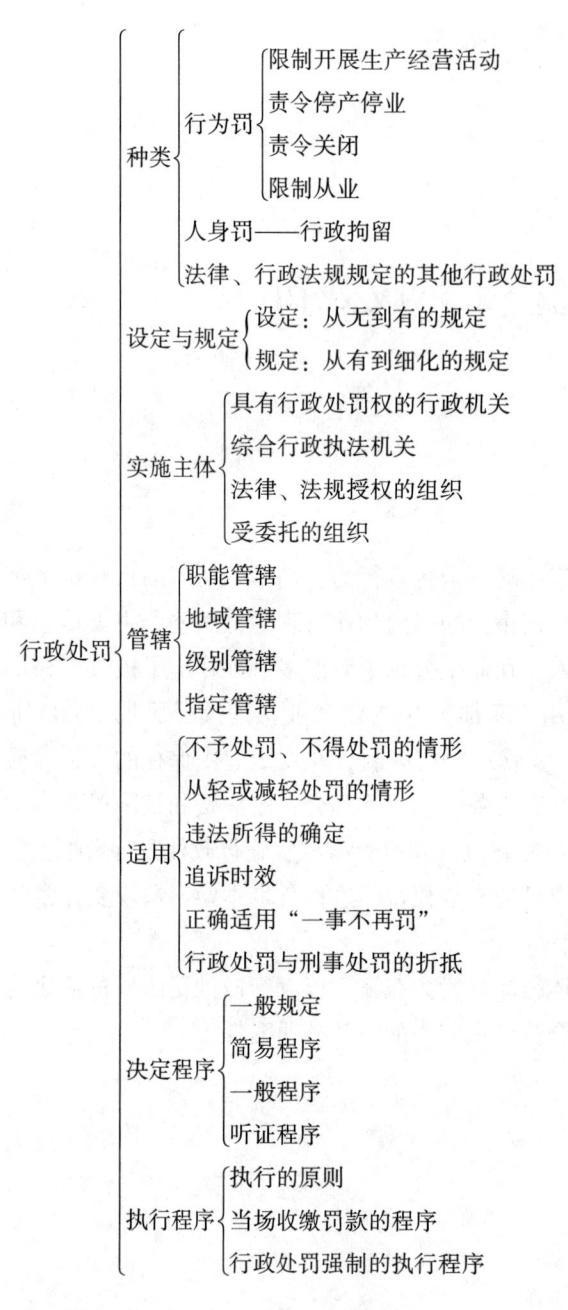

```
                                    ┌ 限制开展生产经营活动
                              ┌ 行为罚 ┤ 责令停产停业
                              │       │ 责令关闭
                        ┌ 种类 ┤       └ 限制从业
                        │     │ 人身罚——行政拘留
                        │     └ 法律、行政法规规定的其他行政处罚
                        │
                        │ 设定与规定 ┌ 设定：从无到有的规定
                        │           └ 规定：从有到细化的规定
                        │
                        │           ┌ 具有行政处罚权的行政机关
                        │           │ 综合行政执法机关
                        │ 实施主体 ┤ 法律、法规授权的组织
                        │           └ 受委托的组织
                        │
                        │      ┌ 职能管辖
          行政处罚 ┤ 管辖 ┤ 地域管辖
                        │      │ 级别管辖
                        │      └ 指定管辖
                        │
                        │      ┌ 不予处罚、不得处罚的情形
                        │      │ 从轻或减轻处罚的情形
                        │ 适用 ┤ 违法所得的确定
                        │      │ 追诉时效
                        │      │ 正确适用"一事不再罚"
                        │      └ 行政处罚与刑事处罚的折抵
                        │
                        │           ┌ 一般规定
                        │ 决定程序 ┤ 简易程序
                        │           │ 一般程序
                        │           └ 听证程序
                        │
                        │           ┌ 执行的原则
                        └ 执行程序 ┤ 当场收缴罚款的程序
                                    └ 行政处罚强制的执行程序
```

📍 学习目标

知识目标：掌握行政处罚的概念与特征；理解行政处罚的基本原则；掌握行政处罚的种类、设定；行政处罚的实施机关、管辖与适用；行政处罚的决定程序与执行程序。

能力目标：能判断行政相对人的行为是否属于行政处罚的种类；能正确判断被处罚行为的违法性；能结合案例正确确定行政处罚的管辖机关；能结合案例正确运用行政处罚的程序；能判断听证程序的适用条件。

素质目标：建立处罚法定、公正公开、过罚相当、处罚与教育相结合的理念和基本认识。

📖 **基本知识**

行政处罚基本知识

在《行政处罚法》颁布实施以前，实践中处罚"乱"、"软"、"滥"现象严重，以"店堂告示"的方式设立处罚随处可见，处罚的主体千姿百态，被处罚的行为和处罚的名称亦五花八门。为了规范行政处罚的设定和实施，保障和监督行政机关有效实施行政管理，维护公共利益和社会秩序，保护公民、法人或者其他组织的合法权益，我国于1996年3月17日颁布了《行政处罚法》，该法于1996年10月1日起实施。2009年8月27日第十一届全国人民代表大会常务委员会第十次会议通过的《关于修改部分法律的决定》，对《行政处罚法》予以了修正。2017年《行政处罚法》进行了第二次修正，2021年1月22日，《行政处罚法》由第十三届全国人民代表大会常务委员会第二十五次会议修订通过，自2021年7月15日起施行。

《行政处罚法》是调整行政主体对违反行政管理秩序而尚未构成犯罪的行政相对人给予制裁的一般法律规范，任何行政主体实施行政处罚均应当以此为依据。公安机关对违反治安管理秩序的相对人进行处罚则专门适用2005年8月28日公布的《治安管理处罚法》。两者是一般法与特别法的关系。公安机关进行治安处罚时，若发现两者之间存在不一致，根据特别法优于一般法的原则，应适用《治安管理处罚法》。

《行政处罚法》设8章共86条。除总则和附则外，其主要内容包括行政处罚的种类和设定、行政处罚的实施机关、行政处罚的管辖与适用、行政处罚的决定、行政处罚的执行和法律责任等六部分。以下内容主要围绕《行政处罚法》的内容展开。

一、行政处罚的基本原则

行政处罚的基本原则，是指贯穿于行政处罚全过程，对行政处罚的设定和实施具有普遍指导意义的基本行为准则。我国《行政处罚法》确立了以下几项基本原则：

（一）处罚法定原则

行政处罚是典型的不利行为，是对特定相对人某种权利、权益的剥夺。因此，行政处罚自始至终都应该严格贯彻处罚法定原则。这一原则包括下列内容：

第一，处罚设定权法定。行政处罚由有权设定行政处罚的国家机关在职权范围内设定，无权设定的不得设定，也不得越权设定行政处罚。

第二，处罚主体及其职权法定。除法律、法规、规章规定有处罚权的行政机关以及法律、法规授权组织外，其他任何机关、组织和个人均不得行使行政处罚权。同时，具备了处罚主体资格的机关和组织还必须在其法定的职权范围内行使处罚权，不得越权和滥用权力。比如，公安不能管辖税务的事项。

第三，被罚行为法定。行政处罚的实施必须有法律、法规或者规章为依据。对于相对人来说，法无明文规定不受罚。凡是法律、法规和规章没有规定要处罚的行为，相对人即不得受到处罚。

第四，处罚的种类、内容和程序法定。行政处罚不仅要求实体合法，而且要求程序合法。没有法定依据或者不遵守法定程序的，行政处罚无效。

（二）处罚公正、公开原则

"公开"原则的要求：一是有关行政处罚的依据要公布，使公民事先了解；二是实施行政处罚的工作人员应当公开身份；三是作出行政处罚决定前，应当告知当事人处罚的事实、理由和依据；四是行政处罚的听证除法律有特别规定的外，应当公开举行，允许群众旁听，允许记者采访报道。

"公正"原则在行政处罚中的具体要求是设定和实施行政处罚必须与违法行为的事实、性质、情节以及社会危害程度相当，即"过罚相当"。

（三）处罚与教育相结合原则

行政处罚的目的是纠正违法行为，对违法者和广大群众进行教育，提高其法制观念，使广大公民自觉地遵守法律、维护法律。

教育必须以处罚为后盾，教育不能代替处罚，为了达到制止并预防违法的目的，对受处罚的违法行为，应在给予处罚时帮助教育相对人，二者不可偏废。

（四）保障相对人合法权益原则

保障相对人合法权益原则的具体含义是：在行政处罚中，相对人享有陈述权、申辩权、听证权、申请复议、诉讼和要求赔偿权。

三、行政处罚的种类（二维码8-1）

在行政法学理论上，一般把行政处罚划分为申诫（声誉）罚、财产罚、资格罚、行为罚和人身（自由）罚。《行政处罚法》第9条规定："行政处罚的种类：（一）警告、通报批评；（二）罚款、没收违法所得、没收非法财物；（三）暂扣许可证件、降低资质等级、吊销许可证件；（四）限制开展生产经营活动、责令停产停业、责令关闭、限制从业；（五）行政拘留；（六）法律、行政法规规定的其他行政处罚。"

8-1

（一）申诫罚——警告、通报批评

警告和通报批评属于申诫罚，也称精神罚、影响声誉罚，是行政机关向违法者发出警戒，申明其有违法行为，通过对其名誉、荣誉、信誉等施加影响，引起其精神上的警惕，使其不再违法的处罚形式。

警告，是行政机关或者法律、法规授权的组织对轻微违法行为人的谴责和告诫，目的在于通过对违法行为人予以精神上的惩戒，申明其有违法行为，使其不再违法。作为行政处罚，警告应当以书面形式作出，向当事人宣读并送达当事人。警告可以单处，也可以与其他行政处罚种类并处。

通报批评，是行政机关将对违法者的批评以书面形式公布于众，指出其违法行为，予以公开谴责和告诫。

(二) 财产罚——罚款、没收违法所得、没收非法财物

罚款、没收违法所得、没收非法财物属于财产罚，是特定的行政机关或者法定的其他组织强迫违法者缴纳一定数额的金钱或者一定数量的物品，或者限制、剥夺其某种财产权的处罚。

罚款，是行政机关对违法行为人在一定期限内令其承担一定的金钱给付义务的处罚形式，是剥夺相对人财产权的处罚，适用范围十分广泛。根据《行政处罚法》的规定，除当场收缴罚款外，行政机关及其执法人员不得自行收缴罚款。当场收缴罚款的，行政机关及其执法人员必须出具统一收据，否则当事人有权拒绝。

没收即收归国有，是指行政机关将违法行为人的违法所得和非法财物收归国有的处罚形式。违法所得是指公民、法人或其他组织在形式上有法律依据的前提下，因其行为不符合法律所规定的要求而得到的收入。非法财物，是指公民、法人或其他组织在没有经行政管理机关允许的前提下，即从事该行为而得到的收入。如文化管理机关没收黄色书刊、工商行政管理机关没收假冒伪劣产品。

(三) 资格罚——暂扣许可证件、降低资质等级、吊销许可证件

暂扣或者吊销许可证件、降低资质等级属于资格罚，是限制或者剥夺违法行为人某些特定行为资格的处罚。此类处罚涉及违法行为人的生存和经营权，因此，《行政处罚法》规定了行政机关在拟作出这两项处罚前，应当告知当事人有申请行政机关举行听证的权利。

暂扣或者吊销许可证、执照，是行政机关暂时扣押或取消违法行为人已经获得的从事某种活动或者业务的资格证书，限制或者剥夺其从事某项特许活动的权利的处罚。如暂扣6个月驾驶证。该处罚实质上是一种资格能力罚、行为罚，仅适用于实行许可证领域内的违法行为，且对象是已经取得了许可证、执照的公民、法人或者其他组织。降低资质等级是对违法行为人已有的资格进行的处罚，如机动车驾驶证的"降照"处罚（从A照降为C照）。

吊销许可证和执照是对违法者从事某种活动的权利或享有的某种资格的取消；暂扣许可证和执照是中止行为人从事某项活动的资格，待行为人改正以后或者经过一定期限后，再发还许可证、有关证书或执照。

(四) 行为罚——限制开展生产经营活动、责令停产停业、责令关闭、限制从业

责令停产停业，是指行政机关对从事非法生产、经营活动的相对人的一种处罚，包括

停止生产、停止营业两种情形。责令停产停业不是限制或者剥夺违法者的财产权,而是责令违法者暂时停止其所从事的生产经营活动,一旦违法者在一定期限内及时纠正了违法行为,按期履行了法定义务,仍可继续从事生产经营活动。

责令关闭是一种很重的行政处罚,如人民政府对于严重污染环境的企事业单位,依法作出决定,命令其关闭。

限制从事生产经营活动,是指在一定区域和时间内限制或禁止行政相对人从事某种生产经营活动,主要针对个体工商户或个体工商企业的一种行政处罚。如证券公司违反《证券法》的,主管机关可以禁止其在一定期限内从事证券融资融券业务。

限制从业,是指行政机关依法对违反行政管理秩序的相对人在一定时期内限制其从事一定职业、职位的一类行政处罚。

(五)人身罚——行政拘留(治安拘留)

行政拘留属于人身罚、自由罚,是公安机关依法对违反行政管理秩序的公民,在短期内限制或者剥夺其人身自由的一种处罚。行政拘留期限为1日以上15日以下,合并处罚不超过20日,行政拘留只能由县级以上的公安机关和法律规定的其他机关行使,其他任何机关都没有决定行政拘留的权力。

(六)法律、行政法规规定的其他行政处罚

我国现行的法律和行政法规所规定的其他行政处罚有:取消资格或者除名、取缔、责令补种盗伐株数数倍的树木、责令搬迁、驱逐出境、禁止进境或者出境、限期出境[1]等。(二维码8-2)

8-2

四、行政处罚的设定与规定权限

行政处罚的设定,是指特定的国家机关可以创设行政处罚的种类和形式,对公民、法人和其他组织予以制裁。简言之,在其他法律规范尚无对行政处罚作出规定的条件下,某一法律规范率先可以对行政处罚的行为、种类、幅度等作出规定。

行政处罚的规定,是指在上级法律规范已对行政处罚作出设定的条件下,下级法律规范在上级法律规范设定的处罚行为、种类和幅度范围内再作具体的规定。如《浙江省环境污染监督管理办法》(政府规章)依据《环境保护法》(法律)的有关规定对行政处罚作出具体的规定。

---

[1] 公安、边防、安全机关对违反行政管理秩序的外国人、无国籍人采取的强令其离开或者禁止入境的处罚形式。

简单地说，"设定"使行政处罚从无到有，"规定"使行政处罚从有到更细化。

(一) 行政处罚的设定

根据《行政处罚法》的规定，可以设定行政处罚的国家机关有全国人大及其常委会；国务院及其各部门；省、自治区、直辖市人大常委会；省、自治区所在地的市人大及其常委会；较大的市人大及其常委会；省、自治区、直辖市人民政府；省、自治区所在地的市人民政府；较大的市的人民政府。我国行政处罚设定权的配置主要遵循两个准则：一是符合我国的立法体制，合理地分配中央与地方、立法机关与行政机关的设定权；二是从确实保护相对人的合法权益的目的出发，区别行政处罚的不同情况，进行不同层次的设定权分配。根据《行政处罚法》的规定，设定权具体可以分为以下四个层次：

1. 法律的设定权。法律可以创设各种行政处罚，且对限制人身自由的行政处罚的创设拥有专属权。人身自由权是公民的一项最基本的权利，限制人身自由是最严厉的处罚，只能由法律进行创设，其他任何形式的规范性文件都不得加以设定。

2. 行政法规的设定权。行政法规可以创设除限制人身自由以外的各种行政处罚。法律对违法行为未作出行政处罚规定，行政法规为实施法律，可以补充设定行政处罚。拟补充设定行政处罚的，应当通过听证会、论证会等形式广泛听取意见，并向制定机关作出书面说明。行政法规报送备案时，应当说明补充设定行政处罚的情况。

3. 地方性法规的设定权。地方性法规可以创设除限制人身自由、吊销营业执照以外的行政处罚。对企业而言，吊销企业营业执照是一种较重的行政处罚，不能随意设定，且国家法律、行政法规对吊销企业营业执照已作出了统一规定，不必由地方性法规再作规定。法律、行政法规对违法行为未作出行政处罚规定，地方性法规为实施法律、行政法规，可以补充设定行政处罚。拟补充设定行政处罚的，应当通过听证会、论证会等形式广泛听取意见，并向制定机关作出书面说明。地方性法规报送备案时，应当说明补充设定行政处罚的情况。

4. 行政规章的设定权。行政规章属于效力等级较低的法律规范，其创设权有限，只能创设警告、通报批评和一定数额的罚款的处罚。尚未制定法律、行政法规的，国务院部门规章对违反行政管理秩序的行为，可以设定警告、通报批评或者一定数额罚款的行政处罚。罚款的限额由国务院规定。尚未制定法律、法规的，地方政府规章对违反行政管理秩序的行为，可以设定警告、通报批评或者一定数额罚款的行政处罚。罚款的限额由省、自治区、直辖市人民代表大会常务委员会规定。1996 年 4 月 5 日《国务院关于贯彻实施〈中华人民共和国行政处罚法〉的通知》（国发〔1996〕13 号）规定第 2 条："……国务院各部门制定的规章对非经营活动中的违法行为设定罚款不得超过 1000 元；对经营活动中的违法行为，有违法所得的，设定罚款不得超过违法所得的 3 倍，但是最高不得超过 30 000 元，没有违法所得的，设定罚款不得超过 10 000 元；超过上述限额的，应当报国务院批准。地方政府规章设定罚款的限额，由省、自治区、直辖市人大常委会规定，可以不受上述规定的限制。"

除上述法律、法规、规章以外的其他规范性文件都不得创设行政处罚。

```
                    法律          ←→    所有种类行政处罚
                  行政法规        ←→    可以设定除限制人身自由以外
                                        的行政处罚
                地方性法规        ←→    不得限制人身自由和吊销营业
                                        执照的行政处罚
            部门规章/地方政府规章  ←→    警告+通报批评+罚款

            其他规范性文件不得设定行政处罚
```

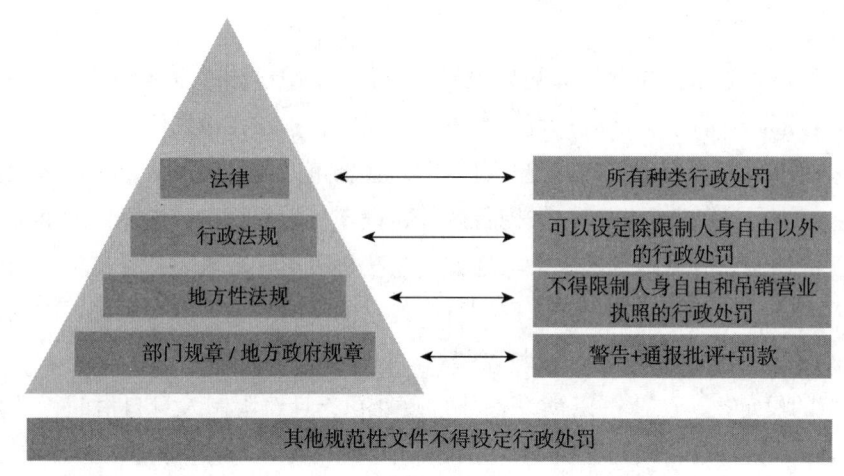

图 8-1

（二）行政处罚的规定

1. 行政法规的规定权。法律对违法行为已经作出行政处罚规定，行政法规需要作出具体规定的，必须在法律规定的给予行政处罚的行为、种类和幅度的范围内规定。

2. 地方性法规的规定权。法律、行政法规对违法行为已作出行政处罚规定，地方性法规需要作出具体规定的，必须在法律、行政法规规定的给予行政处罚的行为、种类和幅度的范围内规定。

3. 行政规章的规定权。国务院部门规章可以在法律、行政法规规定的给予行政处罚的行为、种类和幅度的范围内作出具体规定。地方政府规章（含国务院授权具有处罚权的直属机构）可以在法律、行政法规、地方性法规规定的给予行政处罚的行为、种类和幅度的范围内作出具体规定。

五、行政处罚的实施机关

行政处罚的实施机关，是指有权实施行政处罚的主体。根据《行政处罚法》的规定，实施机关包括以下种类：

（一）具有行政处罚权的行政机关

《行政处罚法》第 17 条规定，行政处罚由具有行政处罚权的行政机关在法定职权范围内实施。这是对行政处罚实施机关的一个原则规定，即行政处罚权原则上应当由行政机关来行使，非行政机关的组织实施某些行政处罚只是作为补充。个人不能成为行政处罚的实施机关。

行政机关要享有行政处罚权必须满足两个条件：一是作为行政处罚实施机关，只能是具有外部管理职能的行政机关，那些没有外部管理职能的行政机关，如机关事务管理部门、决策咨询机构、内部办事协调机构等不能作为行政处罚实施机关。二是行政机关必须在法定职权范围内实施行政处罚。也就是说，行政机关只能对其主管业务、职权范围内的违反行政管理秩序行为给予行政处罚，不得超越职权或滥用职权。

(二) 集中行使行政处罚权的机关——综合执法机关

《行政处罚法》第 18 条第 1 款规定:"国家在城市管理、市场监管、生态环境、文化市场、交通运输、应急管理、农业等领域推行建立综合行政执法制度,相对集中行政处罚权。"即国家推行建立综合执法制度以实现处罚管辖权的相对集中,该款的出台是为解决实践中的多头执法、重复执法、执法权力交叉和碎片化等问题,有利于进一步明确行政职权,提高执法效率。《行政处罚法》第 18 条第 2 和第 3 款规定,国务院或者省、自治区、直辖市人民政府可以决定一个行政机关行使有关行政机关的行政处罚权。但限制人身自由的行政处罚权只能由公安机关和法律规定的其他机关行使。

因此,集中行政处罚权,是指将若干有关行政机关的行政处罚权集中交由一个行政机关统一行使。由一个行政机关集中行使的行政处罚权,原行政机关不得再行使。值得注意的是,限制人身自由的行政处罚只能由公安机关和法律规定的其他机关行使,不能交由其他行政机关来行使,这是我国法律保护公民人身权利的重要体现。国务院为贯彻实施该项制度,出台了一系列文件,对相对集中处罚权的基本制度框架作了原则性规定。(二维码 8-3)

(三) 授权实施行政处罚的组织

授权实施行政处罚,是指部分非行政机关的组织,如事业单位、企业组织、社会组织等可以通过依法授权的方式取得行政处罚权。根据《行政处罚法》的规定,授权实施行政处罚,必须具备以下条件:一是必须由法律、行政法规、地方性法规明确授权。二是被授权的组织必须是具有管理公共事务职能的组织,包括事业组织、企业组织及其他行政性组织。三是授权实施行政处罚的组织必须在法定授权的执法权限范围内实施行政处罚。四是被授权实施行政处罚的组织在实施行政处罚时以自己的名义进行,并自行承担由此引起的法律后果。

(四) 受委托实施行政处罚的组织 (二维码 8-4)

受委托实施行政处罚,是指行政机关的行政处罚权可以依照法律、法规、规章的规定,以书面方式委托给非行政机关的组织以委托机关的名义实施。根据《行政处罚法》的规定,委托实施行政处罚,必须具备下列条件:一是依法成立并具有管理公共事务职能。二是有熟悉有关法律、法规、规章和业务并取得行政执法资格的工作人员。三是需要进行技术检查或者技术鉴定的,应当有条件组织进行相应的技术检查或者技术鉴定。四是受委托组织以委托机关名义实施处罚并由委托机关承担责任。五是受委托组织不得再委托其他任何组织或者个人实施行政处罚，即不得转委托。

委托实施行政处罚，委托机关与被委托组织应当签订书面委托书，载明委托的具体事项、权限、期限等内容，分清双方的权责，并应将委托书向社会公布。委托机关对被委托组织实施行政处罚的行为实施监督，以确保被委托组织的行政处罚行为合法、适当。被委托组织在实施行政处罚时，一是不得以自己的名义实施行政处罚；二是不得超越委托的具体权限，超越委托权限作出的行为，委托机关不负责任。

8-4

六、行政处罚的管辖

行政处罚的实施机关解决的是行政处罚权由谁行使的问题，但对于一个具体的处罚案件应由谁作出处理，则是管辖所要解决的问题。行政处罚的管辖就是确定某个行政违法行为由哪个享有处罚权的机关实施处罚，即处罚实施机关之间的权限分工。《行政处罚法》第23条规定："行政处罚由县级以上地方人民政府具有行政处罚权的行政机关管辖。法律、行政法规另有规定的，从其规定。"《行政处罚法》第25条规定："两个以上行政机关都有管辖权的，由最先立案的行政机关管辖。对管辖发生争议的，应当协商解决，协商不成的，报请共同的上一级行政机关指定管辖；也可以直接由共同的上一级行政机关指定管辖。"《行政处罚法》对行政处罚的管辖规定，可以从四个方面来理解：

（一）原则上由违法行为发生地的县级以上地方人民政府具有行政处罚权的行政机关管辖

第一，在地域管辖上，由违法行为发生地的行政机关实行管辖，这有利于及时发现违法行为，便于行政处罚实施主体调查取证、查明违法事实，体现了行政效率的原则。违法行为发生地，既包括实施违法行为地、也包括危害结果发生地。应当说，行为人实施了行政违法行为，在其实施过程中任何一个阶段被发现，该地方都可以成为违法行为发生地。

第二，在级别管辖上，以县级以上地方人民政府具有行政处罚权的行政机关管辖为原则，体现行政执法重心下移的要求。《行政处罚法》第24条规定："省、自治区、直辖市根据当地实际情况，可以决定将基层管理迫切需要的县级人民政府部门的行政处罚权交由能够有效承接的乡镇人民政府、街道办事处行使，并定期组织评估。决定应当公布。承接行政处罚权的乡镇人民政府、街道办事处应当加强执法能力建设，按照规定范围、依照法定程序实施行政处罚。有关地方人民政府及其部门应当加强组织协调、业务指导、执法监督，建立健全行政处罚协调配合机制，完善评议、考核制度。"（二维码8-5）

第三，在职能管辖上，由人民政府具有相应行政处罚权的行政机关管辖，这体现了行政专业化的要求。这一行政处罚管辖的原则规定，有利于避免多头管辖，重复管辖。

8-5

（二）如果对行政处罚的管辖另有规定的，从其规定

这是特别法优于一般法原则在行政处罚管辖上的具体运用。《行政处罚法》第22条规定："行政处罚由违法行为发生地的行政机关管辖。法律、行政法规、部门规章另有规定的，从其规定。"第23条规定："行政处罚由县级以上地方人民政府具有行政处罚权的行政机关管辖。法律、行政法规另有规定的，从其规定。"

（三）两个或两个以上行政处罚实施主体对行政处罚管辖权发生争议的，报请共同的上一级行政机关指定管辖

对于不同的行政机关，其共同的上一级机关也有所不同，主要有以下几种情况：

第一，如果争议各方是同一级政府所属的两个以上工作部门，行使指定管辖权的机关就是本级人民政府。如县工商局与县公安局发生行政处罚管辖争议，则由该县人民政府指定管辖。

第二，如果争议各方是不同级政府所属的两个以上工作部门，则需要具体分析。如果这两个以上部门都隶属同一个行政主管部门，就由这一行政主管部门指定管辖。如同一省内的一个市工商局与另一个县工商局发生管辖争议，则由省工商局指定管辖；如果这两个以上部门不属于同一个行政主管部门，则应由其共同的上级人民政府指定，如同一省内的一个市交通局与另一个市公安局发生管辖争议，应由省人民政府指定管辖。

第三，如果争议各方是两个以上人民政府，则应当由其共同的上一级人民政府指定管辖。如同一个市所属的两个县政府发生管辖争议，则由这个市人民政府指定管辖。

需要指出的是，尽管对行政处罚争议可以指定管辖，但也不排除争议各方自愿协商。经协商确定负责查处的行政处罚实施主体确有合法的管辖权，以免造成越权处罚。凡通过协商不能达成一致，或者对相对一方的管辖依据有疑问的，争议各方应当及时报请共同上一级行政机关指定管辖，不应再自行协商处理。

（四）违法行为情节较重，已构成犯罪的，应当及时移送司法机关依法追究刑事责任，而不能以罚代刑，放纵犯罪

《行政处罚法》第27条规定："违法行为涉嫌犯罪的，行政机关应当及时将案件移送司法机关，依法追究刑事责任。对依法不需要追究刑事责任或者免予刑事处罚，但应当给予行政处罚的，司法机关应当及时将案件移送有关行政机关。行政处罚实施机关与司法机关之间应当加强协调配合，建立健全案件移送制度，加强证据材料移交、接收衔接，完善

案件处理信息通报机制。"

七、行政处罚的适用

行政处罚的适用，是指行政机关在认定行为人违法的基础上，依照行政法律规范规定的原则和具体方法决定对行为人是否给予行政处罚和如何给予行政处罚，将行政法律规范运用到各种具体行政违法案件中的一种行政执法活动。简言之，行政处罚的适用就是行政机关对违反行政法律规范应当受到行政处罚的当事人，给予行政处罚和如何处罚的行为。

（一）应受处罚的构成要件

应受处罚的构成要件是指某种行为受到行政处罚所必须具备的条件，是实施行政处罚时必须加以确认的。其具体的构成要件是：

1. 相对人必须已经实施了违法行为。违法事实已经客观存在，不能将行为人的主观想象或者计划设想当作违法行为。

2. 违法行为属于违反行政法律规范的性质，而未触犯刑法。

3. 实施违法行为的主体是具有责任能力的行政相对人。法人和其他组织都是具有责任能力的责任主体，而公民则必须达到责任年龄、具备责任能力的，才能实施处罚。

（二）适用中应当注意的问题

1. 不予处罚、不得处罚的情形。

（1）不予处罚，是指行为人虽实施了违法行为，但由于具有特定情形而不给予处罚。《行政处罚法》第30条、31条、33条分别规定了不予处罚的情形：（二维码8-6）

第一，不满14周岁的未成年人有违法行为的，不予行政处罚，责令监护人加以管教。

第二，精神病人、智力残疾人在不能辨认或不能控制自己行为时有违法行为的，不予行政处罚，但应当责令其监护人严加看管和治疗。

第三，违法行为轻微并及时改正，没有造成危害后果的，不予行政处罚。

第四，初次违法且危害后果轻微并及时改正的，可以不予行政处罚。

第五，当事人有证据足以证明没有主观过错的，不予行政处罚。法律、行政法规另有规定的，从其规定。

对当事人的违法行为依法不予行政处罚的，行政机关应当对当事人进行教育。

8-6

（2）不得处罚，是对行政处罚的禁止性规定。《行政处罚法》规定不得处罚的情形是：一是违法事实不清、证据不足的；二是违法事实不能成立的。

2. 从轻或减轻处罚的情形。从轻处罚，是指在行政处罚的法定种类和幅度内，适用较轻的种类或在幅度内按下限给予处罚，但不能低于法定处罚幅度的最低限。减轻处罚，是指在法定处罚幅度的最低限以下处罚。具体分为可以和应当从轻或减轻处罚两种情形。

《行政处罚法》第 30 条、32 条规定下列情形适用应当从轻或减轻处罚：一是已满 14 周岁不满 18 周岁的人有违法行为的；二是主动消除或减轻违法行为危害后果的；三是受他人胁迫或者诱骗实施违法行为的；四是主动供述行政机关尚未掌握的违法行为的；五是配合行政机关查处违法行为有立功表现的；六是法律、法规、规章规定其他应当从轻或减轻处罚的。

3. 正确理解第 28 条第 1 款的规定。《行政处罚法》第 28 条第 1 款规定："行政机关实施行政处罚时，应当责令当事人改正或者限期改正违法行为。"行政处罚虽然是一种制裁手段，但其最终目的是要制止和纠正违法行为，教育违法行为的实施者，使其知道自己违法，并不再重犯。因此，行政机关在处理违法案件时，无论准备对行为人处以何种行政处罚，都应首先要求违法行为人及时纠正违法行为。

责令改正或者限期改正违法行为，不是行政处罚，而是行政机关实施行政处罚的过程中对违法行为人发出的一种作为命令。改正违法行为，包括停止违法行为，积极主动地协助行政机关调查取证，消除违法行为所造成的不良后果。有些违法行为可以在受到处罚后立即改正，而有些违法行为的改正则需要一定的时间，如拆除违章建筑、治理已被污染的环境、补种毁坏的树木等，故应责令限期改正。

4. 没收违法所得的确定。（二维码 8-7 和 8-8）《行政处罚法》第 28 条第 2 款规定："当事人有违法所得，除依法应当退赔的外，应当予以没收。违法所得是指实施违法行为所取得的款项。法律、行政法规、部门规章对违法所得的计算另有规定的，从其规定。"

8-7　　8-8

这里涉及确立违法所得的概念或者定义，主要从三个方面来认识：一是违法所得的获取手段具有违法性。违法所得是行为人通过法律禁止的手段获取的，正是这个根本特征将违法所得与行为人的个人合法财产区别开来。由于违法所得的获取渠道是非法的，即使行为人事实上占有了金钱或财物，也不能获得法律承认的所有权，这也是对违法所得进行追缴或退赔处理的法律基础。二是违法所得具有经济价值。行为人通过各种违法手段获取违法所得的根本目的在于追求这些财物的经济价值，如金钱、有价证券、文物、房屋等都具有经济价值。正因其具有经济价值才为执法部门的认定提供了衡量标准。三是《行政处罚法》明确违法所得是实施违法行为所取得的款项，原则上要扣除当事人投入的成本，虽然没收违法所得作为一种处罚手段，本就带有明显的惩戒性，但是，当事人实施案涉违法经营时，其投入违法经营的成本，是当事人在案涉违法经营之外已有的自有或借贷财产，而非其实施案涉违法行为而获益款项，因此，当事人的成本投资一般属于其合法财产应予以扣除，如《工商行政管理机关行政处罚案件违法所得认定办法》第3条就规定："违法生产商品的违法所得按违法生产商品的全部销售收入扣除生产商品的原材料购进价款计算。"

5. 正确适用"一事不再罚"原则。《行政处罚法》第29条规定："对当事人的同一个违法行为，不得给予两次以上罚款的行政处罚。同一个违法行为违反多个法律规范应当给予罚款处罚的，按照罚款数额高的规定处罚。"

如何判断行政主体的处罚行为是否违反了"一事不再罚"原则，关键是判断何谓"同一法行为"。同一违法行为，是指一个当事人违反了法律、法规或者规章的某个规定的一次性行为。

若是违反两个以上法律规范的行为，则是规范竞合；若是在同一时间或者连续的时间内实施的两个或者两个以上的违法行为，是连续几个违法行为；若是两个以上当事人共同实施的违法行为，是共同违法行为。

值得注意的是，规范竞合行为、连续几个违法行为和共同违法行为的处罚，不适用一事不再罚原则，而适用其他规则。

规范竞合行为的处罚规则：一个行政机关对当事人已经给予罚款处罚的，其他行政机关不得再给予罚款的处罚，但依法可以给予其他种类的处罚；两个以上行政机关共同查处违法行为的，可以商定由一个行政机关从重处罚，其他行政机关不再处罚。

连续几个违法行为处罚规则：依照法律、法规或者规章的规定，由两个以上行政处罚机关实施处罚的，应依法分别给予处罚；若规定由一个行政机关实施行政处罚的，应当合并处罚。

共同违法行为的处罚规则：根据各自的违法情节（行为人的作用大小），分别给予处罚。

6. 裁量基准的适用。《行政处罚法》第34条规定，行政机关可以依法制定行政处罚裁量基准，规范行使行政处罚裁量权。行政处罚裁量基准应当向社会公布。

7. 与刑事处罚的折抵。对于违法行为已触犯刑法，违法人被判处刑罚前已实施了行政处罚的，要依法进行衔接。根据《行政处罚法》第35条规定，违法行为构成犯罪，人民法院判处拘役或者有期徒刑时，行政机关已经给予当事人行政拘留的，应当依法折抵相应刑期。违法行为人被判处罚金时，行政处罚机关已经给予罚款的行政处罚的，应当折抵相应罚金；行政机关尚未给予当事人罚款的，不再给予罚款。

8. 行政处罚的追诉时效。行政处罚的追诉时效，是指对违法行为人追究责任，给予行政处罚的有效期限。如果超过这个期限，则不再给予行政处罚。根据《行政处罚法》第36条规定，行政处罚的追诉时效一般为2年，但涉及公民生命健康安全、金融安全且有危害后果的，上述期限延长至5年。法律另有规定的除外。比如《治安管理处罚法》规定的追诉时效为6个月。时效的计算，是从违法行为发生之日起计算，如果违法行为有连续或继续状态的,从行为终了之日起计算,连续状态是指行为人连续实施数个同一种类的违法行为,继续状态是指一个违法行为在时间上的延续。

9. 行政处罚无效的认定。《行政处罚法》第 38 条规定,行政处罚没有依据或者实施主体不具有行政主体资格的,行政处罚无效。违反法定程序构成重大且明显违法的,行政处罚无效。

八、行政处罚的决定程序

行政处罚决定程序,是整个行政处罚程序的关键环节。包括简易程序(或称当场处罚程序)、一般程序(或称为普通程序)和听证程序三类。

(一)一般规定

2021 年《行政处罚法》进一步完善了行政处罚相关程序。具体有以下几个方面:

第一,增加行政执法三项制度。《行政处罚法》第 39 条和第 48 条、第 47 条、第 58 条分别是关于行政执法公示制度、行政执法全过程记录制度、重大执法决定法制审核制度的规定。行政执法公示制度是保障行政相对人和社会公众知情权、参与权、表达权、监督权的重要措施。这一规定明确了行政处罚决定公开的撤回制度,撤回的事由包括行政处罚决定被依法变更、撤销、确认违法或者确认无效。该法第 48 条规定:"具有一定社会影响的行政处罚决定应当依法公开。公开的行政处罚决定被依法变更、撤销、确认违法或者确认无效的,行政机关应当在三日内撤回行政处罚决定信息并公开说明理由。"行政执法全过程记录是行政执法活动合法有效的重要保证。行政处罚法所称的全过程记录,是指从行政处罚程序启动直至程序完结经历的全部过程,包括受案、立案、调查取证、审查决定、送达、终结等一般程序环节和抽样调查、先行登记保存、听证、中止、延期等特别程序环节。在记录方式上,对于查封扣押财产、强制拆除等直接涉及人身自由、生命健康、重大财产权益的现场执法活动和执法办案场所,要推行全程音像记录;对于其他环节可以采取文字记录方式,以实现合法、全面、客观、准确和可回溯管理的原则。重大执法决定法制审核是确保行政执法机关作出的重大执法决定合法有效的关键环节。即在行政处罚开展过程中,承办部门已经调查完毕、形成初步的结论性意见之后,在行政机关决策机构作出行政处罚决定之前对拟作出决定的合法性、合理性、适当性进行法制审核。

第二,明确了行政处罚中的证据类型以及非法证据排除规则。首先,根据《行政处罚法》第 46 条第 1 款,"证据包括:(一)书证;(二)物证;(三)视听资料;(四)电子数据;(五)证人证言;(六)当事人的陈述;(七)鉴定意见;(八)勘验笔录、现场笔录。"其次,证据必须经查证属实,方可作为认定案件事实的根据。以非法手段取得的证据,将被排除在认定案件事实根据的范围之外。结合行政诉讼法相关司法解释的规定,非法证据包括:严重违反法定程序收集的证据材料;以违反法律强制性规定的手段获取且侵害他人合法权益的证据材料;以利诱、欺诈、胁迫、暴力等手段获取的证据材料。

第三,明确了依法快速、从重处罚违反突发事件应对措施的违法行为。《行政处罚法》第 49 条规定:"发生重大传染病疫情等突发事件,为了控制、减轻和消除突发事件引起的社会危害，行政机关对违反突发事件应对措施的行为，依法快速、从重处罚。"

第四，规定了保密原则。即行政机关及其工作人员对实施行政处罚过程中知悉的国家秘密、商业秘密或者个人隐私，应当依法予以保密。

此外，无论是通过简易程序还是一般程序作出行政处罚决定，均应当遵守以下原则：

第一，查明事实原则。《行政处罚法》规定，当事人违反行政管理秩序的行为，依法应当给予行政处罚的，行政机关必须查明事实；违法事实不清的，不得给予行政处罚。

第二，保障告知权原则。行政机关在作出行政处罚决定之前，应当告知当事行政处罚决定的事实、理由及依据，并告知当事人依法享有的申请回避权、申辩权、陈述权、提出证据权、申请行政复议、提起行政诉讼等权利。

第三，保障陈述、申辩权原则。行政机关在作出行政处罚时要充分听取相对人当事人的意见。当事人提出的事实、理由或者证据成立的，行政机关应当采纳，不得因当事人申辩而加重处罚。

(二) 简易程序

简易程序，也称当场处罚程序，是指国家行政机关或者法律法规授权的组织对符合法定条件的行政处罚事项，当场作出行政处罚决定的处罚程序。

适用简易程序必须符合一定的条件：①违法事实确凿；②有法定依据；③较小数额罚款或者警告的行政处罚。根据《行政处罚法》第51条的规定，所谓较小数额的罚款，是指对公民处以200元以下、对法人或者其他组织处以3000元以下罚款，法律另有规定的，从其规定。执法人员在行政执法过程中发现相对人实施的行政违法行为后，如认定相应行为符合上述法定条件，即可当场作出行政处罚决定，与《行政处罚法》规定的一般程序和听证程序相比较，这一程序省略了相关步骤，有利于迅速、及时地处理较轻微的行政违法行为。

简易程序一般须经过以下步骤：

步骤1：表明身份。即执法人员当场作出行政处罚决定的，应当向当事人出示执法身份证件。这里的证件，既可以是工作证，也可以是特定的执法证。

步骤2：确认违法事实，说明处罚理由和依据。执法人员当场发现或者有人当场指认某人违法的，如果违法事实清楚、情节简单，当事人对违法事实无异议，执法人员即可以当场处罚，并说明处罚的事实根据和法律依据。有时虽然违法行为的危害后果轻微，但违法者拒不承认；或者由于某种客观原因，执法人员的"发现"或者第三人的"指认"存在事实上的偏差或错误，在这种情况下，执法人员应当尽量取得其他证据，以确认违法事实。

步骤3：制作行政处罚决定书。这是对行政处罚决定的书面形式要求，其目的在于为行政处罚接受监督和审查提供证据。执法人员当场作出行政处罚决定，应当一式两份，填写预定格式、编有号码的行政处罚决定书。行政处罚决定书应当载明：违法行为人的基本情况；主要违法事实，违反的法律、法规、规章的名称及条款，处罚的依据，处罚的种类和幅度；处罚履行方式、地点、期限，不按期履行的责任；申请行政复议、提起行政诉讼的选择、期限，行政复议机关；行政执法人员证号及签名；行政处罚的时间（具体到时、分）、地点；违法行为人签名或对拒绝签名的说明。

步骤4：交付行政处罚决定书。执法人员按照法定的格式要求填写行政处罚决定书，应当当场交付当事人。

步骤5：备案。执法人员当场作出的行政处罚决定，应在规定的时限内报所属行政机关备案。当事人对当场处罚决定不服的，可以依法申请行政复议或者提起行政诉讼。

（三）一般程序

一般程序，或称为普通程序，是指除法律特别规定应当适用简易程序和听证程序的以外，行政处罚通常应适用的程序。它具有适用范围广、较简易程序严格复杂、作为听证程序的前提程序等特征。

适用一般程序的行政处罚案件主要有：处罚较重的案件；情节复杂的案件；当事人对于执法人员给予当场处罚事实认定有分歧而无法作出行政处罚决定的案件。

一般程序规定的处罚步骤是：

步骤1：立案。立案是行政处罚程序的开始。行政机关对于属于本机关管辖范围内并在追究时效内的行政违法行为或重大违法嫌疑情况，行政机关认为有调查处理必要的，应当正式立案。符合立案条件的，主管执法人员应该填写立案审批表或立案决定书，由行政首长批准，并指派专人承办。

步骤2：调查取证。行政机关在立案后，应当对案件进行全面调查，对主要事实、情节和证据进行查对核实，取得必要证据，并查证有关应依据的行政法律规范。先取证，后处罚，是行政处罚程序最基本的准则。

在该阶段，须注意两点：①正确采取检查措施，如执法人员不得少于2人，并应当向当事人或者有关人员出示证件；询问或者检查应当制作笔录。执法人员与当事人有直接利害关系的，应当回避。②正确采取抽样取证和登记保存等措施。抽样取证，是从成批的物证中选取其中个别的物品进行化验、鉴定，以鉴别该批物证是否可以作为违法行为的证据。登记保存措施，是指行政机关在证据可能灭失或者以后难以取得的情况下，经行政机关负责人批准，对需要保全的物证当场登记造册，暂时先予封存固定，责令当事人妥为保管，不得动用、转移、损毁或者隐匿，等待行政机关进一步的调查和作出处理决定，但应当在7日内及时作出处理决定。登记保存措施是一种带有强制性的行政措施，应当严格依法实施。

步骤3：法制审核。在行政机关负责人作出行政处罚的决定之前，如有下列情形之一，应当由从事行政处罚决定法制审核的人员进行法制审核：①涉及重大公共利益的；②直接关系当事人或者第三人重大权益，经过听证程序的；③案件情况疑难复杂、涉及多个法律关系的；④法律、法规规定应当进行法制审核的其他情形。具体审核流程主要是由执法人员向法制审核部门提交案件调查报告。报告应当写明当事人的基本情况、查明的案件事实、调查的证据及认定情况、案件性质,同时应在报告中提出处理建议。审核人应对案件调查报告、调查取得的证据、调查的程序、调查中形成的法律文书全面审核。认为需要补充调查或补正程序的,应当由调查人员补充调查或补正且调查人员可以提出新的处理意见。

步骤4:说明理由并告知权利。行政机关在作出行政处罚决定之前,应当告知当事人作出行政处罚决定的事实、理由和依据,并告知当事人依法享有的权利。说明理由和告知权利的主要意义,在于给当事人以针对处罚理由、根据进行申辩的机会,保证当事人在处罚后及时请求救济,防止错过救济时效。

步骤5:当事人陈述与申辩。行政机关有提出事实和证据说明当事人违法的权力,当事人也有陈述事实、提出证据说明自己无辜的权利。如果当事人提出有力的证据证明自己是无辜的,行政机关就不能也无权实施行政处罚。行政机关及其执法人员在作出行政处罚决定之前,必须充分听取当事人的意见,对当事人提出的事实、理由和证据,应当进行复核;当事人提出的事实、理由和证据成立的,行政机关应当采纳,不得因当事人申辩而加重处罚。

步骤6:调查终结,作出处罚决定。根据《行政处罚法》第57条规定,行政机关的负责人应当及时对调查结果进行审查,根据不同情况,分别作出不同的处理决定。其一,对情节复杂或者重大违法行为给予较重的行政处罚,行政机关的负责人应当集体讨论决定。其二,对其他应受行政处罚的违法行为,根据情节轻重及具体情况,由行政机关作出适当的行政处罚决定。其三,违法情节轻微,依法可以不予行政处罚的,不予行政处罚。其四,经调查认定,违法事实不能成立的,不得给予行政处罚。为了防止损害无辜,防止行政机关滥用处罚权,对于证据不足的疑案,应按无违法事实不予处罚的原则处理。第五,违法行为已构成犯罪的,移送司法机关。

步骤7:制作处罚决定书。行政机关负责人经过对调查结果的审查,作出给予行政处罚的决定的,应制作行政处罚决定书。处罚决定书是行政机关作出行政处罚的行政行为具备法律效力的表现形式。

行政处罚决定书应当载明的法定事项有:①当事人的姓名或者名称、地址;②违反法律、法规或者规章的事实和证据;③行政处罚的种类和依据;④行政处罚的履行方式和期限;⑤不服行政处罚决定,申请行政复议或者提起行政诉讼的途径和期限;⑥作出行政处罚决定的行政机关名称和作出决定的日期。此外,行政处罚决定书必须盖有作出行政处罚决定的行政机关的印章。

步骤8:行政处罚决定书的送达。行政处罚决定书一般应在宣告后当场交付当事人;当事人不在场的,行政机关应当在7日内依照《民事诉讼法》的有关规定,将行政处罚决定书送达当事人。行政处罚决定书一经送达,便产生一定的法律效果。当事人提起行政复议或行政诉讼的期限,从送达之日起计算。

（四）听证程序

行政处罚法规定的听证制度，是当事人行使陈述权和申辩权的方式之一，对当事人来说，这是一项十分重要的权利。《行政处罚法》建立的听证制度，是我国行政法制建设的一个里程碑。处罚听证程序是指行政机关在作出行政处罚决定前，为了查明案件事实，通过公开方式举行、由有关利害关系人参加的、广泛吸收各方意见的活动的程序。

根据《行政处罚法》第63条的规定，听证并不是行政处罚的必经程序，只有属于法律规定范围内的行政处罚案件（实体条件），并由当事人提出听证要求，或行政机关认为有必要举行听证的（程序条件），才举行听证。

听证程序的实体条件为：听证程序只适用于行政机关拟作出较大数额罚款；没收较大数额违法所得、没收较大价值非法财物；降低资质等级、吊销许可证件；责令停产停业、责令关闭、限制从业；其他较重的行政处罚；法律、法规、规章规定的其他情形这六类行政处罚决定。

听证程序的程序条件为：当事人没有提出听证要求，行政机关可以不组织听证；但行政机关认为实行听证有利于查清事实的，在事先商得当事人同意后，也可主动组织听证。行政机关认为有必要举行听证的情况大致有：①行政处罚案件重大、复杂，需要慎重决定的；②符合《行政处罚法》规定的听证案件范围，当事人对事实的认定有不同意见、想听证，但因正当理由未能在法定期限内提出听证申请的；③行政处罚案件在本行政机关的行政管理事项中带有普遍性或者有很大影响，通过公开举行听证，有利于教育公民、法人或者其他组织自觉守法的。

行政机关举行听证，应当按照以下程序要求组织：

第一，当事人要求听证的，应当在行政机关告知后5日内提出。

第二，行政机关应当在举行听证的7日前，通知当事人举行听证的时间、地点。

第三，除涉及国家秘密、商业秘密或者个人隐私依法予以保密外，听证公开举行。

第四，听证由行政机关指定的非本案调查人员主持。当事人认为主持人与本案有直接利害关系的，有权申请回避。

第五，当事人可以亲自参加听证，也可以委托1~2人代理。代理人可以是当事人的近亲属，也可以是当事人聘请的律师。

第六，当事人及其代理人无正当理由拒不出席听证或者未经许可中途退出听证的，视为放弃听证权利，行政机关终止听证；

第七，就举行听证的具体程序而言，首先由主持人宣布听证会开始、听证事项以及其他有关事项，然后由调查人员提出当事人违法的事实、证据和行政处罚建议。针对指控的事实及相关问题，当事人进行申辩和质证。经过调查取证人员与当事人相互辩论，由主持人宣布辩论结束后，当事人有最后陈述的权利。最后由主持人宣布听证会结束。

第八，听证应制作笔录，笔录应当交当事人审核无误后签字或者盖章。听证笔录是行政机关作出行政处罚决定的根据之一，也是当事人不服行政处罚决定申请救济时，行政机关提供的证据之一。

第九,听证结束后,行政机关应当根据听证笔录,依据《行政处罚法》第 57 条的规定,作出决定。

另外,《行政处罚法》还规定,当事人不承担行政机关组织听证的费用。

九、行政处罚的执行程序

(一) 行政处罚执行的原则

行政处罚的执行,是指有关国家机关强制当事人履行行政处罚决定义务的制度。没有行政处罚的执行,行政处罚决定就没有任何意义,只有确保行政处罚决定的内容得以实现,才能够确保整个国家社会生活有序发展。根据《行政处罚法》第 67、73 条的规定,行政处罚执行的原则有:

1. 救济(复议、诉讼)不停止执行原则。行政处罚决定依法作出后,即具有公定力、确定力、拘束力和执行力,当事人应当在行政处罚决定的期限内予以履行。当事人对行政处罚决定不服,申请行政复议或者提起行政诉讼的,除法律另有规定外,行政处罚不停止执行。这里的"法律另有规定"主要指《行政复议法》和《行政诉讼法》的规定。

行政处罚停止执行的特殊情况是:①行政机关认为需要停止执行的。当事人向有关机关申请救济后,行政机关意识到由于作出的处罚决定明显违法、不当或者其他原因,继续执行会造成无法挽回的损失,所以需要停止执行。②复议机关或者人民法院裁定停止执行的。这种情况必须具备以下条件:一是由当事人向复议机关或者人民法院提出停止执行的申请;二是行政处罚决定的执行会给当事人造成难以弥补的损失;三是停止执行不损害社会公共利益。③法律、法规规定可以停止执行的。

2. 罚缴相分离的原则。《行政处罚法》第 67 条确立了作出罚款决定的机关和收缴罚款的机构相分离的原则。即除依法当场收缴的罚款外,作出行政处罚决定的行政机关及其执法人员不得自行收缴罚款,只能开具罚款决定书,由当事人到指定的银行缴纳罚款。当事人应当自收到行政处罚决定书之日起 15 日内,到指定的银行或者通过电子支付系统缴纳罚款。银行应当收受罚款,并将罚款直接上缴国库。

根据《行政处罚法》第 68、69 条的规定,行政机关当场收缴罚款的情形有三种:①依法给予 100 元以下罚款的;②不当场收缴事后难以执行的(一是对异地人员的罚款;二是被处罚的当事人无法证明其身份);③当事人在边远、水上、交通不便地区,行政机关及其执法人员作出罚款决定后,当事人向指定的银行缴纳罚款确有困难,经当事人提出,可以当场收缴罚款。

(二) 行政处罚执行的程序

1. 当场收缴罚款的程序。

步骤 1:出具罚款收据。《行政处罚法》第 70 条规定,行政机关及其执法人员当场收缴罚款的,必须向当事人出具国务院财政部门或者省、自治区、直辖市人民政府财政部门统一制发的专用票据;不出具财政部门统一制发的专用票据的,当事人有权拒绝缴纳。

步骤2：罚款的交付。《行政处罚法》第71条规定，执法人员当场收缴罚款的，应当自收缴之日起2日内交到行政机关；在水上当场收缴罚款的，应当自抵岸之日起2日内，交到行政机关；行政执法部门在2日内将罚款缴付指定银行。

2. 行政处罚的强制执行程序。行政处罚的强制执行，是指作出行政处罚的机关及人民法院为了使行政处罚决定得以实现，对逾期不履行行政处罚决定的当事人采取强制措施，迫使其履行处罚决定所规定的义务。所谓逾期不履行，包括三种情况：一是当事人接到行政处罚决定书后，超过15日，既不申请行政复议，也不提起行政诉讼，又不按时缴纳罚款的；二是当事人接到行政处罚决定书后，在规定的期间内申请行政复议，但在接到行政复议决定书后，超过15天，既不提起行政诉讼，又不按时履行行政复议决定或者原行政处罚决定的；三是人民法院判决维持行政处罚决定，当事人不按时履行行政处罚决定的。

《行政处罚法》规定了四种强制执行程序：一是执行罚，即到期不缴纳罚款的，每日按罚款数额的3%加处罚款，加处罚款的数额不得超出罚款的数额。二是行政机关可以根据法律规定，将查封、扣押的财物拍卖、依法处理或者将冻结的存款、汇款划拨抵缴罚款；三是根据法律规定，采取其他行政强制执行方式；四是申请人民法院强制执行。

案例精解
袁某伟诉仁怀市综合行政执法局撤销行政处罚决定案

【案情简介】

原告：袁某伟

被告：仁怀市综合行政执法局

被告仁怀综合行政执法局于2018年5月14日对原告作出仁综执（土）罚字〔2018〕第17-004号《行政处罚决定书》，认定原告未经批准，擅自在仁怀市某镇某村某组占用基本农田修建房屋，房屋占地面积602.24平方米，建筑面积881.12平方米。为此，被告认为原告违反了《基本农田保护条例》第33条之规定，遂对原告作出行政处罚：①限期2018年5月20日前拆除在违法占用基本农田上新建的房屋和其他设施，恢复原种植条件；②处违法占用基本农田耕地开垦费每平方米30元、共计18 067.2元的罚款。

原告袁某伟于2012年4月3日注册了仁怀市九仓镇天瑞黑豚养殖场，2016年在原告位于仁怀市某镇某村某组农田上修建房屋进行黑豚养殖。房屋占地面积602.24平方米，建筑面积881.12平方米。2018年5月7日，仁怀市综合行政执法局向原告发放行政处罚事先告知书。要求原告在2018年5月20日前拆除在违法占用基本农田上新建的房屋和其他设施，恢复原种植条件并对其处以处违法占用基本农田耕地开垦费每平方米30元、共计18 067.2元的罚款，并在收到告知书之日起3日内有提出听证的权利。但原告没有履行行政处罚事先告知书的内容，亦未申请听证。2018年5月14日，被告仁怀市综合行政执法局以原告违反了《基本农田保护条例》第33条的规定为由，对原告作出如下行政处罚：①限期2018年5月20日前拆除在违法占用基本农田上新建的房屋和其他设施，恢复原种植条件；②处违法占用基本农田耕地开垦费每平方米30元、共计18 067.2元的罚款。

　　原告不服上述处罚，遂提起本案诉讼，一审法院经审理判决驳回原告袁某伟的诉讼请求。一审宣判后，原告袁某伟不服一审判决，提起上诉，请求：①撤销一审判决。②撤销被上诉人作出的仁综执（土）罚字〔2018〕第17-004号行政处罚决定。上诉人袁某伟诉称：其一，一审法院对本案事实认定错误。①未认定被上诉人作出的处罚决定存在程序违法错误。上诉人修建养殖场的行为早在2012年就已开始，修建当时符合国家扶贫政策和产业政策，取得了村、乡镇和仁怀市职能部门同意，涉案处罚的部分是2016年因厂房破坏后扩建的，未涉及之前的部分。同时，2016年的扩建行为发生后，被上诉人及九仓镇向上诉人下达了相关通知，但此责令整改通知并未在依法调查的情况下作出，较为随意。2018年被上诉人在已对2016年责令整改通知认可的情况下，为达到形式上符合行政处罚的程序规定，重新作出行政处罚，违背行政处罚程序，属于"先定后审"。《国土资源违法行为查处工作规程》适用范围是县级以上人民政府国土资源主管部门查处国土资源的违法行为，系法定规范化程序，违反《查处规程》即属于违法行政，应予撤销。根据《查处规程》的相关规定，被上诉人提供的证据中无"违法线索发现""线索核查与违法行为制止"的规定，根据被上诉人提供的2016年询问笔录，显然被上诉人早在2016年就知道新建房屋的发生，但其在2018年进行调查、处罚时，遗漏了立案前的"违法线索发现""线索核查与违法行为制止"程序，其行为属程序违法。根据《查处规程》第4.4条规定，执法人员应经过培训、考核合格、取得执法证，但本案执法人员未具备此资格。②认定上诉人违法错误。根据上诉人提供的证据可以看出，上诉人为脱贫致富、带动就业，在2012年发展养殖业时，得到了村委、九仓镇政府的大力支持，且符合相应政策，在得到村委、镇政府同意的情况下，上诉人向相关职能部门报送了材料，相关职能部门到现场进行了查勘认定，并同意在土地上修建该养殖场，上诉人的修建行为合法。上诉人修建的房屋不属于行政处罚认定的"房屋"，而是属于养殖场的附属设施，属临时设施，是养殖场的附属物。认定涉案土地属于"基本农田"、位于基本农田保护区内错误。首先，根据《基本农田保护条例》第2条的规定，耕地是组成基本农田的基本单位，根据《土地利用现状分类》的规定，耕地是指种植农作物的土地，包括熟地，新开发、复垦、整理地，休闲地（含轮歇地、轮作地），以及其他临时改变用途的耕地。其次，根据《查处规程》第9.2.2条和第9.2.4条的规定，对是否属于基本农田，应根据乡镇土地利用总体规划来判定，但被上诉人并未提供乡镇土地利用总体规划，因此不能判定涉案土地是否属于基本农田。③一审法院认为涉案区域属于仁怀国土局确定的基本农田区域，是错误的。仁怀国土局不具备规划职能，其无权对土地进行规划。根据《城乡规划法》的规定，土地利用总体规划的编制是人民政府的权限范围，不是国土局可以确定的，更不是国土局划定的。④根据被上诉人提供的证据显示，上诉人修建的养殖场附属设施的位置属于"南部通道"即将开工建设的范围，该土地的用地性质可能已经改变，或改变为建设用地，但被上诉人在庭审中有意回避此问题，一审法院未进行查明。认定"违法占用"错误，案涉土地原本是上诉人的自留地，上诉人不存在非法占用的情况，认定破坏基本农田种植条件错误。该土地的耕作层还存在，未被破坏。被上诉人没有种植条件被破坏程度的证据，根据《查处规程》第8.2.4.7条的规定，被上诉人并未提交种植条件被破坏程度的证据，不能主观臆断土地种植条件被破坏。一审认定开垦费每平方米30元，没有证据和依据，被上诉人在庭审中当庭提供的处罚依据不符合行政诉讼法的规定，且在处罚决定书中没有对该标准进行说明。其二，一审认定案件事实的证据不足。一审法院在没有任何证据证明涉案土地属基本农田、上诉人违法占用并破坏种植条件，以及原种植条件如何、恢复到何种程度等情况的基础上，认定上诉人的行为违法、被上诉人行政处罚行为合法的证据不足。其三，一审适用法律错误。被上诉人作出的行政处罚依据是《基本农田保护条例》第33条及《土地管理法》第36、74条，结合上述意见，上诉人未占用基本农田、更未毁坏基本农田的种植条件，该土地现状、耕作层等均完好无损，上诉人不具有违法行为，更未造成严重后果。综上，上诉人认为一审法院未认真审查本案诸多焦点，对上诉人所提的诸多案件疑点和事实不加分析，不加认定。请二审法院查明事实，依法支持上诉人的上诉请求。

被上诉人仁怀市综合行政执法局答辩称：其一，答辩人作出的处罚决定事实清楚、证据充分，一审法院已进行审查，不存在事实认定错误。袁某伟未经批准，擅自在仁怀市某镇某村某组占用基本农田建设房屋，占地面积602.24平方米，建筑面积881.12平方米。其违法事实有答辩人依法调查的证据佐证，违法事实清楚。袁某伟违法占用农田案，系2017年仁怀市国土资源"卫片执法"案件。当事人袁某伟违法占用的土地全部属于基本农田。该事实有仁怀国土资源局提供的涉案地块土地利用总体规划图佐证。袁某伟未经审批在基本农田内建房，其破坏基本农田种植条件的事实清楚。其二，袁某伟违法建设行为，违反了《基本农田保护条例》相关规定，答辩人适用法律正确。基本农田保护是国家依据我国人口多耕地少、耕地后备资源不足的事实，为维护国家粮食安全、保护社会稳定作出的制度设计。为此，国家专门制定了《基本农田保护条例》，划定基本农田保护区，其根本目的是为了对基本农田进行特殊保护，以满足我国未来人口和国民经济发展对农产品的需要，为农业生产乃至国民经济的持续、稳定、快速发展起到保障作用。袁某伟未经主管部门审批，擅自实施建设行为，破坏了基本农田的种植条件，应受到处罚。答辩人适用《基本农田保护条例》第33条的规定对其实施处罚，并无不当。其三，答辩人处罚程序合法。在实施处罚过程中，答辩人依法履行了告知义务，保护了上诉人的陈述申辩、听证等权利，执法程序无任何不当。其四，上诉人的上诉主张于法无据，不应得到支持。对于涉案违法行为，九仓镇政府曾向上诉人下达责令整改通知书，该通知书是九仓镇政府基于属地管理原则作出的行政行为，与答辩人作出的处罚是相互独立的。不存在上诉人所谓的"先定后审"。本案相关执法人员均取得了贵州省人民政府颁发的执法资格证，本案一审过程中已向法庭出示，上诉人对此无异议，上诉人上诉中提出的执法异议不能成立。上诉人修建的房屋是砖混结构，其主张案涉房屋属于临时设施不是事实。答辩人在查处过程中，依法从仁怀市国土资源部门调取了涉案地块的总体规划图、现状图等。本身已包含了乡镇总体规划。仁怀市总体规划由仁怀市国土资源局统一出具，仁怀市乡镇一级本身没有单独编制规划。仁怀国土局出具的总体规划图也清楚反映了上诉人违法占用的土地属于基本农田，至今未调整规划。综上，答辩人作出的处罚决定事实清楚、证据充分、内容适当，适用法律正确，请二审法院维持一审判决。

经二审审查，贵州市中级人民法院对一审查明的事实予以确认，另查明如下事实：

1. 2016年12月19日，九仓镇村镇建设服务中心向袁某伟发送《违章建筑停建通知书》，要求袁某伟立即停止修建，袁某伟拒绝签收。

2. 2017年2月8日，仁怀市综合行政执法局九仓分局向袁某伟发送《违章建筑责令整改通知书》，要求袁某伟于2017年2月15日前自行将规划区内的违章建筑物拆除。

3. 2017年10月24日，仁怀市综合行政执法局九仓分局向袁某伟发送《调查询问通知书》，要求袁某伟携带相关材料于2017年10月26日12时到九仓执法分局办公室接受调查询问。

4. 2018年4月10日，仁怀市综合行政执法局向袁某伟发送仁综执（土）罚告字〔2018〕第17-003号《行政处罚事先告知书》，告知袁某伟拟拆除其在违法占用土地上新建的房屋，恢复土地原状，告知其有权在3日内申请听证，袁某伟拒绝签收。

5. 2018年4月16日，仁怀市综合行政执法局作出仁综执（土）罚字〔2018〕第17-003行政处罚决定，责令袁某伟限期拆除在非法占用土地上新建的建筑物和其他设施，恢复土地原状。

6. 2018年4月20日，仁怀市综合行政执法局认为其作出仁综执（土）罚字〔2018〕第17-003行政处罚决定过程中，存在瑕疵，本着有错必究的原则，决定撤销前述行政处罚决定。

7. 经贵州省人民政府以黔府函〔2016〕35号文件批复同意，仁怀市综合行政执法局集中行使国土资源管理等17项行政处罚权。

【裁判要点】

一审中，贵州省遵义市习水县人民法院经审理认为：依据《行政处罚法》第16条、《国务院关于进一步推进相对集中行政处罚权工作的决定》规定，经省人民政府批准，被告仁怀市综合行政执法局具有对该区域内违反土地管理的行为实施行政处罚的职权。《基本农田保护条例》第2条规定："国家实行基本农田保护制度。本条例所称基本农田，是指按照一定时期人口和社会经济发展对农产品的需求，依据土地利用总体规划确定的不得占用的耕地。本条例所称基本农田保护区，是指为对基本农田实行特殊保护而依据土地利用总体规划和依照法定程序确定的特定保护区域。"本案中，原告袁某伟在某镇某村某组自家的责任地上占地602.24平方米修建房屋，该区域经仁怀市国土资源局2017年卫星监测图斑比对后确定为基本农田区域，依照《基本农田保护条例》第33条之规定："违反本条例规定，占用基本农田建窑、建房、建坟、挖砂、采石、采矿、取土、堆放固体废弃物或者从事其他活动破坏基本农田，毁坏种植条件的，由县级以上人民政府土地行政主管部门责令改正或者治理，恢复原种植条件，处占用基本农田的耕地开垦费1倍以上2倍以下的罚款；构成犯罪的，依法追究刑事责任。"原告袁某伟修建房屋养殖黑豚应当依照法律法规的规定进行，结合本案所有证据，原告袁某伟修建房屋占用基本农田，破坏基本农田种植条件，且未获得相关职能部门的审批，其行为违反了法律法规的规定，被告仁怀市综合行政执法局作为适格的执法主体，有权对行政相对人的违法行为作出调查处理，在调查事实成立后作出的行政处罚决定事实清楚，证据充分，程序合法。被告按照黔府办发〔2000〕87号通知对原告处以每平方米30元的复垦费属于法律规定范围内，并未违反法律规定。故对于原告在本案中的诉请，不予支持。为此，依照《行政诉讼法》第69条之规定判决：驳回原告袁某伟的诉讼请求。

原告袁某伟不服一审判决后提出上诉，二审中，双方的争议焦点是：被上诉人仁怀市综合行政执法局作出的仁综执（土）罚字〔2018〕第17-004号行政处罚决定事实是否清楚、适用法律是否正确、程序是否合法、处罚是否适当。

经贵州省遵义市中级人民法院终审认定：首先，本案中，上诉人袁某伟修建的建筑物位于某镇某村某组自己家庭的责任地内，该区域已经仁怀市国土主管部门确定为基本农田区域。行政机关认定袁某伟所建筑物位于基本农田保护区内，事实清楚。其次，目前证据显示，袁某伟未经有权机关批准，违法占用基本农田修建建筑物，客观上破坏了基本农田种植条件，应受处罚。行政机关适用前述规定，对袁某伟进行处罚，适用法律正确。最后，经贵州省人民政府批复同意，仁怀市综合行政执法局集中行使国土资源管理的行政处罚权，故其有权对行政相对人的土地违法行为作出调查处理。因此判决驳回上诉，维持原判。

【案例评析】

近几年，占用基本农田的案件屡有发生，究其原因，一方面是由于当地政府及土地行政主管部门重视程度不够，注重经济发展，忽视耕地保护，未对耕地保护进行很好的宣传，提前介入的思想不足；另一方面，农民的认识存在偏差，认为在自己的土地上养殖等生产设施等不属于违法占用土地。但是，这并不意味着养殖等生产设施用地可以占用基本农田保护区内的耕地。对于违法占用基本农田保护区内耕地修建养殖等生产设施的，应严格按照《基本农田保护条例》的规定，对其进行相应的处罚，构成犯罪的，依法追究刑事责任。该案对于今后养殖等生产设施用地的选择上具有警示引导的作用。以下对本案存在的争议焦点逐一进行分析：

一、关于认定涉案房屋的性质问题

本案袁某伟认为，其修建的房屋不属于行政处罚认定的"房屋"，而是属于养殖场的附属设施，属临时设施，是养殖场的附属物，认定涉案土地属于"基本农田"、位于基本农田保护区内错误。

依据《基本农田保护条例》第2条规定："国家实行基本农田保护制度。本条例所称基本农田，是指按照一定时期人口和社会经济发展对农产品的需求，依据土地利用总体规划确定的不得占用的耕地。本条例所称基本农田保护区，是指为对基本农田实行特殊保护而依据土地利用总体规划和依照法定程序确定的特定保护区域"。本案中，上诉人袁某伟修建的建筑物位于某镇某村某组自己家庭的责任地内，该区域已经仁怀市国土主管部门确定为基本农田区域。行政机关认定袁某伟所建建筑物位于基本农田保护区内，事实清楚。

根据当时正在施行的《土地管理法》第34条第3款"基本农田保护区以乡（镇）为单位进行划区定界，由县级人民政府土地行政主管部门会同同级农业行政主管部门组织实施"之规定，原仁怀市国土资源局（现已并入仁怀市自然资源局）作为土地行政主管部门，有确定基本农田保护区范围的职权，袁某伟认为仁怀市国土资源局不具有确定农田保护区权限范围、案涉建筑物所在土地不属于基本农田保护区的理由不能成立。

二、关于行政处罚适用法律是否正确的问题

本案袁某伟认为，其并未占用基本农田、更未毁坏基本农田的种植条件，该土地现状、耕作层等均完好无损，上诉人不具有违法行为，更未造成严重后果。

袁某伟作为农村集体经济组织成员，发展养殖业，从事黑豚养殖，值得倡导。但其从事相应的建设活动，应当依照法律法规的规定进行，目前证据显示，袁某伟未经有权机关批准，违法占用基本农田修建建筑物，客观上破坏了基本农田种植条件，其行为违反了《基本农田保护条例》第33条的规定："违反本条例规定，占用基本农田建窑、建房、建坟、挖砂、采石、采矿、取土、堆放固体废弃物或者从事其他活动破坏基本农田，毁坏种植条件的，由县级以上人民政府土地行政主管部门责令改正或者治理，恢复原种植条件，处占用基本农田的耕地开垦费1倍以上2倍以下的罚款；构成犯罪的，依法追究刑事责任"。行政机关适用前述规定，对袁某伟进行处罚，适用法律正确。

三、关于行政处罚程序是否正确的问题

本案袁某伟认为，行政处罚执法人员应经过培训、考核合格、取得执法证，但本案执法人员未具备此资格，其行为属程序违法。

经查明，2016年，经贵州省人民政府批复同意，仁怀市综合行政执法局集中行使国土资源管理的行政处罚权，故其有权对行政相对人的土地违法行为作出调查处理。仁怀市综合行政执法局在对袁某伟进行处罚前，依照法定程序调查案件事实，对相关知情人员进行询问，前往现场勘验，依法告知袁某伟有申请听证的权利，结合袁某伟的违法行为和情节，根据《基本农田保护条例》第33条的规定，并按照贵州省人民政府办公厅黔府办发〔2000〕87号文件有关开垦费标准的规定，对袁某伟作出拆除建筑物、恢复原种植条件和罚款的处罚决定，程序合法、处罚适当。

【知识点分析】

一、综合行政执法的概念

近年来，城市综合执法作为行政管理体制改革探索和推进依法行政的产物，逐步成为依法治市的重要标志。综合行政执法，是指一个行政机关或法律法规授权的组织或者依法授权的组织，依据一定的法律程序在合理的管理幅度范围内，综合行使多个行政机关或法律法规授权的组织的法定职权的行政执法制度。

实施综合行政执法的范围主要集中于在基层发生频率较高、与人民群众日常生产生活关系密切、多头重复交叉执法问题比较突出、专业技术要求适宜的公共安全、生态保护、城镇管理、社会管理、民生事业等领域。从目前各省市试行情况来看，综合行政执法主要负责市容环境卫生、市政管理、城市绿化等行政执法工作，集中行使对乱建乱搭、环境污染、非机动车和机动车乱停乱放、城市道路污染、无照商贩、无证饮食摊点等行政执法活动的组织、指挥、协调和行政处罚。

二、综合行政执法的法律依据

首先，《行政处罚法》第18条规定："国家在城市管理、市场监管、生态环境、文化市场、交通运输、应急管理、农业等领域推行建立综合行政执法制度，相对集中行政处罚权。国务院或者省、自治区、直辖市人民政府可以决定一个行政机关行使有关行政机关的行政处罚权。限制人身自由的行政处罚权只能由公安机关和法律规定的其他机关行使"。本案中，经贵州省人民政府批复同意，仁怀市综合行政执法局依法集中行使林业行政管理等17项行政处罚权，因此，被告仁怀市综合行政执法局作为适格的执法主体，有权对行政相对人的违法行为作出调查处理。

其次，综合行政执法主要适用的法律依据有法律、行政法规、地方性法规、自治条例、单行条例、行政规章等，如《行政处罚法》《行政强制法》《城市管理执法办法》《城乡规划法》等。本案中，仁怀市综合行政执法局结合本案所有证据，依照《基本农田保护条例》第33条规定对其实施处罚，并无不当，适用法律正确。

三、行政命令和行政处罚的区别（二维码8-9）

而行政命令的做出并非行政相对人违反法律，而是基于行政管理的目标对相对人提出的作为或者不作为的要求，其本身并不存在处罚性。行政处罚是行政相对人在违反法律规定，不履行义务的情况之下对其施以的处罚。实践中作出行政处罚前，往往先责令改正或责令整改。所以判定行政行为是行政处罚还是行政命令主要看两点：其一为是否存在先行行为，行政处罚做出的前提必须是存在行政相对人的先行违法行为；其二为行为是处罚性还是仅仅是相对人的义务。

本案中，袁某伟认为仁怀市综合行政执法局于2016年已对扩建行为下达了责令整改通知，本次行政处罚在对2016年责令整改通知认可的情况下，为达到形式上符合行政处罚程序规定的目的，重新作出行政处罚，违背行政处罚程序，属于"先定后审"。但该责令整改通知书是由九仓镇政府下达的，是九仓镇政府基于属地管理原则作出的行政行为，没有产生剥夺袁某伟的人身或财产权利、科处义务的后果，不具有行政处罚的特征，与仁怀市综合行政执法局作出的处罚是相互独立的。因此，仁怀市综合行政执法局作出的处罚程序合法。

8-9

四、行政处罚的程序问题

《行政处罚法》第42条规定："行政处罚应当由具有行政执法资格的执法人员实施。执法人员不得少于两人，法律另有规定的除外。执法人员应当文明执法，尊重和保护当事人合法权益。"行政处罚主要分简易程序和一般程序两种类型，二者均对执法人员的资格进行明确规定，即不是行政机关所有的工作人员都有权开展执法活动，执法人员必须同时满足两个条件：①是行政机关的在职在编的工作人员；②必须是通过行政执法资格认证，取得行政执法证件，在法定职权范围内从事行政执法活动的人员。本案中，袁某伟对执法人员资质提出疑问，但经调查了解，本案相关执法人员均取得了贵州省人民政府颁发的执法资格证。

此外，根据《行政处罚法》第44条规定："行政机关在作出行政处罚决定之前，应当告知当事人拟作出行政处罚内容及事实、理由、依据，并告知当事人依法享有的陈述、申辩、要求听证等权利。"在实施处罚过程中，被告仁怀市综合行政执法局依法履行了告知义务，保护了原告的陈述申辩、听证等权利，执法程序无任何不当。

【思考】

当前，综合行政执法改革通过把多个行政部门的执法权，归集到一个行政机构，按照有关法律规定相对集中行使行政处罚权，规定明确集中行使的行政处罚权的范围，并授予其可以实施与之有关的行政强制措施。由此产生了一系列的行政处罚新问题，如：相对集中行政处罚权后，是否要修改单行法律法规；如何确定相对集中行政处罚权的范围；如何确定行政复议机关等。综合行政执法能否充分发挥应有的作用，取决于一系列相关制度的配套设计和推行，而将这样一项尚属初步的制度转变为一项由诸多制度配套而行的系统工程，需要人们有新的思想认识，更需要在诸多制度上予以完善和改进。

案例训练
训练案例一

【案情简介】

某县市场监督管理局接群众举报称,个体工商户张某涉嫌违法经营,该局即指派执法人员王某前往检查。经查,张某违法事实确凿,市场监督管理局拟依法对其作出吊销营业执照并罚款5000元的行政处罚。根据《行政处罚法》的规定,市场监督管理局在作出处罚决定前,书面告知张某有要求举行听证的权利。张某当即要求组织听证,市场监督管理局通知其次日下午到局机关参加听证。听证由本案调查人员王某主持,张某进行了申辩和质证,并在听证笔录上签字,同时张某按照市场监督管理局的要求交纳了听证费用200元。听证结束后,市场监督管理局对张某作出了吊销营业执照并罚款3000元的行政处罚,制作了行政处罚决定书,并于10日后送达给张某。

训练目的:

通过此案例的分析,主要让学生明确行政处罚听证程序的相关规定。预设的问题是:该县市场监督管理局在本案的处理过程中有一系列违反法律规定之处,请根据《行政处罚法》的相关规定指出,并说明理由。

分析提示:

结合案情和《行政处罚法》第63、64条等规定分析。

训练案例二

【案情简介】

2017年7月8日,X县公安局受理某镇某村四组组长唐某与同组村民郑某、袁某、刘某因分配田地款项一事发生斗殴的治安行政案件。8月16日,X县公安局将写有行政处罚的事实、理由和依据以及所享有权利的《行政处罚告知书》和拘留10日、罚款500元的《行政处罚决定书》在同一天分别送达给了袁某和刘某。8月17日,X县公安局将袁某和刘某拘留。袁某和刘某不服,向Y市公安局提起行政复议。10月11日,Y市公安局作出维持的复议决定。11月7日,袁某和刘某向X县人民法院提起行政诉讼。2018年2月6日,X县人民法院一审判决撤销X县公安局作出的行政处罚决定。

训练目的:

通过此案例的分析,主要让学生认识行政执法中程序合法的重要性,并能准确把握行政处罚的程序和基本原则。预设的问题是:①该行政处罚行为有何不当之处?②法院经审理判决撤销县公安局作出的行政处罚决定,有何影响?

分析提示:

结合案情和《行政处罚法》对行政处罚程序的规定进行分析。

训练案例三

【案情简介】

方某富和庞某连系夫妻。2014年10月28日,庞某连取得《个体工商户营业执照》,经营范围包括预包装食品、兼散装食品的零售等。原告方某富炒货店系该《个体工商户营业执照》登记的字号。

2015年11月5日,西湖区市场监督管理局接到消费者投诉举报后至原告位于杭州市西湖区西溪路78号的店铺进行现场检查,发现:原告店铺西侧墙上印有两块"方某富炒货店杭州最优秀的炒货特色店铺""方某富杭州最优秀的炒货店"内容的广告;店铺西侧柱子上印有一块"杭州最优炒货店"字样的广告牌;店铺展示柜内放置有两块手写的商品介绍板,上面分别写了"中国最好最优品质荔枝干"和"2015年新鲜出炉的中国最好最香最优品质燕山栗子"的内容,展示柜外侧的下部分贴有一块广告,上面写了"本店的栗子,不仅是中国最好吃的,也是世界上最高端的栗子";对外销售栗子所使用的包装袋上印有"杭州最好吃的栗子"和"杭州最特色炒货店铺"的内容。西湖区市场监督管理局对上述广告内容进行拍照取证并制作了现场检查笔录,于当日立案。2016年1月8日,西湖区市场监督管理局向原告送达《行政处罚听证告知书》,告知拟作出行政处罚的内容、事实、理由和依据,及其享有的陈述、申辩、听证的权利。1月12日,原告提出听证申请。西湖区市场监督管理局2月1日组织听证后,于3月22日经集体讨论后作出534号处罚决定并送达原告。原告不服,于3月29日向杭州市市场监督管理局申请行政复议,杭州市市场监督管理局于4月5日受理行政复议申请,同日向西湖区市场监督管理局发送《行政复议答复通知书》。4月18日,西湖区市场监督管理局提交《行政复议答复书》及作出处罚决定的证据及依据。5月6日,原告查阅了西湖区市场监督管理局提交的答复、证据及依据。5月25日,杭州市市场监督管理局以所涉相关法律适用问题需向上级主管部门进行请示为由中止案件审理并通知当事人,后于7月11日恢复审理。7月13日,杭州市市场监督管理局经负责人批准决定延长审理期限至2016年8月10日,并通知双方当事人。8月10日,杭州市市场监督管理局作出139号复议决定,维持534号处罚决定,并送达原告。原告不服,向杭州市西湖区人民法院提起行政诉讼。

训练目的:

通过此案例的分析,主要让学生了解作出行政处罚行为时应于法有据。预设的问题是:①该行政处罚是否有不当之处?②应如何处理行政处罚畸重的情形?

分析提示:

本案行政处罚决定针对违法广告行为,因此《广告法》作为具体管理领域的法律,应当加以适用。特别是,在要件事实的认定方面,《广告法》作出了详细规定,必须加以适用。但是在法律后果的选择方面,尽管《广告法》第57条作出了处罚种类和幅度的规定,但是《行政处罚法》上关于处罚效果选择的规则和原则，也具有可适用性。

训练案例四

【案情简介】

2015年7月26日8时30分，廖某驾驶小轿车，沿滨江路向上清寺方向行驶。在大溪沟滨江路口，交警二支队的执勤交通警察陶某示意廖某靠边停车。陶某向廖某敬礼后，请廖某出示驾驶执照，指出廖某在大溪沟嘉陵江滨江路加油（气）站的道路隔离带缺口处，无视禁止左转弯交通标志违规左转弯。廖某申辩自己未左转弯，警察未看清楚。陶某认为廖某违反禁令标志行车的事实是清楚的，其行为已违反《道路交通安全法》的规定，依法应受处罚，遂向廖某出具516号《处罚决定书》。廖某拒不承认违法事实，拒绝在《处罚决定书》上签字。对此，陶某在516号《处罚决定书》上注明，并将该《处罚决定书》的当事人联交给廖某。廖某不服516号《处罚决定书》，向X市公安局申请行政复议。

训练目的：

通过此案例的分析，主要让学生知晓行政执法中证据的重要性和简易程序的适用条件及处罚程序。预设的问题是：①交通警察一人执法时的证据效力如何认定？②交通警察一人执法时当场给予行政管理相对人罚款200元的行政处罚，是否合法？

分析提示：

本案涉及《行政处罚法》和《道路交通安全法》的效力问题和当场行政处罚的证明标准。结合案情描述及行政处罚法简易程序的规定分析判断。

行政法律与案例分析

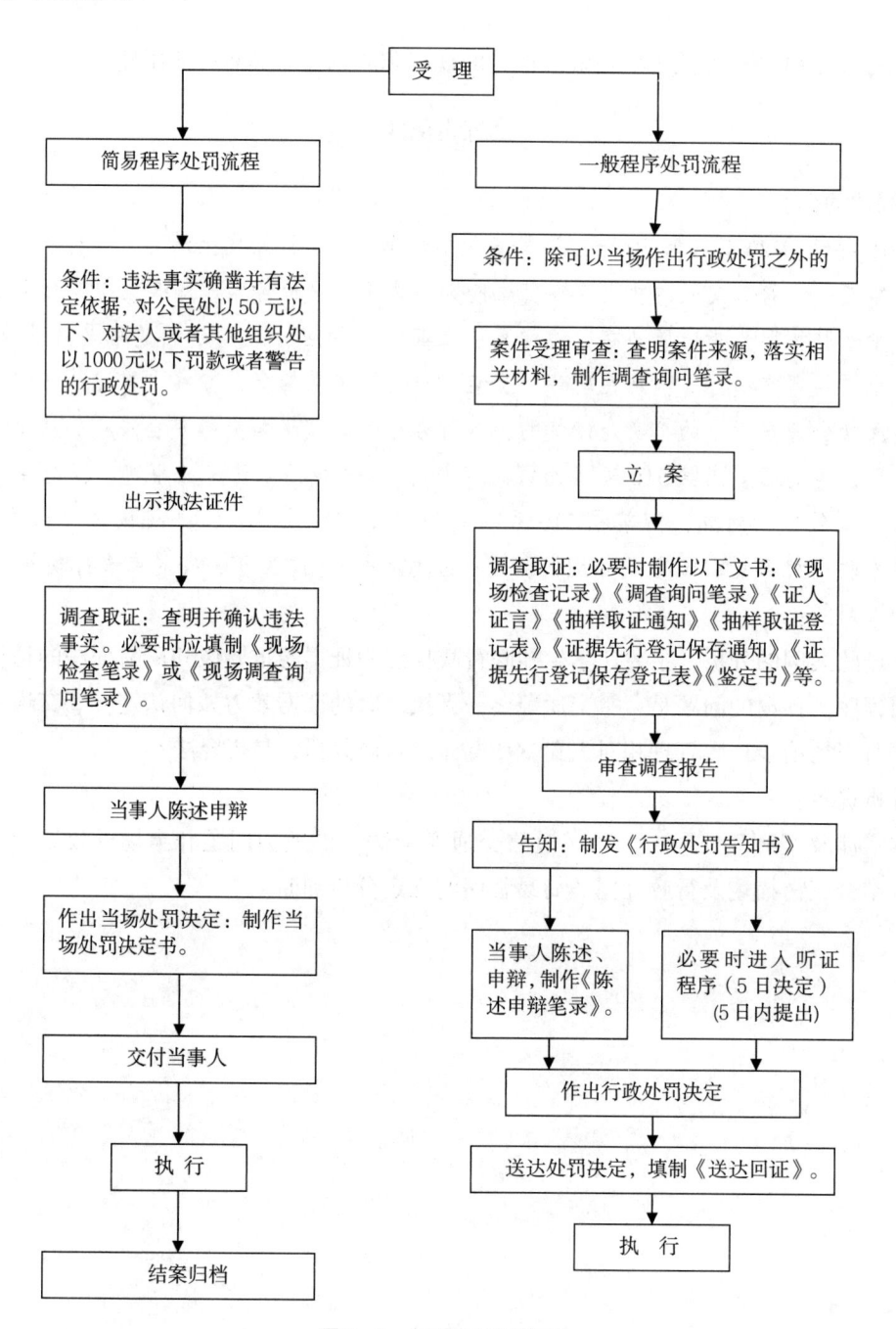

```
                           ┌──────────┐
                           │   受 理   │
                           └─────┬────┘
              ┌──────────────────┴──────────────────┐
              ▼                                     ▼
      ┌───────────────┐                    ┌───────────────┐
      │ 简易程序处罚流程 │                    │ 一般程序处罚流程 │
      └───────┬───────┘                    └───────┬───────┘
              ▼                                     ▼
  ┌─────────────────────┐              ┌─────────────────────┐
  │ 条件：违法事实确凿并有法 │              │ 条件：除可以当场作出行政 │
  │ 定依据，对公民处以50元以 │              │ 处罚之外的              │
  │ 下、对法人或者其他组织处 │              └───────────┬─────────┘
  │ 以1000元以下罚款或者警告 │                          ▼
  │ 的行政处罚。            │              ┌─────────────────────┐
  └──────────┬──────────┘              │ 案件受理审查：查明案件来源，落实相 │
             ▼                         │ 关材料，制作调查询问笔录。          │
    ┌───────────────┐                  └───────────┬─────────┘
    │  出示执法证件   │                              ▼
    └───────┬───────┘                       ┌──────────┐
            ▼                                │  立 案   │
  ┌─────────────────────┐                   └─────┬────┘
  │ 调查取证：查明并确认违法 │                          ▼
  │ 事实。必要时应填制《现场 │              ┌─────────────────────┐
  │ 检查笔录》或《现场调查询 │              │ 调查取证：必要时制作以下文书：《现 │
  │ 问笔录》。             │              │ 场检查记录》《调查询问笔录》《证人 │
  └──────────┬──────────┘              │ 证言》《抽样取证通知》《抽样取证登 │
             ▼                         │ 记表》《证据先行登记保存通知》《证 │
  ┌─────────────────────┐              │ 据先行登记保存登记表》《鉴定书》等。│
  │  当事人陈述申辩        │              └───────────┬─────────┘
  └──────────┬──────────┘                          ▼
             ▼                         ┌─────────────────────┐
  ┌─────────────────────┐              │   审查调查报告         │
  │ 作出当场处罚决定：制作当 │              └───────────┬─────────┘
  │ 场处罚决定书。          │                          ▼
  └──────────┬──────────┘              ┌─────────────────────┐
             ▼                         │ 告知：制发《行政处罚告知书》 │
   ┌───────────────┐                   └───────┬─────┬───────┘
   │   交付当事人    │                   ┌───────▼┐   ┌▼──────────┐
   └───────┬───────┘                   │当事人陈述│   │必要时进入听证│
           ▼                           │、申辩，制作│   │程序（5日决定）│
     ┌──────────┐                     │《陈述申辩 │   │(5日内提出)  │
     │  执 行   │                     │笔录》。   │   │            │
     └─────┬────┘                     └─────┬────┘   └──────┬─────┘
           ▼                                 └───────┬───────┘
     ┌──────────┐                                    ▼
     │  结案归档 │                           ┌─────────────────┐
     └──────────┘                           │  作出行政处罚决定  │
                                            └────────┬────────┘
                                                     ▼
                                     ┌─────────────────────────┐
                                     │ 送达处罚决定，填制《送达回证》。│
                                     └────────────┬────────────┘
                                                  ▼
                                            ┌──────────┐
                                            │  执 行   │
                                            └──────────┘
```

图 8-2　行政处罚流程图

学习情境一　行政处罚

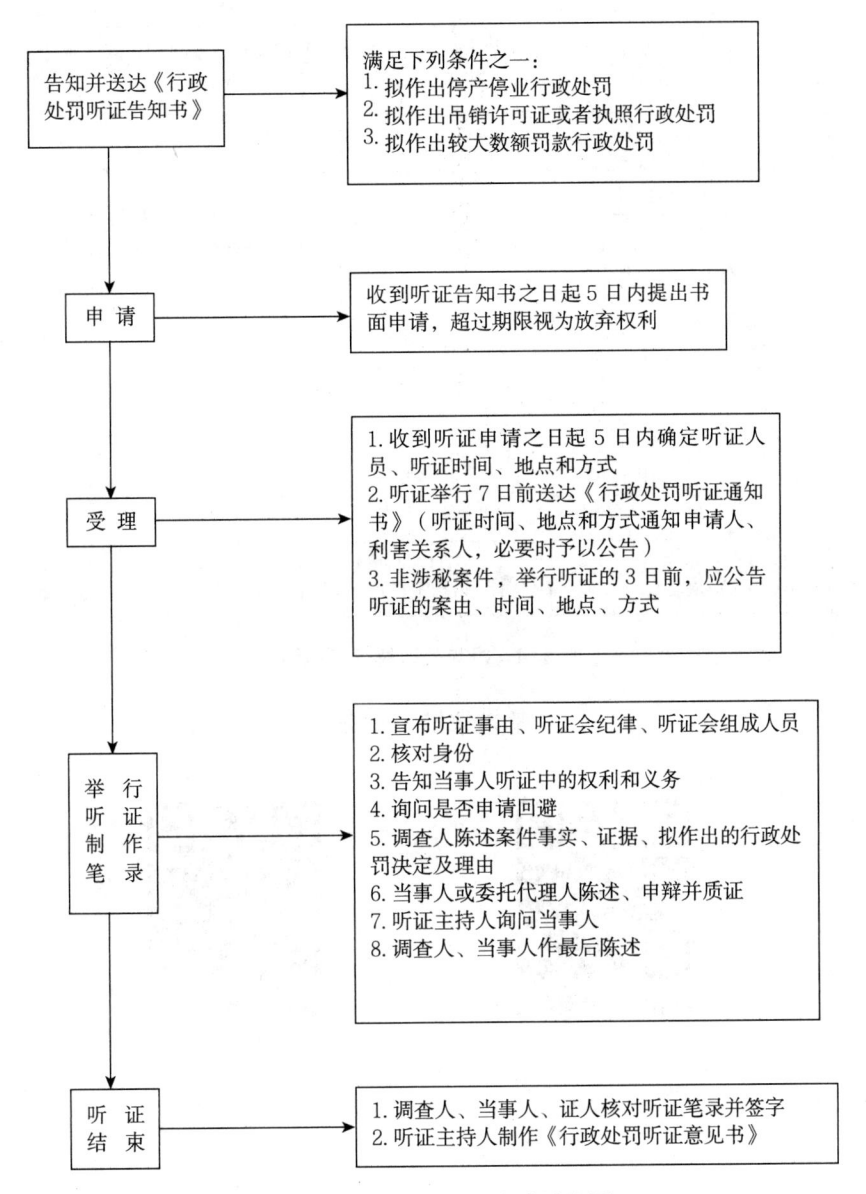

```
告知并送达《行政       满足下列条件之一：
处罚听证告知书》  ──▶  1. 拟作出停产停业行政处罚
                      2. 拟作出吊销许可证或者执照行政处罚
                      3. 拟作出较大数额罚款行政处罚
         │
         ▼
       申　请  ──▶  收到听证告知书之日起5日内提出书
                    面申请，超过期限视为放弃权利
         │
         ▼
                    1. 收到听证申请之日起5日内确定听证人
                       员、听证时间、地点和方式
       受　理  ──▶  2. 听证举行7日前送达《行政处罚听证通知
                       书》（听证时间、地点和方式通知申请人、
                       利害关系人，必要时予以公告）
                    3. 非涉秘案件，举行听证的3日前，应公告
                       听证的案由、时间、地点、方式
         │
         ▼
                    1. 宣布听证事由、听证会纪律、听证会组成人员
                    2. 核对身份
       举 行       3. 告知当事人听证中的权利和义务
       听 证  ──▶  4. 询问是否申请回避
       制 作       5. 调查人陈述案件事实、证据、拟作出的行政处
       笔 录          罚决定及理由
                    6. 当事人或委托代理人陈述、申辩并质证
                    7. 听证主持人询问当事人
                    8. 调查人、当事人作最后陈述
         │
         ▼
       听 证  ──▶  1. 调查人、当事人、证人核对听证笔录并签字
       结 束       2. 听证主持人制作《行政处罚听证意见书》
```

图 8-3　行政处罚听证程序流程图

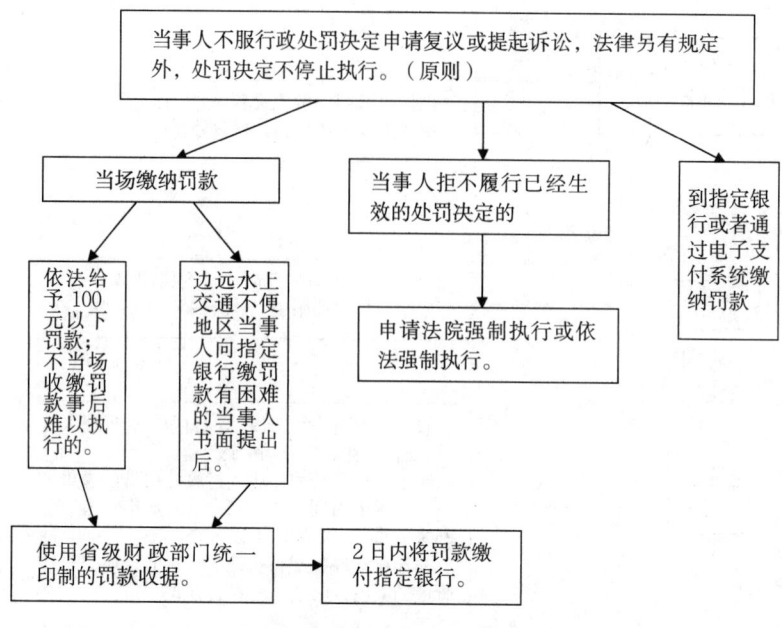

```
                    ┌─────────────────────────────────┐
                    │当事人不服行政处罚决定申请复议或提起诉讼，法律另有规定│
                    │外，处罚决定不停止执行。（原则）                │
                    └─────────────────────────────────┘
                ↓                    ↓                    ↓
         ┌──────────┐        ┌──────────────┐        ┌──────────┐
         │当场缴纳罚款│        │当事人拒不履行已经生│        │到指定银行│
         └──────────┘        │效的处罚决定的    │        │或者通过电│
           ↓      ↓          └──────────────┘        │子支付系统│
    ┌────────┐┌────────┐            ↓                │缴纳罚款  │
    │依法给予 ││边远水上│      ┌──────────────┐        └──────────┘
    │100元以下││交通不便│      │申请法院强制执行或依│
    │罚款；不 ││地区当事│      │法强制执行。     │
    │当场收缴 ││人向指定│      └──────────────┘
    │罚款事后 ││银行缴罚│
    │难以执行 ││款有困难│
    │的。    ││的当事人│
    │        ││书面提出│
    │        ││后      │
    └────────┘└────────┘
         ↓         ↓
    ┌──────────────┐    ┌──────────────┐
    │使用省级财政部门统一│───→│2日内将罚款缴  │
    │印制的罚款收据。   │    │付指定银行。   │
    └──────────────┘    └──────────────┘
```

图 8-4　行政处罚执行流程图

学习情境一检测

学习情境一检测及答案　　　　　案例训练答案一

学习情境二　行政许可

💬 问题与思考

在行政许可法颁布之前，行政许可设定权不明确，以致出现郑州市两级"馒头办"公开"顶牛"事件。[1] 行政许可设定事项过多过滥，以致于一讲行政管理，就要审批；行政许可环节过多、手续繁琐、周期过长、"暗箱操作"，以致于老百姓苦于跑审批；[2] 重许可、轻监管或者只许可、不监管的现象比较普遍，以致于近年来我国重大安全事故屡屡发生。[3] 还有的行政机关甚至把行政许可作为权力"寻租"的一个手段。行政许可法的颁布是政府职能从监管型向服务型的转变，具有里程碑的意义。根据上述现象，同学们需要思考的是：行政许可证为何如此难办，到底谁有权设定行政许可，哪些事项需要设定行政许可，谁有权力实施行政许可，实施的程序如何，如何进行监管等一系列问题。

本学习情境以行政许可这一典型具体行政行为为载体，以《行政许可法》为依据，运用第一部分的行政法基础理论综合分析现实中的行政许可案件。

---

[1]　2001年年初，郑州市"馒头办"从各区"馒头办"收回了办理馒头生产许可证的权力，区"馒头办"因原有收费、办证的权限被大大削减，引发不满。根据《郑州市馒头生产销售暂行管理办法》，郑州市"馒头办"大规模整顿验收全市馒头生产厂点。整顿中发现，不少被市"馒头办"认定为非法的馒头厂点都是在区"馒头办"挂了号的。于是馒头加工厂与"馒头办"的执法矛盾转变为两级"馒头办"之间的冲突，直到3月24日，发生了两级"馒头办"公开"顶牛"的事件。

[2]　比如：某市的燃气公司从1998年投产后，就开始为办办液化气门市部的各项证件四处奔波，拉开了"公章马拉松"序幕。该公司负责人曾连续3个月周旋于各职能部门之间，可是尽管如此，证件仍然没有办理下来；浙江金华的一位农民想办一个养鸡场，在当地前前后后盖了270多个章，跑了2年多，等手续办下来，市场行情已经发生了变化。

[3]　以煤矿资源的开采和利用为例，据统计，仅2005年煤矿发生一次死亡30人以上特别重大事故11起，尤其是发生了4起一次死亡百人以上的事故，不仅伤亡惨重，而且损失巨大，影响十分恶劣。这些煤矿大部分是获得了采矿许可证的。究其原因，与忽视审批许可以后的日常监管密切相关。

知识结构图

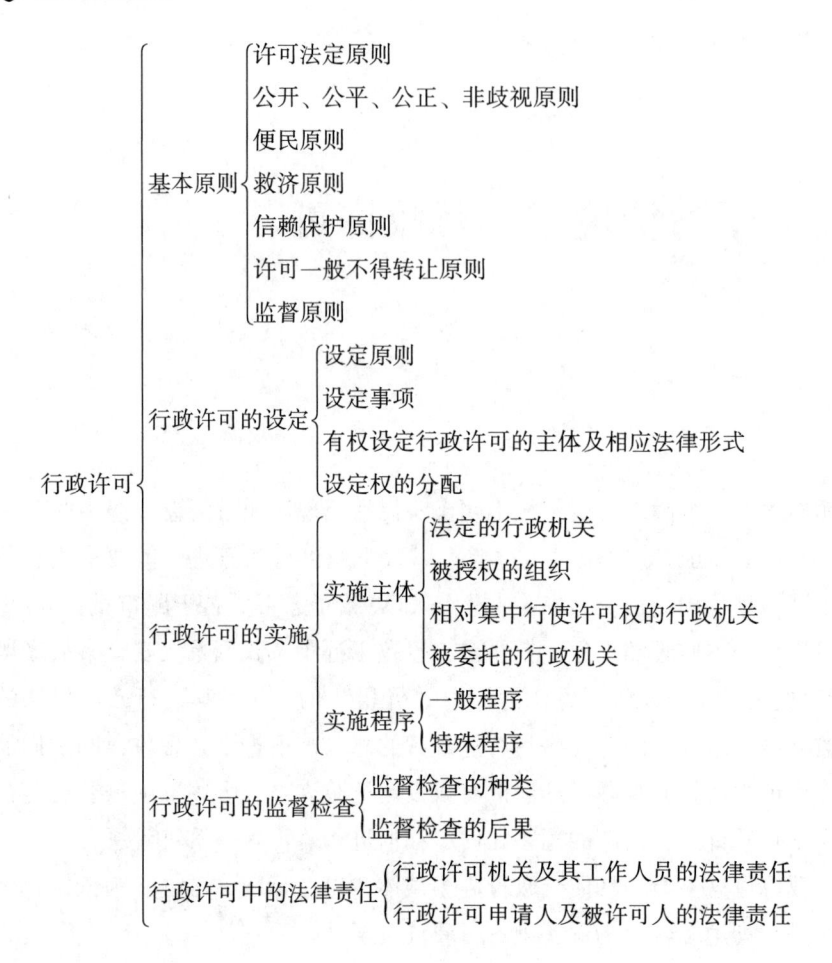

```
                    ┌─ 许可法定原则
                    │  公开、公平、公正、非歧视原则
                    │  便民原则
            基本原则 ┤  救济原则
                    │  信赖保护原则
                    │  许可一般不得转让原则
                    └─ 监督原则

                         ┌─ 设定原则
                         │  设定事项
            行政许可的设定┤  有权设定行政许可的主体及相应法律形式
                         └─ 设定权的分配

行政许可 ┤
                         ┌           ┌─ 法定的行政机关
                         │  实施主体 │  被授权的组织
                         │           │  相对集中行使许可权的行政机关
            行政许可的实施┤           └─ 被委托的行政机关
                         │
                         │  实施程序 ┌─ 一般程序
                         └           └─ 特殊程序

            行政许可的监督检查 ┬─ 监督检查的种类
                              └─ 监督检查的后果

            行政许可中的法律责任 ┬─ 行政许可机关及其工作人员的法律责任
                                └─ 行政许可申请人及被许可人的法律责任
```

学习目标

知识目标：掌握行政许可基本原则；行政许可的范围与设定；行政许可的实施主体与程序；行政许可的监督检查与法律责任。

能力目标：能判断行政许可撤销、撤回、废止的情形与法律后果；掌握行政许可听证程序的运用能力。

素质目标：建立社会转型期政府行政职能从全能政府向有限政府转变的逻辑思维；构建从管制型政府向服务型政府、由"管制"到"为民"的视野转变。

📖 基本知识

行政许可基本知识

在我国，关于行政许可的法律是 2004 年 7 月 1 日起施行的《行政许可法》。这是我国继《国家赔偿法》《行政处罚法》《行政复议法》之后又一部规范政府行为的重要法律，适应了依法行政的要求。它既是我国的第一部行政许可法，同时也是世界上以单行法形式颁布的第一部行政许可法。2019 年 4 月 23 日，第十三届全国人民代表大会常务委员会第十次会议修正《行政许可法》，自公布之日起施行。

《行政许可法》颁布实施后，发挥了极大的效能。其控制、保障和规范行政许可的设定和实施，特别是控制行政许可权的行使，保障公民、法人和其他组织的合法权益，促进社会的稳定、持续发展，保障公共安全和公共利益的基本功能正在我国行政管理的各个领域发挥作用。

《行政许可法》分 8 章共 83 条，除总则和附则外，其主要内容包括行政许可的设定、行政许可的实施机关、行政许可的实施程序、行政许可的费用、监督检查、法律责任等六大部分。

分析章节之间的关系可以发现，行政许可法的其核心内容始终围绕着行政许可的设定、行政许可的实施以及行政许可实施后的监督检查三大部分展开。行政许可的设定、实施和实施后的监督检查可以说是行政许可运作的三个阶段：设定是行政许可的前提，没有设定就无需实施；实施是核心环节，是将行政许可的法律效力真正实现的阶段；而实施后的监督检查是对行政许可法律效力的保障和维护环节。（二维码 9-1）

9-1

一、行政许可的基本原则

（一）许可法定原则

许可法定原则是合法性原则在《行政许可法》中的具体体现。主要包含两种意思：一是设定行政许可，应当依照法定的权限、范围和程序，即应当严格依照《行政许可法》规定的权限范围、设定行政许可的范围、条件以及程序设定行政许可；二是实施行政许可，应当依照法定的权限、条件和程序。

（二）公开、公平、公正、非歧视原则

首先，公开原则要求设定行政许可的规范性文件必须公布，未经公布的，不得作为行政许可的依据。其次，行政许可的实施过程和结果应当公开，公众有权查阅（涉及国家秘密、商业秘密和个人隐私的情况除外）。

公平、公正原则要求行政机关应当平等对待申请人，符合法定条件、标准的，申请人有依法取得行政许可的平等权利，行政机关不得歧视。有数量限制的行政许可，2个或者2个以上申请人的申请均符合法定条件、标准的，行政机关应当根据受理行政许可申请的先后顺序作出准予行政许可的决定。但是，法律、行政法规对优先顺序另有规定的，依照其规定。

非歧视原则要求对符合法定条件、标准的，申请人依法有权取得行政许可的平等权利，行政机关不得歧视任何人。

（三）便民原则

《行政许可法》第6条规定："实施行政许可，应当遵循便民的原则，提高办事效率，提供优质服务。"便民，就是公民、法人和其他组织在行政许可过程中能够低成本、便捷、迅速地申请并获得行政许可。它要求行政机关实施行政许可，应当做到：

第一，能够统一、综合办理的，简化程序、手续。如《行政许可法》第35条规定："依法应当先经下级行政机关审查后报上级行政机关决定的行政许可，下级行政机关应当在法定期限内将初步审查意见和全部申请材料直接报送上级行政机关。上级行政机关不得要求申请人重复提供申请材料。"

第二，行政机关为申请人提供方便。如《行政许可法》第30条第1款规定："行政机关应当将法律、法规、规章规定的有关行政许可的事项、依据、条件、数量、程序、期限以及需要提交的全部材料的目录和申请书示范文本等在办公场所公示。"如当场可以直接作出行政许可的，第34条规定了行政机关"应当当场作出书面的行政许可决定"。第32条第1款第4项规定了"申请材料不齐全或不符合法定形式的，应当当场或者在五日内一次性告知申请人需要补正的全部内容……"

第三，符合条件的，应及时受理、审核、不拖延。根据《行政许可法》第32条第1款第5项："申请事项属于本行政机关职权范围，申请材料齐全、符合法定形式，或者申请人按照本行政机关的要求提交全部补正申请材料的，应当受理行政许可申请。"

第四，严格办证时限。根据《行政许可法》第42条第1款的规定："除可以当场作出行政许可决定的外，行政机关应当自受理行政许可申请之日起二十日内作出行政许可决定。二十日内不能作出决定的，经本行政机关负责人批准，可以延长十日，并应当将延长期限的理由告知申请人。但是，法律、法规另有规定的，依照其规定。"

第五，提供优质服务。如《行政许可法》第32条第1款第3项规定了："申请材料存在可以当场更正的错误的，应当允许申请人当场更正。"

（四）救济原则

救济是指当事人受到行政许可的损害时，请求国家机关予以补救的制度。《行政许可法》规定了广泛的权利救济方式，如第7条规定："公民、法人或者其他组织对行政机关实施行政许可，享有陈述权、申辩权；有权依法申请行政复议或者提起行政诉讼；其合法权益因行政机关违法实施行政许可受到损害的，有权依法要求赔偿。"

（五）信赖保护原则

信赖保护原则是行政许可法首先明确规定的一项原则。系指行政相对人对行政权力的正当合理信赖，应当予以保护。行政机关不得擅自改变已生效的许可；确需改变的，应给予当事人补偿。《行政许可法》规定，公民、法人或者其他组织依法取得的行政许可受法律保护，行政机关不得擅自改变已经生效的行政许可。行政许可所依据的法律、法规、规章修改或者废止，或者准予行政许可所依据的客观情况发生重大变化的，为了公共利益的需要，行政机关可以依法变更或者撤回已经生效的行政许可，由此给公民、法人或者其他组织造成财产损失的，行政机关应当依法给予补偿。

（六）行政许可一般不得转让原则

行政许可法明确规定，除法律、法规规定依照法定条件和程序可以转让的行政许可外，其他行政许可不得转让。此项原则表明，一般情况下，行政许可不得转让给他人；但在某些特定条件下，则可以按照法律法规的规定进行转让。至于哪些行政许可可以转让，依照什么条件和程序转让，由单行法律、法规规定。如果单行法律、法规没有规定允许转让，被许可人擅自转让行政许可，则被许可人应受行政处罚，构成犯罪的，还要依法追究刑事责任。

（七）监督原则

监督原则，是指行政机关应当依法加强对行政机关实施行政许可和从事行政许可事项活动的监督。根据这一原则，县级以上人民政府应当建立健全对行政机关实施行政许可的监督制度，加强对行政机关实施行政许可的监督检查；行政机关应当对公民、法人或者其他组织从事行政许可事项的活动实施有效监督。

二、行政许可的设定

为行政许可的实施奠定法律依据的过程，即为行政许可的设定。行政许可的设定为行政许可的实施提供了可能和前提，它是由特定的设定主体依据特定的职权，通过特定的程序，将必须要通过政府审批认可才能享有的权利内容及范围在特定的规范性法律文件中规定下来的一个过程。从本质上讲，行政许可的设定具有立法属性，实际上是对权利的一般禁止和解禁条件的规定，通过行政许可设定，产生相应的法律法规，从而使行政许可变得有法可依，这也是行政许可合法性原则的要求。

根据我国《行政许可法》的规定，行政许可的设定包括：行政许可设定需遵循的原则规定、哪些事项需要进行行政许可的设定、谁有权设定行政许可、以什么形式设定行政许可等内容。

（一）行政许可的设定原则

1. 设定行政许可应当遵循经济和社会发展规律。设定行政许可，必须要界定政府、市场和社会三者之间的关系。凡是市场竞争机制能够调节、行业组织或者中介机构能够自行管理的事项，不得设定行政许可。比如，价格问题，一般企业的兼停并转问题，一般产品的产品质量问题，以及许多行业协会对其资格、资质的认定等。只有市场、社会自行解决不了的问题，政府才能介入，才能通过设定行政许可进行干预，如排污问题。

2. 设定行政许可应当有利于发挥公民、法人或者其他组织的积极性、主动性，维护公共利益和社会秩序。《行政许可法》第13条规定：公民、法人或者其他组织能够自主决定的，可以不设定行政许可。也就是说，原则上，凡是公民、法人或者其他组织能够自主决定，不致损害国家、社会、集体的利益和他人合法的自由和权利，通过民事赔偿或者追究其他民事责任能够解决，并且不致造成难以挽回的重大损害的，都可以不设定行政许可，以充分发挥公民、法人或者其他组织的积极性、主动性。只有当公民、法人或者其他组织行使这些民事权利可能对他人利益或者公共利益造成损害，并且这种损害难以通过事后赔偿加以扼制、补救时，才能设定行政许可。

3. 设定行政许可应当有利于促进经济、社会和生态环境协调发展。设定行政许可，不能仅仅考虑眼下的利益，不能以发展经济作为唯一的目标。实践已经证明，发展经济要坚持可持续性，要统筹社会事业和生态环境的协调发展。因此，在设定行政许可、分配各种资源特别是自然资源时，必须注意评估其是否有利于经济、社会和生态环境的协调发展，凡是妨害三者之间协调关系的，应该严加禁止设定行政许可。

（二）行政许可的设定事项

《行政许可法》第12条和第13条从可以设定和可以不设定两个方面对设定事项进行了规定：

1. 可以设定行政许可的事项，共分六大类：

第一，普通许可事项：直接涉及国家安全、公共安全、经济宏观调控、生态环境以及直接关系人身健康、生命财产安全等特定活动，需要按照法定条件予以批准的事项。比如，《集会游行示威法》规定的集会游行示威许可、《商业银行法》规定的商业银行设立许可、《药品管理法》规定的药品经营许可、《危险化学品安全管理条例》规定的危险化学品生产许可等。

第二，特许事项：有限自然资源的开发利用，公共资源的配置以及直接关系公共利益的特定行业的市场准入等，需要赋予特定权利的事项。比如，《海域使用管理法》规定的海域使用许可、《无线电管理条例》规定的无线电频率许可、《水污染防治法》规定的排污许可等。

第三，认可事项：提供公众服务并且直接关系公共利益的职业、行业，需要确定具备特殊信誉、特殊条件或者特殊技能等资格、资质的事项。比如律师资格、美容师资格等。

第四，核准事项：直接关系公共安全、人身安全、生命财产安全的重要设施、设备、产品、物品，需要按照技术标准、规范，通过检验、检测、检疫等方式进行审定的事项。比如，消防验收、动植物进出境检疫。

第五，登记事项：企业或者其他组织的设立等，需要确定主体资格的事项。如工商企业注册、社团登记等。

第六，其他事项：法律、行政法规规定可以设定行政许可的其他事项。

2. 可以不设定行政许可的事项。通过下列方式能够予以规范的事项，可以不设行政许可：公民、法人或者其他组织能够自主决定的；市场竞争机制能够有效调节的；行业组织或者中介机构能够自律管理的；行政机关采用事后监督等其他行政管理方式能够解决的。

(三) 有权设定行政许可的主体及相应的法律形式

由于行政许可的设定带有明显的立法属性，有权设定行政许可的主体一般也具有一定的立法职能。根据《行政许可法》的规定，在我国，有权设定行政许可的主体和相应的法律形式为：

1. 全国人大及其常委会。全国人大及其常委会通过制定法律的形式设定行政许可。

2. 国务院。国务院一般通过制定行政法规的形式来设定行政许可。在必要时国务院还通过发布决定的方式设定行政许可，此时的许可为临时许可，应当及时变为法律、行政法规的形式，不能长期使用决定的形式。

3. 地方人大及其常委会。地方人大及常委会通过制定地方性法规来设定行政许可。这些地方人大及常委会包括：省级地方人大及其常委会、省府所在地市的人大及常委会、经济特区市人大及常委会和国务院规定的较大市的人大及其常委会。

4. 省、自治区、直辖市人民政府。省级人民政府可以通过制定政府规章来设定行政许可。需要注意的是政府规章只能设定临时性的行政许可，1年后该临时许可仍需要继续执行的，应上升为地方法规。

(四) 设定权的分配

行政许可的设定，以法律、行政法规和地方性法规设定经常性许可为原则，以国务院决定和地方省级政府规章设定临时性许可为例外，具体分配如下：

1. 法律的行政许可设定权。法律的设定权限最大，可以在行政许可法规定的设定行政许可的事项范围以外设定其他行政许可。

2. 行政法规的行政许可设定权。行政法规设定行政许可的权限比法律以外的其他法律规范大，但在法律已经设定行政许可时，行政法规只能作出具体规定，不能增设行政许可。

3. 国务院决定的行政许可设定权。必要时，国务院可以采用发布决定的方式设定行政许可。但在实施后，除临时性行政许可因条件、情况发生变化而废止以外，国务院决定设定的其他行政许可在条件成熟时，应当由国务院适时提请全国人大及其常委会制定法律加以设定，或者自行制定行政法规加以设定。

4. 地方性法规的行政许可设定权。地方性法规可以设定行政许可，但法律、行政法规已经对有关事项设定行政许可的，地方性法规只能作出具体规定，不得增设行政许可。

5. 省级政府规章的行政许可设定权。尚未制定法律、行政法规和地方性法规的，因行政管理的需要，确需立即实施行政许可的，省、自治区、直辖市人民政府规章可以设定临时性的行政许可。临时性的行政许可实施满1年需要继续执行的，应当提请本级人大及其常务委员会制定地方性法规。

行政许可的设定，还要遵循以下一些规则：

1. 除上述五种法律规范外的其他规范性文件均不得设立行政许可。除上述四类设定主体外的其他任何国家机关也不得随意设定行政许可。

2. 下位法在设定行政许可时，不得与上位法冲突；上位法设立许可的，下位法或其他规范性法律文件可以作出具体操作规定，但是不得增加许可和许可条件。

3. 地方性法规和省、自治区、直辖市人民政府规章，不得设定应当由国家统一确定的公民、法人或者其他组织的资格、资质的行政许可；不得设定企业或者其他组织的设立登记及其前置性许可。其设定的行政许可不得限制其他地区的个人或者企业到本地区从事生产经营和提供服务，不得限制其他地区的商品进入本地区市场。

三、行政许可的实施（二维码9-2）

通过行政许可的设定，权利的一般禁止和解禁条件设定完成，行政相对人欲获得相应的权利和资格，就必须向相应行政主体进行申请，从而进入行政许可的实施阶段。

9-2

（一）行政许可的实施主体

行政许可实施主体是指行使行政许可权并承担相应责任的行政机关和法律、法规授权的具有管理公共事务职能的组织。其应当具备下列条件：其一，实施主体须是行政机关或有权组织，个人不能实施；其二，实施主体须具备外部行政管理职权；其三，实施主体须享有行政许可权（法定、授权），且在职权范围内实施；其四，实施主体能够依法承担法律责任。

1. 法定的行政机关。行政许可一般由具有行政许可权的行政机关在其法定职权范围内实施。行政机关不能超越本机关法定的职权范围实施行政许可，否则属于违法行政。

2. 相对集中行使行政许可权的行政机关。近年来，为简化行政审批流程、推进审批服务便民化，根据《行政许可法》第25条的规定："经国务院批准，省、自治区、直辖市人民政府根据精简、统一、效能的原则，可以决定一个行政机关行使有关行政机关的行政许可权。"中央编办和国务院法制办联合发布《关于印发〈相对集中行政许可权试点工作方案〉的通知》（中央编办发〔2015〕16号），授权河北、山西、天津、广东、四川等8个省市专门开展相对集中行政许可权改革的试点工作，即将试点政府辖区内部分行政机关的许可权限统一划转至新成立的行政审批局名下，由行政审批局统一行使许可权，原行政机关不再享有许可权限，仅继续行使后续的监管权。行政审批局作为市县两级政府工作部门的"职能局"，整合相关职能部门的行政审批职责，成为政府的常设机构，行使行政许可职责。（二维码9-3、二维码9-4）

3. 被授权的具有管理公共事务职能的组织。法律、法规授权的具有管理公共事务职能的组织，在法定授权范围内，以自己的名义实施行政许可。

被授权实施行政许可的具有管理公共事务职能的组织应当具备下列条件：其一，该组织必须是依法成立的；其二，被授权实施的行政许可事项应当与该组织管理公共事务的职能相关联；其三，该组织应当具有熟悉与被授权实施的行政许可有关的法律、法规和专业的正式工作人员；其四，该组织应当具备实施被授权实施的行政许可所必需的技术、装备条件等；其五，该组织能对实施被授权实施的行政许可引起的法律后果独立地承担责任。

4. 被委托的行政机关。行政机关在其法定职权范围内，依照法律、法规、规章的规定，可以委托其他行政机关实施行政许可。受委托行政机关在委托范围内，以委托行政机关的名义实施行政许可。

委托实施行政许可必须遵循以下规则：委托主体只能在其法定职权范围内委托实施行政许可；委托实施行政许可的依据是法律、法规和规章；委托机关应当负责对被委托行政机关实施行政许可行为进行监督，并对被委托机关的行政许可行为的后果承担法律责任；被委托实施行政许可的行政机关不得将行政许可实施权再转委托给其他组织或者个人；委托行政机关应当将被委托行政机关和被委托实施行政许可的内容予以公告。

（二）行政许可的实施程序

行政许可的实施程序可以分为一般程序和特殊程序两种。一般程序是针对普通许可设置的申请与受理、审查与决定（其中重大许可必须要经过听证程序）以及相应的变更与延续程序；特殊程序则是由于行政许可种类的特点，不能适用一般程序，而必须采取特定方式做出许可的程序。此外，根据《行政许可法》第33条的规定："行政机关应当建立和完善有关制度，推行电子政务，在行政机关的网站上公布行政许可事项，方便申请人采取数据电文等方式提出行政许可申请；应当与其他行政机关共享有关行政许可信息，提高办事效率。"近年全国不断推进数字政府公共服务，目前，近90%的省级行政许可事项实现网上受理和"最多跑一次"，实践中程序期限不断压缩，切实做到了简化程序，充分体现了便民原则。

1. 一般程序包括以下一些步骤和要求：

(1) 第一阶段：申请与受理。公民、法人或者其他组织从事特定活动，依法需要取得行政许可的，应当向行政机关提出申请，如实向行政机关提交有关材料和反映真实情况，并对其申请材料实质内容的真实性负责。申请人可以委托代理人提出行政许可申请，但依法应当由申请人到行政机关办公场所提出的除外。

行政机关应当将法律、法规、规章规定的有关行政许可的事项、依据、条件、数量、程序、期限以及需要提交的全部材料的目录和申请书示范文本等在办公场所公示，并应申请人的要求对公示内容予以说明、解释。行政机关对申请人提出的行政许可申请应当根据不同情况分别作出受理或不受理的处理，并出具加盖本行政机关专用印章和注明日期的书面凭证。

(2) 第二阶段：审查与决定。行政机关应当对申请人提交的申请材料进行审查。申请人提交的申请材料齐全、符合法定形式，行政机关能够当场作出决定的，应当当场作出书面的行政许可决定；不能当场作出行政许可决定的，应当在法定期限内按照规定程序作出行政许可决定。根据法定条件和程序，需要对申请材料的实质内容进行核实的，行政机关应当指派2名以上工作人员进行核查。行政机关对行政许可申请进行审查时，发现行政许可事项直接关系他人重大利益的，应当告知该利害关系人。申请人、利害关系人有权进行陈述和申辩。行政机关应当听取申请人、利害关系人的意见。

对申请人的行政许可申请进行审查后，行政机关应当依法作出准予行政许可或不予行政许可的书面决定。准予行政许可，需要颁发行政许可证件的，应当向申请人颁发相应的加盖本行政机关印章的行政许可证件。不予行政许可的，应当说明理由，并告知申请人享有依法申请行政复议或者提起行政诉讼的权利。准予行政许可的决定应当公开，公众有权查阅。

(3) 特殊的阶段：听证。听证程序是行政许可一般程序中的特别阶段，并非每一个行政许可都需要和必须进行听证。《行政许可法》规定，满足下列条件的行政许可，才可以进行听证：①法律明确规定需要听证；②许可涉及公共利益的事项，行政机关认为需要听证；③申请人、利害关系人要求听证的：若许可直接涉及申请人与他人之间重大利益关系，行政机关应该告知申请人、利害关系人享有要求听证的权利；申请人、利害关系人在法定期限内提出听证申请的。

听证程序应遵循如下规定：行政许可的听证，应当公开举行；行政机关应当于举行听证的7日前将举行听证的时间、地点通知申请人、利害关系人，必要时予以公告；行政机关应当指定审查该行政许可申请的工作人员以外的人员为听证主持人，申请人、利害关系人认为主持人与该行政许可事项有直接利害关系的，有权申请回避；听证应当制作笔录，听证笔录应当交听证参加人确认无误后签字或者盖章；行政机关应当根据听证笔录，做出行政许可决定；听证的费用应当由行政机关承担。

(4) 最后的阶段：变更与延续。被许可人要求变更行政许可事项的，应当向作出行政许可决定的行政机关提出申请；符合法定条件、标准的，行政机关应当依法办理变更手续。需要延续依法取得的行政许可的有效期的，应当在该行政许可有效期届满30日前向作出行政许可决定的行政机关提出申请（法律、法规、规章另有规定的，依照其规定）。行政机关应当根据被许可人的申请，在该行政许可有效期届满前作出是否准予延续的决定；逾期未作决定的，视为准予延续。

2. 行政许可的特殊程序。由于不同种类的行政许可要适用不同的程序，由此形成了有别于行政许可一般程序的针对不同行政许可种类而规定的不同程序。此即行政许可的特殊程序。

行政许可的特殊程序主要包括：

第一，国务院实施行政许可的程序。适用有关法律、行政法规的规定，主要指那些涉及国家管理的重大事项，如大片土地开发、金融机构设立审批、重大涉外事项审批等。

第二，招标、拍卖的特别程序。这一程序适用于：自然资源的开发利用；公共资源的配置；直接关系公共利益的特定行业的市场准入等。行政机关按照招标、拍卖程序确定中标人、买受人后，应当作出准予行政许可的决定，并依法向中标人、买受人颁发行政许可证件。

第三，考试、考核的特别程序。对那些直接关系公共利益的职业、行业，需要具备特殊信誉、特殊条件或特殊技能的许可，应当增加考试考核的特别程序。赋予公民特定资格，依法应当举行国家考试的，行政机关根据考试成绩和其他法定条件作出行政许可决定；赋予法人或者其他组织特定的资格、资质的，行政机关根据申请人的专业人员构成、技术条件、经营业绩和管理水平等的考核结果作出行政许可决定。法律、行政法规另有规定的，依照其规定。

第四，核准的特别程序。对直接关系公共利益、健康安全的产品（设备），需要通过检验、检测、检疫等方式审定的事项的许可，依法应当进行检验、检测、检疫的，行政机关根据检验、检测、检疫的结果作出行政许可决定。

第五，登记的特别程序。企业或者其他组织的设立等需要确定主体资格的，申请人提交的申请材料齐全、符合法定形式的，行政机关应当当场予以登记。需要对申请材料的实质内容进行核实的，行政机关指派2名以上工作人员进行核查。

第六，有数量限制的许可的特别程序。2个或者2个以上申请人的申请均符合法定条件、标准的，行政机关应当根据受理行政许可申请的先后顺序作出准予行政许可的决定。法律、行政法规另有规定的，依照其规定。

3. 关于行政许可程序中期限的规定（二维码9-5）。除当场作出行政许可决定的外，行政机关应当自受理行政许可申请之日起20日内作出行政许可决定。20日内不能作出决定的，经本行政机关负责人批准，可以延长10日，并将延长期限的理由告知申请人。法律、法规另有规定的，依照其规定。行政许可采取统一办理或者联合办理、集中办理的，办理的时间不得超过45日；45日内不能办结的，经本级人民政府负责人批准，可以延长

15日，并将延长期限的理由告知申请人。依法需要听证、招标、拍卖、检验、检测、检疫、鉴定和专家评审的，所需时间不计算在规定的期限内，但行政机关应将所需时间书面告知申请人。

行政机关作出准予行政许可的决定，应当自作出决定之日起10日内向申请人颁发、送达行政许可证件，或者加贴标签、加盖检验、检测、检疫印章。

9-5

四、行政许可的监督检查

行政许可的监督检查是行政许可权的自然延伸，是许可手段的重要组成部分。无论多么严格审查的许可，如果缺少许可后的监管，仍然可能存在许可功能的发挥失常。许可的事后监管，目的在于防止申请人对获得许可后应遵照执行的事项疏于自律，从而失去了许可的约束效果，对社会产生相应的危害。为此，《行政许可法》专门规定了对行政许可的监督检查，从而把事前审批与事后监督统一起来。

（一）监督检查的种类

行政许可监督主要包括行政机关内部的层级监督和行政机关对被许可人的监督两种：

1. 行政机关内部的层级监督检查，即上级行政机关基于行政隶属关系对下级行政机关实行的监督。

2. 行政机关对被许可人的监督检查，主要包括以下几种：书面检查；抽样检查、检验、检测与实地检查；被许可人的自检；对取得特许权的被许可人的监督检查。

（二）监督检查的后果

1. 在许可有效期内继续行使许可事务。经过监督检查，若没有发现行政许可的实施有任何违法之处，则其许可事项的法律效力在原有期限范围内可继续保留。

2. 行政许可被撤销。在检查和监督的过程中，如发现许可实施机关违法作出行政许可决定，应当撤销其作出的行政许可决定，使已生效的行政许可自始无法律效力。

对违法的行政许可事项，基于保护公共利益的需要，行政机关可以予以撤销；被许可人以欺骗、贿赂等不正当手段取得行政许可的，行政机关应当撤销；撤销可能对公共利益造成重大损害的，不予撤销；既可撤销也可不撤销的，行政机关应当衡量各种利益后决定是否行使撤销权。行政许可决定被撤销时，行政机关应当赔偿被许可人因此受到的损害。

《行政许可法》规定可以撤销行政许可的情形有以下几种：①行政机关工作人员滥用职权、玩忽职守作出准予行政许可决定的；②超越法定职权作出准予行政许可决定的；③违反法定程序作出准予行政许可决定的；④对不具备申请资格或者不符合法定条件的申请人准予行政许可的；⑤依法可以撤销行政许可的其他情形。

3. 行政许可被注销。注销，是指基于特定事实的出现，原行政许可已无实际意义，而由原作出行政许可决定的行政机关或其上级行政机关依据法定程序收回行政许可证件或者公告行政许可失去效力，并在下相关文书档案中履行"销号"手续的行为。

在行政许可的监督检查中，如发现存在下列应当注销行政许可的情形的，行政许可应当被注销。这些情形有以下六种：①行政许可有效期届满未延续的；②赋予公民特定资格的行政许可，该公民死亡或者丧失行为能力的；③法人或者其他组织依法终止的；④行政许可依法被撤销、撤回，或者行政许可证件依法被吊销的；⑤因不可抗力导致行政许可事项无法实施的；⑥法律、法规规定的应当注销行政许可的其他情形。

五、行政许可中的法律责任

（一）行政许可机关及其工作人员的法律责任

1. 行政法律责任。应当承担行政法律责任的几种违法行为包括：①规范性文件违法设定行政许可；②行政许可实施机关及其工作人员违反法定的程序实施行政许可的；③行政许可实施机关违反法定条件实施行政许可的行为；④行政许可实施机关实施行政许可擅自收费或者不按照法定项目和标准收费的行为；⑤行政许可实施机关及其工作人员截留、挪用、私分或者变相私分实施行政许可依法收取的费用的行为；⑥行政机关不依法履行监督职责或者监督不力的行为；⑦行政机关工作人员办理行政许可、实施监督检查，索取或者收受他人财物或者谋取其他利益的行为。

行政机关及其工作人员承担行政法律责任的具体形式是：有关机关责令设定行政许可的机关改正，或者依法予以撤销；上级行政机关或者监察机关责令改正；直接负责的主管人员和其他直接责任人员所在单位、上级机关或者监察机关给予行政处分；行政赔偿。

2. 刑事法律责任。行政机关工作人员办理行政许可、实施监督检查，索取、收受他人财物或者谋取其他利益，情节严重构成犯罪的，或者实施行政许可滥用职权、玩忽职守构成犯罪的，或者截留、挪用、私分或者变相私分实施行政许可依法收取的费用构成犯罪的，应当依法给予刑事处罚。

（二）行政许可申请人及被许可人的法律责任

行政许可申请人及被许可人的法律责任分为两个幅度，程度较轻者予以行政处罚或者限制申请资格，较重者予以刑事处罚。其中，行政处罚是原则，限制申请资格和刑罚是例外。

1. 行政处罚和限制申请人申请资格。行政处罚主要适用于以下几种情况：其一，行政许可申请人隐瞒有关情况或者提供虚假材料申请行政许可的；其二，被许可人以欺骗、贿赂等不正当手段取得行政许可的；其三，有下列情形且违法程度较轻的：①涂改、倒卖、出租、出借行政许可证件，或者以其他形式非法转让行政许可的；②超越行政许可范围进行活动的；③向负责监督检查的行政机关隐瞒有关情况、提供虚假材料或者拒绝提供反映其活动情况的真实材料的；④法律、法规、规章规定的其他违法行为。其四，公民、法人或者其他组织未经行政许可，擅自从事依法应当取得行政许可的活动的。

限制申请人申请资格的情形主要包括两种：①申请人隐瞒有关情况或者提供虚假材料申请属于直接关系公共安全、人身健康、生命财产安全事项的行政许可的，行政机关不予受理或者不予行政许可，并给予警告；申请人在1年内不得再次申请该行政许可。②被许可人以欺骗、贿赂等不正当手段取得属于直接关系公共安全、人身健康、生命财产安全事项的行政许可的，行政机关应当依法给予行政处罚；申请人在3年内不得再次申请该行政许可。

2. 刑事责任。被许可人违法从事行政许可活动，情节严重构成犯罪的，依法追究其刑事责任。

案例精解

中国石化销售有限公司江苏盐城石油分公司诉江苏省射阳县国土资源局撤销行政许可案

【案情简介】

原　告：中国石化销售有限公司江苏盐城石油分公司（以下简称"中石化盐城分公司"）

被　告：江苏省射阳县国土资源局（以下简称"射阳国土局"）

第三人：盐城标邮汽车服务有限公司

2013年原告中石化盐城分公司射阳解放路加油站经有关部门审核同意实施油气回收改造工程，在改造过程中，原告将加油站原罩棚拆除。2013年9月28日，原告未经城乡规划主管部门批准，擅自重建罩棚。2014年1月17日，射阳住建局（后职能整体划转至射阳国土局）对原告作出射建罚字〔2013〕第473号《行政处罚决定书》，认定其重建违反了《城乡规划法》第40条的规定，对其作出限15日内自行改正，并按工程造价6%的标准处罚款8560元的行政处罚。2016年11月12日，原告向射阳住建局提出书面请示，请求对其罩棚实施改建，并于2016年12月29日提交《射阳县建筑工程规划许可证申请书》。2017年6月2日，射阳住建局向原告发放了射建临证字第0007240号《射阳县城市临时建设许可证》，对罩棚维修改建的规格及范围作了明确规定，原告迅即筹备准备维修改建。2017年6月9日，射阳住建局对原告作出射住建撤字〔2017〕第1号《撤销行政许可决定书》，在决定书中，射阳住建局以原告申请加油站罩棚维修改建时隐瞒真实情况为由，根据《行政许可法》第70条第4项的规定，决定撤销行政许可的同时一并撤销射建临证字第0007240号临时规划许可证，并要求原告交回该证。原告不服，向法院提起行政诉讼。

另查明，2017年8月18日，射阳县根据中共中央、国务院《关于进一步加强城市规划建设管理工作的若干意见》精神，作出射编委〔2017〕57号《关于调整县规划局机构设置的通知》，将射阳住建局的规划及规划监管等相关职能整体划转到射阳国土局。

原告中石化盐城分公司诉称，原告公司加油站罩棚使用年限较长，根据上级部门要求，需要维修改建，该项目从开始立项申请到批复，均严格按照射阳住建局的要求实施，射阳住建局派人实地勘查后，于2017年6月2日向原告发放了射建临证字〔2017〕第0007240号《射阳县城市临时建设许可证》，但射阳住建局在没有事实证据的情况下，认定原告"申请维修改建时隐瞒真实情况"，于2017年6月9日作出了射住建撤字〔2017〕第1号《撤销行政许可决定书》，决定撤销第0007240号临时规划许可证，严重侵犯了原告的合法权益，拖延了罩棚维修进程，给原告造成很大经济损失，故请求人民法院依法判令撤销射阳住建局作出的射住建撤字〔2017〕第1号《撤销行政许可决定书》，并承担诉讼费用等。

被告射阳国土局辩称，2017年6月2日，射阳住建局依原告中石化盐城分公司的申请向其颁发了罩棚维修射建临证字第0007240号临时规划许可证，后在2017年6月6日，收到利害关系人第三人标邮公司法定代表人姜某标的实名举报，称"中石化盐城分公司提供虚假申报材料，骗取建设规划"。射阳住建局收到举报信后对发证情况进行了重新审查，发现原告在2013年将原罩棚拆除，同年9月28日重建时射阳住建局对其处罚过，故认为原告申请罩棚维修改建隐瞒真实情况，违反了《行政许可法》相关条款的规定，依法将射建临证字第0007240号临时规划许可证予以撤销，该撤销行为认定事实清楚、证据确凿、程序合法，故请求法院依法判决驳回原告诉讼请求。

第三人盐城标邮汽车服务有限公司述称，第三人与原告紧密相邻，原告采取欺骗的手段取得了临时规划许可，不符合加油站维修改建的规定，射阳住建局依法撤销行政许可行为是正确的，请求人民法院依法判决驳回原告的诉讼请求。

【裁判要点】

法院经审理认为，本案射阳住建局在对原告作出〔2017〕第1号《撤销行政许可决定书》时，对原告已积极着手筹备建设的罩棚维修改建工程造成非常不利的影响，其作出该行政行为时应当遵循公开、公平、公正的原则，应当听取行政相对人即本案原告就其在申请改建加油站罩棚维修改建时是否隐瞒真实情况进行陈述和申辩，即应受正当程序的控制。射阳住建局仅根据第三人法定代表人姜某标的举报，结合调查的情况作出该行政行为，在向原告颁发临时规划许可证7日后即予以撤销，并未听取原告的陈述和申辩，故本案被诉行政行为即射住建撤字〔2017〕第1号《撤销行政许可决定书》违背公开、公平、公正的正当程序原则，不具有合法性，依法应予撤销。

【案例评析】

本案是较为典型的行政许可案件，江苏省射阳县国土资源局作为实施城市规划及规划监管的行政主体，实施了一个撤销中国石化销售有限公司江苏盐城石油分公司临时规划许可证的行政行为。

本案的争论焦点主要围绕这两点展开：

一、被告认定原告"申请维修改建时隐瞒真实情况"是否有事实证据

本案被告于2017年6月6日,收到利害关系人第三人法定代表人姜某标的实名举报,第三人提供了2014年9月29日、9月30日加油站的现场图,表明加油站已全部拆除;此外,第三人还提供了2012年改建后和改建前的现场图,可以看出加油站建筑物的罩棚已由圆形改为方形,综上,原告改建行为已超出项目改建批准范围。被告根据第三人的举报材料对原告改建情况进行调查取证,发现原告于2013年未经城乡规划主管部门批准,擅自重建罩棚;2014年已被处罚;原告于2016年再次提出建筑工程规划许可证申请,并未说明真实情况。被告提供证据证明原告申领临时规划许可证的情况及撤销行政许可证的情况,上述证据均获法庭认可。

二、被告作出行政许可的程序是否合法

《行政许可法》虽然没有规定撤销行政许可的具体程序,但该法第一章总则中第5条明确规定:"设定和实施行政许可,应当遵循公开、公平、公正的原则。有关行政许可的规定应当公布;未经公布的,不得作为实施行政许可的依据。行政许可的实施和结果,除涉及国家秘密、商业秘密或者个人隐私的外,应当公开……符合法定条件、标准的,申请人有依法取得行政许可的平等权利,行政机关不得歧视任何人。"本案被告射阳住建局依原告的申请于2017年6月2日向其发放了射建临证字第0007240号《射阳县城市临时建设许可证》,仅仅相隔7日后,于2017年6月9日,又向其作出了射住建撤字〔2017〕第1号《撤销行政许可决定书》。虽然《行政许可法》没有设定行政机关撤销行政许可所要遵循的具体程序性义务,但这并不意味着其就可以不要程序,程序合法的底线在于正当程序原则,行政机关在此情况下应当遵循这一法律原则。根据这一法律的要求,行政机关作出影响当事人权益的行政行为时,应当遵循事先告知、说明根据和理由、听取相对人的陈述和申辩、事后为相对人提供相应的救济途径等正当法律程序。本案被告射阳住建局在对原告作出〔2017〕第1号《撤销行政许可决定书》时,对原告已积极着手筹备建设的罩棚维修改建工程造成非常不利的影响,根据《行政许可法》第7条的规定:"公民、法人或者其他组织对行政机关实施行政许可,享有陈述权、申辩权;有权依法申请行政复议或者提起行政诉讼;其合法权益因行政机关违法实施行政许可受到损害的,有权依法要求赔偿。"被告作出该撤销许可的行为时,应当听取行政相对人即本案原告就其在申请改建加油站罩棚维修改建时是否隐瞒真实情况进行的陈述和申辩,即应受正当程序的控制。射阳住建局仅根据第三人法定代表人姜某标的举报,结合调查的情况作出该行政行为,在向原告颁发临时规划许可证7日后即予以撤销,从时间来看,并未听取原告的陈述和申辩,故本案被诉行政行为即射住建撤字〔2017〕第1号《撤销行政许可决定书》违背公开、公平、公正的正当程序原则,不具有合法性,依法应予撤销。

【知识点分析】

一、行政诉讼中被告的确定问题

行政机关作出某一行政行为后,职权发生变更,相应职权由其他行政机关行使,针对

该行为提起行政诉讼,应以哪一行政机关为被告?

一般情况下,公民、法人或者其他组织直接向人民法院提起诉讼的,作出行政行为的行政机关是被告。但是如果行政机关职权变更的,根据《行政诉讼法》第 26 条第 6 款的规定:"行政机关被撤销或者职权变更的,继续行使其职权的行政机关是被告。"

本案中,原告起诉请求撤销射阳住建局颁发的《撤销行政许可决定书》,但是在原告以射阳住建局为被告提起行政诉讼后,射阳住建局的规划及规划监管等职能整体划转到射阳国土局,故根据《行政诉讼法》的规定,原告将被告变更为射阳国土局符合法律规定,射阳国土局为本案适格被告。

二、行政许可实施的合法性问题

本案中,被告撤销行政许可行为是否合法的争议集中在程序是否合法上,最后被法院认定为程序违背了公开、公平、公正的正当程序原则,不具有合法性,因此依法应予撤销。那么,判断行政许可实施行为究竟是否合法的标准是什么呢?

按照行政法基本原理,行政行为的合法要件包括主体及权限合法、内容合法适当、依据合法与程序合法,应结合这四个要件分析判断本案行政许可行为的合法性。

(一)被告射阳住建局的行政许可实施主体是否合法

判断主体是否合法,从两个方面进行,一是是否具备行政主体资格,二是被告是否有职权颁发临时建设许可证。依据《城乡规划法》第 44 条的规定:"在城市、镇规划区内进行临时建设的,应当经城市、县人民政府城乡规划主管部门批准……"《江苏省城乡规划条例》第 46 条第 1 款规定:"在城市、镇规划区内进行下列临时建设,应当向城市、县城乡规划主管部门申请临时建设工程规划许可证:(一)在临时用地上建设的建筑物、构筑物;(二)在建设用地上因施工、管理等需要临时搭建的工棚、库房、管理用房、围墙等;(三)其他确需进行的临时建设。"而被告为城乡建设工作行政主管部门,显然既具备行政主体资格,又具有颁发临时建设许可证的职权。根据《行政许可法》第 69 条的规定:"有下列情形之一的,作出行政许可决定的行政机关或者其上级行政机关,根据利害关系人的请求或者依据职权,可以撤销行政许可……"因此,被告行政许可行为的主体要素合法。

(二)被告撤销行政许可行为的内容是否合法、适当

行政许可行为的内容合法,是指行政许可行为所涉及的权利、义务以及对这些权利、义务的影响或处理,均应符合法律、法规的规定和社会公共利益。

本案中被告对原告作出射住建撤字〔2017〕第 1 号《撤销行政许可决定书》,符合《城乡规划法》《行政许可法》的规定,其内容仅为因原告在申请临时建设许可证时提供虚假申报材料、骗取建设规划,撤销其行政许可。故被告撤销许可的行政行为内容合法。

(三)被告行政许可行为的依据是否合法

判断依据是否合法,即判断被告撤销临时建设许可证是否证据充分、适用法律法规正确。本案中被告在撤销许可证前仅根据第三人法定代表人姜某标的举报,结合调查的情况作出该行政行为,虽然调查过程较为简单,但证据仍较为客观,具有公信力。被告撤销临时建设许可证的依据是《行政许可法》第69条第1款的规定："有下列情形之一的，作出行政许可决定的行政机关或者其上级行政机关，根据利害关系人的请求或者依据职权，可以撤销行政许可：……（四）对不具备申请资格或者不符合法定条件的申请人准予行政许可的……"结合本案，被告适用法律法规正确。

（四）被告行政许可行为的程序是否合法

本部分内容上文已经阐述，在此不再赘述。

三、行政许可行为中行政相关人的诉讼资格问题

行政相关人是行政相对方（人）的一种类型，它是行政主体间接作用的对象，而不是具体行政行为指向的对象，但受到具体行政行为影响的主体。行政主体的具体行政行为直接作用的对象，称之为行政对象人。行政主体与行政对象人之间形成的关系形成了明示的行政法律关系，与行政相关人之间形成了潜在的行政法律关系，无论是行政对象人还是行政相关人，都是行政相对方（人）。

本行政诉讼中的第三人盐城标邮汽车服务有限公司是行政相关人，因原告加油站与其综合楼紧密相邻，射阳住建局的行政许可行为致使其房屋所有权受到侵犯，是行政许可行为间接作用的对象，且其合法权益受到影响。原告是行政许可行为的行政对象人，也就是许可证的直接颁发对象，直接受该许可行为的作用，当然具有原告资格，有权提起诉讼。

根据《行政诉讼法》第2条第1款的规定："公民、法人或者其他组织认为行政机关和行政机关工作人员的行政行为侵犯其合法权益，有权依照本法向人民法院提起诉讼。"可见，不论是行政对象人，还是行政相关人，都是行政相对人，都具有原告资格，且其中之一作为原告提起行政诉讼，另一个就作为第三人参加诉讼。

【思考】

本案是典型的行政机关因违反程序正当原则而败诉的行政诉讼案例，具体行政行为的程序问题，始终是关系具体行政行为合法性的重要因素。本案中，作为行政许可实施机关，在撤销已经生效的行政许可时，也应当遵守《行政许可法》规定的法定程序，保障行政相对人依法行使陈述、申辩等权利。

案例训练
训练案例一

【案情简介】

某省人大常委会为了落实《未成年人保护法》，通过并颁布了《〈未成年人保护法〉实施条例》，规定为了保障交通安全，对于骑自行车上学的中小学生，必须取得经所在学校统一培训、由当地教育主管部门发放的"中小学生骑自行车许可证"，每份许可证可收取工本费5元。此条例实施后，广大学生家长纷纷打电话或写信给省人大常委会要求修改此条例。

训练目的：

通过分析判断本案中行政许可的设定是否合法。此案例所预设的问题是：中小学生骑自行车的行为是否属于《行政许可法》规定的应予规范的范围？

分析提示：

根据行政许可法规定的有权设定行政许可的法律主体和法律形式，结合案情进行分析判断。

训练案例二

【案情简介】

王某购买了住宅小区内的临街店面房后，向工商局申请开办快餐店，王某向工商局提交了《卫生许可证》和其他应当提供的审批材料。工商局审核材料后，向环保局征询意见，环保局答复：该店面房地属居民密集居住区，虽然王某会采取一些消除污染的措施，但会对周围居民造成损害，该店面房不宜开办快餐店。工商局向王某说明了环保局意见，口头告诉王某其申请不予许可，并请王某第二日来拿书面决定。王某随即通过朋友向工商局长打招呼，并认为过去居民区的饮食店也批了很多，他被拒绝显失公平。工商局长即告诉经办人员，现在经营的饮食店都不同程度存在污染问题，不批给王某可能会引起行政诉讼。不日，王某领到了快餐店的工商执照。王某快餐店开业后，污染周围环境，居民意见很大，纷纷到县政府上访。县长听取了居民反映后批示，责令工商局撤销王某的快餐店工商执照。工商局随即撤销了王某的快餐店工商执照。

训练目的：

通过分析判断本案中行政许可的实施是否合法。此案例所预设的问题是：①根据《行政许可法》的规定，王某的快餐店涉及多人的利害关系，在审批环节中，哪个政府部门遗漏了哪种法定程序；②王某的快餐店工商执照被撤销后，能否获得经济赔偿，说明理由。

分析提示：

该案例涉及对行政许可案件的综合分析，该许可事项涉及多个部门，应根据《行政许可法》的规定，结合案情进行分析判断。

训练案例三

【案情简介】

丁某，现年25岁，打算申领轻便摩托车驾驶证。根据该市公安局要求对于需要办理各类机动车驾驶证的人员需进行交通规则和驾驶技术合格考试，并到指定医院进行身体检查。丁某按要求先后参加了该市公安局组织的交通规则和轻便摩托车驾驶技术的考试，均取得了优秀成绩。经该市公安局指定的人民医院体检，左右眼裸视1.5，无色盲，听力正常，无任何疾病和身体缺陷，体检结论为"身体健康，符合机动车驾驶员的条件"。随后，丁某持考试成绩单和体检表到该市郊区公安分局申领轻便摩托车驾驶证，然而，区公安分局按照该区人民政府《关于我区机动车辆驾驶员管理的通知》的规定，要求丁某先交纳风险保证金200元，才能更换轻便摩托车驾驶证。丁某不服，遂以"其符合法定条件，区公安分局不依法为其颁发驾驶证"为由，向人民法院提起诉讼，要求判令区公安分局向其颁发驾驶证。法院经审查认为，丁某符合取得轻便摩托车驾驶证的条件，区公安分局不予颁发驾驶证的行为违法，责令区公安分局在判决生效后7日内，为丁某颁发轻便摩托车驾驶证。

训练目的：

通过结合案例分析判断某一规范性文件的合法性、分析许可行为的合法性。此案例所预设的问题是：①本案有关行政许可的设定是否正确？②法院判决是否正确？

分析提示：

该案例涉及对行政许可案件的综合分析，应结合《行政许可法》和行政赔偿的内容进行分析判断。

训练案例四

【案情简介】

某省甲、乙、丙三名律师决定出资合伙成立"新华夏律师事务所"，于是向该省司法厅提出口头申请成立律师事务所并提供了律师事务所章程、发起人名单、简历、身份证明、律师资格证书、能够专职从事律师业务的保证书、资金证明、办公场所的使用证明、合伙协议。但被告知根据该省地方政府规章相关规定，设立合伙制律师事务所必须有1名以上律师具有硕士以上学位并且需要填写省司法厅专门设计的申请书格式文本。刚好乙为法学博士，于是三人交了50元工本费后领取了专用申请书，带回补正。次日，三人带了补正后的材料前来申请，工作人员A受理了申请，并出具了法律规定的书面凭证。后司法厅指派工作人员B对申请材料进行审查，发现申请人提供的资金证明系伪造，但其碍于与甲乙丙三人是好朋友，隐瞒了真实情况，在法定期限内作出了准予设立律师事务所的决定并颁发了《律师事务所执证书》。1个月后，资金证明被司法厅发现系伪造，遂撤销了新华夏律师事务所的《律师事务所执业证书》。此间，甲乙丙三人已付办公场所租金2万元，装修费3万元。

训练目的：

通过结合案例分析行政许可的设定权，实施以及行政赔偿等问题。此案例所预设的问题是：①该省地方政府规章规定"设立合伙制律师事务所必须有1名以上律师具有硕士以上学位"的条件是否合法。②该省地方规章规定"设立律师事务所，需要填写省司法厅专门设计的申请书格式文本"是否合法，能否收取50元工本费。③司法厅对撤销"新华夏律师事务所"的《律师事务所执业证书》需要赔偿吗？

分析提示：

该案例涉及对行政许可案件的综合分析，应结合行政许可法和行政赔偿的内容进行分析判断。

学习情境二 行政许可

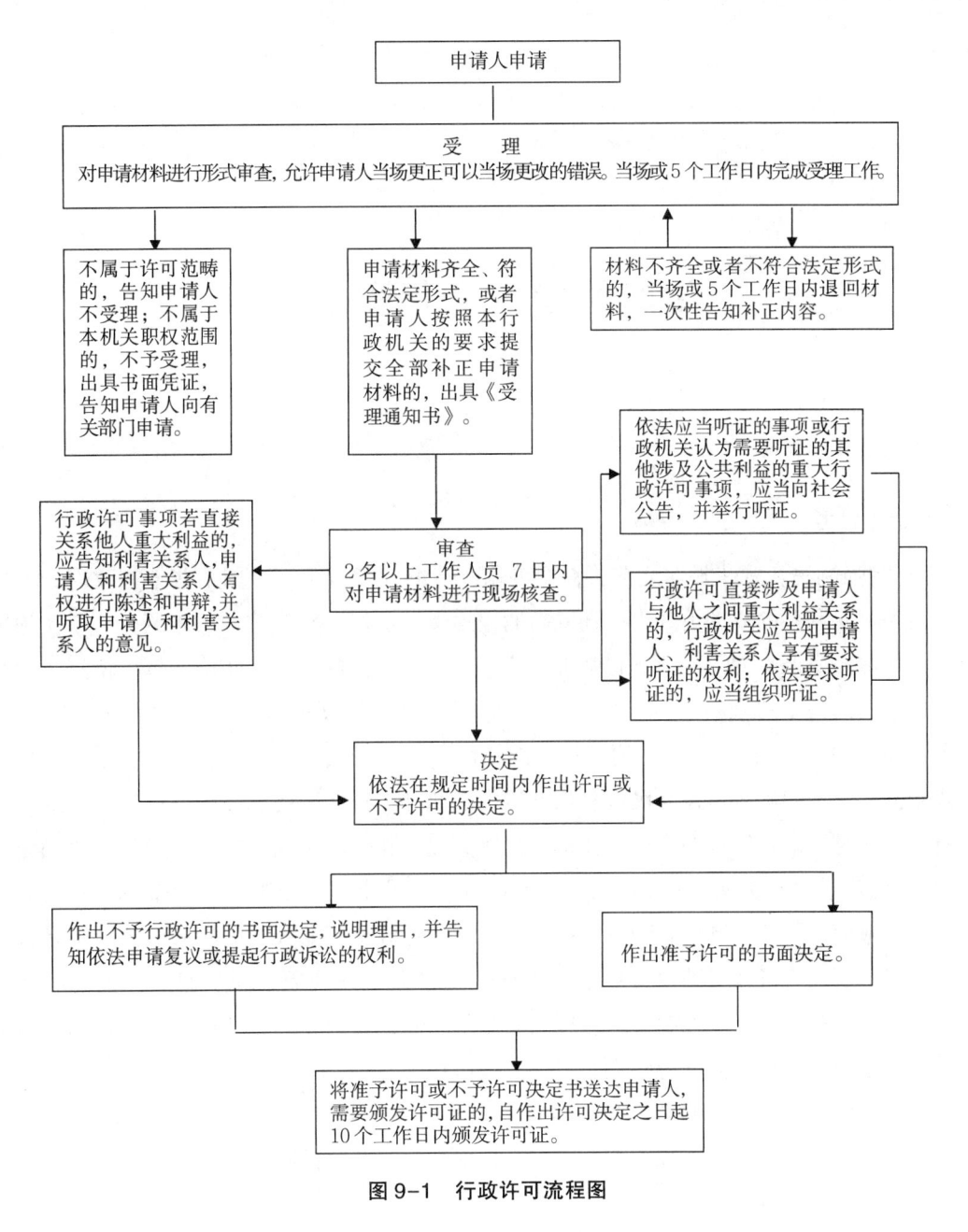

```
                          ┌─────────────┐
                          │  申请人申请  │
                          └──────┬──────┘
                                 ↓
┌────────────────────────────────────────────────────────────────┐
│                            受  理                               │
│ 对申请材料进行形式审查,允许申请人当场更正可以当场更改的错误。     │
│ 当场或5个工作日内完成受理工作。                                  │
└────────────────────────────────────────────────────────────────┘
       ↓                        ↓                         ↑
┌──────────────┐    ┌──────────────────┐    ┌──────────────────────┐
│不属于许可范畴 │    │申请材料齐全、符  │    │材料不齐全或者不符合  │
│的,告知申请人 │    │合法定形式,或者  │    │法定形式的,当场或5个 │
│不受理;不属于 │    │申请人按照本行    │    │工作日内退回材料,     │
│本机关职权范围 │    │政机关的要求提    │    │一次性告知补正内容。  │
│的,不予受理, │    │交全部补正申请    │    └──────────────────────┘
│出具书面凭证, │    │材料的,出具《受  │
│告知申请人向有 │    │理通知书》。      │    ┌──────────────────────┐
│关部门申请。   │    └─────────┬────────┘    │依法应当听证的事项或行 │
└──────────────┘              │             │政机关认为需要听证的其 │
                              │             │他涉及公共利益的重大行 │
┌──────────────┐              ↓             │政许可事项,应当向社会 │
│行政许可事项若直│    ┌──────────────────┐  │公告,并举行听证。     │
│接关系他人重大利│    │      审 查        │  └──────────────────────┘
│益的,应告知利害│←──│2名以上工作人员7日│
│关系人,申请人和│    │内对申请材料进行  │  ┌──────────────────────┐
│利害关系人有权进│    │现场核查。        │  │行政许可直接涉及申请人 │
│行陈述和申辩,并│    └─────────┬────────┘  │与他人之间重大利益关系 │
│听取申请人和利害│              │           │的,行政机关应告知申请 │
│关系人的意见。  │              │           │人、利害关系人享有要求 │
└──────────────┘              │           │听证的权利;依法要求听 │
                              │           │证的,应当组织听证。   │
                              ↓           └──────────────────────┘
                    ┌──────────────────┐
                    │      决 定        │
                    │依法在规定时间内作出│
                    │许可或不予许可的决定│
                    └─────────┬────────┘
                    ↓                    ↓
┌──────────────────────────┐    ┌──────────────────┐
│作出不予行政许可的书面决定,│    │作出准予许可的    │
│说明理由,并告知依法申请复 │    │书面决定。        │
│议或提起行政诉讼的权利。   │    └──────────────────┘
└──────────────────────────┘
                    ↓
        ┌──────────────────────────┐
        │将准予许可或不予许可决定书 │
        │送达申请人,需要颁发许可证 │
        │的,自作出许可决定之日起   │
        │10个工作日内颁发许可证。   │
        └──────────────────────────┘
```

图 9-1 行政许可流程图

学习情境二检测及答案

学习情境二检测及答案　　　　案例训练答案二

学习情境三 行政强制

💬 问题与思考

《行政强制法》尚未颁布之前，在城市化改造的大背景下，全国某些地方政府和开发商在巨大商业利益的驱动下暴力拆迁的新闻报道屡见不鲜。在未协商、未调查、未实地勘察、未评估、未调解的情况下进行强拆，警察协助开发商甚至主导实施强拆，依据一份盖了过期不用的公章的强拆"通知"进行强拆等现象在拆迁的大潮中经常上演。2011 年《行政强制法》和《国有土地上房屋征收与补偿条例》的出台，从制度上杜绝了行政机关的强制拆迁权，明确应申请人民法院强制执行。此外，现实中还存在如下现象：在查处非法营运状况时，一旦发现即当场暂扣机动车辆，但暂扣机动车辆的措施是否符合比例原则（不仅要注意手段与实现目的相适当，还要注意符合最小侵害原则、平衡原则）却没有经过仔细的考量。行政强制措施的事实损害性特征，行政机关尤其要关注采取的措施是否必要、适当，有没有可替代的侵害更小的手段等。根据上述现象，同学们需要思考的问题是：实施强制拆迁等行政强制行为应遵循哪些基本原则，程序到底如何，行政强制措施适用的前提是什么，如何区分行政强制与行政处罚等等。

本学习情境以行政强制这一典型具体行政行为为载体，在了解行政强制的基本知识后，运用第一部分的行政法基础理论综合分析现实中的行政强制案件。

📦 知识结构图

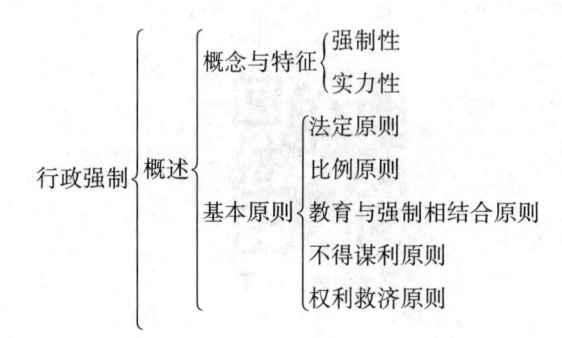

行政强制
- 概述
  - 概念与特征
    - 强制性
    - 实力性
  - 基本原则
    - 法定原则
    - 比例原则
    - 教育与强制相结合原则
    - 不得谋利原则
    - 权利救济原则

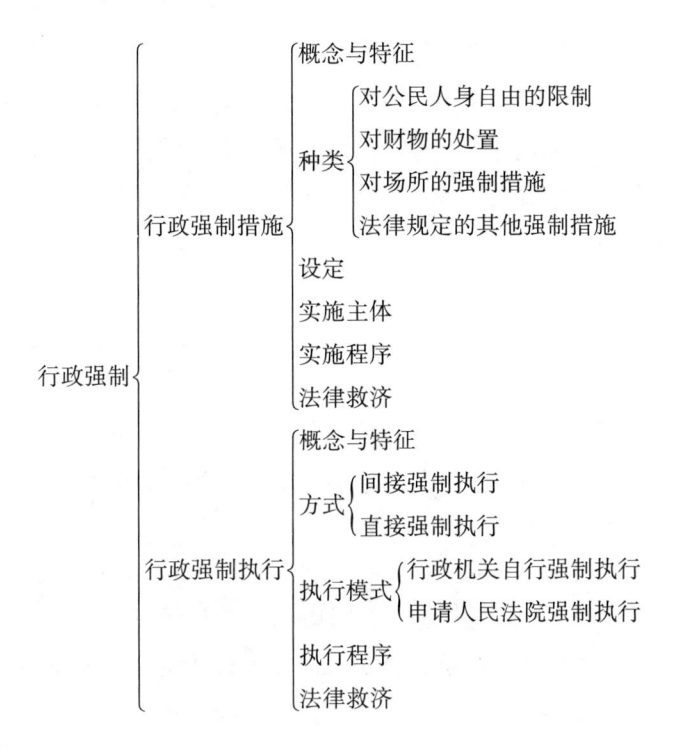

```
                    ┌ 概念与特征
                    │         ┌ 对公民人身自由的限制
                    │   种类  │ 对财物的处置
          ┌ 行政强制措施 ─┤        │ 对场所的强制措施
          │         │         └ 法律规定的其他强制措施
          │         │ 设定
          │         │ 实施主体
          │         │ 实施程序
行政强制 ─┤         └ 法律救济
          │         ┌ 概念与特征
          │         │        ┌ 间接强制执行
          │         │ 方式 ─┤
          │         │        └ 直接强制执行
          │ 行政强制执行 ─┤        ┌ 行政机关自行强制执行
          │         │ 执行模式 ─┤
          │         │        └ 申请人民法院强制执行
          │         │ 执行程序
          └         └ 法律救济
```

学习目标

知识目标：掌握行政强制的含义与特征；行政强制与相关概念的区别；行政强制的基本原则和种类；行政强制措施的概念、种类和设定；行政强制措施的实施程序；行政强制执行的概念、手段和设定；行政强制执行的程序。

能力目标：结合案例区分行政强制措施与行政处罚，能正确运用行政强制手段。

素质目标：建立依法强制、实施强制遵循比例原则的基本理念；树立维护行政强制程序合法性与合理性的基本认识。

基本知识

行政强制基本知识

在我国，由于一直没有统一的法律规范，行政机关执法时，存在滥用行政强制手段及对某些严重违法行为处理软弱的弊端，2011年6月30日十一届全国人大常委会第二十一次会议表决通过了《行政强制法》，该法于2012年1月1日起施行。这是继《行政处罚法》《行政许可法》之后又一部规范行政行为的重大立法，《行政强制法》也与《行政许可法》《行政处罚法》并称"行政法典三部曲"。该法通过健全和完善制度来限制、规范、约束行政权的行使，兼顾依法保障行政机关的行政强制权，着力寻求行政权力与公民权利、限权与赋权的平衡，其确立的行政强制基本原则和行政强制措施实施程序、强制执行程序等制度也改变了传统执法操作模式。

《行政强制法》设7章共71条。除总则和附则外,其主要内容包括行政强制的种类和设定、行政强制措施实施程序、行政机关强制执行程序、行政机关向人民法院申请强制执行、行政强制的法律责任等五部分。以下内容主要围绕《行政强制法》的内容展开。

一、行政强制的基本原则(二维码10-1)

(一)法定原则

《行政强制法》第4条规定:"行政强制的设定和实施,应当依照法定的权限、范围、条件和程序。"法定原则主要包括两个方面:一是法律优先,即行政法规、地方性法规和规章都不得与法律相抵触,所有行政强制行为都要与法律规定相一致;二是法律保留,即有些强制措施必须由法律作出规定,法律之外的行政法规、地方性法规不得作出规定。

(二)比例原则

《行政强制法》第5条规定:"行政强制的设定和实施,应当适当。采取非强制手段可以达到行政管理的目的的,不得设定和实施行政强制。"适当原则主要包括三个方面:一是对行政机关设定行政强制权必须是为了维护公共利益,对公民设定行政强制义务应当适当,不能超出需要的限度;二是设定和实施行政强制必须与法律所要实现的目的相一致、合乎比例;三是采用非强制手段可以达到行政管理目的的,不得设定和实施行政强制。国务院《全面推进依法行政实施纲要》在关于依法行政的基本要求中也指出,行政机关实施行政管理所采取的措施和手段应当必要、适当,可以采用多种方式实现行政目的的,应当避免采用损害当事人权益的方式。

(三)教育与强制相结合原则

《行政强制法》第6条规定:"实施行政强制,应当坚持教育与强制相结合。"坚持教育与强制相结合原则要求行政机关在采取行政强制措施之前,必须告诫当事人,通过说服教育工作,给当事人依法自觉履行法定义务的机会。在行政强制执行过程中,行政机关既要保持严肃性、权威性,又要对当事人进行必要的说服教育。经说服教育后当事人仍不自觉履行法定义务的,方可实施行政强制。教育的方式多种多样,可以是说理、讲解、宣传、鼓励,也可以是批评、督导。教育行政相对人自觉守法,自觉履行法定义务,不仅可以达到行政执法的目的,也可以提高行政执法机关的执法效能。坚持教育与强制相结合原则,并不意味着说服教育是所有行政强制的前置条件,更不能理解为可以以教育来替代行政强制。应当说,教育与强制是相互促进、相互依存的,行政强制本身也是一种特殊的教育方式。因此,行政主体在实施行政强制行为时,应当充分说明理由,促使行政相对人自觉履行义务:履行告诫程序,晓以利害,劝导行政相对人自觉履行义务,只有在穷尽非强制手段仍然不能实现行政目的的情况下,才应采用行政强制行为。

(四)不得谋利原则

《行政强制法》第7条规定:"行政机关及其工作人员不得利用行政强制权为单位或者个人谋取利益。"行政机关及其工作人员应当始终坚持行政强制权的行使为公共利益的要求,不得利用行政强制权力为单位或个人谋取利益。不得谋利原则包含两方面的要求:一是不得谋利的主体不限于行政机关工作人员,行政机关本身也包括其中。在现实中,虽然多数情况下滥用行政强制权或行政权力的主体主要表现为行政机关工作人员,但行政机关同样可以构成谋利的主体。二是不得谋利的对象包括单位和个人,结合《行政强制法》的规定,不得谋利原则中的"单位"和"个人"不限于行政机关及其工作人员本身,运用行政强制权为任何单位和任何个人谋取利益均在被禁止之列。

(五) 救济原则

《行政强制法》第8条规定:"公民、法人或者其他组织对行政机关实施行政强制,享有陈述权、申辩权;有权依法申请行政复议或者提起行政诉讼;因行政机关违法实施行政强制受到损害的,有权依法要求赔偿。公民、法人或者其他组织因人民法院在强制执行中有违法行为或者扩大强制执行范围受到损害的,有权依法要求赔偿。"行政强制中的法律救济是平衡行政权与公民权利的重要方式。在实施行政强制前,行政主体必须向当事人说明理由,当事人有权就有关事项进行陈述和申辩。对于不当或违法的行政强制,当事人有权申请行政复议或者提起行政诉讼。行政主体因不当或违法的行政强制行为给当事人造成损害的,应当给予行政赔偿。

10-1

二、行政强制措施

(一) 行政强制措施的种类 (二维码10-2)

根据《行政强制法》第9条的规定,行政强制措施的种类有:①限制公民人身自由;②查封场所、设施或者财物;③扣押财物;④冻结存款、汇款;⑤其他行政强制措施。根据不同的标准,可以对行政强制措施作不同的分类。

10-2

1. 对公民人身自由的限制(二维码10-3)。限制人身自由,还包括限制公民的行动自由,如限制居住、强制拘留在一定的地方、不得离开一定的住所、留置一定时间(以供盘查)或不准离去等。行政主体可以依据法律出于公共利益的需要,限制公民的人身自由。最明显的是依据《传染病防治法》或《国境卫生检疫法》,允许卫生机关对有传染病或疑似传染病的，加以隔离、强迫检验与治疗的措施。这种行政强制措施不属于逮捕或拘禁，公民有接受这种行政决定的法定义务。

10-3

此外，行政机关也可以为了保护公民自身权益和维护社会秩序，并非因为相对人违反行政义务，对其人身自由进行约束和限制。如《人民警察法》第14条规定的对严重危害公共安全或者他人人身安全的精神病人采取的保护性约束措施。《治安管理处罚法》第15条第2款规定的警察应当对醉酒的人采取保护性措施约束至酒醒。这种约束措施，是一种预防性强制措施，只有少数行政机关，如公安机关，才有执行的权力。

2. 对财物的处置。行政主体在行政强制措施领域对财物的处置表现为对所有权四项权能即占有、使用、收益、处分的各项处理。其具体表现为对存款的冻结，对生产经营场所或非法财物的查封，对财物的扣押，对土地、建筑物、住宅的处置，临时紧急征用交通工具或其他财产，对财物使用的某种限制等。对财产的查封、扣押、冻结等强制措施是对公民财产的极大控制，采取以上强制措施除了应当有法律、法规的明确规定外，还有程序性限制，如期限、保管等等。

3. 对场所的强制措施。行政主体对场所实施强制措施是为了一定区域内公共安全或公共利益的需要。主要包括：①行政管制。包括交通管制、现场管制、防火管制等。如《人民警察法》第15条规定："县级以上人民政府公安机关，为预防和制止严重危害社会治安秩序的行为，可以在一定的区域和时间，限制人员、车辆的通行或者停留，必要时可以实行交通管制。公安机关的人民警察依照前款规定，可以采取相应的交通管制措施。"②强制检查。与对财产的强制检查不同，这里的强制检查是指对生产经营等场所进行的监督、检查。如《公安部、信息产业部、文化部、国家工商行政管理局关于规范"网吧"经营行为加强安全管理的通知》第5条规定："各主管部门要加强对'网吧'经营和安全管理情况的监督检查，在检查中如发现有无照经营或者超范围经营等违法行为，由工商行政管理部门予以处罚；对违反网络安全管理规定的行为，由公安机关依照有关规定予以处罚。"③强制整改。是指行政主体在安全隐患较严重的区域进行的安全整治措施。如《安全生产法》第96条规定："生产经营单位的其他负责人和安全生产管理人员未履行本法规定的安全生产管理职责的，责令限期改正，……"④强制进入。当公民的生命、身体、财产有迫切危害，非进入住宅等场所不能救护或不能制止时，显然有必要允许行政主体的工作人员即时进入。当然，强行进入住宅必须有明确的法律依据及严格的程序要求。

4. 法律规定的其他强制措施方式。法律可以授权行政机关采行各种强制措施，如

《传染病防治法》授权卫生行政机关在疫区强制施打疫苗或强制动员民众进行卫生工作。

(二) 行政强制措施的设定

《行政强制法》第 10 条第 1 款规定:"行政强制措施由法律设定。"即由于行政强制措施是行政主体行使实际力量对相对人人身、财产等进行强制,所以从行政侵害保留的角度看,当然需要法律根据。但有两种例外情形:

1. 如果没有制定法律,且属于国务院行政管理职权事项,行政法规可以设定查封场所、设施或者财物和扣押财物以及除应当由法律规定的行政强制措施以外的其他行政强制措施。

2. 如果没有制定法律、行政法规,且属于地方性事务的,地方性法规也可以设定查封场所、设施或者财物以及扣押财物的行政强制措施。因为,从现行制度和实际需要看,允许地方性法规设定行政强制措施是不可缺少的,但必须严格限制。

因此,《行政强制法》对这两种例外情形作了严格的限制。根据《行政强制法》第 11 条之规定,法律对行政强制措施的对象、条件、种类作了规定的,行政法规、地方性法规不得作出扩大规定,要严格按照法律的规定设定行政强制措施;如果法律中没有设定行政强制措施的,行政法规、地方性法规不得设定行政强制措施。

(三) 行政强制措施的分类

根据时间的紧迫性,事态的紧急性不同,行政强制措施可分为紧急行政强制措施和一般行政强制措施。

紧急强制措施,在行政法学上又称"即时强制",是指系指在紧急情形下,如遇自然灾害、传染病暴发以及其他紧急状态,行政主体无法按正常程序实施的强制措施。如强制扣留、扣押、强制约束、强制征用、强制检疫等。其他除紧急强制措施以外的均为一般强制措施。两者区别点主要有:

第一,即时强制在情况紧急时使用,如交通警察对横行马路的醉酒者予以强制约束,在紧急情况下强制隔离截断交通,发生传染病时建立隔离区、强行检查生活场所,征用设施等。而一般行政强制措施则没有紧急性的要求,如查封财产及相对人在银行的账户,强行许可等。

第二,即时强制与一般行政强制措施都必须符合规定的行政程序,但二者在行政行为实施时所经过的具体过程和步骤有所不同。即时强制在实施过程中不附任何实施条件,也不规定具体期限,以达到目的为限度,一旦实施,当即生效。如《治安管理处罚法》第 15 条第 2 款规定:"醉酒的人在醉酒状态中,对本人有危险或者对他人的人身、财产或者公共安全有威胁的,应当对其采取保护性措施约束至酒醒。"一般的行政强制措施则要依照一定的程序,如需要受领的行政强制措施,必须由行政机关将行政措施送达或告知相对人受领后,行政措施才发生效力。

第三,即时强制措施的实施在某些情况下不以相对人有违法嫌疑为前提,如在防洪抢险的紧急时刻,强行征用过往船只、车辆、物资等。而一般行政强制措施,多以相对人有违法或损害行为嫌疑为前提。

（四）行政强制措施的实施主体

行政强制措施的实施主体是指实施行政强制措施的有权组织。具体包括法律和法规直接设定的行政机关，即法定的行政机关；法律、行政法规授权的组织；行使相对集中行政处罚权的行政机关。行政强制措施权不得委托，行政强制措施应当由行政机关具备资格的行政执法人员实施，其他人员不得实施。具备资格的执法人员，意味着实施行政强制措施的执法人员应当具有"行政执法资格证"。

1. 法定的行政机关。《行政强制法》第17条第1款规定："行政强制措施只能由法律、法规规定的行政机关在法定职权范围内实施……"这里的"法律、法规"是指全国人大及常委会制定的法律，国务院制定的行政法规，以及由省、自治区、直辖市和设区的市人大及常委会制定的地方性法规。由法律、法规直接设定行政强制措施权的行政机关，是实施行政强制措施的基本主体。目前，主要集中于公安、交通运输、卫生健康、市场监管、税务、自然资源、生态环境、海关等行政机关。

2. 法律和行政法规授权的组织。《行政强制法》第70条规定："法律、行政法规授权的具有管理公共事务职能的组织在法定授权范围内，以自己的名义实施行政强制，适用本法有关行政机关的规定。"具有管理公共事务职能是指国家机关以外的社会组织，包括事业单位、企业单位和社会团体。被授权组织行使的行政强制措施权，只能是法律、行政法规所规定的权力。

3. 行使相对集中行政处罚权的行政机关。《行政强制法》第17条第2款规定："依据《中华人民共和国行政处罚法》的规定行使相对集中行政处罚权的行政机关，可以实施法律、法规规定的与行政处罚权有关的行政强制措施。"相对集中行政措施权是相对集中行政处罚权的跟随制度，且需具有相关性。但根据《行政处罚法》第18条第3款规定，限制公民人身自由的行政强制措施同样不得被集中至"公安机关和法律规定的其他机关"以外的行政机关。

（五）行政强制措施的程序

1. 根据《行政强制法》第18条规定，一般行政强制措施则需遵循以下程序：

第一，实施前须向行政机关负责人报告并经批准；

第二，由2名以上行政执法人员实施；

第三，出示执法身份证件；

第四，通知当事人到场；

第五，当场告知当事人采取行政强制措施的理由、依据以及当事人依法享有的权利、救济途径；

第六，听取当事人的陈述和申辩；

第七，制作现场笔录；

第八，现场笔录由当事人和行政执法人员签名或者盖章，当事人拒绝的，在笔录中予以注明；

第九，当事人不到场的，邀请见证人到场，由见证人和行政执法人员在现场笔录上签名或者盖章；

第十，法律、法规规定的其他程序。

2. 紧急行政强制措施的程序。即时强制多数是在情况紧急的状态下采取的，因而很难遵循一般的程序，但为了尽量保证即时强制的合法性，保护公共利益和公民权益，在可能情况下，应实行事先报批。由于情况紧急来不及事先报批时，根据《行政强制法》第19条规定，情况紧急，需要当场实施行政强制措施的，行政执法人员应当在24小时内向行政机关负责人报告，并补办批准手续。行政机关负责人认为不应当采取行政强制措施的，应当立即解除。

3. 限制公民人身自由行政强制措施的特殊程序。除应当履行《行政强制法》第18条规定的程序外，还应当遵守下列程序：

（1）当场告知或者实施行政强制措施后立即通知当事人家属实施行政强措施的行政机关、地点和期限。

（2）在紧急情况下当场实施行政强制措施的，在返回行政机关后，立即向行政机关负责人报告并补办批准手续。

（3）法律规定的其他程序。

实施限制人身自由的行政强制措施不得超过法定期限。目的已经达到或者条件已经消失，应当立即解除行政强制措施。

（七）行政强制措施的法律救济（二维码10-4）

根据《行政复议法》第11条和《行政诉讼法》第12条的规定，行政相对人对行政主体作出的行政强制措施不服的，可以依法申请行政复议或提起行政诉讼。法律虽然明确将行政强制措施纳入复议和诉讼的范围，并不表明任何形态的行政强制措施都具有可复议性和可诉性。某一具体的行政强制措施是否具有可复议性和可诉性，还取决于该行政强制措施是否达到了自身的独立性和成熟性，取决于它与行政相对人权益的关系。行政强制措施的独立性和成熟性，是指行政强制措施作为一个独立完整的具体行政行为是否已经成立。而行政强制措施与相对人权益的关系则是法律上的利害关系，即行政强制措施的采取是否影响或可能影响相对人的合法权益。

10-4

三、行政强制执行

（一）行政强制执行的方式

根据《行政强制法》第12条的规定，行政强制执行的方式有：①加处罚款或者滞纳金；②划拨存款、汇款；③拍卖或者依法处理查封、扣押的场所、设施或者财物；④排除妨碍、恢复原状；⑤代履行；⑥其他强制执行方式。行政强制执行的方式可以分为间接强制执行方式和直接强制执行方式两类。

1. 间接强制执行方式。间接强制是指通过间接手段迫使义务人履行其应当履行的义务或者达到与履行义务相同状态的行政强制执行方式，可分为代履行和执行罚。

（1）代履行。代履行是指义务人不履行法律、法规等规定的或者行政行为所确定的可代替作为义务，由行政强制执行机关或第三人代为履行，并向义务人征收必要费用的行政强制执行方法。如拆除违章建筑，由行政强制执行机关指派的人代为拆除，再由不履行拆除义务的义务主体承担费用。

代履行需具备四个要件：其一，存在相对人逾期不履行行政法上义务的事实，且此种不履行因故意或过失引起；其二，该行政法上的义务是他人可以代为履行的作为义务；其三，代履行的义务必须是代履行后能达到与相对人亲自履行义务同一目的的义务；其四，由义务人承担必要的费用。

代履行的程序一般分为告诫、代执行和征收执行费用三个阶段。

告诫应当事先以书面形式进行。在告诫设定的期限内，义务主体未履行，且确有不履行义务的故意而不是实际上不能履行时，可以实施代执行。在特殊情况下，囿于情势紧迫来不及采取告诫程序时，可以不经事先告诫和不待期限届满，立即代为执行，这种情况称为即时代履行。代履行以向义务主体征收费用为终结。代执行费用由行政强制执行机关按实际支出征收，并把征收的执行费交付代执行者。对拒不缴清的，可强制征收或申请人民法院强制征收。

（2）执行罚。执行罚是指行政主体对拒不履行不作为义务或者不可为他人代履行的作为义务的义务主体，科以一定数额的金钱给付义务，促使其履行的强制执行方式。如《行政处罚法》第72条所规定的当事人"到期不缴纳罚款的，每日按罚款数额的百分之三加处罚款"，在我国，涉及金钱给付义务的强制执行一般都规定了加处罚款或者滞纳金。

实施执行罚需符合三个要件：其一，执行罚一般只适用于不作为义务和不可为他人代履行的作为义务；其二，执行罚的数额必须由法律、法规明文规定，执行机关不得自己决定；其三，执行罚的数额从义务主体应履行义务之日起，按日数计算，并可反复适用，直至义务主体履行义务为止。

执行罚不是行政处罚。执行罚具有罚的外形与功能，其与行政处罚都是使违法人承担新的义务；在执行罚不能迫使义务人履行义务时，最终仍需与行政处罚一样，采取直接强制执行手段。但它与行政处罚显然不同：①性质不同。行政处罚和执行罚虽然都是针对不履行法定义务的当事人，但行政处罚本质上属于制裁性法律责任，仅限于设定新的义务；

执行罚属于强制性法律责任，是以设定新的义务的办法来促使当事人履行法定义务。②目的不同。行政处罚的目的在于制裁，通过制裁使当事人以后不再违法，着眼点在于过去的违法行为；执行罚的目的在于促使义务人履行义务或实现与履行义务相同的状态，其着眼点在于将来义务内容的实现。③原则不同。制裁性法律责任一般都以"一事不再罚"为原则，一次违法行为惩罚一次；强制性法律责任最终目的在于义务的履行，因而执行罚可以多次适用，直至义务人履行义务为止。

执行罚的程序，大致与代履行一样，必须事先告诫，并附有期限，在义务人履行义务后，执行罚应立即停止。

2. 直接强制执行方式。直接强制是指义务主体逾期拒不履行其应履行的义务时，行政强制执行机关对其人身或者财产直接施以强制力，以达到与义务主体履行义务相同状态的行政强制执行方式。直接强制按其内容大致可分为对人身的强制、对行为的强制和对财物的强制。

直接强制是迫使法定义务人履行义务或达到与履行义务相同状态之最有效的方法，也是行政行为中最严厉的手段。尽管它利于直接、有效地实现行政目的，但它也易于造成对公民合法权益的损害或冲击，因此，采取直接强制执行必须十分慎重，对实施直接强制的条件作必要的、严格的规定：①行政机关实施直接强制执行的权力必须由法律明确授权。凡是法律没有明确授权的，就必须申请人民法院强制执行。②采取直接强制执行手段，必须是在穷尽其他间接强制执行手段之后。③必须对直接强制执行的条件和程序作严格、明确的规定。我国单行法中规定了许多直接强制执行的措施，但大都没有关于条件和程序的规定，这一状况亟待改进。④直接强制执行中必须严格贯彻适度原则（国外又称比例原则），以实现义务人应承担的义务为限，不能扩大，不能给义务人的人身和财产造成超过其应承担义务的范围。

（二）行政强制执行的设定

《行政强制法》第13条规定："行政强制执行由法律设定。法律没有规定行政机关强制执行的，作出行政决定的行政机关应当申请人民法院强制执行。"这一设定的总原则体现了行政强制执行设定的法律保留原则和执行权分工原则。《行政强制法》《行政处罚法》对行政强制执行普遍设定了加处罚款、代履行、对查扣财物的处理等。此外还有加收滞纳金、直接强制执行、对违法建筑的拆除等。

（三）我国现行的行政强制执行模式（二维码10-5）

我国目前的行政强制执行模式，大致是以申请人民法院为主，以行政机关自主执行为辅的执行模式。《行政诉讼法》第97条规定："公民、法人或者其他组织对行政行为在法定期限内不提起诉讼又不履行的，行政机关可以申请人民法院强制执行，或者依法强制执行。"《适用解释》第156、157条规定："没有强制执行权的行政机关申请人民法院强制执行其行政行为，应当自被执行人的法定起诉期限届满之日起三个月内提出。逾期申请的，除有正当理由外，人民法院不予受理。行政机关申请人民法院强制执行其行政行为的，由申请人所在地的基层人民法院受理；执行对象为不动产的，由不动产所在地的基层人民法院受理。基层人民法院认为执行确有困难的，可以报请上级人民法院执行；上级人民法院可以决定由其执行，也可以决定由下级人民法院执行。"

1. 行政机关自行强制执行。行政机关自行强制执行的内容往往是行政机关在行使职权时为当事人设定的各种作为或不作为的义务，遇有当事人拒不履行该义务时，行政机关可以自行采取强制手段迫使当事人履行，而无需申请人民法院强制执行。

法律法规赋予自行强制执行权的行政机关原则上只有公安、国安、海关、工商、税务以及县级以上人民政府，但有两种情况：①违法建筑物、构筑物、设施的强制拆除；②符合特定条件时对金钱给付义务的强制执行。当出现上述两种情况，并且符合一定条件时，广泛的行政机关都有自行强制执行权，比如交通局拍卖扣押车辆抵缴罚款，国土局强制拆除违法建筑等等。行政机关自行强制执行的情形主要有强制传唤、强制服兵役、强制拘留、强制遣送出境、强制许可、强制收兑、强制退还、强制拆除、强制检定、强制变卖、强制收购等。

2. 申请人民法院强制执行。凡是法律法规未授权行政机关自行强制的，均需向法院申请强制执行。就立法而言，申请法院强制执行的行政义务多为金钱给付义务，即行政处罚中的罚款、没收等财产罚。申请法院强制执行包括行政机关申请的强制执行和行政裁决权利人申请的强制执行。

行政机关申请法院强制执行的具体行政行为应当具备以下条件：

（1）具体行政行为依法可以由人民法院执行；
（2）具体行政行为已经生效并具有可执行内容；
（3）申请人是作出该具体行政行为的行政机关或法律、法规、规章授权的组织；
（4）被申请人是该具体行政行为所确定的义务人；
（5）被申请人在具体行政行为确定的期限内或者行政机关另行指定的期限内未履行义务；
（6）申请人在法定期限内提出申请；
（7）被申请执行的行政案件属于受理申请执行的人民法院管辖。

10-5

（四）行政强制执行的程序

1. 行政机关自行强制执行的程序。行政机关依法作出行政决定后，当事人在行政机关决定的期限内不履行义务的，具有行政强制执行权的行政机关依照《行政强制法》的有关规定强制执行。

行政机关自行强制执行的一般程序大致需经下列几个步骤：

步骤1：书面催告。行政机关作出强制执行决定前，应当事先催告当事人履行义务。催告应当以书面形式作出，并载明下列事项：①履行义务的期限；②履行义务的方式；③涉及金钱给付的，应当有明确的金额和给付方式；④当事人依法享有的陈述权和申辩权。

步骤2：陈述和申辩。当事人收到催告书后有权进行陈述和申辩。行政机关应当充分听取当事人的意见，对当事人提出的事实、理由和证据，应当进行记录、复核。当事人提出的事实、理由或者证据成立的，行政机关应当采纳。

步骤3：作出强制执行决定。经催告，当事人逾期仍不履行行政决定，且无正当理由的，行政机关可以作出强制执行决定。强制执行决定应当以书面形式作出，并载明下列事项：①当事人的姓名或者名称、地址；②强制执行的理由和依据；③强制执行的方式和时间；④申请行政复议或者提起行政诉讼的途径和期限；⑤行政机关的名称、印章和日期。

步骤4：送达与强制执行。在催告期间，对有证据证明有转移或者隐匿财物迹象的，行政机关可以作出立即强制执行决定。催告书、行政强制执行决定书应当直接送达当事人。当事人拒绝接收或者无法直接送达当事人的，应当依照《民事诉讼法》的有关规定送达。

行政强制执行应当制作执行笔录。执行笔录应当载明下列事项：①被执行人的基本情况；②执行的依据；③执行的内容和方法；④执行的时间；⑤义务履行的情况和执行标的物的现状；⑥执行实施的情况；⑦执行证明人的姓名、单位、职务；⑧执行人员、被执行人及执行证明人的签名或盖章等。

《行政强制法》第43条规定了行政机关采取行政强制执行的禁止行为，即行政机关不得对居民生活采取停止供水、供电、供热、供燃气等方式迫使当事人履行相关行政决定。这一规定体现了国家尊重和保障人权的理念，防止行政机关滥用强制执行权力，确保公民的基本权利不受侵犯。

2. 申请法院强制执行的程序。

步骤1：催告。当事人在法定期限内不申请行政复议或者提起行政诉讼，又不履行行政决定的，没有行政强制执行权的行政机关可以自期限届满之日起3个月内，依照法律规定申请人民法院强制执行。行政机关在申请人民法院强制执行前，应当催告当事人履行义务。催告书送达10日后当事人仍未履行义务的，行政机关可以向所在地基层人民法院申请强制执行；执行对象是不动产的，向不动产所在地基层人民法院申请强制执行。

步骤2：申请。向法院申请强制执行，必须提供有关材料：①强制执行申请书；②行政决定书及作出决定的事实、理由和依据；③当事人的意见及行政机关催告情况；④申请强制执行标的情况；⑤法律、行政法规规定的其他材料。强制执行申请书应当由行政机关负责人签名，加盖行政机关的印章，并注明日期。

步骤3：受理。人民法院接到行政机关强制执行的申请，应当在5日内受理。人民法院接受申请后要对申请是否符合条件进行审查，对符合法律规定条件的，应当立案受理，并通知申请人；对不符合条件的申请，应当裁定不予受理。行政机关对人民法院不予受理的裁定有异议的，可以在15日内向上一级人民法院申请复议，上一级人民法院应当自收到复议申请之日起15日内作出是否受理的裁定。

步骤4：审查。人民法院对于强制执行的申请，一般进行书面形式审查，如果申请符合申请要件和受理的规定，且具体行政行为具有法定执行效力的，人民法院应当自受理之日起7日内作出执行裁定。人民法院发现有下列情形之一的，在作出裁定前可以听取被执行人和行政机关的意见：①明显缺乏事实根据的；②明显缺乏法律、法规依据的；③其他明显违法并损害被执行人合法权益的。人民法院应当自受理之日起30日内作出是否执行的裁定。裁定不予执行的，应当说明理由，并在5日内将不予执行的裁定送达行政机关。

步骤5：公告。法院作出强制执行的裁定，应当公告并送达义务主体，限定义务主体履行的期限。逾期不执行的，法院即可以强制执行。

步骤6：执行。除了不能采取执行罚，法院的强制执行方式与行政机关自行强制执行的方式大体相同。对申请金钱给付义务的执行案件，法院可以采取划拨存款和拍卖查封、扣押财物的方式执行；对申请排除妨碍、强制拆除、恢复原状等义务的执行案件，可以委托第三人代履行。

步骤7：执行费用。行政机关申请法院强制执行，不缴纳申请费。执行费用由被执行人承担。

（五）行政强制执行的法律救济

行政强制执行有可能造成公民法人人身财产权利重大损害，故分清执行权限、严格行政机关与法院的责任并为不当侵害提供有效救济是关键的一环。凡行政机关采取强制执行造成损害的，行政机关必须承担责任，受害人有权对之提起行政诉讼及国家赔偿。凡行政机关申请法院采取强制执行的，应由法院负责，受害人对法院作出的执行裁定或追究刑事责任的判决可以上诉，对法院采取的司法强制措施可以提出异议。对法院违法采取强制措施或执行措施造成损害的，受害人有权依法请求国家赔偿。

表10-1 行政强制措施与行政强制执行的区别

区别点	行政强制措施	行政强制执行
实施主体不同	行政主体	人民法院和行政机关
目的不同	非制裁性、暂时的限权	促使相对人履行义务或与达到与该义务被履行相同状态
实施前提不同	一旦法定条件成立，不管行政相对人是否同意和接受，都会采取	只有拒不履行已经生效的具体行政行为所确定的义务时才会采取
强制力不同	直接强制	间接强制和直接强制两种方式

案例精解

梁某荣诉佛山市高明区城市管理和综合执法局、杨和镇政府强制拆除房屋案

【案情简介】

原告：梁某荣

被告：佛山市高明区城市管理和综合执法局（以下简称"高明区城管局"）、杨和镇政府

2020年4月21日，高明区城管局向梁某荣作出明管（和）罚〔2020〕字第62号《限期拆除决定书》（以下简称《限期拆除决定书》），其查明梁某荣系龙山果园××号地块的权属人，梁某荣未取得合法的建设工程规划许可证，在上述地块上建成房屋、水池等建（构）筑物，佛山市自然资源部门认定梁某荣在上述地块上建设的建（构）筑物没有办理合法的建设工程规划许可证，属于违法建设行为，且认定属于无法采取改正措施消除影响的情形。据此，高明区城管局认为，梁某荣的行为违反了《城乡规划法》第40条的规定，依照《城乡规划法》第64条的规定，责令梁某荣在收到决定书起7日内自行拆除上述建（构）筑物。

2020年4月23日，高明区城管局作出明管（和）执〔2020〕字第62号《履行行政决定催告书》（以下简称《催告书》），催促梁某荣自催告书送达10日内自行拆除位于龙山果园××号地块上的违法建（构）筑物。同日，高明区城管局作出《公告》，责令梁某荣在2020年4月24日前自行拆除位于龙山果园××号地块上的违法建（构）筑物。该《公告》张贴在上述建筑物门口。

2020年4月24日，佛山市高明区人民政府办公室作出文件，明确经佛山市高明区人民政府同意，由杨和镇政府对《限期拆除决定书》所涉及的违章建筑物采取强制拆除措施。

2020年4月26日，杨和镇政府作出杨和执〔2020〕字第62号《行政强制执行决定书》（以下简称《行政强制执行决定书》），决定在2020年4月27日对梁某荣位于龙山果园××号地块上的违法建（构）筑物予以强制拆除，并责令梁某荣在2020年4月26日前自行将建（构）筑物内的有关财物进行搬迁。

2020年4月27日，杨和镇政府对梁某荣位于龙山果园××号地块上的建（构）筑物实施强制拆除。杨和镇政府实施强制拆除时没有对室内物品情况进行录音录像，也没有进行公证。

【裁判要点】

一审法院审理认为，梁某荣以高明区城管局为被告提起行政诉讼属于被告不适格，经法院释明，梁某荣拒绝变更，应裁定驳回其对高明区城管局的起诉。杨和镇政府对梁某荣

建设的违法建筑物实施强制拆除违反法定程序，鉴于拆除行为已经实施且不具有可撤销内容，法院对此确认违法。梁某荣要求确认杨和镇政府对其位于龙山果园××号地块上建筑物的强制拆除行为违法的诉讼请求，法院予以支持。由于杨和镇政府的违法拆除行为给梁某荣合法权益造成了损害，其应就梁某荣的损失向其支付赔偿金 50 000 元，梁某荣要求杨和镇政府赔偿经济损失 300 万元的主张缺乏理据，法院不予支持。

梁某荣、杨和镇人民政府不服一审行政判决，继续向广东省佛山市中级人民法院上诉。2021 年 5 月，佛山市中级人民法院做出终审判决：驳回上诉，维持原判。

【案例评析】

《城乡规划法》[1]（2019 年修正）第 40 条第 1 款规定："在城市、镇规划区内进行建筑物、构筑物、道路、管线和其他工程建设的，建设单位或者个人应当向城市、县人民政府城乡规划主管部门或者省、自治区、直辖市人民政府确定的镇人民政府申请办理建设工程规划许可证。"

《城乡规划法》第 64 条规定："未取得建设工程规划许可证或者未按照建设工程规划许可证的规定进行建设的，由县级以上地方人民政府城乡规划主管部门责令停止建设；尚可采取改正措施消除对规划实施的影响的，限期改正，处建设工程造价百分之五以上百分之十以下的罚款；无法采取改正措施消除影响的，限期拆除，不能拆除的，没收实物或者违法收入，可以并处建设工程造价百分之十以下的罚款。"

本案是一起违法建筑强制拆除案件。违法建筑是指未取得建设工程规划许可证或临时建设工程规划许可证，或者未按照许可内容擅自建设的建筑物和构筑物，以及逾期未拆除的临时建设工程。但是，行政机关在作出强制拆除违法建筑这一具体行政行为时，除应当注重行政行为本身的合法性外，还应当注重实施该具体行政行为的程序合法性，即实施行为应当符合正当程序原则。

一、高明区城管局是否是本案适格被告？

《最高人民法院关于正确确定县级以上地方人民政府行政诉讼被告资格若干问题的规定》[2] 根据"谁行为，谁被告"的原则，明确：有强制拆除决定书的，以作出强制拆除决定的行政机关为被告；没有强制拆除决定书的，以直接实施强制拆除行为的行政机关为被告。便于当事人准确提起诉讼，及时有效就地化解纠纷。

关于本案适格被告的问题。二审法院认为，本案诉讼标的是强制拆除行为，应由具体实施强制拆除的行政机关作为适格被告。从本案来看，上诉人梁某荣上诉主张杨和镇政府与被上诉人高明区城管局均是被诉强制拆除行为的实施主体。然而，本案证据材料并未反映高明区城管局有实质参与实施被诉强制拆除行为，高明区城管局亦否认该局为被诉强制拆除行为的实施主体，杨和镇政府则在一审庭审中自认被诉强制拆除行为由其实施，高明

---

[1] 本案依据的是 2019 年 4 月 23 日第十三届全国人民代表大会常务委员会第十次会议通过的《城乡规划法》。
[2] 该规定于 2021 年 2 月 22 日最高人民法院审判委员会第 1832 次会议通过，自 2021 年 4 月 1 日起施行。

区城管局未参与强制拆除。佛山市高明区政府发文责令杨和镇政府依法对梁某荣等人的违法建设采取强制拆除措施、杨和镇政府于其后对梁某荣作出《行政强制执行决定书》等案件事实，可与杨和镇政府的陈述相互印证，共同证明被诉强制拆除行为实际由杨和镇政府实施。梁某荣主张高明区城管局前后作出多份文书，亦派员参与了被诉强制拆除行为，但高明区城管局作出的文书均不涉及强制拆除行为，梁某荣亦未能提供证据证明该局派员参与强制拆除，故其主张缺乏事实依据。据此，法院认定，强拆行为的实施主体是杨和镇政府而非高明区城管局，本案高明区城管局不是适格被告。

二、举证责任问题

根据《行政诉讼法》第 34 条的规定，被告对作出的具体行政行为负有举证责任，应当提供作出该行政行为的证据和所依据的规范性文件。被告不提供或者无正当理由逾期提供证据，视为没有相应证据。但是，被诉行政行为涉及第三人合法权益，第三人提供证据的除外。《行政诉讼法》第 37 条规定，原告可以提供证明行政行为违法的证据。原告提供的证据不成立的，不免除被告的举证责任。这一规定还可见于《最高人民法院关于行政诉讼证据若干问题的规定》第 6 条，原告可以提供证明被诉具体行政行为违法的证据。原告提供的证据不成立的，不免除被告对被诉具体行政性合法性的举证责任。

根据《行政诉讼法》第 38 条第 2 款的规定："在行政赔偿、补偿的案件中，原告应当对行政行为造成的损害提供证据。因被告的原因导致原告无法举证的，由被告承担举证责任"。即在具备举证可能性的情况下，梁某荣应当就其主张的损害承担举证责任；如因行政机关原因导致无法举证的，相应的证明责任由行政机关承担。《适用解释》第 47 条又规定："根据《行政诉讼法》第三十八条第二款的规定，在行政赔偿、补偿案件中，因被告的原因导致原告无法就损害情况举证的，应当由被告就该损害情况承担举证责任。对于各方主张损失的价值无法认定的，应当由负有举证责任的一方当事人申请鉴定，但法律、法规、规章规定行政机关在作出行政行为时依法应当评估或者鉴定的除外；负有举证责任的当事人拒绝申请鉴定的，由其承担不利的法律后果。当事人的损失因客观原因无法鉴定的，人民法院应当结合当事人的主张和在案证据，遵循法官职业道德，运用逻辑推理和生活经验、生活常识等，酌情确定赔偿数额。"就本案而言，杨和镇政府在实施强制拆除前，没有对室内物品情况进行录音录像或进行公证，亦没有提供证据证明相应的物品已经由梁某荣领取，故在双方都无法就案涉房屋内家具物品情况进行举证的情形下，一审及二审法院均根据上述《适用解释》第 47 条第 3 款的规定，结合梁某荣提供的被拆迁房屋照片反映的家具情况以及日常生活经验、生活常识，酌定杨和镇政府对该部分损失支付赔偿金。

上述规定可以看出，具体行政行为合法性的举证责任在被告方，原告有举证的权利，但不承担败诉的后果。

三、强制拆除房屋的行政行为是否合法

关于强制拆除房屋的行政行为是否合法的问题。《行政强制法》[1] 第 44 条、《城乡规划法》第 68 条、《广东省城乡规划条例》[2] 第 87 条第 2 款及《佛山市违法建设查处暂行办法》[3] 第 26 条第 1 款规定,实施强制拆除须以相关行政主管部门作出责令限期拆除决定为前提,且相对人收到限期拆除决定后逾期不拆除又不申请行政复议或诉讼的,经公告、催告等程序,由县级以上人民政府责成有关部门采取强制拆除措施。根据上述规定,只有在经过行政复议或者行政诉讼期限,梁某荣不起诉,或者复议、起诉被驳回的情况下,梁某荣经公告限期拆除仍不拆除时,拆除机关才能依法实施强制拆除。本案中,被上诉人高明区城管局于 2020 年 4 月 21 日作出《限期拆除决定书》,于同月 23 日作出《催告书》《公告》,佛山市高明区政府于同年 4 月 24 日作出文件责成上诉人杨和镇政府对案涉违法建筑采取强制拆除措施,同日杨和镇政府作出案涉《行政强制执行决定书》,同日案涉地块上房屋被强制拆除。可见杨和镇政府实施被诉强制拆除行为时,《限期拆除决定书》的行政复议或者行政诉讼期限尚未届满,杨和镇政府明显违反法定程序,被诉行政行为已构成程序违法。

另外,根据《行政诉讼法》[4] 第 74 条第 2 款第 1 项的规定,因被诉强制拆除行为已经实施完毕,不具有可撤销内容,一审法院确认杨和镇政府对案涉地块上的房屋实施强制拆除的行为违法具有事实和法律依据。

据此,法院认为,杨和镇政府对案涉地块上的房屋实施强制拆除的行为程序违法。因该行政行为已经实施且不具有可撤销内容,故法院仅确认违法而未撤销行政行为。

四、原告是否可以申请国家赔偿的问题

关于梁某荣是否可以申请国家赔偿的问题。《国家赔偿法》[5] 第 2 条第 1 款规定:"国家机关和国家机关工作人员行使职权,有本法规定的侵犯公民、法人和其他组织合法权益的情形,造成损害的,受害人有依照本法取得国家赔偿的权利。"第 4 条规定:"行政机关及其工作人员在行使行政职权时有下列侵犯财产权情形之一的,受害人有取得赔偿的权利:(一)违法实施罚款、吊销许可证和执照、责令停产停业、没收财物等行政处罚的;(二)违法对财产采取查封、扣押、冻结等行政强制措施的;(三)违法征收、征用财产

---

[1] 本案依据的是 2011 年 6 月 30 日由中华人民共和国第十一届全国人民代表大会常务委员会第二十一次会议通过的《行政强制法》。

[2] 本案依据的是 2012 年 11 月 29 日由广东省第十一届人民代表大会常务委员会第三十八次会议通过的《广东省城乡规划条例》。

[3] 本案依据的是 2017 年 12 月 18 日由佛山市人民政府第十五届第十五次常务会议通过的《佛山市违法建设查处暂行办法》,该地方政府规章于 2019 年 12 月 20 日经佛山市人民政府令第 9 号修改,名称修改为《佛山市违法建设查处办法》。

[4] 本案依据的是 2017 年 6 月 27 日由第十二届全国人民代表大会常务委员会第二十八次会议通过的《行政诉讼法》。

[5] 本案依据的是 2012 年 10 月 26 日由第十一届全国人民代表大会常务委员会第二十九次会议通过的《国家赔偿法》。

的；（四）造成财产损害的其他违法行为。"根据上述规定，行政机关因为行为违法导致相对人合法财产损失的应当承担赔偿责任。结合本案来看，首先，根据高明区城管局作出的《限期拆除决定书》，梁某荣位于龙山果园××号地块上的建（构）筑物经佛山市自然资源局认定属于未取得《建设工程规划许可证》进行建设且无法采取改正措施消除对规划实施影响的违法建筑物，因此该建筑物不属于上述规定中的合法财产，梁某荣亦未提交证据证明涉案建筑物的合法性，因此，对于建筑物本身的价值应不予赔偿。那么，建筑物里摆放的家具遭到损坏是否可以要求赔偿呢？根据《限期拆除决定书》认定的事实，家具不属于该决定书认定的违法建设的建筑物范围内且家具和涉案建筑物相独立，属于行政相对人的合法财产，如在拆除过程中因杨和镇政府原因被损坏，杨和镇政府应予以赔偿。

【知识点分析】

一、镇政府下发的《行政强制执行决定书》和实施的强制拆除行为是否合法？

具体行政行为的成立，是指行政行为的作出或者形成。具体行政行为的生效以其成立为前提，行政行为尚未成立，是否合法有效也就无从判断。所以我们有必要理清具体行政行为的成立、生效以及合法三者的关系。

具体行政行为作出后经公布或送达即发生法律效力，但是生效的具体行政行为并不同于合法有效的具体行政行为，有些具体行政行为虽然生效，但并不合法。因具体行政行为具有公定力，即行政主体的具体行政行为一经作出，即被推定为合法有效。但具体行政行为要想获得实质的效力，就必须具备一定的合法要件。

具体行政行为效力的开始，对于行政主体而言，成立和生效时间一致，一经作出就有遵守的义务；对于行政相对人而言，只有在具体行政行为为相对人知晓时才能生效。一般来说，具体行政行为的生效有四种情况：即时生效、受领生效、告知生效和附条件生效。

具体行政行为的成立要件，是指构成一个具体行政行为所必备的要素。包括：主体要件、主观要件、客观要件和法律效果要件。

具体行政行为的合法要件，是指具体行政行为合法有效所应具备的基本要素。包括：主体合法，主体的权限合法，内容合法、适当，依据合法，程序合法。

本案中，存在着两个具体行政行为，一为镇政府下发的《行政强制执行决定书》，二为镇政府实施的强制拆除行为。上诉人梁某荣上诉称案涉房屋所在龙山果园项目系政府合法招商项目，涉案房屋并非违法建设。然而，根据现行法律法规，项目建设均需依法进行，建设房屋不仅要获得用地审批，还要取得规划许可。梁某荣未取得建设工程规划许可证及未按照建设工程规划许可证的规定进行建设的行为违反了《城乡规划法》第40条的规定，属手续不全，涉案建筑应当被确定为违章建筑。

那么根据现行法律法规，镇政府是否有权强制拆除违章建筑呢？《城乡规划法》第64条规定："未取得建设工程规划许可证或者未按照建设工程规划许可证的规定进行建设的，由县级以上地方人民政府城乡规划主管部门责令停止建设；尚可采取改正措施消除对规划实施的影响的，限期改正，处建设工程造价百分之五以上百分之十以下的罚款；无法采取改正措施消除影响的，限期拆除，不能拆除的，没收实物或者违法收入，可以并处建设工程造价百分之十以下的罚款。"该法第68条规定："城乡规划主管部门作出责令停止建设或者限期拆除的决定后，当事人不停止建设或者逾期不拆除的，建设工程所在地县级以上地方人民政府可以责成有关部门采取查封施工现场、强制拆除等措施。"《行政强制法》第44条规定："对违法的建筑物、构筑物、设施等需要强制拆除的，应当由行政机关予以公告，限期当事人自行拆除。当事人在法定期限内不申请行政复议或者提起行政诉讼，又不拆除的，行政机关可以依法强制拆除。"综上，《城乡规划法》明确授权县级以上地方人民政府等行政机关强制拆除权，镇政府经佛山市高明区人民政府明确授权后，即获得强制拆除违章建筑的行政权力，当相对人不自动履行义务时，有权部门就可以强制拆除违章建筑。

二、镇政府实施的强制拆除行为属于行政强制措施还是行政强制执行？

根据基本成熟的立法思路，"行政强制措施"与"行政强制执行"的上位概念应是行政强制行为。两者的共同点是强制性和实力性。行政强制措施是指国家行政机关为了维护和实施行政管理秩序，预防与制止社会危害事件与违法行为的发生与存在，依照法律、法规规定，针对特定公民、法人或者其他组织的人身、行为或财产进行临时约束或处置的限权性强制行为。它除具备强制性与实力性的特征外，还具有非处分性（非制裁性）和临时性的特征。行政强制执行是指行政机关或人民法院，对于拒不履行已经生效的具体行政为所确定的义务的公民、法人或其他组织，实施强制手段，以达到义务被履行或与该义务被履行相同状态的行政行为。所以，行政强制执行以相对人逾期不履行已经生效的具体行政行为（行政处理决定）所确定的义务为前提。

根据《城乡规划法》第68条的规定，城乡规划主管部门作出责令停止建设或者限期拆除的决定后，当事人不停止建设或者逾期不拆除的，建设工程所在地县级以上人民政府可以责成有关部门采取查封施工现场、强制拆除等措施。分析该条规定的具体内容，规划部门对在建违法建筑物、构筑物、设施等作出责令停止建设或者限期拆除，实质是为制止违法行为、避免危害发生、控制危险扩大，对公民、法人或者其他组织的财物实施的暂时性控制行为，应当属于行政强制措施行为，不是行政强制执行措施；只有规划部门对已建成的违法建筑物、构筑物、设施等作出的限期拆除决定，当事人逾期不自行拆除，县级以上人民政府责成有关部门强制拆除的行为，才属于行政强制执行行为。

结合本案，高明区城管局就梁某荣在未办理建设工程规划许可证的情况下在龙山果园××号地块建成房屋、水池等建（构）筑物发出过限期自行拆除的通知，然而梁某荣未予理睬。后经高明区城管局发出《催告书》仍未予以妥善处理。尽管本案中高明区城管局作出的《限期拆除决定书》未经过行政复议或者行政诉讼期限，杨和镇政府作出的强制拆除行为违反法定程序，但我们仍可以看出，强拆行为是以梁某荣不履行县政府的具体行政行为（行政处理决定）为前提的。而且县政府强拆违章建筑的行为不具有临时性，并非中间行为，而是使梁某荣家房屋所有权归于消灭，具有处分性或制裁性。综上所述，县政府的强制拆除行为属于行政强制执行。

三、强制拆除违章建筑的行为应符合哪些程序要求？

根据《行政强制法》第 44 条规定，对违法的建筑物、构筑物、设施等需要强制拆除的，必须遵守下列程序：①由行政机关予以公告，限期由当事人自行拆除；②当事人在法定期限内不申请行政复议或者提起行政诉讼，又不拆除的，行政机关可以依法强制拆除。

根据《城乡规划法》第 68 条规定，规划部门对已建成的违法建筑物、构筑物、设施等作出的限期拆除决定后，当事人逾期不拆除的，县级以上地方人民政府可以责成有关部门强制拆除。结合《行政强制法》第 44 条规定，作出限期拆除决定的规划部门应当对强制拆除决定予以公告，限期当事人自行拆除。逾期不自行拆除，且对规划部门作出的限期拆除决定申请行政复议或提起行政诉讼的法定期限届满后，县级以上人民政府责成的具有强制执行权的行政机关有权依照《行政强制法》的规定自行强制执行。

同时，《城乡规划法》第 68 条还就在建违法建筑物、构筑物、设施规定，规划部门有对其作出责令停止建设或限期拆除的法定职权。逾期不自行拆除，县级以上人民政府责成的有关部门有权采取查封施工现场、强制拆除在建违法建筑物、构筑物、设施等行政强制措施。有关部门对在建违法建筑物、构筑物、设施等采取查封或强制拆除行政强制措施的，不受《行政强制法》第 44 条规定的复议或起诉期限届满限制。

应当注意的是，根据复议、诉讼不停止执行原则，即便当事人申请行政复议或提起行政诉讼，在复议申请或起诉期限届满后，县级以上地方人民政府责成的有关部门依然有权自行强制执行。复议机关决定或人民法院裁定停止执行的除外。

四、镇政府的强制拆除行为对相对人造成损害，能否申请行政赔偿？

本案中对相对人造成损害的行为有两个，一是县政府对梁某荣房屋的强行拆除，使其房屋受到损害；二是强拆过程中造成独立于房屋的家具等财产被损毁。根据《国家赔偿法》第 2 条第 1 款的规定，行政赔偿须以当事人的合法权益受到损害为前提。梁某荣位于龙山果园××号地块上的建（构）筑物经佛山市自然资源局认定属于未取得《建设工程规划许可证》进行建设且无法采取改正措施消除对规划实施影响的违法建筑物，因此该建筑物不属于上述规定中的合法财产。所以，就建筑物本身的价值而言，梁某荣主张的赔偿无法得到支持。对于梁某荣提出的被损毁家具的赔偿问题。家具不属于该决定书认定的违法建设的建筑物范围内且家具和涉案建筑物相独立，如在拆除过程中因杨和镇政府原因被损坏，杨和镇政府应予以赔偿。可以结合梁某荣提供的被拆迁房屋照片反映的家具情况以及日常生活经验、生活常识，酌定予以赔偿。

【思考】

房屋是民众生存之根本，房屋拆迁成为社会公众广泛关注的问题。如何在强制拆迁过程中严格遵循行政法律程序，实现拆迁与维稳的完美衔接，是社会发展的重要议题。基于行政强制法视角，强制拆迁应当秉持合法、适当、教育与强制相结合的原则，确保强拆过程的实体与程序正义，重视公众的权利救济。

案例训练
训练案例一

【案情简介】

原告：某贸易公司

被告：某市市场监督管理局

2018年7月10日，某市市场监督管理局（以下简称"某市市监局"）行政执法人员根据举报，对位于某市经济开发区某大道的冷库进行现场检查，发现标注"制造商：合肥伊利乳业有限责任公司"及"伊利""巧乐兹"商标标识的"经典巧脆棒雪糕"845件。经鉴定，上述产品为假冒"伊利""巧乐兹"注册商标的商品。同日，某市市监局对涉案产品的销售者某贸易公司作出实施行政强制措施决定书，决定对涉案产品实施扣押。某贸易公司不服某市市监局的实施行政强制措施决定，向所在地省市场监督管理局（以下简称"某省市监局"）申请行政复议。该省市监局于同年10月18日作出行政复议决定书，决定维持某市市监局的行政强制措施决定。

某贸易公司不服，认为其从2017年12月15日至今并未销售伊利巧乐兹巧脆棒雪糕产品，涉案产品系他人负责销售，与其无关，故向法院提起诉讼，请求撤销涉案行政强制措施决定及行政复议决定。

一审法院经审理认为，某市市监局根据举报对某贸易公司进行检查发现，涉嫌侵害注册商标专用权人内蒙古伊利实业集团股份有限公司"伊利""巧乐兹"注册商标的产品。根据某市市监局在现场调取的由某贸易公司工作人员李某提供的营业执照、某贸易公司一票通进货单、销售明细单等，结合注册商标专用权人授权的鉴定人员给出的鉴定意见，可以证明某贸易公司为本案行政强制措施适格的当事人，涉案物品属于侵害内蒙古伊利实业集团股份有限公司注册商标专用权的物品。某市市监局作出实施行政强制措施决定，证据确凿、认定事实清楚、适用法律正确，某省市监局作出的行政复议决定，事实清楚、证据充分、适用法律正确、符合法定程序。遂于2019年8月23日判决：驳回某贸易公司的诉讼请求。

一审判决后，某贸易公司不服，向某市中级人民法院提起上诉。

二审法院经审理认为，某市市监局现场行政执法人员具备执法资格，取证、听取陈述和申辩、立案审批等程序性环节并无明显不当，在发现涉嫌侵害注册商标专用权人内蒙古伊利实业集团股份有限公司"伊利""巧乐兹"注册商标的产品后决定扣押合法，应予支持。各方的争议在于被扣押财物的所有人是否为某贸易公司。基于行政强制措施即时性、紧迫性和直接性的特点，某市市监局有理由依据核查现场负责人李某身份、某贸易公司营业执照，调取一票通进货单以及冷库发现的假冒"伊利巧乐兹经典巧脆棒雪糕"等证据将某贸易公司确定为涉案行政强制措施的适格当事人。虽然某贸易公司法定代表人姜某对被扣押物品的所有人提出异议，但其异议与事实不符，该院不予支持。本案中，涉案行政强制措施作为即时性手段行为，程序及实体处理合法，该院对某贸易公司要求某市市监局解除行政强制措施及某省市监局重新作出答复的请求亦不予支持。综上，于 2020 年 1 月 21 日判决：驳回上诉，维持原判。

训练目的：

能够结合案情分析行政强制措施的程序是否合法；能够结合案情判断行政强制措施的适格当事人；能够区分行政强制措施和行政强制执行的区别。预设问题：①本案市场监督管理局的行政强制措施是否合法？②本案经过复议后的行政诉讼原告、被告如何确定？③本案一审的管辖法院如何确定？

分析提示：

根据《行政诉讼法》《行政强制法》及《商标法》的规定对行政强制措施的程序规定以及具体行政行为的合法性要件这一知识点，结合案情进行分析。

训练案例二

【案情简介】

原告：陈某某

被告：海南省洋浦经济开发区管理委员会

陈某某在看塘村擅自建设猪舍。2018 年 10 月 8 日，洋浦经济开发区管理委员会（以下简称洋浦管委会）作出《限期拆除告知书》，认定陈某某未经洋浦规划建设行政主管部门批准，在没有取得乡村建设规划许可证的情况下，在看塘村擅自建设 440.56 平方米构筑物，拟作出限期拆除该构筑物决定，并告知陈某某享有陈述及申辩、申请举行听证的权利，于当天向陈某某留置送达。其后，洋浦管委会相继作出《限期拆除决定书》《履行行政决定催告书》《强制执行决定书》《强制拆除公告》《限期搬离通知书》，并于 2019 年 1 月 31 日组织拆除陈某某的猪舍。陈某某不服《强制执行决定书》，遂成本诉。

原告认为，陈某某的猪舍属于占用自己承包地建设的畜禽舍，并不是宅基地上的房屋建设，无需办理乡村建设规划许可证，其次，行政强制执行由法律设定，无法律规定的情况下应申请人民法院执行，且洋浦管委会就其是否有法定职权也未提供证据证明。退一步讲即便洋浦管委会对所述的违建进行拆除，洋浦管委会也没有强拆法定职权。被告认为，原告所建系违章建筑，不受法律保护，请求驳回原告的诉讼请求。

《土地管理法》第 83 条、《城乡规划法》第 65 条规定：对非法占用土地上的建筑或设施的强制拆除由行政机关申请人民法院执行，对乡、村庄规划区内违反规划所建的建筑或设施由行政机关自行查处。

训练目的：

能够结合案情区分行政强制措施和行政强制执行，进而分析其合法性，从而判断损害能否得到赔偿的问题。本案预设的问题是：①本案中的强制拆除行为属于行政强制措施还是行政强制执行？②强制拆除行为是否合法？③原告能否提出行政赔偿，如果可以，有哪些救济途径？

分析提示：

本案是关于行政强制案件的综合分析，知识点包括：行政强制措施与行政强制执行的区别；具体行政行为的合法要件；提起行政赔偿的条件及提起方式。

训练案例三

【案情简介】

原告：李某

被告：某市公安局交通警察大队

2021年10月14日20时，原告驾驶×××号小型客车，将停放在某区健身院内停车场的×××号摩托车撞倒，原告扶起摩托车后驶离现场。2021年10月15日，原告与摩托车车主安某通过微信进行沟通并承认了撞倒摩托车的事实。同日，被告接安某报警并制作《122报警台事故电话记录表》，报警内容为"摩托车停在某街甲16号院被刮撞，查监控是一辆宝马撞的，找到了车主，但是车号不详，请与报警人联系核实处理"。2021年10月18日，被告对案件予以登记并制作《案件登记表》及《道路交通事故当事人陈述材料》，内容为报案人安某陈述2021年10月14日20时，其摩托车被白色宝马车撞倒并严重受损，以及白色宝马车逃逸的情况。

2021年11月9日，被告对涉案事故作出《道路交通事故认定书（简易程序）》，认定2021年10月14日20时00分，在某游泳健身院内停车场，原告驾驶车牌号为×××的小型轿车由东向西行驶，安某驾驶车牌号为×××的普通二轮摩托车静止，原告车碰撞安某车，原告车前部与安某车右侧接触，发生交通事故，造成车辆接触部位损坏，无人受伤，原告有驾驶机动车造成交通事故后逃逸、尚不构成犯罪、情节较轻的过错行为，原告负全部责任，安某为无责。2021年12月6日，被告对原告进行询问并制作《询问笔录》。同日，被告制作《公安交通管理行政处罚告知笔录》，告知原告实施驾驶机动车造成交通事故后逃逸、尚不构成犯罪的违法行为，违反了《道路交通安全法》第70条、《道路交通安全法实施条例》第88条的规定，根据《道路交通安全法》第99条第1款第3项的规定，拟对其作出罚款1800元的处罚。同日，原告提出申辩，被告复核后认定理由不成立并向原告告知。当日，被告作出被诉《处罚决定书》，并根据《机动车驾驶证申领和使用规定》，对原告驾驶证记12分。

原告不服，遂提起本案诉讼。

训练目的：

辨析"暂扣行为"的法律性质，确定相应管辖法院，强化行政法理论与实务结合能力。预设的问题：①如何判断"暂扣行为"是属于行政处罚还是行政强制措施？②根据对

"暂扣行为"性质的判断,如何确定本案的管辖法院?

分析提示:

这是关于行政强制案件的综合分析,包含的知识点有:行政处罚与行政强制措施的区别;行政诉讼的管辖规定;行政诉讼判决种类的适用条件及有关交通法规的应用。

训练案例四

【案情简介】

某市城乡客运管理执法人员在执法检查过程中,发现某运输公司客车未按规定站点停靠上客,在简单询问驾驶员后以证据登记保存文书扣留了车辆营运证和从业资格证。某运输公司不服该行为,向市政府申请行政复议。

训练目的:

通过此案例的分析,使学生掌握现实中"以证据登记保存文书"这一行为的性质是属于行政处罚法规定的证据保全措施还是行政强制措施?预设的问题是:行政复议机关是否应受理该案件?

分析提示:

结合《行政处罚法》"先行登记保存"的规定和行政强制措施的概念特征,分析执法人员扣留车辆营运证和从业资格证这一行为的性质。进而根据《行政复议法》的受案范围确定复议机关是否受理该案。

训练案例五

【案情简介】

赵某在未申请办理建设工程规划许可证的情况下,在某小区购买并居住的房屋楼顶露台搭建了彩钢房。2021年5月,某区城管执法局向赵某作出《责令限期改正通知书》,认定赵某在楼顶露台搭建彩钢房未取得城市管理主管部门许可,影响市容市貌,责令赵某于2021年5月24日前自行纠正违法行为,逾期将按照有关规定予以强制拆除。赵某在限期内未自行拆除,某区城管执法局遂对赵某搭建的彩钢房进行了强制拆除。

训练目的:

通过此案例的分析,使学生掌握行政强制执行的法定程序和《责令限期改正通知书》的性质。预设的问题是:某区城管执法局的强制拆除违法建筑的行为是否合法?

分析提示:

根据《行政强制法》的规定,行政机关在作出强制执行决定前应当事先催告当事人履行义务,告知当事人依法享有的陈述权和申辩权。经催告,当事人仍不履行行政决定且无正当理由的,可以作出强制执行决定。某区城管执法局作出《责令限期改正通知书》性质的判断需结合行政处罚、行政命令的概念来分析。

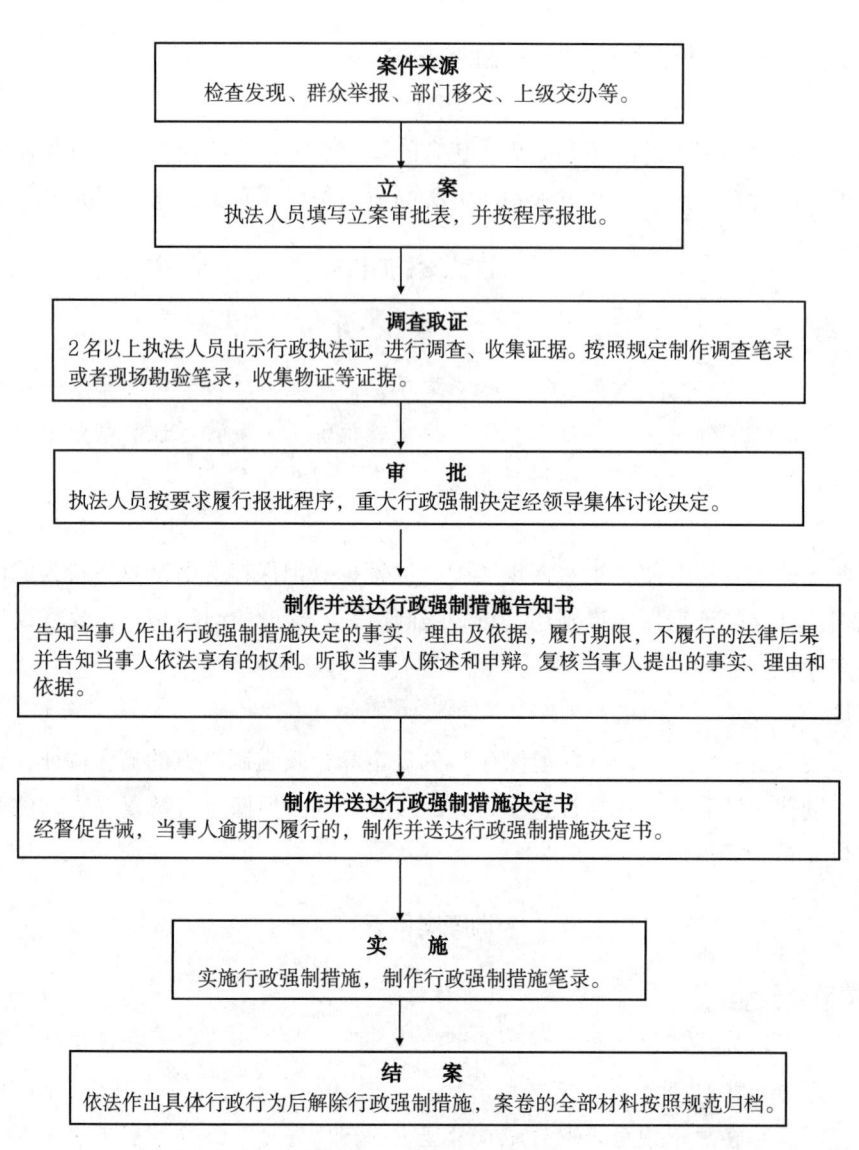

```
┌─────────────────────────────────────────┐
│              案件来源                    │
│   检查发现、群众举报、部门移交、上级交办等。│
└─────────────────────────────────────────┘
                    ↓
┌─────────────────────────────────────────┐
│              立  案                      │
│   执法人员填写立案审批表,并按程序报批。   │
└─────────────────────────────────────────┘
                    ↓
┌─────────────────────────────────────────┐
│              调查取证                    │
│  2名以上执法人员出示行政执法证,进行调查、 │
│  收集证据。按照规定制作调查笔录或者现场勘 │
│  验笔录,收集物证等证据。                 │
└─────────────────────────────────────────┘
                    ↓
┌─────────────────────────────────────────┐
│              审  批                      │
│  执法人员按要求履行报批程序,重大行政强制 │
│  决定经领导集体讨论决定。                 │
└─────────────────────────────────────────┘
                    ↓
┌─────────────────────────────────────────┐
│      制作并送达行政强制措施告知书         │
│  告知当事人作出行政强制措施决定的事实、理 │
│  由及依据,履行期限,不履行的法律后果并告知│
│  当事人依法享有的权利。听取当事人陈述和申 │
│  辩。复核当事人提出的事实、理由和依据。   │
└─────────────────────────────────────────┘
                    ↓
┌─────────────────────────────────────────┐
│      制作并送达行政强制措施决定书         │
│  经督促告诫,当事人逾期不履行的,制作并送达│
│  行政强制措施决定书。                     │
└─────────────────────────────────────────┘
                    ↓
┌─────────────────────────────────────────┐
│              实  施                      │
│  实施行政强制措施,制作行政强制措施笔录。 │
└─────────────────────────────────────────┘
                    ↓
┌─────────────────────────────────────────┐
│              结  案                      │
│  依法作出具体行政行为后解除行政强制措施, │
│  案卷的全部材料按照规范归档。             │
└─────────────────────────────────────────┘
```

图 10-1　行政强制流程图

学习情境三检测

学习情境三检测及答案　　　　案例训练答案三

附　录

附录一　相关文书参考格式（见二维码）

附录二　常用法律、法规、规章、司法解释目录

一、总论

1.《中华人民共和国宪法》（1982年12月4日第五届全国人大第五次会议通过，同日起施行，经1988年、1993年、1999年、2004年、2018年五次修正，共52条修正案）

2.《全面推进依法行政实施纲要》（2004年3月22日国发〔2004〕10号国务院文件）

3.《法治政府建设实施纲要（2021-2025年）》（中央全面依法治国委员会第四次会议、中央政治局常委会会议审议通过，2021年8月2日印发实施）

二、行政组织法

4.《中华人民共和国国务院组织法》（1982年12月10日第五届全国人大第五次会议通过，同日起施行，2024年3月11日修订）

5.《中华人民共和国地方各级人民代表大会和地方各级人民政府组织法》（1979年7

月1日第五届全国人大第二次会议通过，1980年1月1日起施行，2022年3月11日第十三届全国人民代表大会第五次会议第六次修正）

6.《中华人民共和国公务员法》（2005年4月27日第十届全国人民代表大会常务委员会第十五次会议通过，2017年9月1日第十二届全国人民代表大会常务委员会第二十九次会议修正，2018年12月29日第十三届全国人民代表大会常务委员会第七次会议修订，2019年6月1日起施行）

7.《中华人民共和国公职人员政务处分法》（2020年6月20日第十三届全国人民代表大会常务委员会第十九次会议通过，2020年7月1日起施行）

8.《行政机关公务员处分条例》（国务院令第495号，2007年4月4日国务院第173次常务会议通过，2007年6月1日起施行）

9.《中华人民共和国人民警察法》（1995年2月28日第八届全国人大常委会第十二次会议通过，2012年10月26日第十一届全国人民代表大会常务委员会第二十九次会议修正，2013年1月1日起施行）

三、抽象行政行为法

10.《中华人民共和国立法法》（2000年3月15日第九届全国人大第三次会议通过，2000年7月1日起施行，2015年3月15日第十二届全国人民代表大会第三次会议第一次修正，2023年3月13日第十四届全国人民代表大会第一次会议第二次修正）

11.《行政法规制定程序条例》（国务院令第321号，2001年11月16日公布，2002年1月1日起施行，2017年12月22日修订）

12.《规章制定程序条例》（国务院令第322号，2001年11月16日公布，2002年1月1日起施行，2017年12月22日修订）

13.《法规规章备案条例》（国务院令第337号，2001年12月14日公布，2002年1月1日起施行，现已失效）

四、具体行政行为法

14.《中华人民共和国行政许可法》（2003年8月27日第十届全国人民代表大会常务委员会第四次会议通过，2004年7月1日起施行，2019年4月23日第十三届全国人民代表大会常务委员会第十次会议修正）

15.《中华人民共和国行政处罚法》（1996年3月17日第八届全国人民代表大会第四次会议通过，2009年8月27日第十一届全国人民代表大会常务委员会第十次会议第一次修正，2017年9月1日第十二届全国人民代表大会常务委员会第二十九次会议第二次修正，2021年1月22日第十三届全国人民代表大会常务委员会第二十五次会议修订，2021年7月15日起施行）

16.《中华人民共和国行政强制法》（2011年6月30日第十一届全国人民代表大会常务委员会第二十一次会议通过，2012年1月1日起施行）

17.《中华人民共和国治安管理处罚法》（2005年8月28日第十届全国人大常委会第

十七次会议通过，2006 年 3 月 1 日起施行，2012 年 10 月 26 日第十一届全国人民代表大会常务委员会第二十九次会议修正，2013 年 1 月 1 日起施行）

18.《罚款决定与罚款收缴分离实施办法》（国务院令第 235 号，1997 年 11 月 17 日通过，1998 年 1 月 1 日起施行）

19.《中华人民共和国道路交通安全法》（2003 年 10 月 28 日第十届全国人大常委会第五次会议通过，2007 年 12 月 29 日第十届全国人大常委会第三十一次会议第一次修正，2011 年 4 月 22 日第十一届全国人民代表大会常务委员会第二十次会议第二次修正，2021 年 4 月 29 日第十三届全国人民代表大会常务委员会第二十八次会议第三次修正）

20.《中华人民共和国道路交通安全法实施条例》（国务院令第 405 号，2004 年 4 月 28 日国务院第 49 次常务会议通过，2004 年 5 月 1 日起施行，2017 年 10 月 7 日修订）

21.《中华人民共和国突发事件应对法》（2007 年 8 月 30 日第十届全国人大常委会第二十九次会议通过，2007 年 11 月 1 日起施行，2024 年 6 月 28 日第十四届全国人民代表大会常务委员会第十次会议修订，2024 年 11 月 1 日起施行）

五、行政程序法

22.《中华人民共和国政府信息公开条例》（国务院令第 492 号，2007 年 1 月 17 日国务院第 165 次常务会议通过，2008 年 5 月 1 日起施行，2019 年 4 月 3 日国务院令第 711 号修订，2019 年 5 月 15 日起施行）

23.《公安机关办理行政案件程序规定》（2012 年 12 月 19 日公安部令第 125 号修订发布，2014 年 6 月 29 日公安部令第 132 号第一次修正，2018 年 11 月 25 日公安部令第 149 号第二次修正，2020 年 8 月 6 日公安部令第 160 号第三次修正）

六、行政监察法

24.《中华人民共和国审计法》（1994 年 8 月 31 日第八届全国人大常委会第九次会议通过，2006 年 2 月 28 日第十届全国人大常委会第二十次会议第一次修正，2021 年 10 月 23 日第十三届全国人民代表大会常务委员会第三十一次会议第二次修正）

25.《中华人民共和国行政监察法》（1997 年 5 月 9 日第八届全国人大常委会第二十五次会议通过，2010 年 6 月 25 日第十一届全国人大常委会第十五次会议修正，现已失效）

26.《信访工作条例》（2022 年 1 月 24 日中共中央政治局会议审议批准，2022 年 2 月 25 日中共中央、国务院发布）

七、行政复议法

27.《中华人民共和国行政复议法》（1999 年 4 月 29 日第九届全国人大常委会第九次会议通过，同年 10 月 1 日起施行，2009 年 8 月 27 日第十一届全国人民代表大会常务委员会第十次会议第一次修正，2017 年 9 月 1 日第十二届全国人民代表大会常务委员会第二十九次会议，第二次修正，2023 年 9 月 1 日第十四届全国人民代表大会常务委员会第五次会议修订，2024 年 1 月 1 日起施行）

28.《中华人民共和国行政复议法实施条例》（国务院令第 499 号，2007 年 5 月 23 日

国务院第 177 次常务会议通过，2007 年 8 月 1 日起施行）

八、行政诉讼法

29.《中华人民共和国行政诉讼法》（1989 年 4 月 4 日第七届全国人民代表大会第二次会议通过，自 1990 年 10 月 1 日起施行，2014 年 11 月 1 日第十二届全国人民代表大会常务委员会第十一次会议第一次修正，2017 年 6 月 27 日第十二届全国人民代表大会常务委员会第二十八次会议第二次修正）

30.《最高人民法院关于适用〈中华人民共和国行政诉讼法〉的解释》（2017 年 11 月 13 日由最高人民法院审判委员会第 1726 次会议通过，自 2018 年 2 月 8 日起施行）

31.《最高人民法院关于行政诉讼证据若干问题的规定》（2002 年 6 月 4 日的最高人民法院审判委员第 1224 次会议通过，2002 年 10 月 1 日起施行）

九、国家赔偿法

32.《中华人民共和国国家赔偿法》（1994 年 5 月 12 日第八届全国人大常委会第七次会议通过，2010 年 4 月 29 日第十一届全国人大常委会第十四次会议第一次修正，2012 年 10 月 26 日第十一届全国人大常委会第二十九次会议第二次修正）

33.《最高人民法院关于审理国家赔偿案件确定精神损害赔偿责任适用法律若干问题的解释》（2021 年 2 月 7 日由最高人民法院审判委员会第 1831 次会议通过，2021 年 4 月 1 日起施行）

34.《最高人民法院关于审理行政赔偿案件若干问题的规定》（2021 年 12 月 6 日由最高人民法院审判委员会第 1855 次会议通过，2022 年 5 月 1 日起施行）

参考文献

1. 胡建淼：《行政法学》（上、下），法律出版社 2023 年版。
2. 姜明安主编：《行政法与行政诉讼法》，北京大学出版社、高等教育出版社 2019 年版。
3. 马怀德主编：《行政法学精论》，中国检察出版社 2022 年版。
4. 章剑生：《现代行政法总论》，法律出版社 2019 年版。
5. 梁凤云：《行政诉讼讲义》（上、下册），人民法院出版社 2022 年版。
6. 姜明安：《行政三法研究》，法律出版社 2023 年版。
7. 江必新、夏道虎主编：《中华人民共和国行政处罚法条文解读与法律适用》，中国法制出版社 2021 年版。
8. 江必新主编：《中华人民共和国行政复议法条文解读与法律适用》，中国法制出版社 2021 年版。
9. 章剑生、胡敏洁、查云飞主编：《行政法判例百选》，法律出版社 2020 年版。
10. 余凌云：《行政法案例分析和研究方法》，清华大学出版社 2019 年版。
11. 何海波：《行政诉讼法》，法律出版社 2022 年版。
12. 傅国云：《论公务行为与个人行为的分界》，载《行政法学研究》1996 年第 2 期。
13. 许建刚、卜一：《公务行为与个人行为的界定》，载《东南大学学报（哲学社会科学版）》2013 年第 S1 期。
14. 薛刚凌：《行政授权与行政委托之探讨》，载《法学杂志》2002 年第 3 期。
15. 谭波：《行政授权与行政委托：衍生性权力的法律规制》，载《当代法学》2022 年第 6 期。
16. 黄宇骁：《行政行为概念的立体程序化改造》，载《清华法学》2023 年第 2 期。
17. 胡建淼：《"无效行政行为"制度的追溯与认定标准的完善》，载《中国法学》2022 年第 4 期。
18. 严益州：《论无效行政行为的认定》，载《法学家》2023 年第 2 期。

19. 何书中：《无效行政行为判定的法理逻辑》，载《东南学术》2023 年第 2 期。
20. 季卫东：《法律程序的意义——对中国法制建设的另一种思考》，载《中国社会科学》1993 年第 1 期。
21. 叶必丰：《行政法的体系化："行政程序法"》，载《东方法学》2021 年第 6 期。
22. 温学鹏：《论行政强制措施的变异——从行政强制措施的事实损害性特征切入》，载《重庆理工大学学报（社会科学）》2018 年第 4 期。
23. 唐袁元：《新冠肺炎疫情下行政征用之法律规制——以大理市"征用"重庆市口罩为例》，载《宜宾学院学报》2020 年第 7 期。
24. 章剑生：《私有财产征收中的行政赔偿——许水云诉金华市婺城区人民政府房屋行政强制及行政赔偿案评析》，载《法律适用》2020 年第 4 期。
25. 宋华琳：《行政调查程序的法治建构》，载《吉林大学社会科学学报》2019 年第 3 期。
26. 张咏：《论行政检查启动的规范化路径——以警察行政检查为例证》，载《行政法学研究》2020 年第 2 期。
27. 韩宁：《论行政协议的订立》，载《浙江学刊》2022 年第 1 期。
28. 熊樟林：《行政处罚的概念构造——新〈行政处罚法〉第 2 条解释》，载《中外法学》2021 年第 5 期。
29. 熊樟林：《行政处罚的目的》，载《国家检察官学院学报》2020 年第 5 期。
30. 邹奕：《行政处罚之惩罚性的界定》，载《行政法学研究》2022 年第 2 期。
31. 王贵松：《论行政处罚的制裁性》，载《法商研究》2020 年第 6 期。
32. 陈碧文：《新时代行政复议的制度定位》，载《中国司法》2022 年第 1 期。
33. 周浩仁：《"行政处罚明显不当"的行政诉讼研究——基于 134 份行政诉讼裁判文书的分析》，载《西部法学评论》2019 年第 4 期。
34. 邓刚宏、马立群：《对行政诉讼之特质的梳理与反思——以与民事诉讼比较为视角》，载《政治与法律》2011 年第 6 期。
35. 徐肖东：《行政诉讼停止执行原则的建构路径——〈行政诉讼法〉当确定诉讼停止执行原则》，载《湖州师范学院学报》2013 年第 2 期。
36. 章剑生：《行政诉讼中民事诉讼规范之"适用"——基于〈行政诉讼法〉第 101 条展开的分析》，载《行政法学研究》2021 年第 1 期。
37. 许蔚东：《超越个案：诉讼批复答复的价值解析与功能优化——以我国 30 年来行政诉讼批复答复的实证考察为视角》，载《法律适用》2014 年第 1 期。
38. 霍振宇：《举报投诉人行政诉讼原告资格探讨——兼论行政诉讼原告资格的判断方法》，载《法律适用》2019 年第 6 期。
39. 邓刚宏：《行政诉讼受案范围的基本逻辑与制度构想——以行政诉讼功能模式为分析框架》，载《东方法学》2017 年第 5 期。

40. 贵州省高级人民法院课题组、赵传灵：《行政诉讼受案范围若干疑难问题研究——基于贵州省 2013 年至 2017 年行政诉讼案件统计分析》，载《中国应用法学》2018 年第 6 期。

41. 杨彬权、王周户：《域外行政诉讼起诉期限制度比较研究——兼论对我国行政诉讼起诉期限的修改与完善》，载《河北法学》2014 年第 4 期。

42. 黄学贤：《行政诉讼中法院应当通知其参加诉讼的第三人》，载《辽宁大学学报（哲学社会科学版）》2020 年第 1 期。

43. 黄先雄：《我国行政诉讼中必要参加诉讼第三人制度之构建》，载《法商研究》2018 年第 4 期。

44. 杨德润、李鹤贤：《对我国行政诉讼举证责任的反思——以行政不作为诉讼为视角》，载《天津法学》2011 年第 2 期。

45. 郭修江：《行政诉讼判决方式的类型化——行政诉讼判决方式内在关系及适用条件分析》，载《法律适用》2018 年第 11 期。

46. 朱学磊：《论行政公益诉讼的宪法基础——以传统行政诉讼模式的合宪性危机为线索》，载《现代法学》2016 年第 6 期。

47. 曹鎏、冯健：《行政复议"双被告"制度的困境与变革》，载《中外法学》2019 年第 5 期。

48. 蒋成旭：《何以"惩戒"行政违法：行政赔偿的功能、定位及其哲学基础》，载《浙江大学学报（人文社会科学版）》2021 年第 5 期。

49. 杜仪方：《行政赔偿中的"行使职权"概念——以日本法为参照》，载《法商研究》2018 年第 2 期。

50. 梁鹏程：《论我国行政赔偿范围的拓展与完善》，载《山东行政学院学报》2019 年第 2 期。

51. 于厚森、郭修江、杨科雄、牛延佳：《〈最高人民法院关于审理行政赔偿案件若干问题的规定〉重点条文理解与适用》，载《中国应用法学》2022 年第 2 期。

52. 王明喆：《行政处罚种类扩张论批判》，载《交大法学》2022 年第 1 期。

53. 孔繁华：《授权抑或委托：行政处罚"委托"条款之重新解读》，载《政治与法律》2018 年第 4 期。

54. 秦前红、陈芳瑾：《"行政处罚权交由"的规范阐释——基于〈行政处罚法〉第 24 条第 1 款之展开》，载《法治研究》2022 年第 3 期。

55. 谢红星：《不予行政处罚行为的确定》，载《学术界》2022 年第 7 期。

56. 胡建淼：《关于行政处罚"没收违法所得"的若干问题》，载《中南大学学报（社会科学版）》2023 年第 5 期。

57. 夏金莱：《行政处罚没收违法所得的认定与审查体系建构》，载《行政法学研究》2023 年第 6 期。

58. 王奇才：《"放管服"改革中的行政许可：功能定位与制度衔接》，载《福建师范大学学报（哲学社会科学版）》2022 年第 2 期。

59. 石肖雪：《相对集中行政许可权实现机制》，载《法律科学（西北政法大学学报）》2022 年第 4 期。

60. 石肖雪：《行政许可权下沉研究》，载《法治现代化研究》2023 年第 2 期。

61. 聂帅钧：《论告知承诺制对行政许可的影响与应对》，载《北京社会科学》2023 年第 8 期。

62. 王贵松：《行政强制措施的谱系》，载《清华法学》2022 年第 6 期。

63. 田太荣：《完善中国行政强制执行模式的若干思考》，载《云南社会科学》2021 年第 5 期。